城市轨道交通综合联调组织指南

主编：李 军 王 亮 张 辉
主审：谭文举

中国建筑工业出版社

图书在版编目(CIP)数据

城市轨道交通综合联调组织指南/李军,王亮,张辉主编. —北京:中国建筑工业出版社,2020.3
ISBN 978-7-112-24837-7

Ⅰ.①城… Ⅱ.①李…②王…③张… Ⅲ.①城市铁路-轨道交通-运输组织-指南 Ⅳ.①U239.5-62

中国版本图书馆 CIP 数据核字(2020)第 024067 号

本书包括9章,分别是:综合联调总体概述、综合联调组织及制度、供电系统联调、专用通信系统综合联调、信号系统综合联调、综合监控系统综合联调、其他系统综合联调测试、综合联调测试应急安全管理、综合联调总结等内容。本书详细地介绍了城市轨道交通综合联调的各系统调试内容,对综合联调进行了较为科学全面的总结,内容丰富、翔实、具有实用性和指导性。

本书可供从事城市轨道交通工程建设、运营、设计、咨询及设备制造等单位的技术人员使用,也可供大专院校的师生使用。

责任编辑:胡明安
责任校对:王　瑞

城市轨道交通综合联调组织指南

主编:李　军　王　亮　张　辉
主审:谭文举

*

中国建筑工业出版社出版、发行(北京海淀三里河路9号)
各地新华书店、建筑书店经销
北京红光制版公司制版
临西县阅读时光印刷有限公司印刷

*

开本:787×1092毫米　1/16　印张:24¾　字数:429千字
2020年5月第一版　　2020年5月第一次印刷
定价:**150.00元**
ISBN 978-7-112-24837-7
(35398)

版权所有　翻印必究
如有印装质量问题,可寄本社退换
(邮政编码 100037)

本书编委会

主　编：李　军　王　亮　张　辉
副主编：韦庭三　辜贤江　唐宇斌　朱国琦　陆清照
主　审：谭文举
编　者：
第1章：王　亮　朱国琦　向伟彬　陈昌邦　张博凯　吕增顺
　　　　韦　阁　李兆军　季丽伟　刘　勇　罗美清　张　度
　　　　唐存礼　李俊卫
第2章：王　亮　朱国琦　向伟彬　韦　阁　张传坚　刘文龙
　　　　王　勇　张　毅　汪　侃　崔　岩　张　俊　杜　珊
　　　　张开翼　张小勇　沈翔宇　卢海龙
第3章：陆清照　陈益龙　苏紫敏　黄焕龙　林　涛　吴胜翔
　　　　谭宏慧　郭庆杰　麻平军　黄文玲　周谭琪　覃广健
　　　　陆　琨　李燕艳　周　晶　周　航　韦木兰　覃坚鹏
　　　　罗庆显
第4章：王　亮　周　航　劳兴松　何　君　李中涛　苏　毅
　　　　王　勇　李燕艳　张　毅　李兆军　罗　敏　周　晶
　　　　杨成昆　谭木荣　朱成潞　张永黔
第5章：王　亮　冯建安　李景鸿　苏紫敏　邓清云　吕官玉
　　　　刘　凯　吴立海　邓清云　高大毛　汪爱东　黄　葆
　　　　黄文玲　李　辉　陆　文　麻平军　范　军　戴荣文
　　　　韦伟强　李燕艳

第6章：王　亮　　周　航　　李福斌　　黎婧娴　　周万东　　覃　乾
　　　　李中涛　　韦　鹏　　李燕艳　　高大毛　　李建勇　　汪　侃
　　　　崔　岩　　张　俊　　杜　珊　　张开翼　　孙拓东　　邱　琳
　　　　祝　军

第7章：王　亮　　唐宇斌　　冯建安　　陆　文　　吴立海　　周　航
　　　　李燕艳　　罗　敏　　季丽伟　　李中涛　　李　辉　　罗美清
　　　　刘志强　　李宗恩　　丁雅枝

第8章：苏紫敏　　冯建安　　覃圣恩　　伍　进　　吴钇霖　　黄廷福
　　　　李燕艳　　姚　远　　张世丹

第9章：冯建安　　苏紫敏　　顾浪腾　　周　晶　　曾振铧　　阚道林
　　　　史邓琼

参编单位：

南宁轨道交通集团有限责任公司
中国建设基础设施有限公司
中铁电气化局集团有限公司
上海宝信软件股份有限公司
中铁六局集团电务工程有限公司

序

近年来，我国已成为世界最大的城市轨道交通建设市场，由于经济稳定发展和政府的大力支持，使得我国轨道交通建设规模逐步扩大。而在地铁新线的建设中，对地铁各大系统的可靠性、安全性的要求也逐步提高。

地铁设备系统是一个多系统、多目标的复杂大系统，各系统设备间相互联系、相互作用，同时也相互干扰、相互制约，每个目标都同时达到最优状态的多目标函数几乎是不存在的，各系统设备受专业、经验和其他因素的影响，最终往往局限于各系统目标的满足，需在联调中对各系统接口关系进行动态联调，经由整体设备系统到各系统的多次反馈与调整，对单项目标进行有条件的变换和调整，而在整个系统上谋求最优，使各个系统间相互匹配、相互协调和相互保护，方可认定各设备系统功能结构的完整性与合理性，才能实现地铁设备系统的综合集成。

城市轨道交通综合联调是在各机电系统（车辆、信号、通信、供电、综合监控等）安装调试完成的基础上，以运营需求为导向，自上而下地验证各机电系统的关键性能、接口以及联动功能，用以检验各系统的运行能力是否满足标准及设计要求。简而言之，综合联调就是在有限时间内综合利用线路条件，加强协调管理，完成地铁全线（车辆段/正线）各专业、各系统间的系统联调，满足地铁线运营安全、可靠、可用性的要求，为全线列车试运行奠定基础。

本书旨在为我国新建城市轨道交通工程综合联调工作作出建议性指导，明确综合联调概述、组织流程、联调过程等内容，为新线筹备过程中的综合联调工作提供技术支持。

谭文举

前 言

随着时代发展，城市轨道交通作为一个城市公共交通系统的重要组成部分，为城市的现代化跨越式发展注入了强大动力，同时给城市的整体规划做出巨大贡献。城市轨道交通是一个庞大复杂的技术系统，包括了线路、车站、车辆供电、通信、信号、自动售检票、屏蔽门等众多专业，涵盖了土建、机械、电气设备、环境控制、运输组织等各个系统。要将城市轨道交通的各系统紧密联系起来，让各系统发挥出最大作用，则需对其进行全面统筹考虑、联合调试，所以在建设城市轨道交通的过程中，综合联调成了必不可少的内容。

为此，编写一本适用于现代城市轨道交通综合联调指南的书籍，用以为当前不断增长的城市轨道交通线路提供相关指导，已是迫在眉睫的重要任务。笔者根据多年城市轨道交通行业工作实践经验，结合南宁轨道交通综合联调实例，详细介绍了城市轨道交通综合联调的各系统调试内容，对综合联调进行较为科学全面的总结，具有一定的实用性和指导性，可供广大专家、读者进行参考、交流、学习。

全书分为9章，包括4个大系统及3个子系统的综合联调内容，基本涵盖了城市轨道交通综合联调所涉及的所有系统。

本书在编写过程中得到了南宁轨道交通集团有限责任公司及运营分公司、中国建设基础设施有限公司、中铁电气化局集团有限责任公司、上海宝信软件股份有限公司、中铁六局集团电务工程有限公司等单位领导、专家的大力支持，在此一并感谢。在成文过程中，也参考和引用了部分同行的相关成果，特向相关作者表示感谢。鉴于编者水平有限，书中纰漏和不足之处在所难免，恳请广大专家、读者批评指正！

编者

作 者 简 介

　　李军，高级工程师，国家一级注册建造师，现任南宁轨道交通集团运营分公司副总经理，曾被评为北京市"首都劳动奖章"获得者、南宁市高层次人才、南宁市第八批"优秀青年专业技术人才"、2017年南宁市中青年干部培训班"优秀班干部"、南宁市2018年重大建设项目先进个人等。

　　长期从事轨道交通管理工作，分管过南宁轨道交通一、二、三、四号线信号、通信、AFC、屏蔽门、轨道、房建、供电、机电等专业的工程建设、设备维保及技术管理等工作，主持过施工验收、单机单系统调试、试运行及综合联调等运营筹备工作，积累了丰富的轨道交通运营管理经验，积极倡导和践行"建设为运营服务，运营为乘客服务"的理念。

　　本书依托南宁轨道交通发展特点，从无到有、多线交叉成网、部分线路分段开通、设备制式不一等，系统地总结了轨道交通综合联调的组织要点、关键技术、应急保障等内容，为轨道交通行业的综合联调工作开展提供参考。

作 者 简 介

　　王亮，高级工程师，南宁市高层次人才，现任南宁轨道交通集团运营分公司生产技术部部长，从事地铁生产技术管理工作多年，积累了丰富的城市轨道交通运营管理经验，曾参与多家地铁公司多条地铁线路新线筹备：广州地铁三号线、郑州地铁一号线、二号线、南宁地铁一号线等；主持或牵头参与南宁地铁二号线、三号戏、四号线、五号线全自动驾驶等线路的设计联络、安装调试、验交、综合联调等运营筹备工作，参与多项国家标准、广西地方标准、行业标准的编制工作。

　　2005年至今，累计发表学术论文20余篇，参与并主持国家实用新型专利10余项，参与重大科研项目10余个，获得国家级奖项2个，2017年与中国建筑工业出版社合作，出版《城市轨道交通标准化作业教程》、《城市轨道交通电客车驾驶》、《城市轨道交通工程车驾驶》、《城市轨道交通工程车检修技术》、《城市轨道交通厂段调度》、《城市轨道交通车辆系统功能与组成》、《城市轨道交通车辆检修技术》、《城市轨道交通设备维修技术》、《城市轨道交通设备操作原理》、《城市轨道交通运营安全管理》等一系列运营专业管理学术著作，并在多家地铁公司推广使用，取得了良好的社会效益，得到了社会和同行的高度赞誉。

目 录

第1章 综合联调总体概述 ··· 1

1.1 设备联调与相关程序的关系 ·································· 3
1.1.1 单项设备系统调试 ··· 5
1.1.2 设备系统联合调试（一般需3个月） ····················· 5
1.1.3 空载试运行（要求3个月） ·································· 5
1.1.4 运营演练 ··· 5
1.2 综合联调项目 ··· 5
1.3 综合联调的意义 ·· 6
1.3.1 检验设备的正常联动，实现相关设备系统运转的最佳匹配 ·· 6
1.3.2 检验设备相关的规章制度，进行完善、补充、修订 ····· 7
1.3.3 检验和提高设备操作人员、维护人员的技术水平 ······· 7
1.3.4 检验对运营三级管理的管理模式 ······························ 7
1.4 设备联调的实施方式 ··· 8
1.5 综合联调 ··· 8
1.5.1 综合联调原则 ·· 8
1.5.2 分项要求 ··· 9
1.6 设备系统概况 ·· 11
1.6.1 通风空调系统 ··· 11
1.6.2 给水排水系统 ··· 11
1.6.3 水消防系统 ·· 12
1.6.4 低压配电及动力照明系统 ···································· 12
1.6.5 供电系统 ·· 13
1.6.6 通信系统 ·· 13
1.6.7 信号系统 ·· 14
1.6.8 综合监控系统（ISCS） ······································· 14
1.6.9 环境与设备监控系统（BAS） ······························ 14
1.6.10 电力监控系统（PSCADA） ································ 15

1.6.11　门禁系统（ACS） ·············· 15
　　1.6.12　自动售检票系统（AFC） ·············· 15
　　1.6.13　火灾自动报警系统（FAS）及气体自动灭火系统 ·············· 15
　　1.6.14　电扶梯系统 ·············· 16
　　1.6.15　屏蔽门系统（PSD） ·············· 16
　　1.6.16　防淹门系统 ·············· 16
　　1.6.17　车辆系统 ·············· 16

第2章　综合联调组织及制度 ·············· 17
2.1　综合联调方案编制依据 ·············· 19
　　2.1.1　国家、地方、行业的标准、规范和指导性文件 ·············· 19
　　2.1.2　合同文件 ·············· 20
2.2　综合联调组织架构及职责分工 ·············· 20
　　2.2.1　综合联调组织架构 ·············· 20
　　2.2.2　综合联调职责分工 ·············· 21
　　2.2.3　联调联试的流程 ·············· 23
2.3　综合联调内容 ·············· 24
　　2.3.1　综合联调主要项目的基本内容和要求 ·············· 24
　　2.3.2　非行车类相关设备联调 ·············· 26
　　2.3.3　行车类相关设备联调 ·············· 29
　　2.3.4　供电系统相关联调 ·············· 31
　　2.3.5　综合能力测试联调 ·············· 32
2.4　综合联调管理制度 ·············· 33
　　2.4.1　会议及协调机制 ·············· 33
　　2.4.2　进度控制制度 ·············· 34
　　2.4.3　质量控制制度 ·············· 34
　　2.4.4　调试现场管理制度 ·············· 34

第3章　供电系统联调 ·············· 35
3.1　供电系统简介及联调概述 ·············· 37
　　3.1.1　供电系统简介 ·············· 37
　　3.1.2　供电系统联调概述 ·············· 38
3.2　直流牵引供电系统各种运行模式联动功能测试 ·············· 38
　　3.2.1　直流牵引供电系统各种运行模式联动功能测试概述 ·············· 38
　　3.2.2　直流牵引供电系统各种运行模式联动功能测试目的 ·············· 39

3.2.3 直流牵引供电系统各种运行模式联动功能测试项目 …………………… 40
3.2.4 直流牵引供电系统各种运行模式测试前准备 …………………………… 40
3.2.5 直流牵引供电系统各种运行模式联动功能测试方法及步骤…………… 42

3.3 1500V 直流牵引供电系统短路测试 ………………………………………… 45
3.3.1 1500V 直流牵引供电系统短路测试概述 ……………………………… 45
3.3.2 1500V 直流牵引供电系统短路测试目的 ……………………………… 45
3.3.3 1500V 直流牵引供电系统短路测试项目 ……………………………… 45
3.3.4 1500V 直流牵引供电系统短路测试前准备 …………………………… 46
3.3.5 1500V 直流牵引供电系统测试方法及步骤 …………………………… 47

3.4 供电系统满负荷测试 ………………………………………………………… 52
3.4.1 供电系统满负荷测试概述 ……………………………………………… 52
3.4.2 供电系统满负荷测试目的 ……………………………………………… 53
3.4.3 供电系统满负荷测试项目 ……………………………………………… 54
3.4.4 供电系统满负荷测试前准备 …………………………………………… 54
3.4.5 供电系统满负荷测试方法及步骤 ……………………………………… 55

3.5 弱电设备抗干扰联调测试 …………………………………………………… 60
3.5.1 弱电设备抗干扰联调测试概述 ………………………………………… 60
3.5.2 弱电设备抗干扰联调测试目的 ………………………………………… 60
3.5.3 弱电设备抗干扰联调测试项目 ………………………………………… 60
3.5.4 弱电设备抗干扰联调测试前准备 ……………………………………… 61
3.5.5 弱电设备抗干扰联调测试方法及步骤 ………………………………… 62

3.6 联调故障案例 ………………………………………………………………… 64
3.6.1 满负荷联调测试过程中某站 213 开关跳闸 …………………………… 64
3.6.2 弱电抗干扰联调过程中某站隧道风机控制故障 ……………………… 64
3.6.3 直流 1500V 供电系统短路测试故障案例 ……………………………… 65

3.7 供电系统综合联调记录表格 ………………………………………………… 66
3.7.1 直流牵引供电系统各种运行模式联动功能测试记录表 ……………… 66
3.7.2 1500V 直流牵引供电系统短路测试记录表格 ………………………… 67
3.7.3 供电系统满负荷测试记录表格 ………………………………………… 68
3.7.4 弱电设备抗干扰联调记录表格 ………………………………………… 71

第4章 专用通信系统综合联调 ……………………………………………… 75

4.1 专用通信系统简介及联调概述 ……………………………………………… 77
4.1.1 专用通信系统系统简介 ………………………………………………… 77

  4.1.2 专用通信系统联调概述 ………………………………………… 78
 4.2 通信时钟系统与关联系统联调 …………………………………………… 78
  4.2.1 通信时钟系统联调测试概述 ……………………………………… 78
  4.2.2 通信时钟系统联调测试目的 ……………………………………… 80
  4.2.3 通信时钟系统联调测试项目 ……………………………………… 81
  4.2.4 通信时钟系统联调测试前准备 …………………………………… 81
  4.2.5 通信时钟系统联调测试方法及步骤 ……………………………… 82
 4.3 通信无线集群与信号、车辆间联调测试 ………………………………… 83
  4.3.1 通信无线集群与信号、车辆间联调测试概述 …………………… 83
  4.3.2 通信无线集群与信号、车辆间联调测试目的 …………………… 84
  4.3.3 通信无线集群与信号、车辆间联调测试项目 …………………… 85
  4.3.4 通信无线集群与信号、车辆间联调测试前准备 ………………… 85
  4.3.5 通信无线集群与信号、车辆间联调测试方法及步骤 …………… 87
  4.3.6 通信无线集群与信号、车辆间联调测试应急预案 ……………… 89
 4.4 通信传输系统与关联系统联调测试 ……………………………………… 91
  4.4.1 通信传输系统与关联系统联调测试概述 ………………………… 91
  4.4.2 通信传输系统与关联系统联调测试目的 ………………………… 92
  4.4.3 通信传输系统与关联系统联调测试项目 ………………………… 93
  4.4.4 通信传输系统与关联系统联调测试前准备 ……………………… 94
  4.4.5 通信传输系统与关联系统联调测试方法及步骤 ………………… 95
  4.4.6 通信传输系统与关联系统联调测试应急预案 …………………… 96
 4.5 车辆与乘客信息系统（PIS）联调测试 ………………………………… 98
  4.5.1 车辆与乘客信息系统（PIS）联调测试概述 …………………… 98
  4.5.2 车辆与乘客信息系统（PIS）联调测试目的 …………………… 99
  4.5.3 车辆与乘客信息系统（PIS）联调测试项目 …………………… 99
  4.5.4 车辆与乘客信息系统（PIS）联调测试前准备 ………………… 99
  4.5.5 车辆与乘客信息系统（PIS）联调测试方法及步骤 …………… 100
 4.6 通信电源子系统与关联系统联调测试 …………………………………… 101
  4.6.1 通信电源子系统与关联系统联调测试概述 ……………………… 101
  4.6.2 通信电源子系统与关联系统联调测试目的 ……………………… 103
  4.6.3 通信电源子系统与关联系统联调测试项目 ……………………… 103
  4.6.4 通信电源子系统与关联系统联调测试前准备 …………………… 103
  4.6.5 通信电源子系统与关联系统联调测试方法及步骤 ……………… 104

4.7 通信系统能力测试	104
4.7.1 通信系统能力测试概述	104
4.7.2 通信系统能力测试目的	107
4.7.3 通信系统能力测试项目	107
4.7.4 通信系统能力测试前准备	107
4.7.5 通信系统能力测试方法及步骤	108

4.8 通信系统联调故障案例 ··················· 109
    4.8.1 时钟系统联调故障案例 ··················· 109
    4.8.2 通信无线系统联调故障案例 ··················· 110
    4.8.3 通信传输系统故障案例 ··················· 112
    4.8.4 车辆与乘客信息系统（PIS）联调故障案例 ··················· 113
    4.8.5 通信电源子系统故障案例 ··················· 113
    4.8.6 通信系统能力测试 ··················· 114

4.9 专用通信系统联调记录表 ··················· 115
    4.9.1 通信时钟系统与关联系统联调测试记录表 ··················· 115
    4.9.2 通信无线集群与信号、车辆间联调测试记录表 ··················· 118
    4.9.3 通信传输系统与关联系统联调测试记录表 ··················· 121
    4.9.4 车辆与乘客信息显示系统联调测试记录表 ··················· 124
    4.9.5 通信电源系统与关联系统联调测试记录表 ··················· 126
    4.9.6 通信系统能力测试记录表 ··················· 126

第5章 信号系统综合联调 ··················· 131

5.1 信号系统简介及联调概述 ··················· 133
    5.1.1 信号系统简介 ··················· 133
    5.1.2 信号系统联调概述 ··················· 134

5.2 信号系统CBTC模式功能综合联调测试 ··················· 134
    5.2.1 信号系统CBTC模式功能综合联调测试概述 ··················· 134
    5.2.2 信号系统CBTC模式功能综合联调测试目的 ··················· 135
    5.2.3 信号系统CBTC模式功能综合联调测试项目 ··················· 135
    5.2.4 信号系统CBTC模式功能综合联调测试前准备 ··················· 138
    5.2.5 信号系统CBTC模式功能综合联调测试方法及步骤 ··················· 139

5.3 信号系统IATP模式功能综合联调测试 ··················· 145
    5.3.1 信号系统IATP模式功能综合联调测试概述 ··················· 145
    5.3.2 信号系统IATP模式功能综合联调测试目的 ··················· 146

  5.3.3 信号系统 IATP 模式功能综合联调测试项目 ·············· 146
  5.3.4 信号系统 IATP 模式功能综合联调测试前准备 ·············· 147
  5.3.5 信号系统 IATP 模式功能综合联调测试方法及步骤 ·············· 148
 5.4 信号系统联锁功能综合联调测试 ·············· 150
  5.4.1 信号系统联锁功能综合联调测试概述 ·············· 150
  5.4.2 信号系统联锁功能综合联调测试目的 ·············· 151
  5.4.3 信号系统联锁功能综合联调测试项目 ·············· 152
  5.4.4 信号系统联锁功能综合联调测试前准备 ·············· 152
  5.4.5 信号系统联锁功能综合联调测试方法及步骤 ·············· 153
 5.5 信号与车辆、屏蔽门、PIS 综合联调测试 ·············· 154
  5.5.1 信号与车辆、屏蔽门、PIS 综合联调测试概述 ·············· 154
  5.5.2 信号与车辆、屏蔽门、PIS 综合联调测试目的 ·············· 154
  5.5.3 信号与车辆、屏蔽门、PIS 综合联调测试项目 ·············· 155
  5.5.4 信号与车辆、屏蔽门、PIS 综合联调测试前准备 ·············· 155
  5.5.5 信号与车辆、屏蔽门、PIS 综合联调测试方法及步骤 ·············· 156
 5.6 列车最大运行能力联调测试 ·············· 159
  5.6.1 列车最大运行能力联调测试概述 ·············· 159
  5.6.2 列车最大运行能力联调测试目的 ·············· 160
  5.6.3 列车最大运行能力联调测试项目 ·············· 160
  5.6.4 列车最大运行能力联调测试前准备 ·············· 161
  5.6.5 列车最大运行能力联调测试方法及步骤 ·············· 162
 5.7 信号系统综合联调故障案例 ·············· 165
  5.7.1 案例一：CBTC 列车在区间紧急制动，无法收到速度码 ·············· 165
  5.7.2 案例二：列车以 IATP 控制模式出站扫过有源信标后速度码为零 ·············· 166
  5.7.3 案例三：信号系统与屏蔽门不联动故障 ·············· 168
  5.7.4 案例四：信号系统运行列车发生紧急制动故障 ·············· 169
 5.8 信号系统综合联调记录表 ·············· 171
  5.8.1 各种模式功能综合测试记录表 ·············· 171
  5.8.2 动态联锁功能测试记录表格 ·············· 175

第 6 章 综合监控系统综合联调 ·············· 177
 6.1 综合监控系统简介及联调概述 ·············· 179
  6.1.1 综合监控系统简介 ·············· 179
  6.1.2 综合监控系统联调概述 ·············· 179

6.2 综合监控系统雪崩功能项目联调测试 …………………………………… 180
6.2.1 综合监控系统联调测试概述 ……………………………………… 180
6.2.2 综合监控系统雪崩功能项目联调测试目的 ………………………… 180
6.2.3 综合监控系统雪崩功能项目联调测试项目 ………………………… 180
6.2.4 综合监控系统雪崩功能项目联调测试前准备 ……………………… 181
6.2.5 综合监控系统雪崩功能项目联调测试方法及步骤 ………………… 182

6.3 综合监控系统与SIG联调测试 ………………………………………… 184
6.3.1 综合监控系统与SIG联调测试概述 ………………………………… 184
6.3.2 综合监控系统与SIG联调测试目的 ………………………………… 184
6.3.3 综合监控系统与SIG联调测试项目 ………………………………… 185
6.3.4 综合监控系统与SIG联调测试前准备 ……………………………… 185
6.3.5 综合监控系统与SIG联调测试方法及步骤 ………………………… 187

6.4 综合监控系统IBP盘与关联系统联调测试 …………………………… 188
6.4.1 综合监控系统IBP盘与关联系统联调测试概述 …………………… 188
6.4.2 综合监控系统IBP盘与关联系统联调测试目的 …………………… 189
6.4.3 综合监控系统IBP盘与关联系统联调测试项目 …………………… 190
6.4.4 综合监控系统IBP盘与关联系统联调测试前准备 ………………… 190
6.4.5 综合监控系统IBP盘与关联系统联调测试方法及步骤 …………… 192

6.5 综合监控系统与FAS系统正常及灾害工况模式联调测试 …………… 202
6.5.1 综合监控系统与FAS系统正常及灾害工况模式联调测试概述 …… 202
6.5.2 综合监控系统与FAS系统正常及灾害工况模式联调测试目的 …… 203
6.5.3 综合监控系统与FAS系统正常及灾害工况模式联调测试项目 …… 203
6.5.4 综合监控系统与FAS系统正常及灾害工况模式联调测试前准备 … 204
6.5.5 综合监控系统与FAS系统正常及灾害工况模式联调测试方法及步骤 ……… 206

6.6 综合监控系统与屏蔽门系统联调测试 ………………………………… 212
6.6.1 综合监控系统与屏蔽门系统联调测试概述 ………………………… 212
6.6.2 ISCS与PSD系统联调测试目的 …………………………………… 213
6.6.3 ISCS与PSD联调测试项目 ………………………………………… 213
6.6.4 综合监控系统与屏蔽门系统联调测试前准备 ……………………… 214
6.6.5 综合监控系统与屏蔽门系统联调测试步骤 ………………………… 214

6.7 综合监控系统与AFC系统联调测试 …………………………………… 221
6.7.1 综合监控系统与AFC系统联调测试概述 …………………………… 221
6.7.2 综合监控系统与AFC系统联调测试目的 …………………………… 222

  6.7.3 综合监控系统与 AFC 系统联调测试项目 …………………… 222
  6.7.4 综合监控系统与 AFC 系统联调测试前准备 …………………… 222
  6.7.5 综合监控系统与 AFC 系统联调测试方法及步骤 ……………… 224
 6.8 综合监控系统与 CCTV 系统联调测试 …………………………… 233
  6.8.1 综合监控系统与 CCTV 系统联调测试概述 …………………… 233
  6.8.2 综合监控系统与 CCTV 系统联调测试目的 …………………… 234
  6.8.3 综合监控系统与 CCTV 系统联调测试项目 …………………… 235
  6.8.4 综合监控系统与 CCTV 系统联调测试前准备 ………………… 235
  6.8.5 综合监控系统与 CCTV 系统联调测试方法及步骤 …………… 236
 6.9 综合监控系统与广播系统联调测试 ……………………………… 238
  6.9.1 综合监控系统与广播系统联调测试概述 ……………………… 238
  6.9.2 综合监控系统与广播系统联调测试目的 ……………………… 239
  6.9.3 综合监控系统与广播系统联调测试项目 ……………………… 241
  6.9.4 综合监控系统与广播系统联调测试前准备 …………………… 241
  6.9.5 综合监控系统与广播系统联调测试方法及步骤 ……………… 242
 6.10 综合监控系统与 PIS 系统联调测试 …………………………… 244
  6.10.1 综合监控系统与 PIS 系统联调测试概述 …………………… 244
  6.10.2 综合监控系统与 PIS 系统联调测试目的 …………………… 245
  6.10.3 综合监控系统与 PIS 系统联调测试项目 …………………… 245
  6.10.4 综合监控系统与 PIS 系统联调测试前准备 ………………… 245
  6.10.5 综合监控系统与 PIS 系统联调测试方法及步骤 …………… 246
 6.11 综合监控系统与通信集中告警联调测试 ……………………… 248
  6.11.1 综合监控系统与通信集中告警联调测试概述 ……………… 248
  6.11.2 综合监控系统与通信集中告警联调测试目的 ……………… 248
  6.11.3 综合监控系统与通信集中告警联调测试项目 ……………… 249
  6.11.4 综合监控系统与通信集中告警联调测试前准备 …………… 249
  6.11.5 综合监控系统与通信集中告警联调测试方法及步骤 ……… 250
 6.12 综合监控系统与 BAS 系统正常及灾害工况模式联调测试 …… 252
  6.12.1 综合监控系统与 BAS 系统正常及灾害工况模式联调概述 … 252
  6.12.2 综合监控系统与 BAS 系统正常及灾害工况模式联调目的 … 253
  6.12.3 综合监控系统与 BAS 系统正常及灾害工况模式联调项目 … 253
  6.12.4 综合监控系统与 BAS 系统正常及灾害工况模式联调前准备 … 253
  6.12.5 综合监控系统与 BAS 系统正常及灾害工况模式联调方法及步骤 …… 254

6.13 综合监控系统与 PSCADA 系统联调测试 ……………………… 257
6.13.1 综合监控系统与 PSCADA 系统联调概述 ……………… 257
6.13.2 综合监控系统与 PSCADA 系统联调目的 ……………… 258
6.13.3 综合监控系统与 PSCADA 系统联调项目 ……………… 259
6.13.4 综合监控系统与 PSCADA 系统联调前准备 …………… 260
6.13.5 综合监控系统与 PSCADA 系统联调方法及步骤 ……… 261

6.14 综合监控系统与防淹门联调测试 ……………………………… 276
6.14.1 综合监控系统与防淹门联调测试概述 …………………… 276
6.14.2 综合监控系统与防淹门联调测试目的 …………………… 277
6.14.3 综合监控系统与防淹门联调测试项目 …………………… 277
6.14.4 综合监控系统与防淹门联调测试前准备 ………………… 277
6.14.5 综合监控系统与防淹门联调测试方法及步骤 …………… 278

6.15 综合监控系统与 TIS 车载信息联调测试 …………………… 279
6.15.1 综合监控系统与 TIS 车载信息联调测试概述 ………… 279
6.15.2 综合监控系统与 TIS 车载信息联调测试目的 ………… 281
6.15.3 综合监控系统与 TIS 车载信息联调测试项目 ………… 281
6.15.4 综合监控系统与 TIS 车载信息联调测试前准备 ……… 281
6.15.5 综合监控系统与 TIS 车载信息联调测试方法及步骤 … 282

6.16 综合监控系统与 ACS 联调测试 ……………………………… 283
6.16.1 综合监控系统与 ACS 联调测试概述 …………………… 283
6.16.2 综合监控系统与 ACS 联调测试目的 …………………… 284
6.16.3 综合监控系统与 ACS 联调测试项目 …………………… 285
6.16.4 综合监控系统与 ACS 联调测试前准备 ………………… 285
6.16.5 综合监控系统与 ACS 联调测试方法及步骤 …………… 285

6.17 综合监控系统综合联调故障案例 ……………………………… 288
6.17.1 综合监控系统 IBP 盘与关联系统联调 ………………… 288
6.17.2 综合监控系统与 FAS 系统联调故障案例 ……………… 289
6.17.3 综合监控系统与屏蔽门联调故障案例 …………………… 290
6.17.4 综合监控系统与 AFC 系统联调故障案例 ……………… 290
6.17.5 综合监控系统与 CCTV 系统联调故障案例 …………… 292
6.17.6 综合监控系统与广播系统综合联调故障案例 …………… 293
6.17.7 综合监控系统与通信集中告警联调故障案例 …………… 294
6.17.8 综合监控系统与 BAS 系统联调故障案例 ……………… 295

		6.17.9 防淹门系统测试故障案例	295
	6.18	综合监控系统联调记录表	296

第7章 其他系统综合联调测试 305

7.1 其他系统简介及联调概述 307
7.1.1 其他系统简介概述 307
7.1.2 其他系统联调概述 307

7.2 屏蔽门乘客保护能力综合联调 307
7.2.1 屏蔽门乘客保护能力联调概述 307
7.2.2 屏蔽门乘客保护能力联调测试目的 308
7.2.3 联调测试项目测试前准备 308
7.2.4 联调测试项目及联调步骤 310

7.3 车站自动售检票系统通过及处理能力测试 316
7.3.1 车站自动售检票系统通过及处理能力联调测试概述 316
7.3.2 联调测试目的 317
7.3.3 联调测试项目实验前准备 318
7.3.4 联调测试项目及联调步骤 319

7.4 车辆系统能力测试 322
7.4.1 车辆系统能力测试概述 322
7.4.2 车辆系统能力测试目的 323
7.4.3 车辆系统能力测试项目 323
7.4.4 车辆系统能力测试前准备 324
7.4.5 车辆系统能力测试方法及步骤 325
7.4.6 车辆系统能力测试应急预案 328

7.5 车站客运服务体验能力综合联调 333
7.5.1 车站客运服务体验能力联调概述 333
7.5.2 车站客运服务体验能力联调的目的 334
7.5.3 联调测试项目试验前准备 334
7.5.4 车站客运服务体验能力联调测试项目及联调步骤 336

7.6 其他系统联调故障案例 338
7.6.1 屏蔽门联调故障案例 338
7.6.2 车辆系统能力测试故障案例 339
7.6.3 车站客运服务体验能力联调故障案例 340

7.7 其他系统综合联调记录表 344

7.7.1　屏蔽门乘客保护能力综合联调记录表 …………… 344
　　7.7.2　车站售检票系统通过及处理能力联调记录表 ……… 347

第8章　综合联调测试应急安全管理 ……………………… 355
8.1　联调测试应急预案 ………………………………………… 357
　　8.1.1　安全防护措施 ………………………………………… 357
　　8.1.2　执行应急预案的条件 ………………………………… 358
　　8.1.3　执行应急预案的人员、器材配备 …………………… 358
　　8.1.4　应急程序 ……………………………………………… 359
　　8.1.5　故障及事故处理 ……………………………………… 360
8.2　风险源及管控措施 ………………………………………… 361

第9章　综合联调总结 ……………………………………… 363
9.1　测试主要验收功能 ………………………………………… 365
9.2　设备系统完整性评估内容 ………………………………… 366
　　9.2.1　供电系统 ……………………………………………… 366
　　9.2.2　通信系统 ……………………………………………… 367
　　9.2.3　信号系统 ……………………………………………… 368
　　9.2.4　风水电、环控系统 …………………………………… 369
　　9.2.5　FAS系统 ……………………………………………… 369
　　9.2.6　自动扶梯、垂梯 ……………………………………… 369
　　9.2.7　屏蔽门 ………………………………………………… 370
　　9.2.8　综合监控 ……………………………………………… 370

专业术语缩写汇总 ……………………………………………… 372

参考文献 ………………………………………………………… 374

第 1 章 综合联调总体概述

城市轨道交通是一项由多种先进技术集成、运营安全要求高的系统工程，需要在各子系统均满足规定的技术条件和参数指标基础上，通过综合联调对各关联系统的协同运作进行验证。在近年城市轨道交通建设中，综合联调逐步发展成为一个相对独立的工程阶段。

综合联调是城市轨道交通工程建设阶段向运营阶段有序过渡的关键环节，通过综合联调，可以检验各系统是否达到设计标准以及预定的各项性能指标，确定全系统的最佳匹配。同时，运营单位人员通过参与综合联调，检验各系统的性能、配置是否满足后续运营和维护需求。

城市轨道交通综合联调，是建立在车辆、供电、信号、通信、自动化、环控、防灾、自动售检票、站台门、电扶建设、运营单位和设计、施工、供货、集成、监理、咨询（如有）等参建单位共同参与的基础上，对各个系统的协同运作进行验证，对运营规章制度合理性和运维人员业务水平进行检验，为地铁线路顺利进入载客运营做好设备系统和运作体系上的准备。

地铁建设或运营单位在组织综合联调时，应根据单位组织架构、人员业务水平、线路技术制式、工程建设环境和进度进展情况，确定综合联调的牵头管理部门，选择适合的实施模式，应用匹配的技术方案。

在地铁投入试运营前，对综合监控的调试至关重要。综合监控系统因其系统庞大且复杂，接口种类多、数量大，故综合联调应包括设备单体调试和联结各分散子系统作为整体进行集中控制、集中监视的调试。综合监控系统应进行可靠性、可用性、可维护性、安全性管理并应符合国家现行标准的有关规定。本书指出了全线关联系统间接口调试、综合联调和综合能力测试的时间节点、前置条件、基本任务、安全保障等要求，并将各个阶段的基本任务分解到具体系统综合联调科目中，明确了综合联调实施细则目录，内容涵盖工程设备系统联调的组织、管理、实施等全部系统联调有关工作。

1.1　设备联调与相关程序的关系

综合联调工作地开展一般是多进程和局部进程地交替进行。设备系统联合调试在单项设备系统安装并调试完成后进行，在设备系统联合联调完成后，应进行至少3个月的空载试运行，经空载试运行考核线路已具备开通试运营条件,并经开通试运营基本条件评估通过后,经市人民政府批准后,新线方可正式载客开通试运营。

城市轨道交通设备系统联合调试前的工作和设备联调完成后直到开通试运营各阶段的工作程序,以及设备系统联合调试的程序和流程、对运营和检修人员到岗的要求如图 1.1-1 所示。

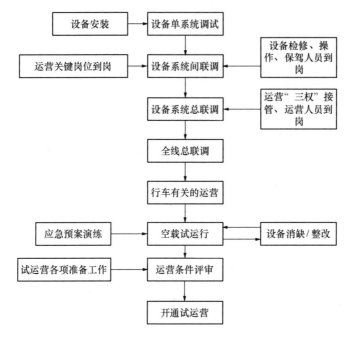

图 1.1-1　设备系统联调流程图

联调联试包含综合联调、运营演练及可靠性测试三个阶段,如图 1.1-2 所示。

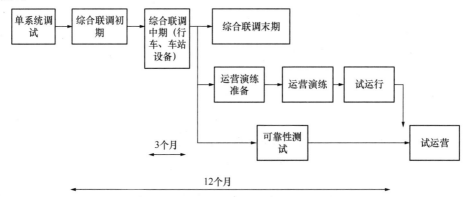

图 1.1-2　设备系统联调流程图

1.1.1　单项设备系统调试

单项设备系统安装、调试应由建设单位（部门）组织设备供应商、设备安装单位（或设备承包商、集成商）、监理单位完成，运营单位（部门）应积极参与、介入。

1.1.2　设备系统联合调试（一般需 3 个月）

在单项设备系统安装、调试完成后，需要对城市轨道交通设备系统进行联调，主要是对城市轨道交通设备、设施系统进行接口测试和设备系统的联动试验。设备联调的总目的是使设备、人员、制度、管理的机-机、人-机、人-人之间形成一个有机的城市轨道交通设备运作体系，满足城市轨道交通运营的需要，保证城市轨道交通的正常、安全运营。

设备联调一般分为三个阶段：设备系统联调、设备系统总联调、全线设备系统总联调。一般设备系统联调、设备系统总联调由建设单位组织进行，全线设备系统总联调由运营单位组织实施。

1.1.3　空载试运行（要求 3 个月）

空载试运行应在完成设备总联调并对总联调结果进行评估设备系统达到安全运行要求后进行。按照开通试运营的行车、乘客服务的水平和要求进行。在空载试运行后通过开通试运营基本条件评审，才能正式开通载客试运营。

1.1.4　运营演练

运营演练分为与运营相关的演练和突发事件的紧急情况演练，与运营相关的演练项目一般在城市轨道交通设备系统总联调和全线总联调阶段进行，突发事件的紧急情况演练一般在空载试运行阶段进行。具体演练项目可根据实际情况安排。

1.2　综合联调项目

综合联调联试共 34 个项目，按联调牵头专业分为：
供电专业牵头联调项目（供电系统）；通信专业牵头联调项目（通信

系统）；信号专业牵头联调项目（信号系统）；综合监控专业牵头联调项目（综合监控系统）；其他测试项目（其他系统）。

其中：

供电专业牵头联调项目（供电系统）共 4 个项目；

通信专业牵头联调项目（通信系统）共 6 个项目；

信号专业牵头联调项目（信号系统）共 5 个项目；

综合监控专业牵头联调项目（综合监控系统）共 15 个项目；

其他测试项目（其他系统）共 4 个项目。综合联调测试时因受并行段影响，总体分为行车类相关联调和非行车类相关联调。

行车类相关设备联调项目的安排由简到繁，逐步深化，从不动车行车设备系统检验项目开始，分阶段完成行车的各项综合联调项目；

非行车类相关设备联调项目安排以车站为单位，逐站进行车站级控制、中央控制的综合监控功能、通信功能、PSCADA 功能和消防联动功能的综合联调和功能验证。

行车类相关设备联调、非行车类相关设备联调完成后，再按运营标准进行行车和运营服务设备的综合演练和紧急情况下的应急处置演练。

1.3 综合联调的意义

1.3.1 检验设备的正常联动，实现相关设备系统运转的最佳匹配

在单项设备系统安装、调试合格，并且经检测设备系统间的物理接口和通信接口具备接口和联动条件后，通过设备联调检验设备的正常联动工作。

经过设备联调可以从整个城市轨道交通系统的角度，对不同系统之间的接口关系以及系统间联动功能与关键性能之间的整合测试提供条件并证明设备、人两者之间按存在的多种相互关系，为整个轨道交通的顺利试运行打下协调运转的基础。整合和优化各机电设备的技术性能和使用功能，验证机电设备之间的接口、联动达到技术要求，实现各机电设备有序、可控、安全、可靠的协调运转。并使各设备子系统的功能结构完整、合理，

使整体系统的功能达到最优。

1.3.2 检验设备相关的规章制度，进行完善、补充、修订

在设备联调的各个阶段，运营岗位和设备操作、检修人员将会陆续到位，进行设备的操作和维护，这就需要已经建立各种设备运行、维护、检修的规章制度，使工作有章可循。这些规章制度在设备联调的实践中得到检验，并在设备联调中对不足之处予以补充、修订，使其得到完善，更具有可操作性。

1.3.3 检验和提高设备操作人员、维护人员的技术水平

在设备联调过程中，设备操作人员、维护人员通过对设备的实际操作、维护，其水平得到检验，并通过设备供应商保驾人员的对岗位的持续培训和技术指导，使设备操作人员、维护人员技术水平得到提高。

1.3.4 检验对运营三级管理的管理模式

城市轨道交通对城市轨道交通设备的运行和行车的调度和控制，采用三级管理模式：中央级（控制中心 OCC）、车站级（车站控制室）、现场级（设备现场），在设备系统总联调和与行车有关的运营演练过程中可以对这种管理模式的功能和配合进行验证，使调度和控制工作得到不断的改进。

（1）验证各系统设备之间协同运作的功能是否满足设计的要求，检验各系统设备和相关人员在地铁正常运营和事故应急情况下能否协调、有序地工作，实现轨道交通系统的综合集成。

（2）通过对系统安全性测试及故障分析，及时对各系统的技术参数进行调整，实现设备系统之间的最佳匹配，提高系统安全性，满足运营的实际需要。

（3）全面验证各系统设备是否完全达到设计功能、性能指标、开通试运营标准，并满足运营需要。

（4）对运营人员进行现场实地培训，确保试运营的顺利开通。

1.4 设备联调的实施方式

综合联调工作具体步骤划分为设备系统联调、设备系统总联调和全线设备系统总联调三个阶段。对于各个阶段进行调试的步骤应当建立清晰的流程图，明确目标，并给出出现分叉结果的不同操作方案和解决方法。新线开通前的设备联调的实施方式一般有三种：自主结合专家咨询、联调项目技术咨询、地铁运行代为开通。其定义如下：

自主结合专家咨询：业主自行负责对联调项目进行项目策划、组织实施、项目总结，完成设备联调工作。专家对联调项目的各项工作提供建议和咨询意见。

联调项目技术咨询：咨询单位对联调项目对项目负责项目策划、组织实施、项目总结。项目实施中对关键程序、岗位进行工作监护、指导，对建立项目的质量、进度、安全保证体系负责，业主组织人员，进行指挥，业主和咨询单位密切配合，共同完成联调项目。

地铁运行代为开通：地铁运行代开通单位对全线开通负完全责任，派驻运行管理、行车指挥、设备操作等关键工作岗位，进行设备联调、空载试运行的策划、准备、实施，并制定地铁开通试运营的对接、过渡方案，与业主共同实施，保证业主顺利进行开通载客试运营。

1.5 综 合 联 调

1.5.1 综合联调原则

运营相关设备系统总联调按照"由简到难，逐步深化"的原则，分车站控制级联调和中央控制级联调两个层次，分别在每个车站进行车站控制能力及车站设备系统的功能测试，然后在中央控制中心内对整个城市轨道交通线车站设备系统进行功能测试，实现对各个子系统的集中监控功能。

（1）相关工程和设备完成分部工程验收，遗留问题基本完成整改。

（2）相关系统单体功能调试已完成，调试结果经各方确认，各系统设备均可以正常投入使用。

(3) 控制中心实现信号系统监控功能；广播、闭路电视、时钟、专用电话、公务电话、无线调度等通信系统功能；通风空调、低压配电与照明各专业均已完成安装调试并可正常投入使用；大屏幕系统可正常显示全线车站系统设备示意图。

(4) 设备厂家、设计、施工单位提交正式的各系统设备的安装施工图纸、设备系统连接图、技术规格书、设计联络文件、设备操作手册、设备维修手册等相关技术资料给运营分公司。

(5) 各控制系统完成软件开发及测试工作，实现站级、中央级监视、控制功能，软件运行稳定。

(6) 基地、场段所有工程和设备完成分部验收，并经工程整改、确认不存在对运营安全构成威胁的工程缺陷，各项设备设施达到设计功能，满足运营调试和运作条件；轨道系统设备具备接车条件、试车线具备设计行车速度的行车条件；信号系统及其控制系统具备功能、车辆检修配套设施具备使用条件。

(7) 基地、场段须基本满足运营办公和生活等条件。

(8) 联调前须完成轨行区封闭，控制中心、信号楼设备须投入使用，必要时实行运营临时接管。

(9) 联调前须完成行车、信号、线路等安全标识安装。

1.5.2 分项要求

(1) 车站主体：车站土建及装修工程应确认不存在对运营安全构成威胁的工程缺陷。在移交前车站完成单位（子单位）工程验收，须确保站内装修工程完成，每个车站至少有对角线两个出入口和紧急疏散口能够使用，全部风亭投入使用。

(2) 土建与轨道工程：区间全线贯通，土建与轨道工程完成单位（子单位）工程验收，影响行车安全的隧道结构、轨道等问题应整改完成。轨行区接管前施工作业基本完毕，轨面无障碍，区间无垃圾及其他遗留物，满足行车要求；轨行区范围内的设备设施应经限界检查合格。区间隧道人防门（防淹门）安装完毕，区间联络通道等各专业施工完毕、轨行区广告灯箱完成安装调试。区间隧道已经完成冲洗。轨行区线路、安全标识需在热滑之前全部完成安装；轨行区安装的线缆、吊装设备设施必须安装牢固无松脱。

(3) 供电系统：变电所工程环网电缆敷设完成，环网开关具备操作条件，变电所设备完成安装和调试，PSCADA系统设备完成安装和调试，杂散电流系统设备完成安装和调试，完成分部分项工程验收；主变电站、牵引降压混合所、跟随所、降压所设备安装调试完毕，已投入运行，所有功能均已具备，工作状况良好。PSCADA系统具备中央级监控功能。接触网通过冷滑、热滑试验，完成单位（子单位）工程验收和缺陷处理。

（4）通信系统：专用电话系统实现控制中心级调度主机与调度分机、车站值班台的通话功能，开通隧道电话通话功能；传输系统可为各系统传输信息；广播、闭路电视系统部分完成车站级的安装和调试；PIS系统部分完成车站级的安装和调试；时钟系统可为关联系统提供基准时间；电源系统完成安装及调试，具备不间断供电功能；无线系统实现移动台与调度台的集群通信；公务电话系统实现网内通信。通信各子系统接口测试功能正常。

（5）风、水、电等设备：给水排水系统与市政给水排水管网联通，具备正常的使用功能，车站及区间的水消防系统具备正常的使用功能。设备房的气体灭火具备正常的使用功能；低压配电及照明系统设备完成安装及调试工作，具备正常的使用功能；通风空调系统设备完成安装及调试工作，联调前具备正常的车站级控制功能。关键设备用房备用冷源可正式投入使用。以上各系统设备均已完成分部分项工程验收。

（6）自动扶梯、电梯：自动扶梯、电梯完成安装调试，设备周边防护设施完成，完成分部工程验收和缺陷处理。电梯要实现消防迫降功能。

（7）屏蔽门：所有屏蔽门、端门安装完成，实现了就地操作（PSL）开、关控制的功能，完成了站级功能的调试，完成分部工程验收和缺陷处理。

（8）FAS系统：基本完成车站主体报警控制盘、车站级计算机及程序联动控制功能的调试。

（9）BAS系统：已完成各监控子系统车站级点动调试、（模式）程序控制调试，基本实现车站级监控功能，并实现消防联动功能。

（10）AFC：基本完成设备安装及系统内部调试，具备正常使用功能，完成分部工程验收和缺陷处理。

（11）综合监控系统设备已完成车站级和中央级设备安装、单体调试及关联系统接口测试、骨干网测试，完成与行车相关的接口系统功能调试。IBP盘安装完毕并完成功能调试，具备所有后备控制操作功能。

（12）信号系统完成车站、轨旁、控制中心设备安装，完成各子系统调试；实现正线、综合基地信号系统连锁功能。

（13）列车具备上线运行条件。

（14）基地设备：洗车机、架车机、不落轮镟床应完成安装、调试，具备正常使用功能。

1.6 设备系统概况

1.6.1 通风空调系统

主要分为以下几部分：

（1）隧道通风系统，根据隧道通风系统的要求，在车站两端及分管的区间布置相应的隧道通风设备。

（2）车站公共区通风空调和防排烟系统，简称大系统；根据地铁运营环境要求，在车站站厅站台的公共区设置通风空调和防排烟系统，正常运行时为乘客提供过渡性舒适环境，事故状态时迅速组织排除烟气。

（3）车站管理及设备用房的通风空调和防排烟系统，简称小系统；根据地铁设备管理用房的工艺要求和运营管理要求设置通风空调和防排烟系统，正常运行时为运营管理人员提供舒适的工作环境和为设备正常工作提供必需的运行环境，事故状态时迅速组织排除烟气。

（4）车站空调水系统，本系统中的大、小系统的空调冷冻水均分站供冷，大、小系统的冷冻水均由车站冷站提供。

通风空调专业所涉及的设备有：

小型轴流风机（包含送风机、排风机、排烟风机等），大型轴流风机（包含隧道风机、事故风机、排热风机、射流风机等），风阀（包含组合风阀、单体阀、防火阀和风口设备），空调机组（包含组合式空调机组、柜式空调机组、风机盘管等），冷水机组（包含螺杆式冷水机组、机房群控系统等）。

1.6.2 给水排水系统

主要分为以下几部分：

（1）站内及相邻半个区间给水系统

提供车站内及相邻半个区间的生产生活用水，包括站内日常生活用水、卫生设备用水，并设有冲洗栓，供站区冲洗所用。

（2）站内及相邻半个区间（含区间泵站）排水系统

主要处理车站及相邻半个区间的生活、生产废水排水和雨水排水，基地还需要考虑工业废水的排水。设有排污泵站，当需要排除的废水存储到一定程度时由排污泵排出。BAS 系统界面可以控制及查看排水情况。

（3）车站给水与市政给水接驳系统

地下车站的生活、生产给水由车站附近的市政大口径自来水管道引入，并在地面设有水表井。供水管道一般沿车站风道、出入口等部位进入车站，车站设有站内总阀门。车站生活、生产给水管道在车站内形成枝状形式的布置。

（4）车站排水与市政排水接驳系统

车站站厅、站台层的冲洗废水、消防废水等由地漏引入轨行区两侧的明沟和站台板下的排水沟内，然后汇集至车站废水泵房的集水池，由排污泵排出。两个车站之间中部线路低洼处设置有排污泵，废水由排污泵提升后排入市政下水管道。排污泵站排水道一般沿车站风亭处穿出车站后与市政下水管网联通。

1.6.3　水消防系统

站内及相邻半个区间消火栓给水系统，此系统提供车站及相邻半个区间的消火栓系统的水源，为保证喷水枪在灭火时有足够的水压，需要设置消防水泵和稳压给水装置，每个车站设置四台消防水泵，其中两台设置于自动位置，两台设置在备用位置。

1.6.4　低压配电及动力照明系统

包括车站动力及照明配电系统、车站照明系统、区间动力及照明配电系统、区间照明系统等工作内容。

（1）一级负荷：包括综合监控系统设备、通信系统设备、信号系统设备、火灾自动报警系统设备、环境与设备监控系统设备、自动售检票系统设备、门禁系统设备、变电所用电、屏蔽门、防火卷帘门、兼作疏散用的自动扶梯、气体灭火、废水泵、雨水泵、安检设备、站厅站台公共区照明、应急照明、疏散用导向灯箱、事故风机及其风阀等。其中火灾自动报警系统设备、环境与设备监控系统设备、专用通信系统设备、信号系统设备、应急照明、变电所操作电源等为一级负荷中特别重要负荷。

(2) 二级负荷：主要为设备区和管理区照明、一般导向照明、非事故风机及风阀、污水泵、集水泵、自动扶梯（不作疏散用）、PIS 显示屏、备用空调 VRV、楼梯升降机、维修电源等。

(3) 三级负荷：涉及公共区及管理用房空调系统（包括冷水机组、冷冻水泵、冷却水泵、冷却塔风机等）、广告照明、清扫机械、保洁电源、商铺用电等。

1.6.5 供电系统

供电系统包括主变电所、35kV 变电所及变电所综合自动化、中压环网、杂散电流防护系统和接触网系统。供电系统一般采用集中供电方式，主变电所进线电源 110kV，系统环网电压 35kV。

1.6.6 通信系统

(1) 专用通信系统

专用通信系统是一个集传输和交换为一体的综合业务网络，主要包括以下系统：

1) 电源系统；
2) 传输系统；
3) 无线通信系统；
4) 公务电话系统；
5) 专用电话系统；
6) CCTV 系统；
7) 乘客信息系统；
8) 广播系统；
9) 时钟系统；
10) 集中告警系统；
11) 场段安防系统传输系统。

(2) 警用通信系统

警用通信系统主要包括以下系统：

1) 传输系统；
2) 视频监控系统；
3) 无线系统；
4) 有线电话系统；

5）计算机网络系统；

6）视频会议系统；

7）电源系统传输系统、计算机网络。

(3) 商用通信系统

商用通信系统主要包括：

1）传输子系统；

2）电源子系统；

3）集中监测告警子系统；

4）无线引入系统。

由通信运营商负责相关调试和维护，不纳入工程综合联调范畴。

1.6.7 信号系统

信号系统整体由正线 ATC 系统、试车线信号系统、基地信号系统和信号培训系统组成。正线信号系统采用完整的基于无线通信的列车自动控制系统（CBTC），并配置具有点式 ATP 功能的后备信号系统。正线 ATC 系统主要包括列车自动监控子系统（ATS）、列车自动防护子系统（ATP）、列车自动运行子系统（ATO）和计算机连锁（CI）子系统；按地域划分为控制中心设备、车站及轨旁设备、车载设备、试车线设备、基地设备、培训中心设备。

1.6.8 综合监控系统（ISCS）

综合监控系统由服务器、操作员工作站、网络设备、前端通信处理机（FEP）、综合后备盘（IBP）、大屏幕及综合监控系统软件组成。整个系统采用冗余的分层、分布式结构，中央级和车站级采用基于 TCP/IP 或 UDP/IP 的网络协议，并采用行之有效的故障隔离和抗干扰措施。综合监控系统由位于 OCC 的中央级综合监控系统（CISCS）、位于各车站的车站综合监控系统（SISCS）、位于基地的综合监控系统（DISCS，同属于站级综合监控系统）以及连接这几部分的主干传输网络构成。

1.6.9 环境与设备监控系统（BAS）

环境与设备监控系统主要由控制器、输入输出（I/O）模块、网络设备、传感器、操作站、不间断电源（UPS）及系统软件组成。

BAS 系统由中心级监控系统、车站级监控系统和现场级设备组成。

BAS系统实行两级管理，三级控制的模式。在中心级、车站级以及现场，均可以对BAS现场设备进行控制。

中央级BAS监控系统对各个车站的区间隧道通风设备、车站通风空调及水系统设备、给水排水设备、动照系统设备及电扶梯设备进行监视或控制。车站级BAS监控系统是对本车站所辖区间隧道及车站的通风空调大系统、小系统及其水系统、照明系统、自动扶梯、电梯、给水排水系统相关设备进行监控及管理，同时对相关设备用房和公共区的环境温湿度等参数进行监测。BAS系统硬件采用西门子S7-400系列PLC产品。

1.6.10　电力监控系统（PSCADA）

主所、正线每个变电所设置一套变电所综合自动化系统，对本站变电所设备进行监视和控制。全线变电所综合自动化信息上传至综合监控系统，由综合监控对供电系统进行统一的监控。

1.6.11　门禁系统（ACS）

门禁系统分为中央管理级、车站管理级及现场控制级。门禁系统的门禁卡与地铁员工票合用，作为进入授权区域的门禁卡。门禁系统是实现员工进出管理的自动化系统。通过门禁系统可实现自动识别员工身份；自动根据系统设定开启门锁；自动记录交易；自动采集数据，自动统计、产生报表；并可通过系统设定实现人员权限、区域管理和时间控制等功能。

1.6.12　自动售检票系统（AFC）

自动售检票系统（AFC）由ACC、线路中央计算机系统LCC、编码分拣设备E/S、车站计算机系统SC、车站AFC设备SLE和车票组成。结构层次分为车票、车站终端设备、车站计算机系统、线路中央计算机系统和清分系统五个层次。

1.6.13　火灾自动报警系统（FAS）及气体自动灭火系统

FAS构成包括信息管理层、控制层及设备层。信息管理层由中央级及车站级（含基地）的综合监控系统组建，含服务器、工作站及全线1000M以太网等；控制层由FAS组建，含FACP盘及工控机等设备；综合监控系统信息管理层与FAS控制层通过工业级以太网接口连接。设备层由FAS现场设备组成，含探测器、模块、声光报警器等；控制层能够相对独立的工作,即控制层脱离综合监控系统的信息管理层时,仍能独立运行。

1.6.14 电扶梯系统

每个车站设置有自动扶梯与电梯。出入口自动扶梯为室外型,站内为室内型。站台至站厅电梯采用透明观光无机房电梯。

1.6.15 屏蔽门系统(PSD)

屏蔽门系统由机械结构和电气系统两部分构成,机械部分包括门体结构和门机传动系统,电气部分包括供电系统和控制系统。

门体结构主要包括固定门、应急门、滑动门、端门、顶箱、承重结构、门槛、预埋件、密封件、绝缘件;门机系统主要包括门机梁、驱动装置、传动装置、门锁及其他相关部件。

屏蔽门供电系统主要包括驱动电源、控制电源、电源模块、电源监视系统等,控制系统包括控制设备(PSC、DCU、PSL、MMS)等、接口模块、现场总线网络及相关软件。

1.6.16 防淹门系统

防淹门主要由门扇、闭锁、机械锁定装置、门框、轨道密封装置、启闭机、控制系统等几部分组成。

防淹闸门的形式有升降式和平开式两种。升降式闸门又叫平面滑动式闸门,门体为单扇,属平面多主梁焊接钢结构件,两侧采用钢基铜塑材料作为滑动导向块,与门槽配合,在门槽内上下滑动,实现闸门在隧道内开闭和水流通道的动作。平开式防淹门由机械系统和液压系统两大部分组成。机械系统主要由门扇、门框、启闭装置、闭锁装置及止水装置等组成。液压系统主要由液压泵站和执行机构(液压马达、液压缸)组成。

1.6.17 车辆系统

地铁车辆是城市轨道交通系统的重要组成部分,是承担正线运营服务的主要设备。车辆系统主要由机械系统和电气系统组成。

车辆系统以 B2 型车为例,供电方式为 DC1500V 架空接触网方式受流,最高运行速度 80km/h,轨距 1435mm。列车编组形式:

=Tc+Mp+M+M+Mp+Tc=(Tc:带司机室的拖车;Mp:带受电弓的动车;M:不带受电弓的动车)

第 2 章 综合联调组织及制度

联调联试期间各专业的牵头单位负责与配合专业协调接口的各项技术、操作、管理要求，负责编制系统联调联试的实施方案，主要有以下三种方式：

方式一：建设单位组织实施完成，过程中聘请咨询单位编写联调联试大纲及实施细则，并在联调联试过程中向联调联试实施单位提供指导，联调联试咨询方仅提供咨询建议，并不参与具体调试；

方式二：建设单位直接聘请联调联试承包商，既编写联调联试大纲及实施细则，又进行联调联试实施；

方式三：由运营单位组织实施，建设方和设备供货商配合。

联调联试的组织责任方通常是建设主体方，联调联试阶段运营单位直接介入，对安装完成的设备进行调试，使各系统设备功能性能达到最佳匹配，使运营操作、管理人员直接具备转入运营的条件。本章重点介绍联调项目技术咨询方式。

2.1 综合联调方案编制依据

2.1.1 国家、地方、行业的标准、规范和指导性文件

(1)《城市轨道交通试运营基本条件》GB/T 30013；

(2)《城市轨道交通技术规范》GB 50490；

(3)《城市轨道交通运营管理规定》（交通部令 2018 年第 8 号，2018 年 7 月 1 日起施行）；

(4)《地铁设计规范》GB 50157；

(5)《建设工程监理规范》GB/T 50319；

(6)《城市轨道交通试运营系统测试检验规范》（征求意见稿）；

(7)《某交通工程初步设计文件及批复》；

(8)《城市轨道交通车辆组装后的检查与试验规则》GB/T 14894；

(9)《城市轨道交通照明》GB/T 16275；

(10)《城市轨道交通自动售检票系统技术条件》GB/T 20907；

(11)《城市轨道交通运营管理规范》GB/T 30012；

(12)《城市轨道交通试运营系统测试检验规范》（征求意见稿）；

(13)《城市轨道交通自动售检票系统工程质量验收标准》GB/T 50381；

(14)《城市轨道交通信号工程施工质量验收标准》GB/T 50578；

(15)《地下铁道工程施工质量验收标准》GB/T 50299；

(16)《城市快速轨道交通工程项目建设标准》（建标 104-2008）；

(17)《职业安全健康管理体系 要求》GB/T 28001；

(18)《城市轨道交通通信工程质量验收规范》GB 50382；

(19)《城市轨道交通综合监控系统工程设计标准》GB/T 50636；

(20)《建设工程文件归档规范》GB/T 50328—2014；

(21)《城市建设档案管理规定》（建设部令第 90 号）

(22)《建设工程质量管理条例》（国务院令第 279 号）

(23)《城市轨道交通直流牵引供电系统》GB/T 10411—2005；

(24)《铁路电力牵引供电设计规范》TB 10009；

(25)《轨道交通可靠性、可用性、可维修性和安全性规范及示例》GB/T 21562；

(26)《铁道车辆动力学性能评定及试验鉴定规范》GB/T 5599；

(27)《地铁车辆通用技术条件》GB/T 7928；

(28)《城市轨道交通信号系统通用技术条件》GB/T 12758。

2.1.2 合同文件

(1) 各设备系统合同文件、机电安装及装修各标段合同文件。

(2)《工程设备系统联调服务合同》。

2.2 综合联调组织架构及职责分工

2.2.1 综合联调组织架构

综合联调组织架构分三层机构：决策层（综合联调领导小组）、管理层（综合联调工作组）、执行层（各专业调试组）。执行层包含如下专业调试组：信号组、通信组、综合监控组、供电组、联合调度室、综合保障组。

联调联试的组织构架如图 2.2-1 所示。

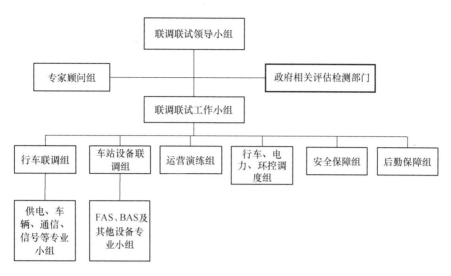

图 2.2-1　联调联试的组织构架

2.2.2　综合联调职责分工

（1）综合联调领导小组，内设组长及副组长等管理岗位，其工作职责为：

1）决定和批准综合联调大纲、联调细则、试运行（运营演练）的总体计划和总体方案，保证载客试运营各工程节点的实现；

2）根据综合联调实际情况，决定和批准综合联调的总体计划的调整；

3）决定和批准工作组的人员组成；

4）对影响综合联调工作的重大问题做出决策。

（2）综合联调工作组主要负责综合联调日常运作和管理工作，工作职责为：

1）组织制定综合联调、试运行（运营演练）的总体计划，报领导小组批准；

2）按照批准设备联调、试运行（运营演练）的总体计划，组织制定并决定和批准设备联调、试运行（运营演练）的项目实施计划；

3）根据联调科目实施的具体情况审核设备联调、试运行（运营演练）项目调整计划，报领导小组批准；

4）具体实施综合联调、试运行（运营演练）项目计划，对联调中的设备接口联调、运营演练、空载试运行项目的实施进行指导和协调；

5）协调解决综合联调、试运行（运营演练）项目中的重要技术性问题；

6）确定综合联调、试运行（运营演练）各个项目组工作小组的人员组成，任命综合联调各工作小组的组长，指导项目组工作；

7）组织审查和批准综合联调、试运行（运营演练）项目的评估报告。

(3) 综合联调专业调试组分为信号组、通信组、综合监控组、供电组、联合调度室、综合保障组。其工作职责如下：

各专业调试组职责：

1）在项目组长（副组长）的领导下，负责所辖综合联调实施细则实施过程中的现场指挥、调度、指挥和组织管理，并在综合联调结束后，主导组织项目工作组对方案执行情况进行总结和评估；

2）负责按照各联调项目实施细则内容及步骤要求，在现场指挥的直接指挥下参加所辖综合联调实施细则的具体实施，记录、汇总、分析联调测试数据，协助解决在综合联调中发现的问题；

3）负责所管辖专业项目单体系统调试实施工作，跟踪系统调试进度，记录、汇总、分析调试数据及解决调试中发现的问题；

4）组织收集、更新综合联调和各设备系统调试的相关报表数据，按要求及时提报相关报表和周报；

5）收集、汇总联调中发现的问题和跟踪整改情况。

联合调度室职责：

1）负责综合联调期间的行车调度、电力调度、环控调度工作；

2）执行综合联调工作组下达的调试列车行车调度计划；

3）负责安排调试列车的运行，指挥行调、电调按预案或临时应急办法配合抢险救援工作；

4）负责综合联调期间工程施工计划和作业计划安排协调；

5）定期向综合联调工作组汇报工作执行情况；

6）认真监视列车运行、根据与行车相关设备设施的状态，确定行车调整方案，合理调整列车运行，组织兑现调试计划；

7）完成综合联调工作组安排的其他任务。

(4) 综合保障组职责：

1）按照领导小组下达的安全管理文件担负全线综合联调、试运行演练、应急预案演练的安全监督管理职能；

2）定期组织安全检查，通报安全事故，处理安全违章事件，下达惩处决定；

3）督促、检查、指导各专业调试项目组的安全员工作；

4) 对综合联调、试运营演练开始前作出安全评估意见，在联调试运行中途作出安全情况通报，在综合联调、试运行、应急预案演练结束后出具安全评估意见。

2.2.3 联调联试的流程

联调联试流程图见图 2.2-2 所示。

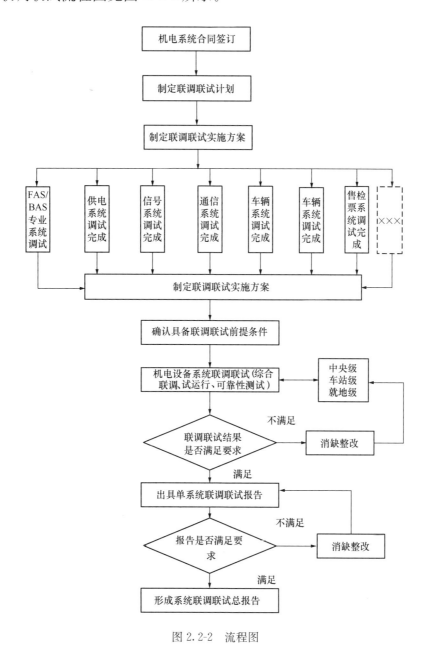

图 2.2-2 流程图

城市轨道交通设备系统联调联试具有多专业交叉联合调试、持续时间长、涉及单位多、安全风险高、质量责任大等特点,因此合理设置联调联试的实施流程和进程控制至关重要。

联调联试各环节的主要工作内容:

综合联调初期:确认接口功能、编制联调大纲、建立组织机构;

综合联调中期:组织实施方开展综合联调工作;

综合联调末期:验收及评价。

在明确了联调联试项目、满足联调联试条件后,各项目必须根据项目的实际测试项点详细排列出每个测试内容所需的时间;

在每个项目具体实施时,应充分考虑到作业空间资源尤其是轨行区资源的分配、问题处理所需时间、复测复验的安排及试运行准备对资源的占用等可能性因素,各项目的时间周期比所需的作业天数要长。因此,基于每个联调项目所需的天数,可合理、交叉安排总体的联调联试时间进度安排。

2.3 综合联调内容

工程综合联调科目共设置34项,根据分期、分批、分段、分级的原则开展。

根据主导专业共划分为四大类。

(1) 综合监控专业主导的联调科目,主要配合专业:供电、信号、通信、AFC、FAS、屏蔽门、电扶梯、常规机电、防淹门。

(2) 信号专业主导的联调科目,主要配合专业:车辆、屏蔽门、通信。

(3) 通信专业主导的联调科目,主要配合专业:信号、车辆、ISCS、常规机电、供电、垂直电梯。

(4) 供电专业主导的联调科目,主要配合专业:车辆、常规机电。

2.3.1 综合联调主要项目的基本内容和要求

(1) 车辆/电客列车与相互关联系统联调联试

1) 列车与信号系统(自动行车控制、行车安全保护、接口信息传送等);

2）列车与通信系统（司机用无线车载台、中央对客室广播等）；

3）列车与综合监控（列车实时状态信息、列车视频等）；

4）列车与供电变电站、接触网（高压和大电流保护、弓网跟随性等）；

5）列车与屏蔽门/信号系统（开关同步性、开关门信号传输等）。

（2）信号与相互关联系统联调联试

1）信号与屏蔽门/安全门、时钟、FAS 和 BAS、SCADA、大屏、广播、乘客信息、无线通信、车载广播；

2）信号系统多列车联调联试；

3）大屏与 SCADA、CCTV、FAS 和 BAS。

（3）通信与相互关联系统联调联试

1）通信传输系统与信号系统、自动售检票系统、电力监控系统、机电设备监控及门禁系统联调；

2）通信专业与电梯专业联调联试；

3）通信专用无线系统与信号 ATS、列车广播接口联调联试。

（4）供电系统与相互关联系统联调联试

1）主变运行方式转换对牵降变系统影响；

2）SCADA 系统与信号专业联调联试；

3）供电系统与通信专业联调联试；

4）供电系统与 FAS 和 BAS 专业联调联试；

5）供电系统与列车行车联调联试；

6）供电系统与售检票联调联试；

7）供电系统与屏蔽门/安全门电源联调联试；

8）供电系统与相互关联系统联调联试；

9）供电系统与电梯电源联调联试；

10）供电系统与车站风水电联调联试；

11）供电系统与气体（细水雾、水喷淋）系统联调联试；

12）供电系统短路试验。

（5）综合监控系统与相互关联系统联调联试

1）综合监控系统在联调初期需完成车站环控、给水排水、消防和火灾报警系统设备完成安装和单体调试，然后在车站按照设计要求完成车站级模式控制调试；

2）与 BAS 系统、电力监控系统和火灾自动报警系统的集成功能；

3) 与中央级（OCC 控制室）、车站级（车站控制室）和就地级（被控设备端）三级控制，已经两级管理（车站和控制中心）。

(6) FAS 和 BAS 与相互关联系统联调联试

1) 车站模式测试包括火灾运行模式和正常运行模式；

2) 车站级 IBP 盘测试；

3) 控制中心中央级相关测试包括：FAS 和 EMCS 系统与上层网系统（主时钟）接口测试，隧道风机控制终端测试，EMCS 系统与信号系统接口测试等。

(7) 屏蔽门与相互关联系统联调联试

1) 完成屏蔽门车站级控制调试；

2) 行车相关联调（配合信号、车辆完成系统间联调）；

3) 车站级设备联调（配合 BAS 专业完成监控状态信息的上传）。

2.3.2 非行车类相关设备联调

工程综合联调非行车类相关设备联调主要以综合监控（含 ISCS、BAS、FAS、AFC）主导的关联系统联调。

2.3.2.1 综合监控主导的关联系统接口联调

工程综合监控系统与各系统接口及基本功能测试，分中央级的基本功能测试和车站级基本功能测试，通过测试验证中央级（OCC）工作站和车站级工作站对各个系统设备的远程监测或控制功能。

综合监控（含 ISCS、BAS、FAS）与以下各设备综合联调，进行接口功能测试：

(1) ISCS-电力监控系统（PSCADA）

(2) ISCS-环境与设备监控等系统（BAS）

1) BAS-FAS；

2) BAS-自动扶梯；

3) BAS-垂直电梯；

4) BAS-动力与照明系统；

5) BAS-通风/空调系统（HVAC）；

6) BAS-给水排水系统（含水消防系统）。

(3) ISCS-火灾自动报警系统（FAS）

1) FAS-气体灭火系统；

2) FAS-自动售检票系统（AFC）；

3) FAS-动力照明系统；

4) FAS-防烟阀、防烟防火阀（FD、SFD）；

5) FAS-专用排烟风机系统；

6) FAS-电气火灾系统；

7) FAS-给水排水系统（水消）；

8) FAS-基地非消防电梯；

9) FAS-防火卷帘门；

10) FAS-门禁系统（ACS）；

11) FAS-垂直电梯；

12) 气体灭火系统-防烟防火阀（SFD）。

(4) ISCS-隧道温度探测系统（DTS）。

(5) ISCS-屏蔽门系统（PSD）。

(6) ISCS-防淹门（FG）接口。

(7) ISCS-自动售检票系统（AFC）。

(8) ISCS-门禁系统（ACS）。

(9) ISCS-信号系统（SIG）。

(10) ISCS-传输系统（TS）。

(11) ISCS-广播系统（PA）。

(12) ISCS-视频监控系统（CCTV）。

(13) ISCS-乘客信息系统（PIS）。

(14) ISCS-通信集中告警系统（TEL/ALARM）。

(15) ISCS-时钟系统（CLK）。

(16) ISCS-大屏（OPS）。

(17) ISCS-自动扶梯（ES）。

(18) ISCS-动力照明系统（DZ）。

2.3.2.2 综合监控主导的多系统联动

工程车站设备综合联调则以正常模式、灾害模式和应急模式联动功能为主展开，完全模拟试运营基本条件下专家评审流程和消防验收防排烟检测流程。

对车站正常和火灾工况，包括车站站厅火灾大系统、车站站台火灾（大系统）、车站设备区走道火灾（小系统）和关键设备房火灾（气灭保护区），验证火灾自动报警系统FAS（含气体自动灭火系统）能否正确触发火灾情况，联动FAS本系统及相关联外部系统的设备，综合监控系统

ISCS能否正确接收FAS火灾报警信息，及时响应及确认火灾，执行正确的火灾模式，正确联动环境与设备监控系统BAS、智能低压MCC、通风空调、风机、风阀、给水排水、低压照明、屏蔽门、广播PA、乘客信息系统PIS、视频监控系统CCTV、自动售检票系统AFC、门禁系统ACS及400V非消防电源的切除。

(1) 车站正常模式

1) 车站正常模式联动功能综合联调范围为所有车站的所有正常模式联动功能测试。

2) 车站正常模式联动功能综合联调包括大、小系统以及隧道正常、灾害模式等测试子项。

3) 本联调科目可与车站火灾模式联动功能测试安排在一起进行，从而最大程度提高调试效率，节约调试时间。

(2) 车站火灾及防排烟消防联动功能综合联调

1) 检验车站火灾工况涉及的各系统（FAS、气体灭火、综合监控ISCS、BAS、智能低压、通风空调、风机、风阀、水消防、照明、低压配电、EPS、PSD、PA、PIS、CCTV、AFC、门禁系统和400V非消防电源等）间联动功能，确保各相关设备系统接口的正确性、完整性、实时响应能力，及时发现存在问题并协调解决。

2) 验证综合监控系统（含BAS）执行大系统、小系统火灾模式各相关设备系统可以正常联动、响应及时、动作到位、复位可靠。

3) 验证火灾自动报警系统FAS（含气灭）系统对车站火灾工况报警联动各火灾模式正确，联动关系准确。

(3) 区间火灾及阻塞模式联动功能综合联调

1) 信号系统与ISCS（含BAS）系统联调，信号系统与ISCS（含BAS）系统联调分为静态测试和动态测试，静态测试采用模拟信息方式进行，即信号人员模拟各类信号发送给ISCS/BAS系统，ISCS/BAS系统接收各类信息，ISCS/BAS与信号的动态信息可以结合在动车过程查看信息，ISCS/BAS与信号的联调整体穿插进行。

2) 信号系统、ISCS（含BAS）系统、区间阻塞及火灾模式联调列车区间火灾及阻塞模式测试为：在正线隧道上/下行同时开行列车（不同站与站之间的区间），联调组长抽测其中三个区间进行模拟列车阻塞，执行对应的灾害模式。

(4) 车站综合紧急后备盘IBP联动功能综合联调。综合联调科目包括：

1）IBP盘总试灯；

2）信号系统IBP盘功能（集中站和普通站测试内容有所区别）；

3）AFC系统IBP盘功能；

4）ACS系统IBP盘功能；

5）消防泵系统IBP盘功能；

6）BAS环控模式系统IBP盘功能；

7）PSD系统IBP盘功能；

8）自动扶梯（电扶梯）系统IBP盘功能；

9）防淹门IBP盘功能。

（5）车站设备综合联调注意事项：

1）车站正常模式、灾害模式联动功能综合联调和综合紧急后备盘IBP相关联动功能综合联调可合并进行。

2）根据工程的现状可以分两轮进行，从而最大程度提高调试效率和全面性，确保综合联调进度。

2.3.2.3 AFC系统接口主要内容

（1）与通信系统的接口

1）通信系统提供传输信道；

2）通信系统提供时钟同步。

（2）与综合监控系统的接口

1）监视客流报表；

2）监视AFC设备状况，对设备故障进行报警；

3）采集客流数据；

4）按综合监控系统补充。

（3）与动力及照明专业的接口

动力及照明专业提供AFC设备需要的电源。

（4）与FAS系统的接口

实现火灾情况下，自动检票机的紧急释放。

（5）与ACC系统的接口

LC与ACC之间的多种类数据传输。

2.3.3 行车类相关设备联调

工程综合联调行车类相关设备联调以通信、信号、供电专业主导的关联系统间的联动功能为主。

2.3.3.1 通信系统主导的关联系统联动

(1) TS 系统与 SIG 系统的接口。

(2) TS 系统与 AFC 系统的接口。

(3) TS 系统与 ISCS 系统的接口。

(4) CLK 系统与 SIG 系统的接口。

(5) CLK 系统与 AFC 系统的接口。

(6) CLK 系统与 ISCS 系统的接口。

(7) CLK 系统与 PSCADA 系统的接口。

(8) PIS 系统与 SIG 系统的接口。

(9) PIS 系统与 ISCS 系统的接口（ISCS 主导）。

(10) PIS 系统与车辆 RS 的接口。

(11) PA 系统与 SIG 系统的接口。

(12) PA 系统与 ISCS 系统的接口（ISCS 主导）。

(13) PA 系统与 FAS 系统的接口。

(14) CCTV 与 ISCS 系统的接口（ISCS 主导）。

(15) CCTV 与垂直电梯 DT 系统接口。

(16) RADIO 系统与 SIG 系统的接口。

(17) 车载 RADIO 与车辆 RS 广播系统的接口。

(18) TEL/ALARM 系统与 ISCS 系统的接口（ISCS 主导）

2.3.3.2 信号系统主导的关联系统联动

工程信号系统相关综合联调以信号系统 CBTC 模式功能综合联调、降级模式功能综合联调、信号系统正线与基地接口出入段线联锁功能综合联调和信号系统与电客列车车门、屏蔽门接口功能联调组成。

(1) 信号正线（含出入段线、基地）联锁功能综合联调

1) 主要是正线信号系统的联锁功能（含静态及动态）的验证和联调；

2) 主要是正线与基地信号系统间出入段线联锁功能的验证和联调。

(2) 信号 CBTC 模式功能综合联调

1) CBTC 情况下列车运行综合联调；

2) 各种状态模拟综合联调；

3) CBTC 模式下的 ATS 功能综合联调；

4) CBTC 电客列车站台紧急关闭、扣车综合联调等。

(3) 信号降级模式功能综合联调

1）BM 模式各种情况下（含出入段线、转换轨、正线等）的列车运行综合联调；

2）BM 模式下驾驶模式转换测试；

3）BM 模式下站台紧急关闭功能、扣车测试；

4）电话闭塞法行车组织有关功能综合联调。

（4）信号与车辆、屏蔽门联动功能的综合联调。

1）信号系统与列车车门的联动功能联调；

2）信号系统与屏蔽门联动及互锁解除功能联调。

（5）在做信号 CBTC 及降级模式功能联调时，将以无动车、单列车、双列车和多列车等形式分别验证车辆超速保护、列车运行安全防护、列车车站扣车和跳停功能，查看通信无线群呼、个呼、车载 PIS、车载 CCTV 的功能，验证和测试旅行速度、停站时分、折返能力等功能。

（6）行车设备多系统间联动功能综合联调注意事项如下：

1）信号集成商卡斯柯应在行车设备综合联调前提供完成相关车载信号系统测试的电客列车，并附上允许投入综合联调的安全证书或其他类似证明文件；

2）联调单位在行车设备综合联调前应召开技术交底会、启动准备会和桌面推演；

3）在全线动车调试前，或每次行车设备联调前，应安排巡道车轧道检查，并由相关车站地盘管理单位及其监理单位（运营三权移交前）检查屏蔽门端门外是否有侵限或其他影响行车设备安全的设备、材料和垃圾等杂物；

4）控制中心调度大厅行调、基地信号楼调度、车站行车值班员和电客列车司机等应该按联调实施细则的要求到位，综合联调工作组应代表各参调单位向调度请点，以确保动车区域出清，和其他施工和无关人员进入调试区域；

5）行车设备多系统联动功能综合联调将安排至少 2 周时间，分别由无动车、单列车、双列车至多列车逐步开展。

2.3.4 供电系统相关联调

供电系统相关联调包含供电系统各种模式功能综合联调和电力监控系统。

PSCADA 功能综合联调。

(1) 供电系统各种模式功能综合联调包括测试直流 1500V 牵引供电系统在各种非正常运行方式下的供电能力；在正常牵引负荷下测试大双边越区、单边供电模式、正线向基地支援供电模式的能力；在大双边越区供电模式、大单边越区供电模式下进行车辆试跑测试。

(2) 电力监控系统 PSCADA 功能综合联调：控制中心电力调度通过 PSCADA 对主变电所、牵引降压混合变电所、降压变电所、跟随降压变电所进行遥控、遥测、遥信等功能进行全部检验测试，并进行程控卡片、停送电和双边联调功能联调。

2.3.5 综合能力测试联调

综合能力测试是指在系统处于正常模式或降级模式情况下，对多系统联动的极限能力进行的测试，验证设备系统是否具有功能设计中的极限能力。这部分能力测试主要测试综合监控、车辆、供电、通信、信号、AFC 等核心设备系统的性能和可靠性，以及弱电系统电磁干扰等特殊情况下设备稳定性调试构成。全面检验工程设计要求的各设备系统联动功能、极限性能、最大运行能力和可靠性。

工程的关键设备系统能力（性能）测试综合联调将以《城市轨道交通试运营系统测试检验规范》（征求意见稿）为参考依据，分为下列科目实施。

(1) 信号系统能力测试

主要是通过多车行车联调检验信号系统在正常的 CBTC 模式下和降级模式下的最大运行能力测试。具体包括列车最小间隔追踪、折返能力、出入段能力、抗干扰能力。

(2) 车辆能力测试车辆能力测试包含车辆超速保护功能测试和车门安全防护功能测试。

(3) 供电系统能力测试包括全线交流供电系统满负荷能力测试、全线直流供电系统满负荷能力测试、PSCADA 系统设备冗余能力测试、供电设备抗干扰能力测试和 1500V 直流供电系统短路测试。

(4) 通信系统能力测试包括（但不限于）传输环网自愈能力、应急广播能力测试、PIS 信息发布（含视频、紧急文本消息发布）能力测试。

(5) 车站机电能力测试

根据工程的设备情况特点，主要包括综合监控系统雪崩能力测试、车站 AFC 能力测试和弱电系统抗电磁干扰能力测试等组成。

(6) 关键设备系统能力（性能）测试综合联调注意事项如下：

1) 与既有线路并行或直接换乘的车站联调不应干扰既有线的运营安全和秩序；

2) 能力测试阶段是试运营基本条件专家评审新的关注点，要求由运营人员直接操作和实施。因此，将合理安排时间组织控制中心行调、电调、环调、车站行车值班员和相关设备系统维护人员提前学习相关联调实施细则，熟悉调试流程和注意事项。在能力（性能）测试综合联调实施过程中，相关设备系统的承包商和监理单位要做好设备保驾，相关设计单位、联调单位和咨询单位要在现场参与，并提供技术分析和技术支持；

3) 能力（性能）测试综合联调具体科目的制定和确定，还要结合运营单位的组织架构、应急预案、行规、操作手册和工程建设进度的具体情况等进行综合考虑，在最终的实施细则予以中修改；

4) 能力（性能）测试综合联调由于要检验设备系统的极限性能、可靠性和稳定性，在各设备系统施工、安装和调试最后阶段进行，相关调试区域必须做到全封闭，调试全过程需要必须坚持请销点制度和情况汇报制度。综合联调科目负责人需要及时掌握相关设备系统状态，在有可能产生较大不良后果的情况下，要及时中断或终止综合联调，在重新检查前置条件并确认无安全、质量隐患后，方可继续进行。

2.4 综合联调管理制度

2.4.1 会议及协调机制

由综合联调领导小组负责工期统筹策划，根据施工进度每月实时动态进行工期策划调整，明确工程进度、分析落后原因、制定调整计划并发布，各专业单位应严格按照计划开展工作，确保工程有序推进。

（1）不定期召开联席会议，对涉及各方的重大问题进行协调、讨论、决策。

（2）领导小组、工作组、专业调试组定期召开工作会议，总结上阶段的调试情况，布置下阶段的任务；对技术问题进行讨论，制定方案；对上期各方表现进行点评。

2.4.2 进度控制制度

(1) 专业调试组核实该项目的前提条件,若条件满足准备启动该项目,若条件不满足,报综合联调工作组,申请调整计划。

(2) 召开项目启动会议。

(3) 专业调试组实施测试项目。

2.4.3 质量控制制度

(1) 专业调试组每日于测试结束后,按标准格式记录测试中出现的问题,提交综合联调工作组。

(2) 综合联调工作组整理各个项目小组的问题并发布。

(3) 参与各方根据责任归属,将问题整改后汇报综合联调工作组。

(4) 各专业调试组核实整改情况后,报综合联调工作组销项。

2.4.4 调试现场管理制度

(1) 每日调试项目开始前,由专业调试组长召开调试前例会,对本日调试的内容和安全注意事项进行交底,确定调试步骤、做好分工。该项测试的所有参与人员需参会(根据调试需要在其他站点工作的不需到场,但需安排人员交办)。

(2) 调试过程中,各参与人员按分工根据指挥调试相关操作,观察并反馈设备动作情况,做好调试记录。根据约定的调试口令严格调试呼唤应答制度。

(3) 每日调试结束后,召开小结会,总结当天工作、提出并记录存在问题和整改措施、安排次日工作。专业调试组长及各参与方代表参会。

第 3 章 供电系统联调

3.1 供电系统简介及联调概述

3.1.1 供电系统简介

城市轨道交通供电系统作为城市电网的一个重要用户，归纳起来主要由外部供电系统、牵引供电系统和动力照明系统三大部分组成。

外部供电系统主要由发电厂（站）、升压系统、高压输电网、区域变电站和主降压变电站组成。从管理的角度上看，主降压变电站可以由电力系统（电业部门）直接管理，也可以归属城市轨道交通部门管理。

牵引供电系统主要由直流牵引变电所和牵引网组成。电能从牵引变电所经馈电线、接触网输送给电动列车，再从电动列车经钢轨（轨道回路）、回流线流回牵引变电所。

动力照明供电系统主要由降压变电站、配电所（室）、配电线路组成。在动力供电系统中，降压变电站一般每个车站设置一个或两个，也可将降压（动力）变压器附设在某个牵引变电站之中，构成牵引与降压混合变电站。

城市轨道交通供电系统结构示意图如图 3.1-1 所示，现场照片如图 3.1-2 所示。

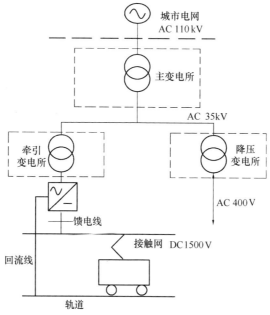

图 3.1-1 城市轨道交通供电系统结构示意图

第3章 供电系统联调

图 3.1-2 城市轨道交通供电系统现场照片
(a) 接触网；(b) 牵引（降压）变电所

3.1.2 供电系统联调概述

供电系统是城市轨道交通直接影响行车安全的核心系统之一，其运行情况直接关系到城市轨道交通开通后的运营安全和服务质量。根据轨道交通供电系统的特点，供电系统联调对包括主变电所系统、中压变电系统、牵引直流系统、交直流屏、综合自动化系统、低压配电系统等供电设备之间控制与保护等功能配合进行一系列验证，最终验证供电设备之间控制、保护等功能配合是否满足设计和使用要求，因此供电系统联调工作是保障轨道交通供电系统安全、稳定运行的必要性工作。

供电系统联调主要包含直流牵引供电系统各种运行模式联动功能测试、1500V直流牵引供电系统短路测试、供电系统满负荷测试、弱电设备抗干扰测试等项目的功能联调，也有部分城市轨道交通运营单位并未将短路测试列入联调项目。

3.2 直流牵引供电系统各种运行模式联动功能测试

3.2.1 直流牵引供电系统各种运行模式联动功能测试概述

直流牵引供电系统的运行方式一般有双边供电、单边供电、大双边供电几种方式。正常情况下，直流牵引供电系统采用双边供电方式（除末端

3.2 直流牵引供电系统各种运行模式联动功能测试

站、场段除外),如图 3.2-1(a)所示;故障情况时可以采用单边供电方式和大双边供电方式,如图 3.2-1(b)、(c)所示;特殊情况下亦可采用正线支援停车场供电方式,如图 3.2-1(d)所示。

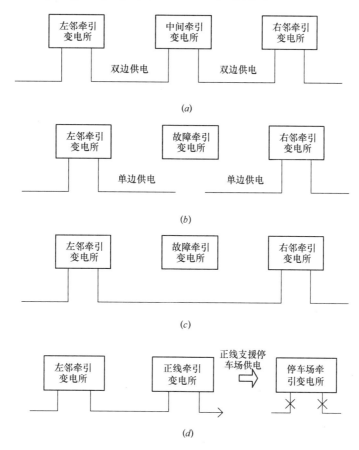

图 3.2-1 直流牵引供电系统运行模式示意图
(a) 双边供电;(b) 单边供电;(c) 大双边供电;(d) 正线支援停车场供电

可见,直流牵引供电系统各种运行模式联动功能测试包含正线大双边、单边、正线支援停车场供电方式的联调。通过模拟列车正常载客运行负荷,观察记录直流牵引供电系统各项运行数据,以确认直流牵引供电系统负载能力是否满足设计要求与实际需求。因此做好直流牵引供电系统各种运行模式联动功能联调测试是保障运营期间设备安全稳定、列车持续运行的关键性工作。

3.2.2 直流牵引供电系统各种运行模式联动功能测试目的

通过该项测试验证直流 1500 V 牵引供电系统在单边、大双边、正线支援停车场等各种非正常运行方式下的供电能力,测量直流相关参数,暴露存在的问题并协调解决,确定线路开通时相对优良而且可行的正常运行方式以及故障运行方式的最佳倒换操作方式。

3.2.3 直流牵引供电系统各种运行模式联动功能测试项目

3.2.3.1 大双边、单边供电能力联调

(1) 此功能测试主要是用于记录直流牵引供电系统各种运行模式下相关运行技术参数,验证供电能力是否满足设计要求。

(2) 发现在各种非正常运行方式下供电系统可能存在的问题,通过技术措施和组织措施协调解决,确定线路开通时相对优而且可行的正常运行方式,得出直流牵引供电系统发生故障时的最佳倒换操作方式。

(3) 检验在各种非正常运行方式下及设备发生故障时,电调、变电所值班人员的反应和故障处理能力,提高员工素质,确保线路顺利开通。

3.2.3.2 正线向停车场供电联调

此功能测试主要是为保证直流牵引供电系统在停车场直流牵引所失电的紧急情况下,能通过合上停车场的出场线和入场线越区开关由正线牵引变电所向停车场接触网支援供电的可靠性。

3.2.4 直流牵引供电系统各种运行模式测试前准备

3.2.4.1 测试前检查项目

直流牵引供电系统各种运行模式联动功能测试所需试验设备主要由直流进馈线开关、列车、数据采集装置(示波器、变送器等)、控制保护系统等构成。

测试前应对需要记录测试数据的设备及相关测试仪器进行全面检查,确认其各项功能正常,保证各项测试的顺利完成。具体检查项目如表 3.2-1 所示。

仪器功能检查项目统计表 表 3.2-1

序号	检查点	检查内容
1	35kV 开关柜	(1) 检查开关柜接线有无松动,元器件有无损坏; (2) 检查综保装置电流、电压、功率、分合闸位置状态等运行数据是否与 PSCADA 后台一致; (3) 检查开关柜综保装置保护整定是否正确
2	整流变压器、整流器	检查温控箱显示温度是否与 PSCADA 后台一致

3.2 直流牵引供电系统各种运行模式联动功能测试

续表

序号	检查点	检查内容
3	直流进馈线开关柜	（1）检查开关柜接线有无松动，元器件有无损坏； （2）检查综保装置电流、电压显示是否与PSCADA后台一致； （3）检查开关柜综保装置保护整定是否正确
4	轨电位限制装置	（1）检查开关柜接线有无松动，元器件有无损坏； （2）检查综保装置电流、电压显示、接触器分合闸位置状态是否与PSCADA后台一致； （3）检查开关柜综保装置保护整定是否正确
5	示波器	检查示波器采样数据是否与开关柜综保装置一致，相关附件（如测试探头）是否齐备

3.2.4.2 所需工器具

直流牵引供电系统各种运行模式联动功能测试所需工器具如表3.2-2所示。

直流牵引供电系统各种运行模式联动功能测试所需工器具　　表3.2-2

一、大双边、单边供电能力联调工器具清单			
序号	名称	配置标准	使用地点	备注
1	列车	上下行各2列	正线区间	
2	红外测温仪	每个牵引变电所各1台	牵引变电所	
3	示波器	单边、双边供电测试时分别为1台、2台	牵引变电所	每台示波器配备1个移动优盘
4	800M对讲机	根据实际需求配置	—	
5	螺丝批十件套	单边、双边供电测试时分别为1套、2套	牵引变电所	
6	万用表	单边、双边供电测试时分别为1台、2台	牵引变电所	
7	技术图纸资料	单边、双边供电测试时分别为1套、2套	牵引变电所	
二、正线支援停车场联调测试所需工器具清单				
序号	名称	配置标准	使用地点	备注
1	列车	1列	场段洗车线	
2	远红外测温仪	1台	牵引变电所	
3	示波器	1台	牵引变电所	每台示波器配备1个移动优盘
4	800M对讲机	根据实际需求配置	—	
5	螺丝批十件套	1套	牵引变电所	
6	万用表	1套	牵引变电所	
7	技术图纸资料	1套	牵引变电所	

3.2.5 直流牵引供电系统各种运行模式联动功能测试方法及步骤

3.2.5.1 测试方法

目前，国内城市轨道交通直流牵引供电系统各种运行模式联动功能测试普遍采用的方法是：首先由行车调度安排列车到达指定位置，然后电力调度远控倒闸，模拟直流牵引供电系统在特定的供电模式下，再安排列车以不同的速度在指定的接触网供电区间内跑车和停车，并由相关人员对列车运行时牵引供电系统的相关数据进行记录和数据分析。

（1）直流馈线电流录波方法

将示波器采样通道接入电流变送器输出侧进行测试，通过计算公式可得经换算至一次侧的电流值。具体接线图如图3.2-2所示。

（2）直流电压录波方法

将示波器采样通道接入电压变送器输出侧进行测试，通过计算公式可得经换算至一次侧的电压值。具体接线图如图3.2-3所示。

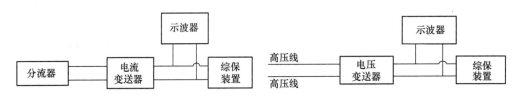

图3.2-2 馈线电流录波示波器接线图　　图3.2-3 馈线电压录波示波器接线图

（3）轨电位电压、电流值

轨电位电压、电流值由变电专业人员在轨电位显示屏上读取峰值，读取后注意要复位。

3.2.5.2 测试步骤

（1）大双边供电方式下直流供电能力测试

大双边供电方式下直流供电能力测试步骤如表3.2-3所示。

大双边供电方式测试步骤　　表3.2-3

1. 倒闸操作	（1）由电调操作将中间站牵引变电所下行方向（A、B）开关退出运行
	（2）电调操作合上中间站直流越区开关，由左邻站牵引变电所和右邻站牵引变电所实行大双边越区供电方式
2. 设置示波器并调好相关参数	（1）在左邻站牵引变电所下行方向B开关柜、右邻站牵引变电所下行方向A开关柜上各挂1台示波器
	（2）提前设置好示波器相关参数

3.2 直流牵引供电系统各种运行模式联动功能测试

续表

3. 行车布置	行调提前下令将联调用列车停靠在指定位置（列车停靠位置应位于大双边供电的供电臂内）
4. 联调测试	（1）列车1、列车2、列车3、列车4同时以100%的牵引力启动并短时内加速至指定速度50km/h，列车1行驶至中间牵引站台停车，列车2行驶至左邻牵引站台停车，列车3行驶至中间牵引站台停车、列车4行驶至右邻牵引站台停车，各联调人员记录数据并保存录播波形，如图3.2-4所示
	（2）列车1、列车2、列车3、列车4同时以100%的牵引力启动逆向行驶至最高时速，列车1行驶至右邻牵引站台停止，列车2行驶至中间牵引站台停止，列车3行驶至左邻牵引站台停止，列车4行驶至中间牵引站台停止，各联调人员记录数据并保存录播波形，如图3.2-5所示
5. 测试结束	将现场设备恢复至测试前的状态，出清现场工器具

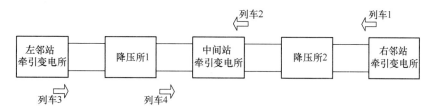

图 3.2-4　牵引行车运行安排（大双边，50km/h）

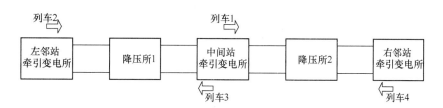

图 3.2-5　牵引行车运行安排（大双边，最高时速）

（2）单边供电方式下直流供电能力测试

单边供电方式下直流供电能力测试步骤如表3.2-4所示。

单边供电方式测试步骤　　　表 3.2-4

1. 倒闸操作	（1）电调操作将左邻站牵引变电所下行方向B馈线退出运行
	（2）本站牵引变电所下行方向A馈线实行单边供电方式
2. 设置示波器并调好相关参数	（1）在本站牵引变电所下行方向A开关柜上挂1台示波器
	（2）提前设置好示波器相关参数
3. 行车布置	由行调提前下令将联调用列车停靠在指定位置（列车停靠位置应位于单边供电的供电臂内）

续表

4. 联调测试	（1）列车1、列车2、列车3、列车4同时以100%的牵引力启动并短时内加速至指定速度50km/h，列车1行驶至降压所站台，列车2行驶至故障牵引所站台，列车3行驶至降压所站台，列车4行驶至本站牵引所站台，各联调人员记录数据并保存录播波形，如图3.2-6所示
	（2）列车1、列车2、列车3、列车4同时以100%的牵引力启动逆向行驶至最高时速，列车1行驶至本站牵引所站台停止，列车2行驶至降压所站台停止，列车3行驶至故障牵引所停止，列车4行驶至降压所站台停止，各联调人员记录数据并保存录播波形，如图3.2-7所示
5. 测试结束	将现场设备恢复至测试前的状态，出清现场工器具

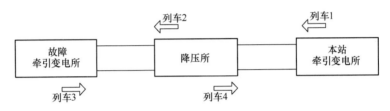

图 3.2-6　牵引行车运行安排（单边，50km/h）

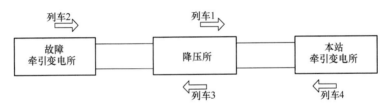

图 3.2-7　牵引行车运行安排（单边，最高时速）

（3）正线支援停车场供电方式下直流供电能力测试

正线支援停车场供电方式下直流供电能力测试步骤如表3.2-5所示。

正线支援停车场供电方式测试步骤　　　表 3.2-5

1. 倒闸操作	（1）电调操作将场段牵引变电所直流进馈线、35kV整流变馈线开关、上网刀闸退出运行
	（2）合上出入段线直流越区刀闸，由正线牵引变电所下行方向A馈线实行单边供电方式
2. 设置示波器并调好相关参数	（1）在正线牵引变电所下行方向A开关柜上挂1台示波器
	（2）提前设置好示波器相关参数
3. 行车布置	由行调提前下令将联调用列车停靠在指定位置（列车停靠位置应位于测试范围的供电臂内）

续表

4. 联调测试	（1）行调指令列车正常启动运行
	（2）各联调人员记录数据并保存录播波形
5. 测试结束	将现场设备恢复至测试前的状态，出清现场工器具

3.3 1500V 直流牵引供电系统短路测试

3.3.1 1500V 直流牵引供电系统短路测试概述

1500V 直流牵引供电系统短路测试是验证直流牵引供电系统各设备在系统现场发生短路时动作的正确性和可靠性的重要环节，分为近端短路试验、远端短路试验。近端短路测试目的是检验大电流脱扣保护是否正确动作；远端短路测试目的是检验过电流、速断保护或者 DDL 保护是否正确动作。短路测试前，选定一个直流牵引供电系统短路点，检查直流牵引供电系统断路器等保护元器件是否正常，连接好数据采集设备以采集短路时的电流、电压等数据及波形，搭建短路测试时的回路，对短路测试电流进行计算；试验后，对短路试验的实际数据与仿真数据进行分析，确认开关保护动作正常可靠，并计算出实际的分断电流，为直流牵引供电系统短路试验的进一步研究提供参考。

3.3.2 1500V 直流牵引供电系统短路测试目的

（1）检测直流牵引供电系统设备发生短路故障时，设备保护动作的准确性、选择性和可靠性，验证直流断路器的快速分断能力。

（2）检查直流牵引供电系统设备之间的配合动作能力是否安全可靠，检验各设备的整定值、动作时间等各项技术参数是否正确、符合现场运行技术要求。

（3）通过验证结果，精准地对直流牵引供电系统设备参数进行调整，使各参数相互匹配，更好地保护设备，保证直流牵引供电系统能够安全、可靠、稳定运行。

3.3.3 1500V 直流牵引供电系统短路测试项目

测试项目如表 3.3-1 所示。

1500V 直流牵引供电系统短路测试项目 表 3.3-1

序号	测试项目	测试地点	备注
1	接触网远端短路接地测试	正线变电所	
2	接触网近端短路接地测试	正线变电所	

3.3.4　1500V 直流牵引供电系统短路测试前准备

3.3.4.1　测试前检查项目

为确保测试能顺利地完成，短路测试前应对直流开关柜、保护装置、直流断路器等设备装置做好充分的检查，确保测试过程中人身、设备的安全。需检查的主要项目及内容如表 3.3-2 所示。

直流开关柜短路测试前检查项目 表 3.3-2

序号	检查项目	检查内容
1	开关柜	(1) 外观检查，检查开关柜接线有无松动，元器件有无损坏； (2) 对开关柜进行合、分闸操作，观察断路器、电隔合分闸是否正常，指示灯、机械指示是否正确； (3) 根据联锁条件检查开关柜联锁、联跳是否符合要求； (4) 检查后台开关量、模拟量显示是否正常、断路器、电隔操作是否正常； (5) 检查馈线柜手车摇入、摇出是否灵活、可靠；开关室内的活门机构能在工作位正常打开到位，在试验位能否正常关闭到位，机构是否灵活，手车上开关前端的触头与活门间有无干涉；电磁锁、机械锁是否灵活可靠； (6) 检查开关柜顶部的泄压机构能否正常打开和复位
2	开关柜保护装置	(1) 检查显示屏上断路器的状态、手车位置、母线电压、馈线电压、馈线电流的显示是否正常； (2) 检查保护装置的各项保护的投退状态，投入 DDL 保护和电流速断保护，退出其他保护； (3) 退出"线路测试"，"重合闸"功能
3	直流断路器	(1) 合分断路器三次，检查操作是否正常； (2) 检查断路器外观，缓冲器有无渗漏油液、整定值刻度有无变化； (3) 拆卸灭弧室，清洁灭弧室内部； (4) 检查主触头和引弧角表面状况，清洁表面氧化层； (5) 检查拨叉与动触头挡块间隙是否符合要求； (6) 检查拨叉与脱扣器顶杆间隙是否符合要求； (7) 检查各部件润滑情况； (8) 合分断路器三次，检查电操及手动紧急脱扣； (9) 检测触头合闸弹跳时间是否符合要求； (10) 用微欧计测量断路器接触电阻，并记录； (11) 根据仿真短路电流数值合理调整电流变送器的挡位

3.3.4.2 测试所需设备、器材

短路测试所需工器具如表 3.3-3、图 3.3-1 所示。

测试所需设备、器材清单　　　　　表 3.3-3

序号	名称	单位	数量	备注
1	示波器	台	1	
2	万用表	台	1	
3	微欧计	台	1	
4	毫伏信号发生器	台	1	
5	扳手	把	1	
6	螺丝刀	把	1	
7	剥线钳	把	1	
8	压线钳	把	1	
9	卷尺	把	1	
10	绸布	m	若干	
11	酒精	瓶	1	
12	砂纸	张	若干	
13	接地线	根	1	

图 3.3-1　短路测试所需的部分工器具

3.3.5　1500V 直流牵引供电系统测试方法及步骤

3.3.5.1　牵引测试方法

（1）短路点的选取

应根据理论产生最大短路电流及最小短路电流的地点进行选取。选取最近端容易发生短路故障的地点进行短路，该点短路电流理论为最大，可以检验大电流脱扣保护是否正确动作；选取最远端容易发生短路故障的地点进行短路，该点短路电流理论为最小，可以检验过电流、速断保护或者 DDL 保护是否正确动作。

(2) 短路测试方法

正式进行短路测试前,要先对现场及设备进行检查,确保设备在试验前均处于正常运行状态(已按正规程序停电、接触网短路点已接好),同时应先进行模拟短路试验,在设备不带电的情况下,使用微机继电保护仪和直流毫伏发生器分别对整流变馈线柜以及直流断路器发送跳闸信号,使保护动作,确保整个保护回路是正确可行之后,再正式进行短路测试。

测试时,分别将接触网近端直接短路接地、远端架空线短路接地;合上断路器,使供电线路短路,则保护装置动作,直流断路器跳闸切除故障线路;测试中做好试验记录;最后分析短路故障录波数据,完成相关设备及保护整定值的校验和校核。

(3) 数据采集与测量接线

测试需要测量母线电压、断路器分断时的馈线电流、断路器断口电压,以及断路器合分闸线圈电压、大电流脱扣状态信号。馈线电流是通过测量馈线柜中串联在断路器上的分流器两端的电压后换算得出;断路器断口电压直接取断路器两端的电压,再用串联电阻分压;母线电压取母线对负极电压,再用串联电阻分压。5路信号均经过隔离放大后进数据采集系统。

1) 馈线电流测量

直接测量分流器信号,经过隔离放大器,进入数据采集系统。从分流器上接两根测量电缆,进入隔离放大器。具体接线示意图如图3.3-2。

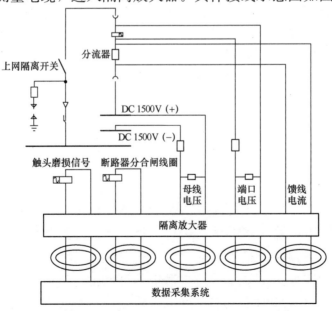

图3.3-2 直流开关柜短路试验数据采集接线示意图

2）母线电压测量

从馈线断路器进端母排上取1500V正极，负极测量桩头上取负极，经后门缝引出，再经分压电阻接进隔离放大器。

3）断路器断口电压测量

从断路器进出母排上分别取信号，经后门缝引出，再经过分压电阻接进隔离放大器。

4）断路器合分闸线圈电压测量

从馈线柜正面的二次元件室中的X3端子排的15与16端子引出，接进隔离放大器。

5）大电流脱扣信号采集、测量

测量断路器触头磨损辅助开关状态，从二次元件室中的X3端子排的2与39端子引出，触头磨损辅助开关闭合时，测得的电压为DC110V。

6）短路测试

① 近端短路测试

以车站接触网对钢轨进行短路试验为例，选择直流开关柜作为试验断路器。接线示意图如图3.3-3。

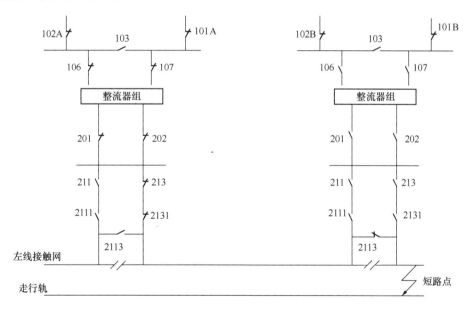

图3.3-3 近端短路试验接线示意图

测试中，短路点采用2根截面为150mm^2的电缆通过接触网上安装的电缆连接板和钢轨上焊接的接地铜排将接触网和钢轨连接起来，连接前将上网电缆和回流电缆一并拆除并做好防护措施，具体实物连接示意图如图

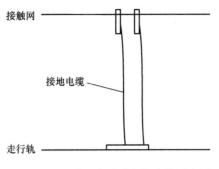

图 3.3-4 近端短路试验实物连线示意图

② 远端短路测试

以车站接触网对架空地线进行短路试验为例,选择直流开关柜作为试验断路器。接线示意图如图 3.3-5。

测试中,短路点采用 2 根截面为 150mm² 的电缆通过接触网上安装的电缆连接板和架空地线上焊接的接地铜排将接触网和架空地线连接起来,连接前将上网电缆和回流电缆一并拆除并做好防护措施,具体实物连接示意图如图 3.3-6。

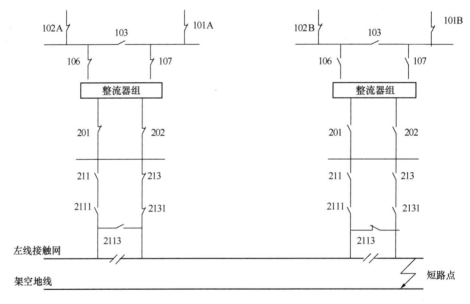

图 3.3-5 远端短路试验接线示意图

③ 数据采集

测试时,从车站直流开关柜本体通过外接测量装置和录波器进行数据的采集,主要数据有电流速断、电流增量动作值、电流变化率保护动作电流和相应的各种时间记录、电流增长率和故障时电流波形,通过对采集的数据的分析,判定保护装置整定设置

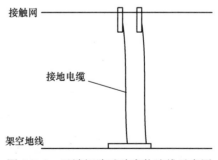

图 3.3-6 远端短路试验实物连线示意图

3.3 1500V直流牵引供电系统短路测试

的正确性和以后为保护定值的调整提供依据，接线示意图如图3.3-7。

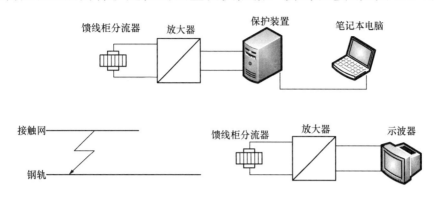

图3.3-7 短路试验连线示意图

3.3.5.2 测试步骤

1500V直流牵引供电系统短路测试操作步骤如表3.3-4所示。

短路测试操作步骤　　　　　　　　　　　　表3.3-4

一、试验准备	
1	确认本车站1500V直流开关直流开关柜断路器201、202、211、212、213、214和上网隔离开关2111、2121、2131、2141、2124均已在分闸位置
2	确认本车站1500V隔离开关2113处于合闸位置
3	检查邻站直流开关柜断路器201、202、211、212、213、214和上网隔离开关2111、2121、2131、2141、2124处在分闸位置，并将直流开关柜断路器小车拉至试验位
4	检查邻站35kV开关柜断路器106、107在分闸位置（1号，2号牵引变）
5	检查邻站35kV母联开关柜断路器103处于分闸位置
6	35kV开关柜自投功能退出；0.4kV低压开关柜自投自复功能投入
7	检查直流断路器213、201、202的保护装置定值，然后现场进行继电保护校验，确保保护装置动作可靠
8	在213馈线侧连接数据采集设备，以便记录短路电流和电压值
9	调试快速记录仪、数据采集设备，应能记录短路电流和电压值，调整触发信号；预置直流柜保护装置整定值；将两台整流变压器微机保护的整定值根据现场实际情况进行调整，确保短路试验的安全顺利实施
10	试验人员对被试直流开关的整定值以及后备保护的整定值进行校验，确保保护装置能在保护整定值下正确动作；确认保护装置已依据设计定值（预设置）整定好，各准备工作均已就绪，试验接线正确可靠；确认各开关柜门已关闭，上锁
二、线路检查	
1	某区间已清场完毕，区间检查完毕，防护人员就位
2	短路试验点用$2\times150mm^2$电缆连接完毕，短路点两侧20m内不允许任何人进入此区域，要求设置相关防护标志，并进行区间封锁

续表

三、整流机组受电		
	1	将邻站直流开关柜小车201、202、213推至工作位
	2	合邻站负极柜隔离开关2011、2021
	3	合邻站35kV开关柜106、107断路器
	4	邻站整流机组受电
四、短路试验步骤		
	1	合邻站直流进线开关柜202、201，并检查电压
	2	确认直流开关柜213操作选择开关调到"远方"位置
	3	按照调度命令远方操作上网隔离开关2131合闸
	4	按照调度命令远方（后台）操作直流快速断路器213合闸，造成人为直接短路
	5	馈线保护装置动作，断路器应立即跳闸，轨电位柜三段保护动作，接触器保护动作
	6	检查保护装置动作记录，应包括电流增量保护动作值及延时时间，通过软件召唤综保故障录波和事件记录
	7	将直流断路器213手车拉出至柜体外，检查开关断口触点烧损程度，并予以评估；将烧损面的氧化物处理后，再合上开关，用直流电阻测试仪测试其接触电阻，应符合要求
	8	检查数据采集系统采集的短路电流波形、断路器断口电压波形和母线电压波形，确认测试结果是否有效
五、邻站混合所整流机组退出运行		
	1	分邻站直流开关柜隔离开关2131
	2	分邻站直流开关断路器202、201
	3	分邻站35KV开关柜断路器106、107（1号，2号牵引变）
六、拆除试验短接线，恢复线路接线		
		撤除试验区段短路点短接线，检查接触网、走行轨短路点是否由异常。恢复现场接线，解除区间封锁
七、短路试验数据整理		
		根据数据采集设备及保护装置的测试结果整理并存储
八、恢复送电		
		短路试验结束后，由现场试验小组人员对所有试验区段进行一次检查，确认无悬挂物、无异常情况后向试验领导小组组长汇报；由牵引所内值班人员对试验时的设备及各开关、刀闸位置进行确认后向电调汇报；试验人员恢复所有相关接线和保护。电调经核实确认后按送电程序恢复送电

3.4 供电系统满负荷测试

3.4.1 供电系统满负荷测试概述

城市轨道交通车站设备负荷主要分为以下三大类。

3.4 供电系统满负荷测试

一类负荷：包括事故风机、消防泵、主排水站、售检票机、防灾报警、通信信号、事故照明；

二类负荷：包括自动扶梯、普通风机、排污泵、工作照明；

三类负荷：包括空调、冷冻机、广告照明、维修电源。

对于一、二类负荷，一般有两路电源供电，当一台变压器故障解列时，另一台变压器可承担全部一、二类负荷。三类负荷由一路电源供电，当一台变压器故障解列时，可根据运营需要自动切除。

满负荷测试中，为测试主变电所变压器的容量和供电质量，一般选择任意切除一座主变电所，另一座主变电所的一台主变压器的方式，检验城市轨道交通在单主变电站、单主变压器最不利供电情况下是否仍能完成正常的满图行车组织方式。供电系统满负荷测试现场图片如图 3.4-1 所示。

图 3.4-1 供电系统满负荷测试现场图片

3.4.2 供电系统满负荷测试目的

通过模拟开通时最大行车密度和低压满负荷运行情况，检验供电系统不同运行方式下各级供电设备的供电能力及电气参数测量，验证与其他各系统之间的接口关系及功能是否满足设计要求，暴露存在的问题并提前解决。具体测试目的如下：

（1）检验供电系统与其他各系统之间的接口关系是否满足设计要求。

（2）检验供电系统设备在开通运营时最大行车密度和低压满负荷运行方式下，不同运行方式时各变电所、主变电站以及接触网系统的供电能力及相关电气参数测量。

（3）在各种运行方式下检验各系统设备功能，暴露存在的问题并协调解决，确定线路开通时相对优而且可行的正常运行方式以及故障运行方式的最佳倒换操作方式。

（4）检验各种运行方式下及设备故障时电力调度、变电运行人员的应急反应能力和故障处理能力，提高员工素质，确保顺利开通。

3.4.3 供电系统满负荷测试项目

目前,国内城市轨道供电系统满负荷测试普遍采用的方法是:线路各主变电站正常供电和单个主变电站带全线供电运行方式下,列车按照最大行车对数运行,各站点所有一类、二类、三类投入最大负荷运行工况下,对主变电站的各电压等级电流、电压、电能指标和线路上各牵引所各电压等级电压、电流、负荷开展测试。供电系统满负荷测试项目如表3.4-1所示。

供电系统满负荷测试项目　　　　　　　　　　表3.4-1

序号	测试项目	测试地点	备注
1	线路各主所正常供电运行方式下的测试	主变电站、正线变电所	
2	线路单个主所带全线供电运行方式下的测试	主变电站、正线变电所	
3	主所单个主变压器带本所供电区域内的负荷供电运行方式下的测试	主变电站、正线变电所	

3.4.4 供电系统满负荷测试前准备

3.4.4.1 测试前检查项目

满负荷测试前,各专业需对设备进行充分检查,确保测试过程中人身和设备的安全,保证测试顺利开展。满负荷测试前检查项目如表3.4-2所示。

满负荷测试前检查项目　　　　　　　　　　表3.4-2

序号	项目
1	主变电站必须具备两路独立电源,所内全部设备已投入运行,所有功能已满足合同各项条款要求,且工作状况良好
2	正线及车辆段各变电所全部设备已投入运行,所有功能已满足合同各项条款要求,且工作状况良好
3	接触网设备全部投入运行,所有功能已满足合同各项条款要求,且通过规定速度热滑
4	电力监控系统(PSCADA)、综合监控系统(ISCS)实现对接触网及变电所设备的站级及中央级监控功能
5	满足上线条件的电客车已达到额定数量,运行图已制定并可应用
6	通信、信号系统已完成测试,所有功能已满足合同各项条款的要求,且工作状况良好
7	环控、给水排水、FAS、综合监控、气体灭火系统、照明系统、屏蔽门、电扶梯、AFC等全部设备完成安装调试并投入运行

续表

序号	项目
8	建设单位、供货商、施工单位、设计单位确认相关系统设备符合测试条件
9	所有参与联调的单位及人员均已熟悉联调组织及实施方案，并已做好相关各项准备工作，其中必须包括调试过程中需要使用的通信工具及调试工器具

3.4.4.2 测试所需设备、器材

供电系统满负荷测试设备主要由电客车、数据采集装置（红外测温仪、电能质量测试仪等）、供电系统控制保护系统等构成。供电系统满负荷测试所需设备、器材如表3.4-3所示。

测试所需设备、器材清单　　　　表3.4-3

序号	名称	单位	数量	使用地点	备注
1	电客车	列	额定	正线	
2	红外测温仪	台	2	主变电站	
3	电能质量测试仪	台	4	主变电站及正线	
4	数字式存储示波器	台	2	正线	
5	对讲机	台	根据需要	主变电站及正线	
6	抢修工具箱	套	根据需要	各变电所	

3.4.5 供电系统满负荷测试方法及步骤

3.4.5.1 测试方法

（1）数据采集原理

满负荷测试需要采集主变电站的各电压等级电流、电压、电能指标，变压器温升和负荷值以及线路上各牵引所各电压等级电压、电流、负荷数据。主变电站主变压器110kV侧和35kV侧电压、电流，正线变电所35kV母线电压、整流变压器和动力变压器高压侧电流，400V进线柜电压和电流信号均可从测量回路采集进入电能质量测试仪；1500V直流开关柜馈线电压和电流可从测量回路采集进入示波器；变压器温升数据通过温度显示仪和红外测温仪读取记录。

（2）测量及接线方案

1）110kV侧电压、电流

主变电站主变压器110kV侧电压、电流信号取自110kV线路测控柜，利用电能质量测试仪自带的电压采样钳子和电流采样环形夹子，将电压、电流信号进入电能质量测试仪。具体接线示意图如图3.4-2所示。

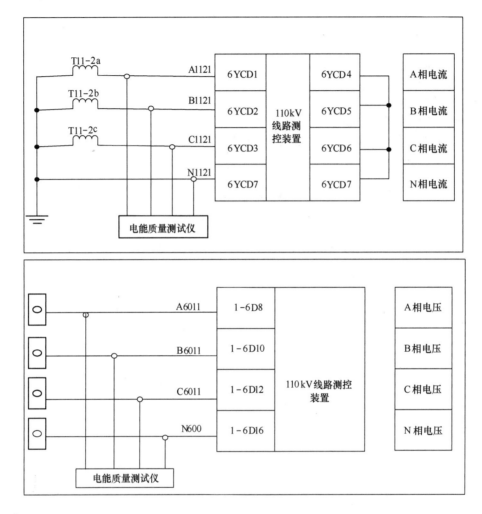

图 3.4-2 110kV 侧电压、电流测试数据采集接线示意图

2) 35kV 侧电压、电流

主变电站主变压器 35kV 侧电压、电流信号取自主变压器测控柜，正线变电所 35kV 母线电压信号取自 35kV 母联柜，整流变压器和动力变压器高压侧电流信号取自对应馈线开关柜，利用电能质量测试仪自带的电压采样钳子和电流采样环形夹子，将电压、电流信号进入电能质量测试仪。如图 3.4-3 所示。

3) 1500V 直流开关柜馈线电压和馈线电流

1500V 直流开关柜母线电压和馈线电流可从直流进线柜测量回路采集进入示波器。如图 3.4-4、图 3.4-5 所示，以某品牌直流开关柜为例，在直流馈线开关柜 X-ANA 端子排的 2，4 之间挂接示波器采集母线电压信

3.4 供电系统满负荷测试

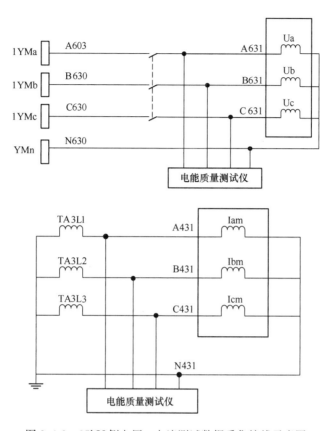

图 3.4-3 35kV 侧电压、电流测试数据采集接线示意图

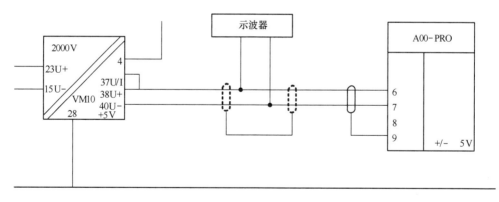

图 3.4-4 1500V 直流开关柜馈线电压采集接线示意图

号（示波器的探头需与 MIU10 参数进行匹配）；在直流馈线柜 X-ANA 端子排的 3，4 之间挂接示波器采集馈线电压信号（示波器的探头需与 VM10 参数进行匹配）；在直流馈线柜 X-ANA 端子排的 5，6 之间挂接示波器采集馈线电流信号（示波器的探头需与 MIU10 参数进行匹配）。

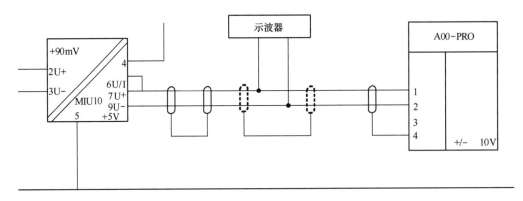

图 3.4-5　1500V 直流开关柜馈线电流采集接线示意图

4）400V 电压、电流

400V 电压和电流信号从进线柜多功能表测量回路采集进入电能质量测试仪，如图 3.4-6 所示。

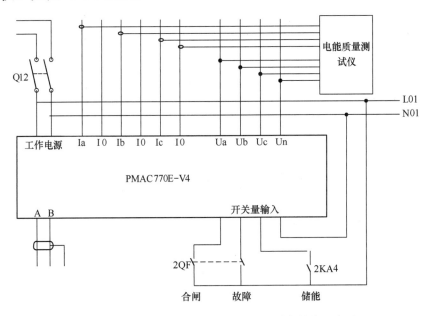

图 3.4-6　400V 侧电压、电流测试数据采集接线示意图

3.4.5.2　测试步骤

（1）线路各主所正常供电运行方式下的测试步骤如表 3.4-4 所示。

各主所正常供电运行方式测试步骤　　　　表 3.4-4

序号	步骤内容
1	将全线各主所供电运行方式调整为正常供电模式，该项需在测试前完成
2	检查确认全线设备运行正常

3.4 供电系统满负荷测试

续表

序号	步骤内容
3	按照测量及接线方案接入数据采集设备,并调试正常。正线变电所35kV母线电压、整流变压器和动力变压器高压侧电流,400V进线柜电压和电流信号数据采集一般在35kV环网末端供电站点进行
4	线路按照列车最大行车对数上线运行,各站点400V所有一类、二类、三类投入最大负荷运行
5	各项数据采集完成,测试完毕

(2)线路单个主所带全线供电运行方式下的测试步骤如表3.4-5所示。

单个主所带全线供电运行方式测试步骤 表3.4-5

序号	步骤内容
1	将正线各变电所供电运行方式调整为单个主所带全线供电模式,该项需在测试前完成
2	检查确认全线设备运行正常
3	按照测量及接线方案接入数据采集设备,并调试正常。正线变电所35kV母线电压、整流变压器和动力变压器高压侧电流,400V进线柜电压和电流信号数据采集一般在35kV环网末端供电站点进行
4	线路按照列车最大行车对数上线运行,各站点400V所有一类、二类、三类投入最大负荷运行
5	各项数据采集完成,测试完毕

(3)主所单个主变压器带本所供电区域内的负荷供电运行方式下的测试步骤如表3.4-6所示。

主所单个主变压器带本所供电区域内的负荷供电运行方式测试步骤 表3.4-6

序号	步骤内容
1	将正线各变电所供电运行方式调整为其中一个主所单个主变压器带本所供电区域内的负荷供电模式,该项需在测试前完成
2	检查确认全线设备运行正常
3	按照测量及接线方案接入数据采集设备,并调试正常。正线变电所35kV母线电压、整流变压器和动力变压器高压侧电流,400V进线柜电压和电流信号数据采集一般在35kV环网末端供电站点进行
4	线路按照列车最大行车对数上线运行,各站点400V所有一类、二类、三类投入最大负荷运行
5	各项数据采集完成,测试完毕

3.5 弱电设备抗干扰联调测试

3.5.1 弱电设备抗干扰联调测试概述

地铁弱电系统主要由计算机网络系统、传输系统、公务电话系统、专用电话系统、继电保护系统、专用无线通信系统、广播系统、乘客资讯系统、综合安防系统、电力监控系统、综合监控系统、自动售检票系统、时钟系统、消防系统、环境监测系统等组成。

地铁运行环境存在着大量的电气干扰源，如大型的变配电设备、通风空调设备的启停机等。若弱电系统抗干扰措施不当，轻则使设备的工作可靠性降低，产生误码、错码、误动作、系统数据丢失，重则使系统处于死机、故障和瘫痪的状态。因此需要通过抗干扰联调测试检验地铁工程弱电系统设备在运营条件下的抗电磁干扰能力，如列车在车站两端启停时，在车站升降弓时，在隧道风机启停时或者是在牵引整流机组一组故障退出、另一组运行的情况下，站内各专业设备是否能正常运行；在微波设备工作时，通信信号和PIS车地无线通信设备是否有受到影响；在柜门关闭和开启的状态下，距设备一定距离使用手机、对讲机、冲击钻、电焊机等电磁源工具时，磁场和电场强度是否符合规范要求，设备是否会因受到电磁场干扰而导致运行异常等。

3.5.2 弱电设备抗干扰联调测试目的

弱电设备的抗干扰联调测试主要是模拟运营条件下，根据相关要求和规范，检验各种施工、作业环境中各弱电系统设备及服务器、工作站在运行状态下的抗电磁干扰能力，以便对可能受干扰的系统设备，采取一定的抗干扰防护措施，确保弱电系统在正常投入运营后设备能安全可靠运行。

3.5.3 弱电设备抗干扰联调测试项目

弱电设备抗干扰联调测试项目如表3.5-1所示。

3.5 弱电设备抗干扰联调测试

弱电设备抗干扰联调测试项目　　　　　表 3.5-1

序号	项目
1	列车升弓启动、制动降弓抗干扰测试
2	隧道风机启停测试
3	牵引所两组整流机组其中一组故障退出测试
4	供电专业弱电设备抗干扰测试
5	机电专业弱电设备抗干扰测试
6	综合监控专业弱电设备抗干扰测试
7	通信信号专业弱电设备抗干扰测试
8	AFC 专业弱电设备抗干扰测试

3.5.4 弱电设备抗干扰联调测试前准备

3.5.4.1 测试前检查项目

弱电设备抗干扰联调测试前，各专业需对设备进行充分检查，确保测试过程中人身和设备的安全，保证测试顺利开展。测试前检查项目如表 3.5-2 所示。

弱电设备抗干扰联调测试前检查项目　　　　　表 3.5-2

序号	项目
1	供电系统主变电所，正线、车辆段各变电所及接触网全部设备已投入运行，且工作状况良好
2	变电所综合自动化系统（PSCADA）实现站级监控功能
3	通信、信号系统已投入运行，且工作状况良好
4	AFC 系统已投入运行，且工作状况良好
5	综合监控系统已投入运行，并完成与其连接的各子系统（PSCADA、FAS、BAS、AFC、CLK、TNMS、PSD、SIG、CCTV、PA、PIS 系统）的接口调试，且工作状况良好
6	环控、给水排水、BAS、FAS、气体灭火系统、照明系统、屏蔽门、电扶梯等全部设备完成安装调试并投入运行，且工作状况良好
7	车辆部门按开通试运营标准提供满足上线条件的 1 列电客车
8	建设单位、供货商、施工单位确认相关系统设备符合测试条件

3.5.4.2 测试所需设备、器材

弱电设备抗干扰联调测试所需设备、器材如表 3.5-3 所示。

测试所需设备、器材清单　　　　　　　　　表 3.5-3

序号	名称	单位	数量
1	列车	列	1
2	800M 无线手持台	台	1
3	400M 无线手持台	台	1
4	手机	台	1
5	冲击钻	个	1
6	吹风机	个	1
7	蓝牙耳机	个	1
8	电焊机	个	1
9	电源插座	个	1

所有参与联调的单位及人员均已熟悉联调组织及实施方案，并已做好相关各项准备工作，其中必须包括调试过程中需要使用的通信工具及调试工器具。

3.5.5 弱电设备抗干扰联调测试方法及步骤

3.5.5.1 测试方法

开通前不影响运营的情况下，联调安排在白天调试，要求保证给予 1 天全线 8 h 的调试时间，各系统不能进行其他调试。测试方法如下：

（1）列车在车站两端升弓启动、制动降弓时，对各专业设备是否有影响。

（2）隧道风机启动（直启）、停止时，对各专业设备是否有影响。

（3）牵引所两组整流机组其中一组故障退出、另一组运行时，对各专业设备是否有影响。

（4）手机、对讲机、冲击钻等电磁源的使用对各专业设备是否有影响。

（5）微波设备工作时，对信号、PIS 车地无线通信设备是否有影响。

（6）供电 35kV GIS 各柜的隔离开关/断路器分合操作时对综合保护单元是否有影响。

在所有测试中，各弱电系统设备应稳定运行、人机界面数据正常刷新。

3.5.5.2 测试步骤

弱电设备抗干扰联调测试步骤如表 3.5-4 所示。

3.5 弱电设备抗干扰联调测试

弱电设备抗干扰联调测试步骤 表 3.5-4

一、列车升弓启动、制动降弓抗干扰测试步骤	
1	测试前，行调组织司机将测试列车停靠在测试站点下行尾端（进站前），列车停稳后，降下受电弓
2	测试开始，行调通知司机列车在尾端升弓启动，行驶至测试站点下行头（出站后），在站台头端制动降弓。各专业组同时观察对相关专业设备是否受到干扰
3	在各专业设备柜门开启和关闭状态下分别测试一次
二、隧道风机启动（直启）、停止联调测试步骤	
1	测试前，环调确认测试站点隧道风机全部处于停机状态
2	测试开始，环调按正常模式开启车站隧道风机，1min 后按正常模式关闭车站隧道风机（如 OCC 无法控制，可以由环调指挥现场专业人员站级或就地操作）。各专业组同时观察对相关专业设备是否受到干扰
3	在各专业设备柜门开启和关闭状态下分别测试一次
三、牵引所两组整流机组其中一组故障退出联调测试步骤	
1	测试前，电调确认测试站牵引所两台整流机组处于正常运行状态
2	测试开始，电调遥控操作，退出其中一组整流机组，另一组正常运行；各专业组同时观察对相关专业设备是否受到干扰
3	在各专业设备柜门开启和关闭状态下分别测试一次
四、供电专业联调测试步骤	
1	在距离供电专业弱电设备 300mm 处持续使用手机、对讲机、冲击钻等电磁源工具设备 60s，距设备 1000mm 处持续使用电焊机烧焊 5s，观察设备是否受到干扰，能否正常工作。在供电专业设备柜门开启和关闭状态下分别测试一次
2	在 35kV GIS 柜的隔离开关及断路器分合操作时，观察综合保护单元设备是否受到干扰，能否正常工作
五、机电专业联调测试步骤	
1	在距离机电专业弱电设备 300mm 处持续使用手机、对讲机、冲击钻等电磁源工具设备 60s，观察设备是否受到干扰，能否正常工作
2	在距设备 1000mm 处持续使用电焊机烧焊 5s，观察设备是否受到干扰，能否正常工作
3	在机电专业设备柜门开启和关闭状态下分别测试一次
六、综合监控专业联调测试步骤	
1	在距离综合监控专业弱电设备 300mm 处持续使用手机、对讲机、冲击钻等电磁源工具设备 60s，观察设备是否受到干扰，能否正常工作
2	在距设备 1000mm 处持续使用电焊机烧焊 5s，观察设备是否受到干扰，能否正常工作
3	在综合监控专业设备柜门开启和关闭状态下分别测试一次
七、信号、通信专业联调测试步骤	
1	在距离信号、通信专业弱电设备 300mm 处持续使用手机、对讲机、冲击钻等电磁源工具设备 60s，距设备 1000mm 处持续使用电焊机烧焊 5s，观察设备是否受到干扰，能否正常工作。在信号、通信专业设备柜门开启和关闭状态下分别测试一次

续表	
2	在距离信号、通信专业弱电设备 300mm 处持续使用蓝牙耳机 60s,观察设备是否受到干扰,能否正常工作
八、AFC 专业联调测试步骤	
1	在距离 AFC 专业弱电设备 300mm 处持续使用手机、对讲机、冲击钻等电磁源工具设备 60s,观察设备是否受到干扰,能否正常工作
2	在距设备 1000mm 处持续使用电焊机烧焊 5s,观察设备是否受到干扰,能否正常工作
3	在 AFC 专业设备柜门开启和关闭状态下分别测试一次

3.6 联调故障案例

3.6.1 满负荷联调测试过程中某站 213 开关跳闸

(1) 故障概述

某月某日 16 点 46 分,某站 213 跳闸并闭锁,故障总信号、跳闸总信号指示灯亮起。故障造成某站-某站 1A9 区单边供电。

(2) 原因分析

经检查 213 开关本体、小车手车工作位置、试验位置行程开关的辅助接点以及核对保护整定值,均未发现异常。

进行故障模拟后,对比模拟时的报文与某月某日 213 开关故障跳闸的报文可知,某站 213 开关跳闸事件的原因为保护装置 PRO 模块的公共负极线虚接、PRO 模块工作异常。

(3) 经验总结

直流开关柜采用压接式端子排,二次线采用多股铜线,开关柜出厂时部分二次线线头未经拧实,插入端子排压接后散股(变得扁平),由于端子排压接行程有限,无法保证端子排金属触点与二次线线头可靠接触,易造成虚接现象发生。

3.6.2 弱电抗干扰联调过程中某站隧道风机控制故障

(1) 故障概述

某年某月某日某点某分维调报某站隧道风机某远控及单控模式均无法执行。故障造成该站隧道风机无法启动,隧道早通风模式执行失败。

（2）原因分析

采用软启动的隧道风机报"热负荷模型过载"较为常见，其主要原因的分析及相应的处理方法如下：

1）电机绝缘存在问题：拆掉电机各接线端子及连接片，对电机相间、相对地进行绝缘测试，查看绝缘值是否大于 0.5MΩ；

2）与电机连接电缆的绝缘问题：拆掉此电缆，对电缆进行相间、相对地进行绝缘测试，查看绝缘值是否大于 0.5MΩ；

3）软启动器本身问题：检查软启动器定值参数是否无误，各连接线是否松动等，一般出现在新装软启动器定值参数有修改时；

4）风路问题：检查各风路上相应阀门是否开启/关闭正常，部分阀门未开启时，会导致风路闭塞，风压过大，电机运行电流增加；

5）电机堵转：电机轴承润滑情况下降后会出现卡死、磨损严重等问题，此时同样会导致电机运行电流增大；

6）风道堵塞：检查风道是否被堵塞，导致风阻增大，风机运行电流增大，如人防门关闭等，保持风道畅通；

7）轴承温度过高：软启动器利用运行电流计算轴承温度，故而与实际温度有所偏差，不太准确，误报；

（3）经验总结

由于软启动器是利用运行电流计算轴承温度，当运行电流波动偏高时，软启动器检测到电流超过额定值，故而报热负荷模型过载，保护停机。整改措施如下：

1）对电机、软启动器参数设置各项指标进行全面检查；

2）对风道内各风阀开度进行检查，调整各风阀开度；

3）对风道内人防门加以固定，防止风机在运行时，人防门受风力影响关闭，造成风道堵塞；

4）对风道内消声器、风机固定减振器等部件进行检查，是否存在松动、塌陷等情况。进行固定修复；

5）加强对设备设施的巡视、检修力度，发现问题及时解决；

3.6.3　直流 1500V 供电系统短路测试故障案例

（1）故障概述

进行某次直流 1500V 供电系统短路测试时，分别按接触网近端短路、远端短路各进行 1 次试验。直流短路时示波器检测到电流、电压实际波形形成"削顶"波形。

（2）原因分析

从测试图形及相关设备数据分析得出以下结论：在进行试验前未明确测量放大器挡位，实际测量放大器量程偏小（-12000～12000 A），而短路峰值电流很大，超出放大器量程范围，导致放大器饱和输出，形成"削顶"波形。

（3）经验总结

1）试验前，需对分流器及隔离放大器进行校验，记录其误差范围；

2）接线前，应将整流机组置于检修位置，并在变压器高压侧用接地线可靠接地，才能进行试验操作；

3）为防止短路电流损坏排流柜，需断开各牵引所的排流柜各支路负荷开关；

4）取消试验开关的自动重合闸功能和线路检测功能，采用后台机直接合闸方式。

3.7 供电系统综合联调记录表格

3.7.1 直流牵引供电系统各种运行模式联动功能测试记录表

直流牵引供电系统各种运行方式下，牵引变电所参数记录见表3.7-1。

直流牵引供电系统各种运行方式下，牵引变电所参数记录表　　表 3.7-1

工程名称：												
测试名称：												
测试日期：												
直流牵引供电系统运行方式：												
站点：												
车速：												
1. 现场数据记录												
记录人：												
时间	35kV母线电压U_{ab}（kV）		1500V母线电压（V）	整流变换算至高压侧的一次电流I_a(A)		整流变功率（kW）		整流变温度（℃）		整流器温度（℃）		轨电位（V）
	Ⅰ段	Ⅱ段		1号	2号	1号	2号	1号	2号	1号	2号	1号	2号

续表

时间	35kV 母线电压 U_{ab} (kV)		1500V 母线电压 (V)	整流变换算至高压侧的一次电流 I_a (A)		整流变功率 (kW)		整流变温度 (℃)		整流器温度 (℃)		轨电位 (V)	
	I段	II段		1号	2号	1号	2号	1号	2号	1号	2号	1号	2号

2. 示波器数据记录及波形图

记录人：

(1) 直流 1500V 馈线开关最大电流：　　　　A，最大电压：　　　　V，
最小电压：　　　　V，最大压降：　　　　V

(2) 电流波形图：

(3) 电压波形图：

3. 参加单位代表签字：

3.7.2　1500V 直流牵引供电系统短路测试记录表格

直流短路试验原始记录见表 3.7-2。

直流短路试验原始记录表　　　　表 3.7-2

工程名称：

试验名称：

变电所/设备编号：　　　　　　站

试验日期：　　年　月　日

短路点：　　　　距离：

(1) 短路试验前保护整定：

保护名称		设计整定值	设计整定时间（ms）	备注
大电流脱扣				
电流速断	$I_{max}+$			
	$I_{max}++$			
电流增量	ΔIdi [A]			
	ΔIdt [A]			

保护装置其他参数

编号及名称	原设定值	试验修改值	试验后设定值	备注

续表

(2) 短路试验	
短路电流计算值（峰值）	实际短路开断电流值（峰值）
A	A
(3) 短路时保护动作类型及相关数据	
保护动作类型	动作电流
□大电流脱扣	
□电流速断	
□电流增量	
(4) 短路试验后保护整定		
---	---	---
保 护 名 称	保护整定计算值	保护调整值
大电流脱扣		
电流速断	(I_{max}+) [A]	
	(I_{max}++) [A]	
电流增量	$\Delta I \mathrm{d}i$ [A]	
	$\Delta I \mathrm{d}t$ [A]	
(5) 短路试验时波形图及数据		
参加单位代表签字：		

3.7.3 供电系统满负荷测试记录表格

各种运行方式时，主变电站参数测量记录见表3.7-3。

各种运行方式时，主变电站参数测量记录表　　　表3.7-3

_____运行方式时，_____主变电站相关参数测量

时间	110kV 侧电流 I_a (A)		110kV 电压 U_{ab} (kV)		功率 (kW)		电度 (kWh)		功率因数		绕组温度 (℃)		油温 (℃)	
	1号进线	2号进线	Ⅰ段	Ⅱ段	1号变	2号变	1号变	2号变	1号变	2号变	1号变	2号变	1号变	1号变

运营公司：　　　　　　　　建设（部门）公司：　　　　　　　供货商、施工单位：

填写时间：　　　　　　　　记录人：　　　　　　　　　　　　审核：

3.7 供电系统综合联调记录表格

各种运行方式下，各站 35kV 环网电压测量记录见表 3.7-4。

各种运行方式下，各站 35kV 环网电压测量记录表　　表 3.7-4

_____变电所（站）　　　　_____运行方式下

（Ⅰ、Ⅱ段母线电压，包括主所 35kV 母线电压）(kV)

时间	Ⅰ段								
	Ⅱ段								
时间	Ⅰ段								
	Ⅱ段								
时间	Ⅰ段								
	Ⅱ段								
时间	Ⅰ段								
	Ⅱ段								

运营公司：　　　　　　　建设（部门）公司：　　　　　　供货商、施工单位：

填写时间：　　　　　　　记录人：　　　　　　　　　　　审核：

各种运行方式下，各站 35kV 环网进线开关电流测量记录见表 3.7-5。

各种运行方式下，各站 35kV 环网进线开关电流测量记录表　　表 3.7-5

_____变电所（站）　　　　_____运行方式下

时间	Ⅰ段								
	Ⅱ段								
时间	Ⅰ段								
	Ⅱ段								
时间	Ⅰ段								
	Ⅱ段								
时间	Ⅰ段								
	Ⅱ段								

（Ⅰ、Ⅱ段母线环网进线开关，包括主所 35kV 环网馈线开关）单位 A

运营公司：　　　　　　　建设（部门）公司：　　　　　　供货商、施工单位：

填写时间：　　　　　　　记录人：　　　　　　　　　　　审核：

1500V 直流馈线运行参数测量记录见表 3.7-6。

1500V 直流馈线运行参数测量记录表 表 3.7-6

_____变电所（站）　　　　_____运行方式下

时间	211 馈线		212 馈线		213 馈线		214 馈线		轨电位	
	电压(V)	电流(A)	电压(V)	电流(A)	电压(V)	电流(A)	电压(V)	电流(A)	1号	2号

运营公司：　　　　　建设（部门）公司：　　　　　供货商、施工单位：
填写时间：　　　　　记录人：　　　　　　　　　　审核：

各种运行方式下，各站 400V 开关电压测量记录见表 3.7-7。

各种运行方式下，各站 400V 开关电压测量记录表 表 3.7-7

_____变电所（站）　　　　_____运行方式下

（Ⅰ、Ⅱ段进线开关柜电压）（V）

时间									
时间	Ⅰ段								
	Ⅱ段								
时间	Ⅰ段								
	Ⅱ段								
时间	Ⅰ段								
	Ⅱ段								
时间	Ⅰ段								
	Ⅱ段								

运营公司：　　　　　建设（部门）公司：　　　　　供货商、施工单位：
填写时间：　　　　　记录人：　　　　　　　　　　审核：

各种运行方式下，各站 400V 开关电流测量记录见表 3.7-8。

各种运行方式下，各站400V开关电流测量记录表　　　　表3.7-8

＿＿＿＿变电所（站）　　　　＿＿＿＿运行方式下

（Ⅰ、Ⅱ段进线开关柜电流）（A）

时间	Ⅰ段							
	Ⅱ段							
时间	Ⅰ段							
	Ⅱ段							
时间	Ⅰ段							
	Ⅱ段							
时间	Ⅰ段							
	Ⅱ段							

运营公司：　　　　　　　建设（部门）公司：　　　　　　　供货商、施工单位：
填写时间：　　　　　　　记录人：　　　　　　　　　　　　审核：

3.7.4 弱电设备抗干扰联调记录表格

列车在车站两端升弓启动/制动降弓时对系统设备的影响测试记录见表3.7-9。

列车在车站两端升弓启动/制动降弓时对系统设备的影响测试记录表　　表3.7-9

＿＿＿＿站　　　　　　测试日期：　　　　　　记录人：

序号	设备	测试列车启动时		测试列车制动时	
		柜门开启	柜门关闭	柜门开启	柜门关闭
1		是□ 否□	是□ 否□	是□ 否□	是□ 否□
2		是□ 否□	是□ 否□	是□ 否□	是□ 否□
3		是□ 否□	是□ 否□	是□ 否□	是□ 否□
4		是□ 否□	是□ 否□	是□ 否□	是□ 否□
5		是□ 否□	是□ 否□	是□ 否□	是□ 否□

隧道风机启/停对系统设备的影响测试记录见表3.7-10。

隧道风机启/停对系统设备的影响测试记录表　　　　表3.7-10

＿＿＿＿站　　　　　　测试日期：　　　　　　记录人：

序号	设　备	测试风机启动时		测试风机停止时	
		柜门开启	柜门关闭	柜门开启	柜门关闭
1		是□ 否□	是□ 否□	是□ 否□	是□ 否□
2		是□ 否□	是□ 否□	是□ 否□	是□ 否□
3		是□ 否□	是□ 否□	是□ 否□	是□ 否□
4		是□ 否□	是□ 否□	是□ 否□	是□ 否□
5		是□ 否□	是□ 否□	是□ 否□	是□ 否□

牵引所两组整流机组其中一组故障退出、另一组运行时对系统设备的影响测试记录见表 3.7-11。

牵引所两组整流机组其中一组故障退出、另一组运行时对系统设备的影响测试记录表 表 3.7-11

_____站　　　　测试日期：　　　　记录人：

序号	设备	1号整流机组退出时		2号整流机组退出时	
		柜门开启	柜门关闭	柜门开启	柜门关闭
1		是□ 否□	是□ 否□	是□ 否□	是□ 否□
2		是□ 否□	是□ 否□	是□ 否□	是□ 否□
3		是□ 否□	是□ 否□	是□ 否□	是□ 否□
4		是□ 否□	是□ 否□	是□ 否□	是□ 否□
5		是□ 否□	是□ 否□	是□ 否□	是□ 否□

吹风机的使用对系统设备的影响测试记录见表 3.7-12。

吹风机的使用对系统设备的影响测试记录表 表 3.7-12

_____站　　　　测试日期：　　　　记录人：

序号	设备	测试结果	
		柜门开启	柜门关闭
1		是□ 否□	是□ 否□
2		是□ 否□	是□ 否□
3		是□ 否□	是□ 否□
4		是□ 否□	是□ 否□
5		是□ 否□	是□ 否□

冲击钻的使用对系统设备的影响测试记录见表 3.7-13。

冲击钻的使用对系统设备的影响测试记录表 表 3.7-13

_____站　　　　测试日期：　　　　记录人：

序号	设备	测试结果	
		柜门开启	柜门关闭
1		是□ 否□	是□ 否□
2		是□ 否□	是□ 否□
3		是□ 否□	是□ 否□
4		是□ 否□	是□ 否□
5		是□ 否□	是□ 否□

移动电话的使用对系统设备的影响测试记录见表 3.7-14。

3.7 供电系统综合联调记录表格

移动电话的使用对系统设备的影响测试记录表　　　　表 3.7-14

_____站　　　　　　测试日期：　　　　　　记录人：

序号	设 备	测 试 结 果	
		柜门开启	柜门关闭
1		是□ 否□	是□ 否□
2		是□ 否□	是□ 否□
3		是□ 否□	是□ 否□
4		是□ 否□	是□ 否□
5		是□ 否□	是□ 否□

对讲机的使用对系统设备的影响测试记录见表 3.7-15。

对讲机的使用对系统设备的影响测试记录表　　　　表 3.7-15

_____站　　　　　　测试日期：　　　　　　记录人：

序号	设 备	测 试 结 果	
		柜门开启	柜门关闭
1		是□ 否□	是□ 否□
2		是□ 否□	是□ 否□
3		是□ 否□	是□ 否□
4		是□ 否□	是□ 否□
5		是□ 否□	是□ 否□

微波设备的使用对信号、PIS 车地无线通信设备的影响测试记录见表 3.7-16。

微波设备的使用对信号、PIS 车地无线通信设备的影响测试记录表　　表 3.7-16

_____站　　　　　　测试日期：　　　　　　记录人：

序号	设 备	测 试 结 果	
		柜门开启	柜门关闭
1		是□ 否□	是□ 否□
2		是□ 否□	是□ 否□
3		是□ 否□	是□ 否□
4		是□ 否□	是□ 否□
5		是□ 否□	是□ 否□

35kVGIS 各柜的隔离开关/断路器分合操作时，对供电综合保护单元设备的影响测试记录见表 3.7-17

35kVGIS各柜的隔离开关/断路器分合操作时，对供电综合保护单元设备的影响测试记录表

表 3.7-17

_____站　　　　　测试日期：　　　　　　记录人：

序号	设　备	测试结果	
		分闸	合闸
1		是□　否□	是□　否□
2		是□　否□	是□　否□
3		是□　否□	是□　否□
4		是□　否□	是□　否□
5		是□　否□	是□　否□

第4章 专用通信系统综合联调

4.1 专用通信系统简介及联调概述

4.1.1 专用通信系统系统简介

城市轨道交通专用通信系统是一个能够承载语音、视频、数据等各种信息的综合业务数字通信网络，是指挥列车运行、公务联络和传递各种信息的重要手段，专用通信系统主要包括：传输系统、公务电话系统、专用电话系统、集中告警系统、无线通信系统、闭路电视监控系统（CCTV）、广播系统（PA）、时钟系统、电源系统、乘客信息显示系统（PIS）等子系统。各子系统主要功能如下：

（1）传输系统是专用通信网络的基础承载平台，不仅要为通信各子系统传输信息，还要为信号、行车、电力、自动售检票等系统提供传输通道。

（2）公务电话系统主要用于轨道交通行车管理、运营及维修等部门工作人员提供一般的公务网络（电话业务和非电话业务），相当于企业总机，并通过运营商提供的中继线路与外界通信网的连接。

（3）专用电话系统主要用调度通话、站间行车电话、站内直通电话等语音通话业务，是调度员和车站（车辆段）值班员指挥列车运行和指导设备操作的重要通信工具，是为列车运营、电力供应、日常维修、防灾救助提供指挥的专用通信系统。

（4）专用无线系统主要对位置不固定的相关业务工作人员以及列车司机提供语音和数据信息的通信业务，作为固定设置的有线通信网的强有力的补充。

（5）时钟系统是为运营管理相关部门、各通信子系统等有关系统的设备及主要工作场所提供统一的标准时间信号，并为乘客提标准时间，从而实现全线统一的时间标准。

（6）广播系统主要是为乘客播放列车信息，提供安全提示、向导及紧急状态等服务，为工作人员播放作业命令及管理信息。

（7）乘客信息显示系统是依托多媒体网络技术，以计算机技术为核心，以车站和车载显示终端为媒介向乘客提供信息服务的系统

（8）闭路电视监控系统是城市轨道交通的现场监控系统，用以监视车

站各部位、客流情况及列车停靠后监视乘客上下车、掌握车门开闭和启动状况的重要手段。在紧急情况下，用以实时监视事故现场作为指挥抢险的工具。

（9）电源系统主要用于为通信各子系统设备提供不间断、无瞬变的电源，在外部供电电源故障时能提供4H备用电源。

（10）集中告警系统主要功能是把专用通信各子系统的故障告警信息集中在主控计算机终端上显示，实现不同等级的故障分级，在出现通信故障时能迅速组织力量进行维修，确保通信畅通和功能恢复正常，满足列车运行对通信的需要。

4.1.2 专用通信系统联调概述

城市轨道交通专用通信系统主要是能为通信各子系统及其他系统传递和交换各种安全、准确、可靠的信息，服务于行车及客运组织。在地铁投入试运营前，对专用通信系统的调试至关重要，专用通信系统因其系统的多样性，各子系统间及各子系统与其他系统间的接口种类多、数量大，故综合联调应包括各子系统设备单体调试和各子系统与其关联系统间的调试。

4.2 通信时钟系统与关联系统联调

4.2.1 通信时钟系统联调测试概述

时钟系统是轨道交通运行的重要组成部分之一，其主要作用是为控制中心调度员、车站值班员、车辆司机派班、各部门工作人员及乘客提供统一的标准时间信息，并为轨道交通的通信系统和其他系统提供统一的时间信号，使各系统的设备与本系统同步，从而实现地铁全线统一的时间标准。时钟系统的设置对保证轨道交通运行计时准确、提高运营效率起到了非常重要的作用。

设置在控制中心的一级母钟可以同时接收来自GPS和北斗卫星的时标信号，作为本线路时钟系统的标准时间外部时钟源信号，两者优先级可以在监控终端上通过软件进行设置。

中心一级母钟在控制中心通过传输系统，以以太网接口与沿线各车站、车辆段、停车场的二级母钟通信，发送一级母钟的标准时间信号，并

4.2 通信时钟系统与关联系统联调

在控制中心采用以太网接口和 RS422 接口两种接口方式为其他通信各系统提供统一的时间信号，使各子系统设备与时钟系统同步，从而实现轨道交通全线执行统一的时间标准。时钟系统框图如图 4.2-1 所示。

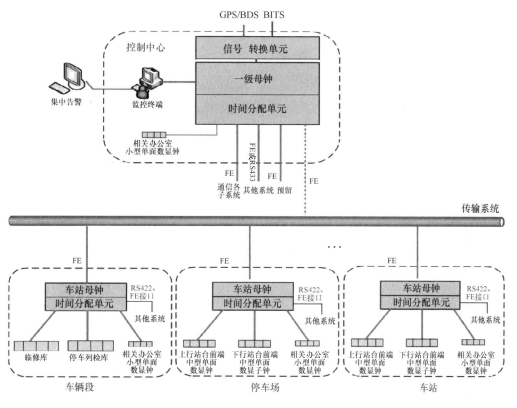

图 4.2-1 时钟系统原理框图

控制中心设备与各车站、车辆段、停车场的二级母钟通过传输子系统连接，接口形式采用标准以太网接口（共线）。控制中心的子钟通过通信电缆（低烟无卤阻燃超五类屏蔽双绞线）直接与一级母钟连接，各车站、车辆段、停车场的子钟通过通信电缆（低烟无卤阻燃超五类屏蔽双绞线）连接至各自的二级母钟。

一级母钟定时（每秒或自定时间）向各二级母钟发送校时信号，并负责向控制中心等有关处所的子钟提供标准时间信号。中心一级母钟通过传输子系统将校准标准时间信号传给各个二级母钟，再由二级母钟按标准时间信号指挥子钟统一显示标准时间，为各车站运行管理及各车站站厅等主要工作场所的工作人员提供统一标准时间信息，为广大乘客提供统一的标准时间，同时为其他各系统提供统一的标准时间信号，使全线其他通信系统与时钟系统同步。

时钟系统按中心一级母钟和车站/车辆段/停车场二级母钟两级组网方式设置。时钟系统设备主要包括 GPS/北斗信号接收单元、信号转换单元、控制中心主备一级母钟设备、时钟系统网管设备、车站/车辆段/停车场主备二级母钟、时间显示单元（简称子钟）、NTP 输出接口设备、传输通道、RS422 接口设备和电源等组成。图 4.2-2、图 4.2-3 分别为一级母钟、子钟。

图 4.2-2　一级母钟

图 4.2-3　子钟

4.2.2　通信时钟系统联调测试目的

时钟系统联调通过对中心母钟无法接受 GPS/北斗时间信号、中心母钟失效、中心母钟失效等故障进行模拟，来检测时钟系统从中断到恢复过程中各接口系统是否存在问题，检验时钟系统能否满足全线运营需求。

4.2.3 通信时钟系统联调测试项目

（1）检验时钟系统信号中断后的校对功能及中心母钟晶振运行情况。

（2）检验一级母钟失效后与时钟系统有接口的系统是否能够按照本系统时钟源走时。

（3）一级母钟主备切换功能校验。

4.2.4 通信时钟系统联调测试前准备

4.2.4.1 测试前项目检查（表4.2-1）

测试前项目检查表　　　　表 4.2-1

序号	检查项目
1	时钟系统状态良好，功能齐全，完成单系统调试，符合设计要求，且处于正常运行状态
2	与时钟系统存在相关接口的系统（传输系统、专用电话系统、专用无线系统、CCTV系统、广播系统、PIS系统、信息网络系统、专用电源系统、集中网管系统、公务电话系统、综合监控系统、AFC系统、ACS系统、信号系统、PSCADA、场段安防）已完成各自与时钟系统的单体调试，处于正常运行状态
3	综合联调相关人员在测试开始前一周已进行培训，且调试当天全部安排到位，联调测试所需的仪器仪表以及必备的工具准备充分，联调所使用的仪器仪表等均为符合国家标准要求的仪表，且均在使用的有效期限内

4.2.4.2 所需工器具（表4.2-2）

所需工器具表　　　　表 4.2-2

序号	工具/设备	数量	要求	用途
1	无线手持台	若干	充满电，并有备用钥匙	调试人员联络
2	设备房钥匙	若干	OCC/测试车站	打开通信设备房
3	设备柜钥匙	各1套/系统	OCC/测试车站	打开设备柜
4	手提电脑	各1套/系统		紧急情况处理
5	断路塞	若干		绝缘防护
6	数字万用表	2台		数据测试
7	图纸、资料	各1套/系统		资料查询
8	常用工具箱	1套	含各类型号扳手、螺丝批等	

时钟联调使用的工器具有手持台、螺丝刀、卡线刀、手提电脑、断路塞、数字万用表等，如图4.2-4所示。

第4章 专用通信系统综合联调

图 4.2-4 联调所需工器具

4.2.5 通信时钟系统联调测试方法及步骤

4.2.5.1 测试方法

通信专业设备人员在控制中心、车站的时钟设备前准备就绪,检查测试前各项设备均达到开展联调测试的条件后,由测试人员对时钟系统设备按照联调步骤开始操作,由现场人员报告设备是否正常运行。

4.2.5.2 联调实施操作步骤(表4.2-3)

联调实施操作步骤　　　　　　　　　　　　　　　表 4.2-3

序号	测试步骤描述
一	检验时钟系统信号中断后的校对功能及中心母钟晶振运行情况
1	各专业组负责人确认设备运行正常并汇报给现场指挥
2	开始测试(断开GPS/北斗时钟天线信号,手动调节主母钟时间)
3	各配合专业组负责人确认设备状态并汇报联调项目组长
4	恢复(接上GPS/北斗天线信号)
5	各配合专业组负责人确认设备状态并汇报联调项目组长
6	测试结束
二	模拟中心一级母钟失效步骤

续表

序号	测试步骤描述
1	各配合专业组负责人确认设备运行正常并汇报给联调项目组长
2	开始测试（关闭主备母钟电源）
3	各配合专业组负责人确认设备状态并汇报给联调项目组长
4	恢复（开启主备母钟电源）
5	各配合专业组负责人确认设备状态并汇报给联调项目组长
6	测试结束
三	模拟中心一级母钟主备切换功能校验
1	各配合专业组负责人确认设备运行正常并汇报给时钟联调项目组长
2	开始测试（断开GPS/北斗时钟天线信号，人工切换到备用母钟，手动调节备母钟时间）
3	各配合专业组负责人确认设备状态并汇报给时钟联调项目组长
4	恢复（人工切换到主母钟，接回GPS/北斗时钟天线信号）
5	各配合专业组负责人确认设备状态并汇报给时钟联调项目组长
6	测试结束

4.3 通信无线集群与信号、车辆间联调测试

4.3.1 通信无线集群与信号、车辆间联调测试概述

专用无线集群通信系统是由多个基站的TETRA数字集群系统形成一个无线、无线结合的网络，以基站加漏缆的方式通过漏缆、天线实现对线路区间、车站、车辆段的覆盖。无线系统的使用终端有手持台、车站固定台、无线语音车载台和无线调度台。

该系统是为保证城市轨道交通安全、高密度、高效运营而建设的语音、数据专用无线通信系统，为轨道交通运营的固定用户（控制中心/车辆段、车站值班员等）和移动用户（列车司机、防灾人员、维修人员）之间的语音和数据信息交换提供可靠的通信手段，对行车安全、提高运输效率和管理水平、改善服务质量提供重要保证；同时，在城市轨道交通运营出现异常情况和有线通信出现故障时，亦能迅速提供防灾救援和事故处理等指挥所需要的通信手段。此项联调为实现无线系统无线调度台与信号ATS、车辆广播系统的综合联调功能。

轨道交通无线系统普遍采用车站全基站（小区制）方式进行组网，核心系统设备包含：分别设置在车辆段、停车场、各个车站的基站设备；在

控制中心设置的控制交换中心设备；在控制中心调度大厅、车辆段和停车场检修库设置的无线调度台；在每一列列车设置的车载电台；在每一个车站设置的固定电台；为各生产中心配置的手持电台以及二次开发系统的设备。各基站通过传输系统提供的链路连接到中心核心设备。详细组网如图4.3-1所示。

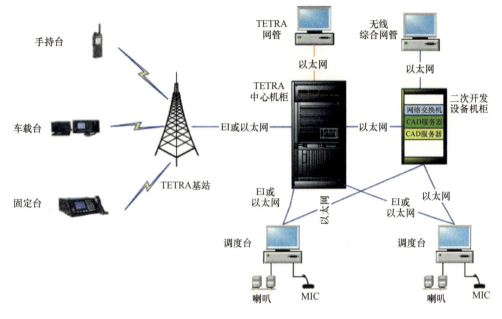

图 4.3-1　无线系统示意图

4.3.2　通信无线集群与信号、车辆间联调测试目的

（1）检验通信无线系统与信号列车自动监控系统（ATS）之间接收的各项列车消息的正确性、完整性、实时响应能力，能否满足运营的需要。

（2）检验无线系统接收到正确信息后能否在调度台上正确显示，调度人员能否实现按该信息与所管辖区的列车进行通信并实现无线车载台车次号的呼叫。

（3）检验通信无线系统与列车广播系统之间的广播功能是否正常，无线系统行车调度台和车辆段调度台能否对任意一列和全部列车的车厢进行广播，对列车广播优先级是否正确。

（4）全面检查系统，检漏纠错，并对发现的问题进行及时有效的整改，确保系统能完全满足运营使用要求。

（5）通过综合联调，对运营操作及维修人员进行培训，提高检修人员技能，确保新线的安全运营。

4.3.3 通信无线集群与信号、车辆间联调测试项目

通信无线集群与信号 ATS、车辆联调测试项目包括：

（1）无线系统与信号 ATS 接口双通道自动倒换功能测试。

（2）无线系统接收中心 SIG 系统提供列车位置、列车识别号、列车出入车辆段、列车所处的车站和线路的位置等 ATS 信息。

（3）无线系统通过无线车载台向 RS（列车广播）系统转发控制中心调度广播信息，实现控制中心对列车广播。

4.3.4 通信无线集群与信号、车辆间联调测试前准备

4.3.4.1 测试前项目检查（表 4.3-1）

测试前项目检查表　　表 4.3-1

序号	检查项目
1	通信传输系统功能调试完成，并已投入正常使用
2	信号 ATS 系统功能调试完成，并到达设计要求
3	专用无线通信设备系统已完成中央级、车站级单体调试及内部联调，并已投入正常运行且实现全线覆盖
4	完成通信无线系统和信号 ATS 系统通信接口链路调试
5	完成通信无线系统与车辆广播通信接口链路调试
6	通信各外部接口相关设备系统已完成单体调试，设备稳定运行
7	车辆段与正线的线路和设备满足行车要求
8	至少需要 2 列信号、车辆功能完好正常的电客车，并安排 2 名司机及技术人员配合
9	联调测试所需的仪器仪表以及必备的工具准备充分，联调所使用的仪器仪表等均为符合国家标准要求的仪表，且均在使用的有效期限内
10	各部门相关人员在测试开始前全部安排到位。调度、维修机电、通信检修人员全部在岗，按正常工作要求值班。确保测试期间严格按照正常运营生产要求开展行车组织、设备维修/维护及故障抢修工作
11	本方案在实施前一周已对各相关岗位和测试人员进行培训
12	测试前由建设部门提交各专业的功能具备情况，经综合联调工作组确认是否具备进行本项测试，确认具备后由综合联调工作组发布联调通知
13	联调期间安排交通车在 OCC 待命，负责完成运送联调人员到指定位置，联调期间发生故障时听从联调项目组长指挥负责运送备件和故障抢修人员到指定地点，调试如果有延误，则交通车需等待至调试结束后将调试人员送回到出发地

图 4.3-2 为驻波比测试。

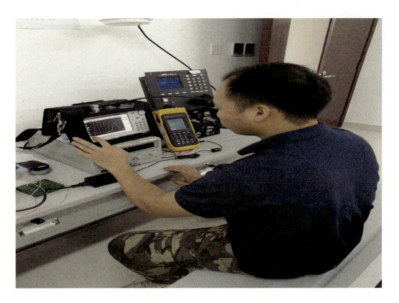

图 4.3-2　驻波比测试

4.3.4.2　所需工器具（表 4.3-2、图 4.3-3）

图 4.3-3　通信无线集群与信号、车辆间联调所需工器具

所需工器具表　　　　　　　　　表 4.3-2

序号	工具/设备	数量	要求	用途
1	无线手持台	若干	充满电，并有备用电池	调试人员联络
2	设备房钥匙	若干	OCC/测试车站	打开通信设备房、相关系统机房
3	设备柜钥匙	各1套/系统	OCC/测试列车	打开设备柜门

续表

序号	工具/设备	数量	要求	用　途
4	图纸、资料	若干	图纸、资料齐全	资料查询
5	测试设备和仪器	若干	报监理、业主备案	测试实际接口设备
6	电脑及抢修工具	各1套/系统		紧急情况处理
7	常用工具箱	1套	OCC/测试车站	含各型号螺丝批、扳手、万用表等常用工具

4.3.5　通信无线集群与信号、车辆间联调测试方法及步骤

4.3.5.1　测试方法

通信专业设备人员在检查测试前各项设备均达到开展联调测试的条件后，由测试人员按照联调步骤开始操作，由现场人员报告通信无线系统与信号列车自动监控系统（ATS）之间接收的各项列车消息是否正确、及时，无线行车调度台和车辆段调度台能否准确地与所管辖的列车进行无线通信，实现无线车载台车次号的呼叫。通信无线系统与列车广播系统之间的广播功能是否正常，列车广播优先级正确，是否正常运行。

4.3.5.2　联调实施操作步骤

通信无线系统与信号系统联调步骤见表4.3-3。

通信无线系统与信号系统联调步骤　　　　表4.3-3

序号	测试步骤描述	备注
一	准备工作	
1	联调组长检查测试列车到达预定位置情况	
2	联调组长检查参加测试的人员到达各自岗位情况	
3	通发信、信号、车辆专业人员检查设备状态，然后向联调组长报告检查结果	
4	若各项条件满足，联调组织发布测试开始命令	
二	无线系统与信号ATS接口双通道自动倒换功能测试	
1	信号专业人员和通信专业无线系统人员分别检查确认信号ATS与无线系统物理连接是否正常	
2	无线系统人员断开与信号ATS接口A	
3	车辆级、中央级通信专业人员确认监控是否正常	
4	无线系统人员恢复接口A，拔开接口B	
5	车辆级、中央级通信专业人员确认监控是否正常，链路切换是否正常	
6	无线系统人员恢复接口B，拔开接口A	
7	车辆级、中央级通信专业人员确认监控是否正常，链路切换是否正常	
三	列车投入运营	

续表

序号	测试步骤描述	备注
1	列车位于综合基地内由列车无线车载台向综合基地调度台发出呼叫请求	综合基地内
2	分别确认列车无线车载台的显示、综合基地无线调度台上的显示	
3	列车由综合基地投入运营,经过出段线到达正线区间,由列车无线车载台依次向OCC行调无线调度台、综合基地调度台发出呼叫请求	转组测试(由综合基地转正线)
4	分别确认OCC行调无线调度台上的显示、列车无线车载台的显示、综合基地无线调度台上的显示	
四	列车在正线运营及折返	
1	列车在正线行驶,每到一区间,由列车无线车载台依次向OCC行调无线调度台、综合基地调度台发出呼叫请求	
2	分别确认OCC行调无线调度台的显示、列车无线车载台的显示、综合基地无线调度台上的显示	
3	列车在上下行折返过程中,由列车无线车载台依次向OCC行调无线调度台、综合基地调度台发出呼叫请求	折返
4	分别确认OCC行调无线调度台上的显示、列车无线车载台的显示、综合基地无线调度台上的显示	
5	行车调度员在信号ATS设备操作台上更改列车号,信号ATS系统向通信无线系统发送数据包,通信无线系统的列车车次号按时更改正确,列车车组号、列车的司机号、列车位置信息显示正确	人工列车车次号变更(ATS变更)
6	通信无线系统故障或信号ATS系统故障或断开通信无线系统与信号ATS系统之间的通信线路,行调无线调度台的列车信息保持不变,直到故障恢复,信号ATS向通信无线发送新的列车消息才更改	无线系统或信号ATS系统故障时
五	列车退出运营	
1	列车由车站上行站台离开运营,经过入段线回综合基地,由列车无线车载台向综合基地调度台发出呼叫请求	转组测试(由正线转综合基地)
2	分别确认列车无线车载台的显示、综合基地无线调度台上的显示	

通信无线系统与车载广播系统联调步骤见表4.3-4。

4.3 通信无线集群与信号、车辆间联调测试

通信无线系统与车载广播系统联调步骤　　　　表 4.3-4

序号		测试步骤描述	备注
一		综合基地内	
	1	综合基地调度员通过综合基地调度台对综合基地测试列车中的任何一列列车进行列车广播，每一节车厢都能清楚听到调度员的广播内容	
	2	综合基地调度员通过综合基地无线调度台对综合基地所有测试列车进行列车广播，测试列车每一节车厢都能清楚听到调度员的广播内容	
二		正线	
	1	OCC 的行车调度员通过行车无线调度台对正线上测试列车任何一列列车进行列车广播，每一节车厢都能清楚听到调度员的广播内容	（可在上下行各选一个区间/车站）
	2	OCC 的行车调度员对正线上的所有测试列车进行广播通知，测试列车的每一节车厢都能清楚听到调度员的广播内容	
	3	列车广播的优先级验证测试：调度员分别对正线列车及综合基地列车进行广播，广播能分别中断正在进行的列车自动广播、司机人工广播	

图 4.3-4 为无线网管终端调试。

图 4.3-4　无线网管终端调试

4.3.6　通信无线集群与信号、车辆间联调测试应急预案

4.3.6.1　安全防护措施

（1）各系统负责人需保证在联调过程中人身和设备安全，进入车站需穿戴好劳保用品。根据测试"内容和步骤"对各系统的影响作好相应的防范措施。

（2）进入车站设备区，需注意地板及临时悬空踏板，避免踏入孔洞。

(3) 联调结束后，测试人员、设备承包商必须将所有设备恢复正常运行状态，发现设备坏损的，应由设备供货单位立即更换，保证系统的正常运行。

(4) 参与测试所有人员应遵守相关安全规章及作业程序。

4.3.6.2 执行应急预案的条件

(1) 测试过程中，如发现有危及安全的现象时，参与测试的任何人员都可在第一时间采取措施，暂停联调，向现场指挥报告，现场指挥上报总指挥，由总指挥决定联调中止或继续。

(2) 当测试过程中出现设备故障时，调试人员应立即报告现场指挥，由现场指挥报总指挥决定是否继续进行测试。

(3) 因系统等原因造成测试不能正常进行时，由副指挥责成问题责任方限期内完成整改。

(4) 相关责任方在对问题整改后由现场指挥组织调试人员进行确认，检查确实符合测试条件后，再进行测试。

(5) 各专业组需保证在联调过程中本专业组成员的人身和设备安全。根据测试的内容和步骤对本专业组设备的影响做好相应的应急和防范措施。

4.3.6.3 执行应急预案的人员、器材配备

(1) 人员：应急领导指挥小组2人、专业应急指导小组3人、现场应急执行小组5人。

(2) 器材：干粉灭火器、绝缘手套、绝缘靴、电话、对讲机。

4.3.6.4 应急程序

(1) 响应程序

施工过程中施工现场或驻地发生无法预料的需要紧急抢救处理的危险时，应迅速逐级上报，次序为现场、项目部、甲方、行业主管部门。由项目部收集、记录、整理紧急情况信息并向小组及时传递，由小组长或副组长主持紧急情况会议，协调、派遣和统一组织指挥所有车辆、设备、人员、物资等实施紧急抢救和向上级汇报。

(2) 应急处置

1) 抢救组到达出事地点，在施工总承包单位项目负责人指挥下分头进行工作；

2) 首先抢救组和作业班组负责人一起：查明险情，确定是否还有危险源（如相关防护是否到位、脚手架或其他构件是否有继续失控的危险）；了解人员伤亡情况；商定抢救方案后，由抢险指挥组长负责人向项目经理请示汇报批准，然后组织实施。

3）防护组负责把出事地点附近的作业人员疏散到安全地带，并进行警戒，不准闲人靠近，对外注意礼貌用语。

4）工地值班电工负责切断有危险的电源。

5）抢险组在排除继发性危险的情况下，立即救护伤员，边联系救护车，边及时进行止血包扎，用担架将伤员抬到车上送往医院。

6）应急抢险完毕后，作业班组负责人应立即召集作业骨干、专业技术人员、安全员及全体作业人员，参与配合事故调查，找出事故原因、责任人，制订防止再次发生类似事故的整改措施。

7）对应急救援预案的有效性进行评审、修订。

（3）应急物资与装备保障

应急物资的准备是应急救援工作的重要保障，应根据潜在事故的性质和后果分析，配备应急中所需救援机械和设备、交通工具、医疗设备和药品、生活保障物资。

（4）常用物资和设备

1）常用药品：消毒药品、急救物品（创可贴、绷带、无菌敷料等）等。

2）抢险工具：铁锹、撬棍、气割工具、消防器材、电工常用工具等。

3）应急器材：钢管、安全帽、安全带、应急灯、对讲机、电焊机、灭火器等。

4）交通车辆：客货车、小轿车各一辆。

5）其他物资：根据需要随时增补配备。

4.4 通信传输系统与关联系统联调测试

4.4.1 通信传输系统与关联系统联调测试概述

传输系统是通信系统中的骨干系统，能迅速、准确、可靠地传送地铁运营管理所需要的各种信息。该系统应采用技术先进、安全可靠、经济实用、便于维护的光纤数字传输设备组网，构成具有承载语言、数据和图像等各种信息的多业务传输平台，并具有自愈环保护功能。目前轨道交通SDH传输网普遍采用四纤双向复用段的组网方式，可以抗多点失效。

图4.4-1为四纤双向复用段倒换环。

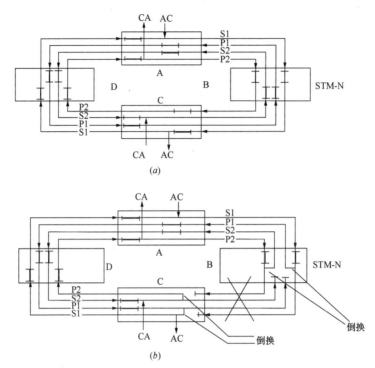

图 4.4-1 四纤双向复用段倒换环

4.4.2 通信传输系统与关联系统联调测试目的

（1）检验各系统间功能，确保通信各外部接口相关设备系统与通信设备子系统的接口的正确性、完整性、实时响应能力，及时发现存在的问题并协调解决。

（2）验证信息传输功能是否与设计相符，确保各系统间响应能力，并满足运营要求。

（3）全面检查系统，检漏纠错，并对发现的存在问题进行及时有效的整改，确保系统能完全满足运营使用要求。

（4）通过综合联调，对运营操作及维修人员进行培训，提高检修人员技能，确保后期地铁运营安全、平稳、有序。

（5）检验在传输系统故障、中断再恢复后，测试对各相关系统信号、自动售检票、无线、CCTV、公务、专用电话、电源、时钟、广播系统、安防系统、信息网络系统，造成的影响及系统的恢复能力。

（6）通过模拟传输系统中断，检测系统在中断再到自愈恢复过程中是否存在问题，能否满足全线运营的需要；

（7）通过联调，及时将暴露出来的问题与厂家、施工单位等相关单位进行协调处理。

4.4.3 通信传输系统与关联系统联调测试项目

通信传输系统与关联系统联调主要内容：

(1) 模拟车站光纤断裂引起的传输光纤环路中断。
(2) 模拟车站传输节点故障引起的传输光纤环路中断。
(3) 模拟运营中心传输节点故障引起的传输光纤环路中断。

根据轨道交通工程规划、建设情况，通信传输系统联动功能综合联调范围为所有车站、车辆段、控制中心等。

综合联调科目包括：

(1) 监测、监控通信传输系统 TS 中央级与外部接口设备系统信号 (SIG)、自动售检票 (AFC)、综合监控 (ISCS) 的接口连接及控制功能验证；与通信内部接口设备系统电源 (UPS)、广播 (PA)、时钟 (CLK)、OA、门禁 (ACS)、无线 (RAD)、专用电话、公务电话、乘客信息系统 (PIS)、闭路电视监视 (CCTV) 的接口连接及控制功能验证。

(2) 监测、监控通信传输系统 TS 车站级与外部接口设备系统信号 (SIG)、自动售检票 (AFC)、综合监控 (ISCS) 的接口连接及控制功能验证；与通信内部接口设备系统电源 (UPS)、广播 (PA)、时钟 (CLK)、OA、门禁 (ACS)、无线 (RAD)、专用电话、公务电话、乘客信息系统 (PIS)、闭路电视监视 (CCTV) 的接口连接及控制功能验证。

传输系统与关联系统接口示意图如图 4.4-2 所示。

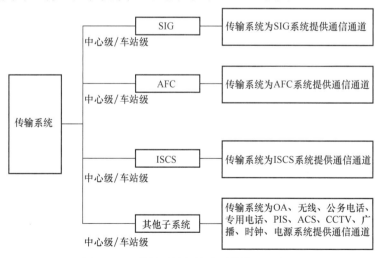

图 4.4-2 传输系统与关联系统接口示意图

4.4.4 通信传输系统与关联系统联调测试前准备

4.4.4.1 测试前项目检查（表4.4-1）

测试前项目检查表　　　　　　　　　　表4.4-1

序号	检查项目
1	传输系统功能完好，已经完成系统单体调试，达到设计要求，处于正常状态
2	信号、自动售检票、无线、CCTV、公务、专用电话、电源、时钟、广播系统、安防系统、信息网络系统已完成各自与传输系统的单体调试，处于正常状态
3	通信传输TS设备系统已完成中央级、车站级单体调试及内部联调，并已投入正常运行
4	通信各外部接口相关设备系统已完成单体调试，设备稳定运行
5	通信传输TS设备系统已完成通信各外部接口相关设备系统接口连接调试，设备运行正常
6	通信无线系统已实现全线覆盖
7	联调测试所需的仪器仪表以及必备的工具准备充分，联调所使用的仪器仪表等均为符合国家标准要求的仪表，且均在使用的有效期限内
8	施工图、系统图齐全、联调实施方案、联调测试记录表格等资料齐全
9	各部门相关人员在测试开始前全部安排到位。调度、维修机电、通信检修人员全部在岗，按正常工作要求值班。确保测试期间严格按照正常运营生产要求开展行车组织、设备维修/维护及故障抢修工作
10	本方案在实施前一周已对各相关岗位和测试人员进行培训
11	测试前由建设部门提交各专业的功能具备情况，经综合联调工作组及监理单位确认是否具备进行本项测试，确认具备后由综合联调工作组发布联调通知

4.4.4.2 所需工器具（表4.4-2）

所需工器具表　　　　　　　　　　表4.4-2

序号	工具/设备	数量	要求	用途
1	无线手持台	若干	充满电,并有备用电池	调试人员联络
2	设备房钥匙	若干	OCC/测试车站	打开通信设备房、相关系统机房
3	设备柜钥匙	各1套/系统	OCC/测试车站	打开设备柜门
4	图纸、资料	若干	图纸、资料齐全	资料查询
5	测试设备和仪器	若干	报监理、业主备案	测试实际接口设备
6	电脑及抢修工具	各1套/系统		紧急情况处理
7	常用工具箱	1套	OCC/测试车站	含各型号螺丝批、扳手、万用表等常用工具

4.4.5 通信传输系统与关联系统联调测试方法及步骤

4.4.5.1 测试方法

（1）本科目各参与及配合单位人员必须准时到测试车站及OCC，领取相关工具及记录表格，调试开始前安排人员签到并分组到达工作地点待命。

（2）牵头系统专用通信系统承包商/供货商向运营公司等完成综合联调期间的控制中心、站点请点工作，运营公司予以配合。

（3）各综合联调参与及配合单位按要求在联调实施开始前安排人员签到、就位。

（4）各综合联调参与及配合单位检查各设备系统状态，确保设备工作正常，具备联调测试条件，符合前置条件各项要求。

（5）根据本次综合联调所述详细步骤操作。

（6）综合联调完成后，各参与和配合单位完成各自系统的复位和还原工作。

（7）所有综合联调测试内容及步骤的过程都反映到综合联调记录表中，由各方负责记录，并在测试后签字汇总。

（8）所有综合联调内容及结果评估都反映到综合联调科目评估表中，对于综合联调工作中存在的问题及其他不足之处和整改措施由建设、运营、监理、设计和其他相关单位签字汇总。

（9）牵头系统专用通信系统承包商/供货商收集和汇总综合联调各类表格，完成综合联调的销点工作，并在规定时间内提交综合联调报告及表格。

4.4.5.2 联调实施操作步骤

各综合联调参与及配合单位检查各设备系统状态，确保设备工作正常，具备联调测试条件，符合前置条件各项要求，对联调内容逐项按测试步骤进行测试。

光纤断裂引起的传输光环路中断见表4.4-3。

光纤断裂引起的传输光环路中断　　　　表4.4-3

序号	测 试 步 骤
1	联调人员签到、领取通信工具，分赴各岗位地点
2	联调组长确认现场各专业人员已经到位，各系统网管终端处于正常状态

续表

序号	测试步骤
3	根据联调组长指令,供货商传输系统技术人员在某车站分别拔出A环南侧(A环北侧、B环南侧、B环北侧)主备用4根光纤
4	各小组人员确认各系统设备运行状态,并记录
5	根据联调组长指令,供货商传输系统技术人员恢复中断的光纤
6	各小组人员确认各系统设备运行状态,并记录

模拟车站传输设备故障引起的传输光环路中断见表4.4-4。

模拟车站传输设备故障引起的传输光环路中断　　　　表4.4-4

序号	测试步骤
1	联调组长确认现场各专业人员已经到位,各系统网管终端处于正常状态
2	根据联调组长指令,供货商传输系统技术人员在某站关闭设备电源
3	各小组人员确认各系统设备运行状态,并记录
4	根据联调组长指令,供货商传输系统技术人员在某站恢复设备电源
5	各小组人员确认专业设备运行状态,并记录

模拟运营中心传输设备故障引起的传输光环路中断见表4.4-5。

模拟运营中心传输设备故障引起的传输光环路中断　　　　表4.4-5

序号	测试步骤
1	联调组长确认现场各专业人员已经到位,各系统网管终端处于正常状态
2	根据联调组长指令,供货商传输系统技术人员在OCC关闭设备电源
3	各小组人员确认各系统设备运行状态,并记录
4	根据联调组长指令,供货商传输系统技术人员在OCC恢复设备电源
5	各小组人员确认专业设备运行状态,并记录

4.4.6 通信传输系统与关联系统联调测试应急预案

4.4.6.1 安全防护措施

(1) 各系统负责人需保证在联调过程中人身和设备安全,进入车站需穿戴好劳保用品。根据测试内容和步骤对各系统的影响作好相应的防范措施。

(2) 进入车站设备区,需注意地板及临时悬空踏板,避免踏入孔洞。

(3) 联调结束后,测试人员、设备承包商必须将所有设备恢复正常运行状态,发现设备坏损的,应由设备供货单位立即更换,保证系统的正常运行。

(4) 参与测试所有人员应遵守相关安全规章及作业程序。

4.4.6.2 执行应急预案的条件

(1) 测试过程中,如发现有危及安全的现象时,参与测试的任何人员都可在第一时间采取措施,暂停联调,向现场指挥报告,现场指挥上报总指挥,由总指挥决定联调中止或继续。

(2) 当测试过程中出现设备故障时,调试人员应立即报告现场指挥,由现场指挥报总指挥决定是否继续进行测试。

(3) 因系统等原因造成测试不能正常进行时,由副指挥责成问题责任方限期内完成整改。

(4) 相关责任方在对问题整改后由现场指挥组织调试人员进行确认,检查确实符合测试条件后,再进行测试。

(5) 各专业组需保证在联调过程中本专业组成员的人身和设备安全。根据测试的内容和步骤对本专业组设备的影响作好相应的应急和防范措施。

4.4.6.3 执行应急预案的人员、器材配备

(1) 人员：应急领导指挥小组 2 人、专业应急指导小组 3 人、现场应急执行小组 5 人。

(2) 器材：干粉灭火器、绝缘手套、绝缘靴、电话、对讲机。

4.4.6.4 应急程序

(1) 响应程序

施工过程中施工现场或驻地发生无法预料的需要紧急抢救处理的危险时,应迅速逐级上报,次序为现场、项目部、甲方、行业主管部门。由项目部收集、记录、整理紧急情况信息并向小组及时传递,由小组长或副组长主持紧急情况会议,协调、派遣和统一组织指挥所有车辆、设备、人员、物资等实施紧急抢救和向上级汇报。

(2) 应急处置

1) 抢救组到达出事地点,在施工总承包单位项目负责人指挥下分头进行工作；

2) 首先抢救组和作业班组负责人一起：查明险情,确定是否还有危险源（如相关防护是否到位、脚手架或其他构件是否有继续失控的危险）；了解人员伤亡情况；商定抢救方案后,由抢险指挥组长负责人向项目经理请示汇报批准,然后组织实施。

3) 防护组负责把出事地点附近的作业人员疏散到安全地带,并进行

警戒，不准闲人靠近，对外注意礼貌用语。

4) 工地值班电工负责切断有危险的电源。

5) 抢险组在排除继发性危险的情况下，立即救护伤员，边联系救护车，边及时进行止血包扎，用担架将伤员抬到车上送往医院。

6) 应急抢险完毕后，作业班组负责人应立即召集作业骨干、专业技术人员、安全员及全体作业人员，参与配合事故调查，找出事故原因、责任人，制订防止再次发生类似事故的整改措施。

7) 对应急救援预案的有效性进行评审、修订。

(3) 应急物资与装备保障

应急物资的准备是应急救援工作的重要保障，应根据潜在事故的性质和后果分析，配备应急中所需救援机械和设备、交通工具、医疗设备和药品、生活保障物资。

(4) 常用物资和设备

1) 常用药品：消毒药品、急救物品（创可贴、绷带、无菌敷料等）等。

2) 抢险工具：铁锹、撬棍、气割工具、消防器材、电工常用工具等。

3) 应急器材：钢管、安全帽、安全带、应急灯、对讲机、电焊机、灭火器等。

4) 交通车辆：客货车、小轿车各一辆。

5) 其他物资：根据需要随时增补配备。

4.5 车辆与乘客信息系统（PIS）联调测试

4.5.1 车辆与乘客信息系统（PIS）联调测试概述

乘客信息系统（Passenger Information System，以下简称 PIS）是依托多媒体网络技术，以计算机系统为核心，通过设置站厅、站台、出入口、列车的显示终端，让乘客及时准确地了解列车运营信息和公共媒体信息的多媒体综合信息系统。PIS 系统应用于轨道交通、公共交通工具上为乘客和中央控制室提供包括：声频广播平台，视频节目播放平台，应急情况报警，告警平台，和紧急呼叫平台。也为中央控制室提供视频监控，监听监视存储和干预系统。

4.5 车辆与乘客信息系统（PIS）联调测试

PIS系统有其独立软硬件系统，PIS工作站上有人机界面，在城市轨道交通中，其作用有两部分：一是在屏幕上播放视频节目，设计资源开发和广告等方面的内容；二是运营信息的发布，主要显示提示性信息和应急性信息。PIS系统是地铁系统实现以人为本、提高服务质量、加快各种信息公告传递的重要设施，是提高地铁运营管理水平，扩大地铁对旅客服务范围的有效工具。

通过车辆与PIS系统综合联调，测试车辆与PIS系统之间的各项相关功能是否实现，以确保系统功能达设计标准，满足运营需求。

4.5.2 车辆与乘客信息系统（PIS）联调测试目的

通过该项测试，检验车辆与PIS各系统之间的接口功能，确保通信各外部接口相关设备系统与通信设备子系统的接口的正确性、完整性、实时响应能力；验证信息传输功能是否与设计相符；通过联调发现系统存在的问题，协调建设单位、厂家、施工队对问题进行整改。

4.5.3 车辆与乘客信息系统（PIS）联调测试项目

本联调项目主要是验证通信和车辆的PIS系统是否能将PIS视频信息从编播中心传送到运营的列车上并且能够按照播表顺序播放视频节目；同时将车载CCTV的图像信息传送到控制中心的大屏显示系统；并且在出现重大突发事件的情况下，OCC发布实时紧急信息至指定车载信息显示系统。

PIS测试核心功能如下：
（1）实时媒体信息接收和播放测试（直播）；
（2）非实时媒体信息接收（播表下发）和播放测试（录播）；
（3）紧急信息播放测试；
（4）OCC对列车车厢视频图像实时监视功能测试。

4.5.4 车辆与乘客信息系统（PIS）联调测试前准备

4.5.4.1 测试前项目检查

PIS系统主要由车站PIS、车载PIS、中央PIS设备以及实现PIS各子系统间信息传送的网络子系统构成。进行综合联调前，应对各关联设备软硬件进行全面检查，确认其各项功能正常，保证各项测试顺利完成。功能检查项目统计表见表4.5-1。

功能检查项目统计表　　　　　　　表 4.5-1

序号	检查点	检查内容
1	司机室广播主机	(1) 检查司机室广播主机是否正常开启运行； (2) 检查司机室广播主机内各模块是否按设计要求进行接线与布置； (3) 检查司机室广播主机主要技术参数输出是否与设计说明书一致
2	客室广播主机	(1) 检查客室广播主机是否正常开启运行； (2) 检查客室广播主机内各模块是否按设计要求进行接线与布置； (3) 检查客室广播主机主要技术参数输出是否与设计说明书一致
3	网络视频录像机	检查网络视频录像机是否正常开启运行； 检查网络视频录像机是否清洁到位
4	广播控制盒	检查广播控制盒内话筒是否正常使用； 检查司机对讲、紧急对讲、声量调节、人工广播等功能是否正常使用
5	LED动态地图显示屏	检查LED动态地图显示屏是否正产开启，显示图像、文字是否清晰
6	控制中心服务器	检查控制中心内视频输入服务器、无线服务器、数据服务器、网管服务器、接口服务器等是否正常运行

4.5.4.2　所需工器具（表 4.5-2）

所需工器具表　　　　　　　表 4.5-2

序号	工具	数量	使用人员	工具要求
1	无线手持台	6台	项目指挥1台 OCC控制中心2台 列车通信人员2台 车辆人员1台	可正常使用并已充满电（含充电器）
2	手提电脑	1部	PIS专业组	可正常使用
3	万用表	4个	公用	可正常使用
4	螺丝批（一字、十字）	2套	公用	可正常使用
5	设备房钥匙	若干	调试人员	可正常使用
6	各系统设备柜钥匙	1套	各专业人员	可正常使用
7	图纸资料	若干	各设备操作使用手册、说明书、内部接线图	

4.5.5　车辆与乘客信息系统（PIS）联调测试方法及步骤

4.5.5.1　测试方法

用列车实际上线运行，检验 PIS 系统与车载 PIS 系统接口功能否正常；运营中列车车载 PIS 系统能否通过车地无线通信正常接收、存储并播放 PIS 中心子系统发送的信息，在接收故障、中心故障或车地通信故障等情况下，是否能自动切换，播放存储信息；检验通过车地无线上传车载视频监控图像的功能是否实现。

4.5.5.2 联调实施操作步骤（表 4.5-3）

联调测试步骤　　　　　　　　　　　　表 4.5-3

序号	测 试 步 骤
一	实时媒体信息接收和播放测试
	PIS 人员在控制中心进行节目播放，车辆人员在列车 LCD 屏前观察，两人通过手持电台确认是否同步
二	非实时媒体信息接收和播放测试
1	列车在车辆段或正线运行时接收存储控制中心下发的播放列表及节目内容
2	列车在运行时，车载 PIS 处于实时播放模式，关闭列车上 PIS 无线接口（模拟网络通信中断），测试系统是否可以自动从本地的文件目录读取视频播放列表，再按照视频播放列表中视频文件的顺序播放视频文件
3	恢复列车上 PIS 系统的无线接口连接，测试系统是否可以自动恢复直播功能
三	紧急信息播放测试
	PIS 人员从 OCC 控制中心通过紧急信息发布终端发布紧急文本信息，车辆人员在列车车厢 LCD 屏前观察是否收到，是否一致，并通过无线手持台与记录人员确认
四	列车车厢状况实时监视功能测试
1	PIS 人员在 OCC 的 CCTV 监视器上远程调看列车车厢各摄像头实时监视功能是否正常，并通过无线手持台与列车测试人员确认
2	PIS 人员在 OCC 控制中心可以通过轮询的方式观看从列车上传的视频监视图像，也可以单独选择某一列车的某路视频或全部摄像头的视频图像
3	PIS 人员在 OCC 控制中心通过 CCTV 工作站实现将列车视频（同时 2 幅）监控图像上传到大屏幕，记录测试结果是否能够实现

4.6 通信电源子系统与关联系统联调测试

4.6.1 通信电源子系统与关联系统联调测试概述

通信电源系统为通信各个子系统提供高质量、高可靠的电源供应，是通信系统必不可少的子系统，当电源发生故障而停止供电时，通信电源系统（UPS）能为通信系统提供质量良好的交流不间断电源。其中蓄电池组有独立的开关进行控制。无市电情况下，允许用电池启动 UPS。停电后，

UPS转由电池供电，在UPS电池组电能降低到阀值后自动关机，当市电恢复正常后UPS可自动开机启动，恢复对设备的供电，同时对电池组进行充电。图4.6-1为UPS内部结构，图4.6-2为蓄电池。

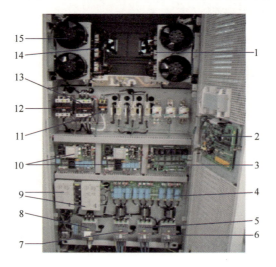

图4.6-1 UPS内部结构

1—逆变模块；2—操作键盘板；3—并机板；4—EMI板；
5—旁路开关；6—输出开关；7—主路开关；8—维修开关；
9—防雷器；10—辅助电源板；11—软启动继电器；
12—电池接触器；13—输入接触器；14—整流模块；15—风扇

图4.6-2 蓄电池

4.6.2 通信电源子系统与关联系统联调测试目的

通过该项测试,检验通信电源系统与外部接口设备系统动力照明(DZ)的接口功能,确保通信各外部接口相关设备系统与通信设备子系统的接口的正确性、完整性、实时响应能力;验证信息传输功能是否与设计相符,确保各系统间响应能力,并满足运营要求及时发现存在问题并协调解决。

4.6.3 通信电源子系统与关联系统联调测试项目

通信电源子系统与关联联系联调测试项目包括:

(1)监测、监控通信电源系统 UPS 中央级与外部接口设备系统动力照明(DZ)的接口连接及控制功能验证;

(2)监测、监控通信电源系统 UPS 车站级与外部接口设备系统动力照明(DZ)的接口连接及控制功能验证。

4.6.4 通信电源子系统与关联系统联调测试前准备

4.6.4.1 测试前项目检查(表 4.6-1)

测试前项目检查表　　　　表 4.6-1

序号	检查项目
1	电源系统状态良好,功能齐全,完成单系统调试,符合设计要求,且处于正常运行状态
2	与电源系统存在相关接口的系统(传输系统、专用电话系统、专用无线系统、CCTV 系统、广播系统、PIS 系统、信息网络系统、专用电源系统、集中网管系统、公务电话系统、综合监控系统、动力照明等)已完成各自与电源系统的单体调试,处于正常运行状态
3	综合联调相关人员在测试开始前一周已进行培训,且调试当天全部安排到位,联调测试所需的仪器仪表以及必备的工具准备充分,联调所使用的仪器仪表等均为符合国家标准要求的仪表,且均在使用的有效期限内

4.6.4.2 所需工器具(表 4.6-2)

所需工器具表　　　　表 4.6-2

序号	工具/设备	数量	要求	用途
1	无线手持台	若干	充满电,并有备用钥匙	调试人员联络
2	设备房钥匙	若干	OCC/测试车站	打开通信设备房
3	设备柜钥匙	各 1 套/系统	OCC/测试车站	打开设备柜
4	手提电脑	各 1 套/系统		紧急情况处理

续表

序号	工具/设备	数量	要求	用途
5	绝缘手套	若干		绝缘防护
6	数字万用表	2台		数据测试
7	图纸、资料	各1套/系统		资料查询
8	常用工具箱	1套	含各类型号扳手、螺丝批等	

4.6.5 通信电源子系统与关联系统联调测试方法及步骤

4.6.5.1 测试方法

通过该项测试，检验通信电源系统与外部接口设备系统动力照明（DZ）的接口功能，确保通信各外部接口相关设备系统与通信设备子系统的接口的正确性、完整性、实时响应能力；验证信息传输功能是否与设计相符，确保各系统间响应能力，并满足运营要求及时发现存在问题并协调解决。

4.6.5.2 联调实施操作步骤（表4.6-3）

联调测试步骤　　　　　　　　　　　表4.6-3

序号	测试步骤描述
1	联调人员签到、领取通信工具，分赴各岗位地点
2	联调组长确认现场各专业人员已经到位，各系统网管终端处于正常状态
3	根据联调组长指令，机电专业配合人员在400V开关柜处进行通信系统两路电源切换
4	通信人员确认各通信系统设备运行状态汇报给联调项目组长

4.7 通信系统能力测试

4.7.1 通信系统能力测试概述

通信系统能力测试是对广播系统、视频监控（CCTV）系统的通信能力进行测试，从而检验通信子系统是否具有功能设计中的通信能力。

广播系统就是通过声源、控制、声频切换、功率放大器、扬声器等设备，实现声源选择、声频切换、输出控制、声量控制等功能的系统。它的

4.7 通信系统能力测试

功能包括中心广播、车站广播、应急广播、背景音乐播放、防灾广播、自动行车广播、优先级广播、广播预示音提示、语音合成广播、录音、平行广播。广播系统由正线广播系统和车辆段/停车场广播系统两部分组成。其中控制中心广播系统和车站广播系统组成了正线广播系统，车辆段/停车场组成了独立的车辆段/停车场广播系统。图 4.7-1 为广播系统组网图。

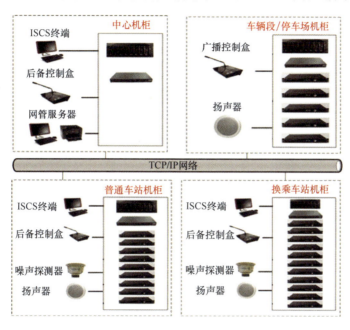

图 4.7-1　广播系统组网图

广播系统中除主控系统控制外，最常使用到的广播工具为广播控制盒，当主控系统不能正常运行时也可利用广播控制盒广播。它为台式结构形式，车站中一般放置于车站控制室桌面上，显示屏为 5.6 英寸 TFT 屏，用于显示必要的操作及状态信息。键盘采用触摸式轻触键盘，有 16～24 个按键，包括 10 个数字键、线路键、语音键、监听键、全开/全关键、设置键及取消键等。广播控制盒如图 4.7-2 所示。

闭路电视监视系统（下文简称 CCTV 系统）是维护城市轨道交通和保证运输安全的重要手段。它能够为控制中心的调度员、车站值班员、列车司机、主

图 4.7-2　广播控制盒

105

图 4.7-3　枪式摄像机

变电站值班员等提供有关列车运行、防灾救灾、旅客疏导以及社会治安等方面的视觉信息。

CCTV 系统设备包含摄像机、视频服务器、视频分析服务器、IPSAN 磁盘阵列、汇聚层交换机、LCD 机架式显示器、液晶监视器、视频编码器、视频解码器等，其中摄像机包含枪式摄像机、半球型摄像机、球型一体化高清摄像机，如图 4.7-3～图 4.7-5 所示。

图 4.7-4　半球型摄像机　　　图 4.7-5　球型一体化高清摄像机

根据不同使用者的权限，可以对摄像机的录像目标进行人工选择，进行多画面分割显示；可以按需要设置 1/4/9/16 画面组合回放在各监控终端的显示器上，如图 4.7-6 所示。

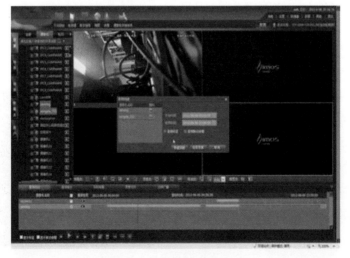

图 4.7-6　摄像机画面显示

4.7.2 通信系统能力测试目的

通信系统能力测试包含广播系统功能测试以及视频监控（CCTV）系统功能测试，通过分别验证这两个系统的功能，检测是否达到设计要求。

4.7.3 通信系统能力测试项目

能力测试综合联调项目包括：

（1）监测、监控通信广播系统 PA 中央级与外部接口设备系统信号（SIG）的接口连接及控制功能验证；

（2）监测、监控通信广播系统 PA 车站级与外部接口设备 FAS 系统的接口连接及控制功能验证；

（3）广播系统发生紧急事故时应急广播能力测试；

（4）监测、监控通信 CCTV 系统车站级与外部接口设备垂直电梯 DT 的接口连接及控制功能验证。

4.7.4 通信系统能力测试前准备

4.7.4.1 测试前项目检查

（1）广播、CCTV 系统状态良好，功能齐全，完成单系统调试，符合设计要求，且处于正常运行状态。

（2）综合联调相关人员在测试开始前一周已进行培训，且调试当天全部安排到位，联调测试所需的仪器仪表以及必备的工具准备充分，联调所使用的仪器仪表等均为符合国家标准要求的仪表，且均在使用的有效期限内。

4.7.4.2 所需工器具（表 4.7-1）

所需工器具表　　　　　　　　　　　　　表 4.7-1

序号	工具/设备	数量	要求	用途
1	无线手持台	若干	充满电，并有备用钥匙	调试人员联络
2	设备房钥匙	若干	OCC/测试车站	打开通信设备房
3	设备柜钥匙	各1套/系统	OCC/测试车站	打开设备柜
4	手提电脑	各1套/系统		紧急情况处理
5	数字万用表	2台		数据测试
6	图纸、资料	各1套/系统		资料查询
7	常用工具箱	1套	含各类型号扳手、螺丝批等	

通信系统能力测试使用的工器具有手持台、工器具套件、手提电脑、数字万用表等，如图4.7-7所示。

图 4.7-7　所需工器具

4.7.5　通信系统能力测试方法及步骤

4.7.5.1　测试方法

通信专业设备人员检查测试前各项设备均达到开展联调测试的条件后，由测试人员对广播、视频监控系统设备按照联调步骤开始操作，由现场人员报告设备是否正常运行，满足设计要求。

4.7.5.2　联调实施操作步骤（表4.7-2）

联调实施操作步骤　　　表4.7-2

序号	测试步骤描述	备注
一	广播系统正常模式功能测试	
1	通信系统专业组人员确认车站广播系统设备运行正常并汇报给现场指挥	
2	开始测试（反复多次播放进站预告广播及到站广播）	
3	通信配合专业组人员确认广播信息并汇报给联调项目组长	
4	测试结束	
二	广播系统发生紧急事故时应急广播能力测试	
1	通信系统专业组人员确认车站广播系统设备、应急广播模块设备运行正常并汇报给现场指挥	
2	通信系统专业组人员确认车站控制室广播控制盒工作状态正常并汇报给现场指挥	
3	开始测试（通信系统专业组人员模拟发生紧急事故，确认车站发生紧急事故后，按住广播控制盒上的应急广播按钮，进行应急广播）	

续表

序号	测试步骤描述	备注
4	通信配合组人员确认广播区域正确（全区域广播），广播语音清晰，通信系统专业组人员终止应急广播	
5	通信配合组人员确认车站恢复正常秩序，通信系统专业组人员确认广播系统恢复正常工作，汇报给联调项目组长	
6	测试结束	
三	步骤三：视频监控系统功能测试	
1	通信系统专业组人员确认CCTV系统设备运行正常并汇报给现场指挥	
2	开始测试（操作CCTV各项功能，观察图像是否清晰）	
3	通信配合专业组人员确认CCTV系统摄像头运行正常并汇报联调项目组长	
4	测试结束	

4.8 通信系统联调故障案例

4.8.1 时钟系统联调故障案例

（1）一级母钟故障案例（表4.8-1）

一级母钟故障案例　　　　表4.8-1

序号	故障现象	故障原因分析	采取措施
1	一级母钟不工作，无任何显示	无交流供电或接线不牢	恢复交流供电，排查电源线故障
2	母钟走时不准	没收到GPS标准时间信号或母钟主板故障	（1）检修母钟主板；（2）GPS天线及信号传输线检测；（3）检修GPS接收机
3	主备母钟切换	主母钟出现故障或GPS出现故障	依据监控终端提示，对主母钟进行板件更换
4	监控系统声光报警	系统有关环节出现问题	依据监控终端提示，对相关部件检查更换

（2）二级母钟故障案例（表4.8-2）

二级母钟故障案例　　　　　　　　　　　　　表 4.8-2

序号	故障现象	故障原因分析	采取措施
1	二级母钟不工作，无任何显示	(1) 交流断电或接线不牢； (2) 开关电源坏	(1) 恢复交流供电，排查电源线故障； (2) 更换开关电源
2	二级母钟走时不准	(1) 没收到一级母钟的标准时间信号； (2) 主板坏	(1) 检查一级母钟是否有信号传送来； (2) 更换主板
3	主备母钟切换	主母钟出现故障	依据监控终端提示，对主母钟进行板件更换

(3) 数字式子钟故障案例（表 4.8-3）

数字式子钟故障案例　　　　　　　　　　　表 4.8-3

序号	故障现象	故障原因分析	采取措施
1	数字式子钟不显示	(1) 无交流供电或接线不牢； (2) 开关电源损坏	(1) 恢复交流供电，排查电源线故障； (2) 更换开关电源
2	数字式子钟走时均不准	(1) 没收到母钟发来的标准时间信号； (2) 控制板出现故障	(1) 检查 RS422 接口及传输线是否可靠连接； (2) 更换控制板
3	数码显示块缺划或多划	(1) 对应驱动电路故障； (2) 对应的数码管故障	(1) 更换控制板； (2) 换显示数码管
4	数码显示块亮度不匀	对应的数码管故障（受过压或过流损伤）	更换显示数码管

4.8.2　通信无线系统联调故障案例

4.8.2.1　车载台未能上电

(1) 故障概况：某车车载台未能上电。

(2) 处理过程：

1) 测量车载台 DC110V 输入是否正确；

2) 使用万用表测量 DC110V 电缆是否联通；

3) 查看车载台主机和控制盒之间的连接电缆是否连接正确、牢靠。

4) 如果上述检查无法排除故障，需返厂维修（图 4.8-1）。

图 4.8-1　车载台不加电

4.8.2.2　车载台开机后无法入网

（1）故障概况：某车车载台开机后无法入网。

（2）处理过程：

1）检查列车另一端车载台是否能入网，或用手持台测试故障车载台所处位置信号强度；

2）通过车载台菜单项"5 本机号码"查看车载台的 ISSI 设置是否正确；

3）通过菜单项"3 设置－＞3 网络"查看当前网络设置是否正确；

4）通过 MOTO 的网管软件查看当前电台的配置数据是否正确；

5）如果上述检查无法排除故障，需返厂维修（图 4.8-2）。

图 4.8-2　车载台无法入网

4.8.2.3 车载台运行信息显示错误或无显示

(1) 故障概况：某车车载台运行信息（包括：位置、归属、车组号和车次号）显示错误或无显示。

(2) 处理过程：

1) 检查控制中心的二次开发服务器数据库中该电台的配置是否正确；

2) 检查中心二次开发服务器的 ATS 接口是否连接正常；

3) 检查中心的二次开发服务器是否有 ATS 信息出错告警，如有则是 ATS 故障；

4) 检查二次开发服务器上 SDR 接口状态是否正常；检查二次开发服务器是否有关于该车载台的消息发送错误报告，如有请与厂家维修人员联系；

5) 确认基站不是工作在单站模式；

6) 如果上述检查无法排除故障，需返厂维修。

4.8.3 通信传输系统故障案例

(1) 输入光功率越限。

1) 故障概况：某车站传输设备输入光功率越限。

2) 处理过程：

① 确认光纤接头连接正确、良好；

② 清洗光纤接头；

③ 测试本端接收光功率和对端发光功率；

④ 用 OTDR 测量两端之间中继损耗。

(2) 业务不通，同时网管上报告警或性能/业务不通，同时网管上无任何告警或性能/多数支路业务不通/个别支路业务不通。

1) 故障概况：某车站传输设备业务不通，网管上报告警或性能/业务不通，同时网管上无任何告警或性能/多数支路业务不通/个别支路业务不通。

2) 处理过程：

① 检查设备供电电源，如设备掉电，则该网元在网管上变灰，不可管理，该网元的上、下游网元对应光板上报光信号丢失告警，同时出现大面积 2M 业务中断。

② 检查光纤连接，确认光路连接正确。检查光线路板的收光功率，测试是否收发 光不正常，调整光接口，观察告警是否消失。

③ 检查业务电缆是否有虚焊、漏焊、接触不良现象，此原因会导致个别 2M 业务不通现象。对 2M 支路信号进行终端侧环回，并接入误码仪

测试，如果误码仪 2M 电信号丢失告警不消失，则判定原因可能是 2M 接口板的接口不好、2M 线断或配线架同轴头未焊好，可更换 2M 接口或更换电缆解决。

④ 检查设备硬件观察设备指示灯的运行情况，分析设备故障。如某块单板红、绿指示灯均熄灭，而其他板正常，则可能该单板失效或故障，更换该单板。

(3) 风扇盒面板上的指示灯不正常，红色指示灯长亮。

1) 故障概况：某车站传输设备风扇盒面板上的指示灯不正常，红色指示灯长亮。

2) 处理过程：

① 检查风扇盒面板上的指示灯是否正常。正常情况下，绿色指示灯长亮，红色指示灯长灭。若红色指示灯长亮，表示风扇堵转。更换风扇。

② 如果风扇运转正常情况下网管上有风扇故障告警，则可通过复位、更换 NCP 板 确定是否 NCP 板误报。

4.8.4 车辆与乘客信息系统（PIS）联调故障案例

列车 LCD 屏黑屏

(1) 故障概况：某车 1 车厢 4 门 LCD 屏黑屏。

(2) 处理过程：经通信专业人员现场检查 LCD 屏情况，发现该 LCD 屏故障现象是灰屏，重新插拔 LCD 屏内部电源线和信号线，故障均未排除，判断故障为 LCD 屏视频处理模块板故障。当晚列车回库后更换视频处理模块板，故障消除。

4.8.5 通信电源子系统故障案例

UPS 设备短路。

(1) 故障概述：进行某次测试时将通信设备房 UPS 设备从正常供电模式转换至维修旁路模式时，在闭合维修旁路空开时发生短路，造成机电动照配电箱输出空开断开，专用通信系统设备断电，控制中心电源网管不能监测该电源设备状态。

(2) 处理过程：

1) 调试人员使用万用表检测电源系统各空开的通断情况，判断故障原因为维修旁路空开与静态旁路空开线序接反。

2) 更换线序后断开后端负载空开，检查设备正常后，闭合机电动照配电箱输出空开，为通信设备房专用电源 UPS 设备供电。

3）UPS 设备恢复供电后，检查发现 UPS 逆变器故障，UPS 主路无法正常供电，UPS 设备工作模式转换为静态旁路供电模式。

4）调试人员对逆变器故障进行排查，初步判断故障原因为静态旁路 B 相晶闸管损坏，需对静态旁路 B 相晶闸管进行更换。

5）重新开启 UPS 后，UPS 恢复主路供电模式，闭合专用通信各子系统设备空开，各系统设备供电正常。

4.8.6 通信系统能力测试

4.8.6.1 调度大厅 CCTV 监控大屏监控故障

（1）故障概述：控制中心八楼调度大厅 CCTV 监控大屏监控画面卡滞，监控大屏无法正常显示监控画面，五楼通信网管室 CCTV 网管平台监控画面显示正常，调度大厅 CCTV 显示终端监控画面显示正常。

（2）处理过程

1）联调人员对故障现象进行分析后，确认解码器软件异常。

2）通信专业组人员对解码器进行重启，重启后解码器软件恢复正常运行，监控大屏画面显示恢复正常。

控制中心 CCTV 结构图见图 4.8-3。

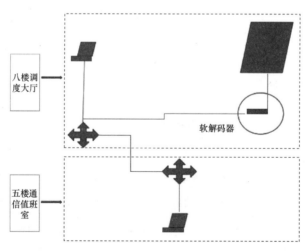

图 4.8-3　控制中心 CCTV 结构图

4.8.6.2 多站列车关门广播无法播放故障

（1）故障概述：多站列车关门时无关门广播播放

（2）处理过程：联调人员登陆控制中心广播控制主机检查 ATS 接口

软件运行记录,全线多站均出现关门广播播放失败的告警信息,重启控制中心广播控制主机内 ATS 接口软件后故障仍未排除,多次重启控制中心广播控制主机后,故障排除。

4.9 专用通信系统联调记录表

4.9.1 通信时钟系统与关联系统联调测试记录表

轨道交通某号线工程通信时钟系统功能综合联调记录表见表 4.9-1。

轨道交通某号线工程通信时钟系统功能综合联调记录表　　　表 4.9-1

地点:　　　　　　　　　　　　　　　日期:　　年　　月　　日

序号	调试步骤	正常状态	调试结果是(√)否(×)		备注
1	时钟系统正常工作情况	相关各系统可以正常接收到标准通信时间信号,并可进行校准。对时:各系统与时钟系统时间一致	传输系统 公务电话 专用电话 无线系统 闭路电视 广播系统 PIS 系统 OA 系统 电源系统 集中网管 SIG 系统 AFC 系统 ISCS 系统 PSCADA 系统(车站) PSCADA 系统(控制中心)	□ □ □ □ □ □ □ □ □ □ □ □ □ □ □	
2	断开中心母钟标准时间信号源,改变一级母钟时间信号	一级母钟靠自身高稳晶振信号工作。相关各系统可以正常接收到一级母钟时间信号,并可进行校准。对时:各系统与时钟系统时间一致	传输系统 公务电话 专用电话 无线系统 闭路电视 广播系统 PIS 系统 OA 系统 电源系统 集中网管 SIG 系统 AFC 系统 ISCS 系统 PSCADA 系统(车站) PSCADA 系统(控制中心)	□ □ □ □ □ □ □ □ □ □ □ □ □ □ □	

续表

序号	调试步骤	正常状态	调试结果是（√）否（×）		备注
3	切换到备用中心母钟工作状态，改变母钟时间	相关各系统可以正常接收到一级母钟时间信号，并可进行校准。对时：各系统与时钟系统时间一致	传输系统 公务电话 专用电话 无线系统 闭路电视 广播系统 PIS 系统 OA 系统 电源系统 集中网管 SIG 系统 AFC 系统 ISCS 系统 PSCADA 系统（车站） PSCADA 系统（控制中心）	□ □ □ □ □ □ □ □ □ □ □ □ □ □ □	
4	切换回主用中心母钟工作状态，改变母钟时间	相关各系统可以正常接收到一级母钟时间信号，并可进行校准。对时：各系统与时钟系统时间一致	传输系统 公务电话 专用电话 无线系统 闭路电视 广播系统 PIS 系统 OA 系统 电源系统 集中网管 SIG 系统 AFC 系统 ISCS 系统 PSCADA 系统（车站） PSCADA 系统（控制中心）	□ □ □ □ □ □ □ □ □ □ □ □ □ □ □	
5	中心一级母钟（车站二级母钟）工作失效	相关各系统无法正常接收到一级母钟（车站二级母钟）时间信号，切换到自身系统时间	传输系统 公务电话 专用电话 无线系统 闭路电视 广播系统 PIS 系统 OA 系统 电源系统 集中网管 SIG 系统 AFC 系统 ISCS 系统 PSCADA 系统（车站） PSCADA 系统（控制中心）	□ □ □ □ □ □ □ □ □ □ □ □ □ □ □	

4.9 专用通信系统联调记录表

续表

序号	调试步骤	正常状态	调试结果是（√）否（×）		备注
6	恢复中心母钟（车站二级母钟）正常工作	相关各系统可以正常接收到一级母钟（车站二级母钟）时间信号，并可进行校准。对时：各系统与时钟系统时间一致	传输系统 公务电话 专用电话 无线系统 闭路电视 广播系统 PIS 系统 OA 系统 电源系统 集中网管 SIG 系统 AFC 系统 ISCS 系统 PSCADA 系统（车站） PSCADA 系统（控制中心）	□ □ □ □ □ □ □ □ □ □ □ □ □ □ □	
7	恢复中心母钟标准时间信号源 GPS 标准时间信号	一级母钟通过获得的标准时间信号校准时间。相关各系统可以正常接收到标准通信时间信号，并可进行校准。对时：各系统与时钟系统时间一致	传输系统 公务电话 专用电话 无线系统 闭路电视 广播系统 PIS 系统 OA 系统 电源系统 集中网管 SIG 系统 AFC 系统 ISCS 系统 PSCADA 系统（车站） PSCADA 系统（控制中心）	□ □ □ □ □ □ □ □ □ □ □ □ □ □ □	

测试存在问题：

参与人员签字：

4.9.2 通信无线集群与信号、车辆间联调测试记录表

轨道交通某号线工程通信无线集群与信号、车辆间联调测试记录表见表 4.9-2。

轨道交通某号线工程通信无线集群与信号、车辆间联调测试记录表　　表 4.9-2
RAD 与 SIG

地点：　　　　　　　　　　　　　　　　　　　日期：　　年　　月　　日

测试内容	测试步骤	结果要求	结果是否正常 是（√）否（×）	备注
无线系统与信号ATS接口双通道自动倒换功能测试	信号专业人员和通信专业无线系统人员分别检查确认信号ATS与无线系统物理连接是否正常	物理连接正常		
	无线系统人员断开与信号ATS接口A	接口正常切换		
	车辆级、中央级通信专业人员确认监控是否正常	中心网络通信正常，车载台显示正常且通话正常		
	无线系统人员恢复接口A，拔开接口B	接口正常切换		
	车辆级、中央级通信专业人员确认监控是否正常，链路切换是否正常	中心网络通信正常，车载台显示正常且通话正常		
	无线系统人员恢复接口B，接口A、B连接正常。车辆级、中央级通信专业人员确认监控是否正常	中心网络通信正常，车载台显示正常且通话正常		

轨道交通某号线工程通信无线集群与信号、车辆间联调测试记录表见表 4.9-3。

轨道交通某号线工程通信无线集群与信号、车辆间联调测试记录表　　表 4.9-3
RAD 与 SIG

地点：　　　　　　　　　　　　　　　　　　　日期：　　年　　月　　日

步骤	测试描述	OCC无线调度台上的显示	列车无线车载台的显示	车辆段无线调度台上的显示	校核测试结果			备注
					车辆1	车辆2	车辆3	
	列车投入或离开运营时							
1	列车位于车辆段内由列车无线车载台呼叫请求	无该列车信息	(1) 车次号； (2) 列车位置； (3) 是否在站台； (4) 运行方向； (5) 目的地	(1) 列车车组号； (2) 列车位置				相应的各显示信息内容需供货商确认

续表

步骤	测试描述	OCC无线调度台上的显示	列车无线车载台的显示	车辆段无线调度台上的显示	校核测试结果 车辆1	校核测试结果 车辆2	校核测试结果 车辆3	备注
2	列车由某站上行站台退出运营,回车辆段,由列车无线车载台发出呼叫请求	无该列车信息	(1)车组号; (2)列车位置	(1)列车车组号; (2)列车位置				对应测试步骤中最后一步
列车进入区间在正线运营时							
3	列车在某一站/区间上下行由列车无线车载台发出呼叫请求	(1)车次号; (2)列车位置; (3)是否在站台; (4)运行方向; (5)目的地	(1)车次号; (2)列车位置; (3)是否在站台; (4)运行方向; (5)目的地	无该列车信息				
列车折返后							
4	人工列车车次号变更(ATS变更);行车调度员在信号ATS设备操作台上更改列车号	(1)车次号; (2)列车位置; (3)是否在站台; (4)运行方向; (5)目的地	(1)车次号; (2)列车位置; (3)是否在站台; (4)运行方向; (5)目的地	无该列车信息				正线
5	无线系统或信号ATS系统故障时	显示信息保持不变	显示信息保持不变	无该列车信息				
5	无线系统或信号ATS系统故障恢复后	显示信息更新	显示信息更新	无该列车信息				

测试存在问题:

参与人员签字:

轨道交通某号线工程通信无线集群与信号、车辆间联调测试记录表见表4.9-4。

轨道交通某号线工程通信无线集群与信号、车辆间联调测试记录表 表 4.9-4

RAD 与 RS

地点：_____   日期：   年   月   日

步骤	测试描述	测试方法	测试结果	备注
1	（1）综合基地调度员对列车进行无线广播呼叫；（2）列车上人员检查列车广播系统的功能并做记录	综合基地调度员对综合基地内任何一辆测试列车进行无线广播	列车无线车载台上的广播呼叫显示： 有□ 无□ 任意车厢内扬声器上有否调度员的声音： 有□ 无□	
		综合基地调度人员对综合基地内的所有测试列车进行无线广播	列车无线车载台上的广播呼叫显示： 有□ 无□ 任意车厢内扬声器上有否调度员的声音： 有□ 无□	
2	（1）行车调度员对列车进行无线广播呼叫；（2）列车上人员检查列车广播系统的功能并做记录	行车调度员对正线内的任何一辆测试列车进行无线广播	列车无线车载台上的广播呼叫显示： 有□ 无□ 任意车厢内扬声器上有否调度员的声音： 有□ 无□	
		行车调度员对正线内的所有测试列车进行无线广播	列车无线车载台上的广播呼叫显示： 有□ 无□ 任意车厢内扬声器上有否调度员的声音： 有□ 无□	
3	广播优先级测试（正线）	列车自动广播时调度人员进行无线广播	调度员能中断列车自动广播： 正常□ 不正常□	
		列车人工广播时调度人员进行无线广播	调度员能中断列车人工广播： 正常□ 不正常□	需根据系统实际设置而定
4	广播优先级测试（综合基地）	列车自动广播时调度人员进行无线广播	调度员能中断列车自动广播： 正常□ 不正常□	
		列车人工广播时调度人员进行无线广播	调度员能中断列车人工广播： 正常□ 不正常□	

测试存在问题：

参与人员签字：

4.9.3 通信传输系统与关联系统联调测试记录表

轨道交通某号线工程通信传输系统联调测试记录表见表4.9-5。

轨道交通某号线工程通信传输系统联调测试记录表　　表4.9-5

地点：_____　　　　　　　　　　　　　　　　日期：　　年　　月　　日

序号	调试项目	调试方法	测试标准	调试结果正常（√）异常（×）		备注
1.1	模拟车站（某站）节点主用光纤断裂引起的传输光纤环路中断步骤	中断一侧两根光纤。传输及各系统人员注意观察记录各自系统的情况	（1）光纤中断瞬间各系统设计功能使用正常；（2）光纤中断瞬间各系统网管监控正常	公务电话 专用电话 广播系统 闭路电视 无线系统 时钟系统 PIS系统 电源 ＯＡ系统 AFC系统 信号系统 ISCS系统 ACS系统	□ □ □ □ □ □ □ □ □ □ □ □ □	
1.2		恢复光纤链路。传输及各系统人员注意观察记录各自系统的情况	（1）光纤恢复瞬间后各系统设计功能使用正常；（2）光纤恢复瞬间各系统网管监控正常	公务电话 专用电话 广播系统 闭路电视 无线系统 时钟系统 PIS系统 电源 ＯＡ系统 AFC系统 信号系统 ISCS系统 ACS系统	□ □ □ □ □ □ □ □ □ □ □ □ □	
1.3		中断一侧4根光纤。传输及各系统人员注意观察记录各自系统的情况	（1）光纤中断瞬间各系统设计功能使用正常；（2）光纤中断瞬间各系统网管监控正常	公务电话 专用电话 广播系统 闭路电视 无线系统 时钟系统 PIS系统 电源 ＯＡ系统 AFC系统 信号系统 ISCS系统 ACS系统	□ □ □ □ □ □ □ □ □ □ □ □ □	

续表

序号	调试项目	调试方法	测试标准	调试结果正常（√）异常（×）		备注
1.4	模拟车站（某站）节点主用光纤断裂引起的传输光纤环路中断步骤	恢复光纤链路。传输及各系统人员注意观察记录各自系统的情况	（1）光纤恢复瞬间后各系统设计功能使用正常；（2）光纤恢复瞬间各系统网管监控正常	公务电话 专用电话 广播系统 闭路电视 无线系统 时钟系统 PIS系统 电源 OA系统 AFC系统 信号系统 ISCS系统 ACS系统	□ □ □ □ □ □ □ □ □ □ □ □ □	
2.1	模拟车站（某站）传输设备故障	关闭某站传输设备的电源，传输及各系统相关人员注意观察各自系统的情况，并记录其间发生的事件	（1）该站各系统设计功能受到影响，其他站不受影响；（2）该站各系统网管监控中断，其他站网管监控正常	公务电话 专用电话 广播系统 闭路电视 无线系统 时钟系统 PIS系统 电源 OA系统 AFC系统 信号系统 ISCS系统 ACS系统	□ □ □ □ □ □ □ □ □ □ □ □ □	
2.2		恢复某站设备供电，传输及各系统相关人员再次观察各自系统的情况并记录发生的事件	（1）该站各系统设计功能恢复；（2）该站各系统网管监控恢复	公务电话 专用电话 广播系统 闭路电视 无线系统 时钟系统 PIS系统 电源 OA系统 AFC系统 信号系统 ISCS系统 ACS系统	□ □ □ □ □ □ □ □ □ □ □ □ □	

续表

序号	调试项目	调试方法	测试标准	调试结果正常（√）异常（×）		备注
3.1	模拟控制中心传输设备故障	关闭传输设备的供电开关，传输及各系统相关人员注意观察各自系统的情况，并记录其间发生的事件	（1）全线各系统设计功能受到影响；（2）全线各系统网管监控中断	公务电话 专用电话 广播系统 闭路电视 无线系统 时钟系统 PIS 系统 电源 ＯＡ系统 集中告警 信号系统 ISCS 系统 ACS 系统 AFC 系统	☐ ☐ ☐ ☐ ☐ ☐ ☐ ☐ ☐ ☐ ☐ ☐ ☐ ☐	
3.2		恢复关闭的设备电源，传输及各系统相关人员再次观察各自系统的情况并记录发生的事件	（1）全线各系统设计功能恢复；（2）全线各系统网管监控恢复	公务电话 专用电话 广播系统 闭路电视 无线系统 时钟系统 PIS 系统 电源 ＯＡ系统 集中告警 信号系统 ISCS 系统 ACS 系统 AFC 系统	☐ ☐ ☐ ☐ ☐ ☐ ☐ ☐ ☐ ☐ ☐ ☐ ☐ ☐	

测试存在问题：

参与人员签字：

4.9.4 车辆与乘客信息显示系统联调测试记录表

轨道交通某号线工程车辆与乘客信息显示系统联调测试记录表见表 4.9-6。

轨道交通某号线工程车辆与乘客信息显示系统联调测试记录表　　表 4.9-6

地点：_____　　　　　　　　　　　　　　日期：　年　月　日

序号	测试方法	结果要求	结果是否正常 是（√） 否（×）	备注
1	SIG 系统在控制中心为 PIS 系统提供列车运行 ATS 信息实现列车发到站 PIS 信息；观察人员在车站站台上/下行 PIS 屏前观察到站信息，正确显示列车停靠站台（预到、到达）、列车目的地、列车出发时间、列车运行状态、非载客列车等信息	到站信息显示正确		
2	在中心 ISCS 系统可将编辑的相关文本信息（包括紧急消息及滚动消息）发送给地面 PIS 系统，并可进行滚动消息及紧急消息取消操作	中心紧急信息、滚动消息下发正常，车站 PIS 屏显示正常，且中心紧急消息、滚动消息取消功能正常		
3	在中心 ISCS 系统可将编辑的相关文本信息（包括紧急消息及滚动消息）发送给列车 PIS 系统，并可进行滚动消息及紧急消息取消操作	中心紧急信息、滚动消息下发正常，列车 PIS 屏显示正常，且中心紧急消息、滚动消息取消功能正常		
4	在车站 ISCS 系统可将编辑的相关文本信息（包括紧急消息及滚动消息）发送给 PIS 系统，并可进行滚动消息及紧急消息取消操作	车站紧急信息、滚动消息下发正常，车站 PIS 屏显示正常，且车站紧急消息、滚动消息取消功能正常		
5	在中心 PIS 系统向 ISCS 系统转发车辆状态检测信息	ISCS 系统正确显示列车状态检测信息		

测试存在问题：

参与人员签字：

轨道交通某号线工程车辆与乘客信息显示系统联调测试记录表见表 4.9-7。

4.9 专用通信系统联调记录表

轨道交通某号线工程车辆与乘客信息显示系统联调测试记录表 表 4.9-7

地点：_____ 日期： 年 月 日

序号	测试方法	结果要求	车辆1/车站1	车辆2/车站2	车辆3/车站3	备注
			结果是否正常是（√）否（×）			
1	车载非实时媒体信息的播表下发测试：通过中心向车载 PIS 下发本地播放视频	下发功能正常，且车载网络中断时播放该视频				
2	车站非实时媒体信息的播表下发测试：通过中心向车站 PIS 下发本地播放视频	下发功能正常，且车站网络中断时播放该视频				
3	车载实时媒体信息接收和播放：一人在控制中心进行节目播放，一人在列车 PIS 屏前观察，两人通过手持无线电台确认视频是否同步	车载直播信号正常，无黑屏、卡顿现象，声音正常				
4	非实时媒体信息播放：列车在运行时，车载 PIS 处于实时播放模式，关闭列车上的 PIS 无线接口（模拟网络通信中断），车载 PIS 自动切换，PIS 屏上播放本地存储信息	车载直播信号、垫播信号切换正常，且无黑屏、卡顿现象，声音正常				
5	自动恢复功能：一人在控制中心进行节目播放，一人恢复列车上的 PIS 无线接口，车载 PIS 自动切换直播	车载 PIS 直播/垫播能够及时自动切换成功，声音正常				
6	车站实时媒体信息接收和播放：一人在控制中心进行节目播放，一人在车站 PIS 屏前观察，两人通过手持无线电台确认视频是否同步	车站直播信号正常，无黑屏、卡顿现象，声音正常				
7	非实时媒体信息播放：正常情况下，车站 PIS 处于实时播放模式，中断车站与中心传输网络，车站 PIS 自动切换，PIS 屏上播放本地存储信息	车载直播信号、垫播信号切换正常，且无黑屏、卡顿现象，声音正常				
8	自动恢复功能：一人中心人员在网管监控，一人在车站恢复传输网络，两人通过手持无线电台确认车战 PIS 直播/垫播是否自动切换	车战 PIS 直播/垫播能够及时自动切换成功，声音正常				
9	在列车司机室监视器上观看车厢各摄像头实时监视功能是否正常	调取各车厢视频实时监控功能正常				
10	在 OCC 的监视器上远程观看车厢各摄像头实时监视功能是否正常	中心调取各车厢视频实时监控功能正常				

测试存在问题：

参与人员签字：

4.9.5 通信电源系统与关联系统联调测试记录表

轨道交通某号线工程通信电源系统联调测试记录表见表4.9-8。

轨道交通某号线工程通信电源系统联调测试记录表　　　　表4.9-8

地点：_____　　　　　　　　　　　　　　　日期：　年　月　日

序号	联调内容和要求	结果	问题	备注
1	在控制中心、各车站、车辆段DZ系统为通信电源系统提供电力供应电源			
1.1	DZ：提供满足通信电源要求的交流电源切换柜，为通信电源系统设备提供电力供应电源（一级负荷），且提供的两路电源可进行切换，切换时通信系统正常工作	□正确 □不正确		

测试存在问题：

参与人员签字：

4.9.6 通信系统能力测试记录表

轨道交通某号线工程通信系统能力联调测试记录表见表4.9-9。

轨道交通某号线工程通信系统能力联调测试记录表　　　　表4.9-9
广播系统发生紧急事故时应急广播能力测试

地点：_____　　　　　　　　　　　　　　　日期：　年　月　日

序号	测试内容	测试要求	确认人	结果	问题	备注
1	前置条件检查					
1.1	被测车站广播系统设备状态	工作状态正常	通信系统能力测试人员	□正常 □不正常		
1.2	被测车站应急广播模块状态	工作状态正常	通信系统能力测试人员	□正常 □不正常		
1.3	被测车站广播控制盒状态	工作状态正常	通信系统能力测试人员	□正常 □不正常		
1.4	被测车站广播已添加预录制语音	工作状态正常	通信系统能力测试人员	□正常 □不正常		
2	被测试车站模拟发生紧急事故					
2.1	启用应急广播功能	按住广播控制盒上的应急广播按钮，进行应急广播。广播区域正确（全区域广播），广播语音清晰	车站值班员	□正确 □不正确		

4.9 专用通信系统联调记录表

续表

序号	测试内容	测试要求	确认人	结果	问题	备注
2.2	终止应急广播功能	抬起广播控制盒上的应急广播按钮，终止应急广播。应急广播被终止	车站值班员	□正确 □不正确		
3	被测试车站恢复正常秩序					
3.1	被测试车站广播系统工作状态正常	被测试车站广播系统恢复正常工作	通信系统能力测试人员	□正常 □不正常		
3.2	被测试车站正常广播操作	按住广播控制盒上的正常广播按钮，进行被测试车站广播。广播区域正确，广播语音清晰	车站值班员	□正确 □不正确		

测试存在问题：

参与人员签字：

轨道交通某号线工程通信系统能力联调测试记录表见表 4.9-10。

轨道交通某号线工程通信系统能力联调测试记录表   表 4.9-10
PA 与 SIG

地点：_____   日期： 年 月 日

序号	测试内容	正常状态	测试结果正确（√）不正确（×）			备注
			车站1	车站2	车站3	
1	车站站台 PA 正确广播列车进站预告信息	运营进站广播播放对应目的站				
2	车站站台 PA 正确广播列车到站广播信息	列车停稳播放提示广播				

测试存在问题：

参与人员签字：

轨道交通某号线工程通信系统能力联调测试记录表见表 4.9-11。

轨道交通某号线工程通信系统能力联调测试记录表　　表 4.9-11

PA 与 FAS

地点：_____　　　　　　　　　　　　日期：　　年　　月　　日

序号	测试内容	测试要求	确认人	结果	问题	备注
1	前置条件检查					
1.1	被测车站广播系统设备状态	工作状态正常	通信系统能力测试人员	□正常 □不正常		
1.2	被测车站应急广播模块状态	工作状态正常	通信系统能力测试人员	□正常 □不正常		
1.3	被测车站广播控制盒状态	工作状态正常	通信系统能力测试人员	□正常 □不正常		
1.4	被测车站广播已添加预录制语音	工作状态正常	通信系统能力测试人员	□正常 □不正常		
2	被测试车站 FAS 模拟火灾事故					
2.1	启用消防广播功能	消防广播联动功能正常	车站值班员	□正确 □不正确		
3	被测试车站 FAS 模拟事故消除					
	停止消防广播功能	消防广播停止播放	车站值班员	□正确 □不正确		
4	被测试车站恢复正常秩序					
4.1	被测试车站广播系统工作状态正常	被测试车站广播系统恢复正常工作	通信系统能力测试人员	□正常 □不正常		
4.2	被测试车站正常广播操作	按住广播控制盒上的正常广播按钮，进行被测试车站广播。广播区域正确，广播语音清晰	车站值班员	□正确 □不正确		

测试存在问题：

参与人员签字：

4.9 专用通信系统联调记录表

轨道交通某号线工程通信系统能力联调测试记录表见表 4.9-12。

轨道交通某号线工程通信系统能力联调测试记录表　　表 4.9-12

CCTV 与垂直电梯

地点：_____　　　　　　　　　　　日期：　　年　　月　　日

序号	测试内容	测试结果 正确（√） 不正确（×）			备注
		车站1	车站2	车站3	
1	车站站台垂直电梯视频图像在监控终端显示清晰、字符叠加正确				
2	车站站厅垂直电梯视频图像在监控终端显示清晰、字符叠加正确				

测试存在问题：

参与人员签字：

第5章 信号系统综合联调

5.1 信号系统简介及联调概述

5.1.1 信号系统简介

城市轨道交通信号系统是保证列车运行安全，实现行车指挥和列车运行现代化，提高运输效率的关键系统设备。城市轨道交通信号系统通常由正线信号控制系统和车辆段信号控制系统两大部分组成，用于列车进路控制、列车间隔控制、调度指挥、信息管理、设备工况监测及维护管理，由此构成一个高效综合自动化系统。

城市轨道交通信号系统包括 5 个子系统：列车运行自动控制系统（简称 ATC）、计算机联锁系统（简称 CI）、列车自动监控系统（简称 ATS）、数据传输子系统（简称 DCS）、信号维护监测子系统（简称 MISS）和安全相关外部接口。5 个子系统通过信息交换网络构成闭环系统，实现地面控制与车上控制结合、现地控制与中央控制结合，构成一个以安全设备为基础，集行车指挥、运行调整以及列车驾驶自动化等功能为一体的列车自动控制系统（图 5.1-1）。

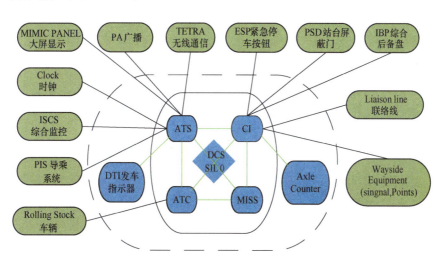

图 5.1-1 信号系统组成示意图

5.1.2　信号系统联调概述

信号系统是城市轨道交通直接影响行车安全的核心系统之一，其运行情况直接关系到城市轨道交通开通后的运营安全和服务质量。

城市轨道交通信号系统联调主要采用静态和动态的测试方式，静态测试采用人工排路和模拟相关条件的方式检验进路连锁关系的正确性和人机界面与轨旁的一致性；动态测试通过列车上线运行的方式，检验连锁进路的建立、占用、自动解锁，各种运行状态下紧停、列车运行、进路及ATS功能测试，停车精度控制、对车门开关的控制、屏蔽门开关控制、屏蔽门状态对列车运行的影响及信号与PIS接口列车到站显示功能测试，列车出入段能力、正线追踪能力及折返能力测试，以检验是否满足合同要求，同时检验各岗位操作是否熟练，联动是否协调。

信号系统联调主要包括信号系统CBTC模式功能综合联调测试、信号系统IATP模式功能综合联调测试、信号系统连锁功能综合联调测试、信号与车辆、屏蔽门、PIS综合联调测试、列车最大运行能力联调测试等项目的功能联调。

5.2　信号系统CBTC模式功能综合联调测试

5.2.1　信号系统CBTC模式功能综合联调测试概述

信号系统CBTC是基于通信的列车自动控制系统。它采用移动闭塞原则，通常是由ATP/ATO子系统、连锁子系统、ATS子系统、DCS子系统和维护监测子系统等构成，并以计轴设备作为列车次级检测设备实现系统的降级及后备功能。各子系统均采用模块化设计，子系统接口之间可以完美匹配，使系统在可靠性、安全性、可用性、可维护性、行车间隔、停车精度以及可扩展性能等方面都达到所要求的性能。

信号系统CBTC功能繁多，本项综合联调着重测试列车自动防护、自动运行、自动监控功能，对其他功能建议视情况进行全测或抽测。

图5.2-1是信号系统整体结构。

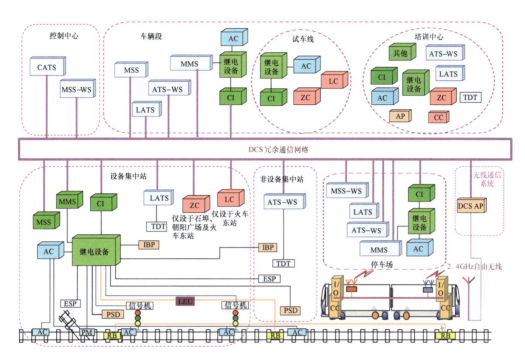

图 5.2-1　信号系统整体结构

5.2.2　信号系统 CBTC 模式功能综合联调测试目的

（1）通过列车实际上线运行，检验 CBTC 模式下信号系统车地通信、移动闭塞功能是否正常，能否满足运营的需要；同时使信号维护和操作人员在此过程中进一步熟悉信号 CBTC 功能及特点。

（2）检验行车各岗位人员行车业务技能、行车设备设施操作能力及应急处置能力，行车各岗位之间的协作能力。

（3）检验行车设备相关维护部门的应急处理抢修组织流程是否合理、有效，人员处置技能是否培训到位。

（4）通过此次测试，及时将暴露出来的问题与设备供应商等相关单位进行协调处理。

（5）全面检查系统，检漏纠错，并对发现的存在问题进行及时有效的整改，确保系统能完全满足运营使用要求。

5.2.3　信号系统 CBTC 模式功能综合联调测试项目

5.2.3.1　联调测试项目

信号系统 CBTC 功能综合联调具体测试项目如下。

(1) 列车自动防护功能。

(2) 列车自动运行功能。

(3) 列车自动监控功能。

5.2.3.2 联调测试原理

信号系统 CBTC 控制模式通过 ATP/ATO 子系统、联锁子系统、ATS 子系统、DCS 子系统、MSS 子系统之间的协同工作,保证运营期间地铁列车能够以 CBTC-ATO 的最高控制级别模式投入使用,提高乘客的舒适度,降低地铁工作人员的劳动强度,节约运营成本。

在 CBTC 控制模式下,ATP/ATO 子系统负责临时限速、移动授权的管理及超速监控防护、列车自动运行等功能。

联锁子系统负责控制轨旁信号设备及实现联锁逻辑运算功能,其一般设置在设备集中站,采用 2 乘 2 取 2 的多重冗余机制的联锁机算机,保障联锁系统能够安全高效工作,图 5.2-2 是联锁子系统实物图。

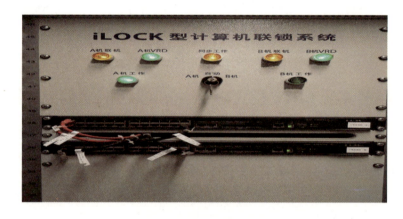

图 5.2-2 联锁子系统实物图

ATS 子系统负责管理监控整条线路,其在控制中心及设备集中站均设置有终端工作站,其中设备集中站的 ATS 工作站与联锁控制工作站合用为现地控制工作站,通过 DCS 冗余网络与中央 ATS 进行实时通信。当中央 ATS 发生故障时,每个设备集中站的车站 LATS 仍可以通过联锁监控线路运营,实现 ATS-CBI 的自动控制功能,或通过现地控制工作站执行本地操作功能,图 5.2-3 是 ATS 子系统实物图。

DCS 子系统负责各信号子系统之间的信息传输,其可分为有线传输网络和无线传输网络两部分,确保可靠有效地传递 CBTC 数据,为 CBTC 信号系统提供透明传输通道,图 5.2-4 是 DCS 子系统实物图。

5.2 信号系统 CBTC 模式功能综合联调测试

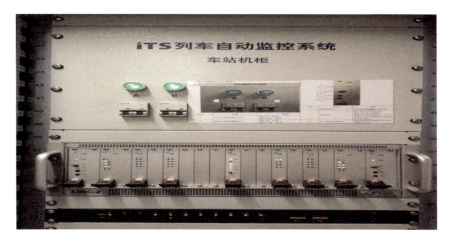

图 5.2-3 ATS 子系统实物图

图 5.2-4 DCS 子系统实物图

MSS 子系统负责信号系统设备的实时监视功能,当信号设备有故障时立即给出响应的告警,以便信号维护人员及时处理。其在正线各设备集中站设置有集中监测采集设备及集中监测站机,可将设备运行状况及告警信息传送到维护检测工作站,供维护人员调阅信号系统故障信息及维护管理所需信息,图 5.2-5 是 MSS 子系统实物图。

本项综合联调基于上述设备的原理,测试 CBTC 模式下各子系统的协同工作能力及系统功能实现情况,具体测试列车自动防护功能、列车自动运行功能、列车自动监控功能。

图 5.2-5　MSS 子系统实物图

5.2.4　信号系统 CBTC 模式功能综合联调测试前准备

5.2.4.1　测试前置条件

信号系统 CBTC 模式功能综合联调前置条件见表 5.2-1。

信号系统 CBTC 模式功能综合联调前置条件　　　　表 5.2-1

序号	前置条件	备注
1	线路的限界检查完毕，并符合设计要求。线路、供电要求设备运作正常，设备性能良好	
2	各车站车控室内站间电话可用	
3	通信无线系统已实现全线覆盖（包含 OCC、车站、轨行区），OCC、车站、司机可通过无线手持台互相联系	
4	上线列车已签发车辆 PAC 文件，且装配无线车载电台	
5	信号系统（联锁系统、ATP 系统、ATO 系统、ATS 系统、车地通信系统）功能完好，达到设计要求并工作正常	
6	信号厂家已完成 CBTC 模式下各项功能测试，且至少提供非载客安全运营证书（或允许投入综合联调说明文件）	
7	中央和站台 ATS 具备 CBTC 模式下行车要求，具备监控功能，联锁站的 LCW 可用	
8	屏蔽门（安全门）在调试过程中除与信号接口调试外全部打到旁路的位置，以保障信号功能的测试的顺利进行	
9	调试开始时间的两个小时之前线路的巡道检查完毕，并封锁调试区域	
10	保证司机有足够的无线手持台实现与车站之间的联系	

5.2 信号系统CBTC模式功能综合联调测试

续表

序号	前置条件	备注
11	提前1天编制好调试所需的运行图,并提供给列车司机及调试人员	
12	各部门相关人员在测试开始前全部安排到位。车站、司机、调度、设备维修、车辆检修人员全部在岗	
13	本方案在实施前一周已对各相关岗位和测试人员进行了培训	

5.2.4.2 所需工器具

信号系统CBTC模式功能综合联所需工器具见表5.2-2。

信号系统CBTC模式功能综合联所需工器具　　　　表5.2-2

序号	工具/设备	规格型号	单位	数量
1	手持台	800M	台	若干
2	对讲机	400M	台	若干
3	紧急关闭按钮钥匙		把	2
4	司控室钥匙		把	2
5	万用表		台	2
6	十字螺丝刀		把	4
7	一字螺丝刀		把	4
8	笔记本电脑		台	2
9	秒表		块	2
10	电客车		列	4
11	激光测距仪		台	2

5.2.5 信号系统CBTC模式功能综合联调测试方法及步骤

5.2.5.1 测试方法

本项综合联调CBTC模式下采用无车运行状态模拟测试ATS功能及列车上线方式进行单车、多车形式的CBTC功能验证。

5.2.5.2 联调实施操作步骤

(1) CBTC列车运行测试(无车)

无车状态具体测试中央ATS功能的正常操作(检验现场、车站、中央显示是否一致),按表5.2-3所示步骤测试列车控制模式转换功能。

第5章 信号系统综合联调

CBTC 无车联调测试步骤 表 5.2-3

序号	联调内容	
1	ATS 软件登陆与注销：OCC 行车调度员、主任调度员和集中站运营值班员根据提供的用户名密码进行 ATS 软件登陆、注销操作	
2	控制权转换：根据 OCC 行车调度员命令，集中站运营值班员利用车站工作站和 OCC 行车调度员进行控制权转换（包括正常的权限转换和紧急状态下权限转换）	
3	中控模式下，MMI 界面功能操作并与车站进行中央模拟屏、中央工作站和线路现场、车站工作站显示一致性验证	进路办理/取消
		连续通过进路办理/取消
		自动折返进路办理/取消
		进路交人工控
		进路交自动控
		站台跳停设置/取消
		站台扣车/取消扣车
		人工设置停站时间/取消
		计轴跟踪切除/激活
		临时限速设置/取消
4	站控模式下，HMI 界面功能操作，同时 OCC 与车站进行中央模拟屏、中央工作站和线路现场、车站工作站显示一致性验证	进路办理/取消
		连续通过进路办理/取消
		自动折返进路办理/取消
		进路交人工控
		进路交自动控
		进路引导办理/取消
		引导总锁
		（信号机/道岔/区段）解封、封锁
		道岔单操、单锁、单解
		上电解锁：信号供应商模拟联锁机上电重启，当联锁机上电重启后系统处于初始启动状态，全站白光带。上电解锁在联锁机重启后 8min 内有效，执行成功后，"上电解锁"按钮消失，全站白光带消失
5	计轴故障模拟：信号供应商在岔区模拟一个计轴受扰区段；信号维护人员在行调的通知下，至车控室要点后进入岔区进行人工划轴作业，将受扰区段划至正线后至车控室销点；集中站运营值班员对划至正线的受扰区段进行预复位	
6	本地服务器故障模拟：信号供应商在设备集中站模拟本地服务器故障；OCC 行车调度员确认 OCC 中央显示终端无当前服务器的显示；集中站运营值班员在 OCC 行车调度员的指挥下进行转非请求站控或紧急站控，并进行进路排列操作	
7	手摇道岔演练：信号供应商在折返站设置折返道岔失表；由 OCC 行调发布折返站手摇道岔接车；车站按照行车管理规定中的手摇道岔作业流程进行接车作业	

5.2 信号系统CBTC模式功能综合联调测试

(2) CBTC列车运行测试（单车）

单车状态具体测试列车以CBTC模式运行的到站时间和离站时间及功能验证，按表5.2-4所示步骤进行单车运行状态测试。

CBTC单车联调测试步骤　　　　　　　　　　　　　　　　表5.2-4

序号	联调内容	
1	出段时分查定：列车出段前司机检车，场段调度员排列车停车股道至转出段线换轨进路并通知司机动车，司机以RM模式根据信号机显示动车，此时信号维护人员开始记录列车出段时分，列车至转换轨停稳，信号维护人员记录到达转换轨停稳时分，ATS自动分配列车车次号，至正线某站站台进路自动触发排列完毕，行调将运行等级设为默认，通知司机将车门控制模式设置为半自动，以ATO模式从转换轨进入正线运行至正线某站站台，列车在站台停稳后，信号维护人员记录列车到站时分	
2	入段时分查定：行调提前排列正线某站站台到安吉车辆段的入段进路，列车到达正线某站站台后，行调命令司机以ATO模式运行至入段线转换轨入段到达转换轨后将驾驶模式转成RM模式，信号维护人员记录列车动车时分；列车运行至JD1信号机前停稳后，信号维护人员记录列车停车时分；车辆段场调排列入场线JD1至停车股道进路，司机根据信号以RM模式动车至停车股道停车，信号维护人员记录列车在JD1动车时间和列车至停车股道停稳后停车时分	
3	区间运行时分查定：列车从正线A站至正线F站以ATO模式共运行两圈，第一圈列车出库时设置缺省运行等级，每站停车并进行开关门作业，信号维护人员记录每站到站时分和离站时分，运行一圈后至正线A站，由OCC行车调度员更改运行等级为最快运行等级，列车继续ATO模式运行一圈，每站进行开关门作业，信号维护人员记录每站到站时分和离站时分	
4	车站紧急停车功能验证：列车上线，列车在区间以CBTC-ATO模式运行，站台区域以CBTC-ATPM驾驶模式运行，速度控制在25km/h以下，测试过程中跟车人员负责记录，车站人员提前打开站台紧急按钮箱的箱门	（1）列车进站前按压紧急关闭按钮的反应测试：列车进站前OCC信号人员通知车站人员按压紧急关闭按钮，验证列车在站台区域外自动落码停车，停车后跟车人员通知控制中心信号人员取消站台紧急关闭，紧急关闭取消后，列车收到速度码，列车自动发车。 （2）列车进站中按压紧急按钮的反应测试：列车进站中跟车人员通知司机将模式切换至CBTC-ATPM模式，速度控制在25km/h运行，OCC信号人员通知车站人员按压紧急关闭按钮，验证列车在站台区域内触发紧急制动停车，停车后跟车人员通知控制中心信号人员取消站台紧急关闭，列车收到速度码后以CBTC-ATPM模式运行。 （3）列车在站台停稳时按压紧停按钮反应测试：列车在站台停稳后，OCC信号人员通知车站人员按压紧急关闭按钮，验证列车无速度码，不能启动，跟车人员确认后通知OCC信号人员取消站台紧急关闭，前方进路办理后，列车收到速度码。 （4）列车出站过程按压紧停按钮反应测试：列车在站台以CBTC-ATPM模式不高于25km/h启动并越过出站信号机后，OCC信号人员立即通知车站人员按压站台紧急关闭按钮，验证列车产生紧急制动，列车停下后跟车人员通知OCC信号人员取消站台紧急关闭，列车重新收到速度码。 （5）列车出清站台按压紧停按钮反应测试：列车出清站台区域后，OCC信号人员通知车站人员按压站台紧急关闭按钮，验证列车产生未紧急制动，正常运行，OCC信号人员通知车站人员取消站台紧急关闭

续表

序号	联调内容	
5	人工排列进路下 CBTC 列车自动停车测试：在人工排列每一条进路下（正反向），列车以 CBTC-ATO 模式在进路终端自动停车功能测试，列车运行期间不发生异常紧急制动	
6	列车 DMI 显示正确性测试，列车 DMI 与发车表示器倒计时一致性测试：列车在正线运行时，由信号维护人员核对车载 DMI 上停站显示、屏蔽门状态显示、列车门状态显示是否正确，核对车载 DMI 和站台发车表示器倒计时时间显示是否一致	
7	线路停车牌位置验证：列车以 ATPM 手动驾驶模式从正线 A 站运行至正线 F 站，再返回正线 A 站，每站手动停车，可不开关车门作业，在站台手动进站停车过程中，司机观察站台停车牌是否可见，司机将电客列车在停车牌位置停车后，司机确认 DMI 上是否有停准信息	
8	ATO 停站精度测试：列车出段前司机检车，车辆维护人员将检测列车数据专用电脑连接妥当；信号维护人员将米尺分别固定于两端车头左侧第一扇车门处地板上，50cm 处与车门中心对齐。列车至正线开始以 ATO 运行，每站停稳后进行开关门作业，每次进行停站时，信号维护人员确认停站过程中站台停车牌是否可见，列车以 ATO 模式停站后，信号维护人员确认记录每站 ATO 停站时的停站精度、DMI 有无停准信息、站台停车牌是否可见；后续将人工测量的数据与 ATC 数据进行对比，确认停站精度	
9	列车退行功能验证	退行距离小于 5m 测试：在某站台，OCC 行车调度员命令司机以 ATPM 模式手动驾驶列车越过停车牌不到 5m 停稳后，将驾驶模式切换至 RMR 模式，确认列车退行情况，验证列车可以 RMR 模式退行至停车窗对标，退行过程不发生紧急制动
		退行距离大于 5m 测试：在某站台，OCC 行车调度员命令司机以 ATPM 模式手动驾驶列车越过停车牌超过 5m 停车，随后司机将驾驶模式切换至 RMR 模式，确认列车退行情况，验证列车无法以 RMR 模式退行，且列车触发紧急制动且无法缓解
10	ATP 手动模式下超速功能验证：在某某站和某某站区间，OCC 行车调度员命令司机以 CBTC-ATPM 模式驾驶列车运行超过信号防护最高速度，确认列车超速情况，是否触发超速声音报警并产生紧急制动	
11	模式升级测试：列车经转换轨出库时或者列车处于正线时重启 ATC 设备后，列车以 RM 模式在联锁控制级别运行，在列车连续经过两个信标获得定位并与轨旁建立车地通信后，观察列车是否能自动升级为 CBTC 模式，并且可选 ATPM 或 ATO 模式运行	

(3) 追踪功能测试（双车）

双车状态具体测试两列车以 CBTC 模式运行的追踪功能验证，按表 5.2-5 所示步骤测试步骤开展：

5.2 信号系统 CBTC 模式功能综合联调测试

CBTC 双车联调测试步骤　　　　　　　　　　　表 5.2-5

序号	联调内容
1	前车以 NRM 模式停在区间正线任一位置，后车以 CBTC 模式以 20km/h 运行，直到自动停车，测试两车的追踪距离
2	前车以无通信的 BM 模式停在区间正线任一位置，后车以 CBTC 模式以 20km/h 运行，直到自动停车，测试两车的追踪距离
3	前车以带通信的 BM 模式停在区间正线任一位置，后车以 CBTC 模式以 20km/h 运行，直到自动停车，测试两车的追踪距离
4	前车以 CBTC 模式停在区间正线任一位置，后车以 CBTC 模式以 20km/h 运行，直到自动停车，测试两车的追踪距离

（4）CBTC 模式下 ATS 功能测试（多车）

编制 4 列车 5min 间隔的运行图，全线信号机交人工控，列车分别以 ATPM、ATO 模式运行，检查 ATS 设备能否实现 CBTC 模式下设计所要求的相应功能（表 5.2-6）。

CBTC 模式下 ATS 功能测试步骤　　　　　　　表 5.2-6

序号	联调内容
1	时刻表加载
2	列车自动调整（列车早点调整可在部分跳停车站使列车早点 2min 左右；晚点调整可在部分扣停车站使列车晚点 2min 左右）
3	进路自动排列
4	车次号/目的地码收发
5	人工设置停站时间
6	跳停功能验证
7	中央/车站扣车设置
8	列车催发功能验证
9	ATS 限速设置功能验证
10	车次号在线修改验证
11	列车抽线、加线操作

（5）CBTC 各种状态模拟测试

1）区段车地通信故障

区段车地通信故障测试步骤，见表 5.2-7。

区段车地通信故障测试步骤　　　　　表 5.2-7

序号	联调内容
1	将 2 列车上线运行，列车以 ATPM 模式驾驶运行，测试过程中信号跟车人员填写记录
2	断开某设备集中站及相邻集中站（室外 AP 采用交叉供电方式时）室内固定区域的 AP 空开，模拟线路中一个 AP 区域故障，测试列车进出入该区域驾驶模式降级和升级情况
3	模拟每相隔一个 AP 天线故障时，测试列车经过时能否保持正常运行

2) ZC 故障

ZC 故障测试步骤见表 5.2-8。

ZC 故障测试步骤　　　　　表 5.2-8

序号	联调内容
1	两列车均以 CBTC-ATO 模式停车并保证在停车时处于 CBTC-ATO 模式下，第一列车停在模拟 ZC 故障的区域车站站台，第二列车停在模拟 ZC 故障的区域外的车站站台
2	信号供应商模拟 ZC 故障
3	测试第一列车的 CBTC 模式是否有影响及后续建立降级模式的情况
4	测试第二列车在模拟 ZC 故障时 CBTC 模式是否有影响，进入 ZC 故障区域的模式变化情况及建立降级模式的情况
5	信号供应商恢复 ZC

3) 混跑测试

混跑原理：系统具有灵活的控制模式，具有降级及后备运营模式。系统可安全高效地管理 CBTC 列车和非 CBTC 列车在线路上自动混跑运营。

当线路上某个区域由于某种故障只能以后备模式进行运营时，线路上的无故障区域仍然可以按 CBTC 模式正常运营。列车在无故障区域以 CBTC 下的驾驶模式正常运行，在故障区域以 IATP/ATO 下或者联锁控制下的驾驶模式运行，全线具备良好的混合运营能力。

当某辆车由于故障只能以后备模式进行运营时，线路上的无故障车辆仍然可以按 CBTC 模式正常运营。故障车的车载设备在 IATP 下通过从有源信标接收到的轨旁变量信息来控制列车运行，或者故障车在联锁控制模式下通过按照轨旁信号机的显示信息和中心调度员的命令来驾驶列车运行。

故障车的安全防护由联锁设备、司机及调度员等共同保证。对于无故障车辆，车载控制器从 ZC 接收到的 EOA 信息中已包含从连锁得到的故障车辆所占用的区段信息，其安全防护与正常运营情况下一样，由 ZC 和联锁负责。

混跑测试步骤见表 5.2-9。

混跑测试步骤　　　　　　　　　表 5.2-9

序号	联调内容
1	2 列车上线运行，列车以 ATPM 模式驾驶运行，测试过程中信号跟车人员填写记录
2	2 列车以 5min 间隔运行，第 1 列车旁路车载 ATC 以 NRM 模式驾驶，第 2 列以 ATPM 模式驾驶运行
3	测试 CBTC 列车与非 CBTC 列车混跑功能及安全性

4）其他状态模拟测试

其他状态模拟测试步骤见表 5.2-10。

其他状态模拟测试步骤　　　　　　表 5.2-10

序号	联调内容
1	列车运行前方道岔失表故障：断开室内道岔空开，模拟道岔失去表示时，测试列车在 ATPM 或者 ATO 模式下能否自动在防护信号前停下
2	列车运行前方计轴受扰：在第一列车运行前方由信号供应商模拟一段计轴受扰，测试计轴受扰区段对 CBTC 列车的影响；集中站运营值班人在 OCC 行车调度员的命令下进行计轴复位工作，计轴预复位工作完成后由 OCC 行车调度员安排第二列电客列车对计轴受扰区段进行清扫，清扫完成后由 OCC 行车调度员进行计轴有效性确认操作
3	限速测试：提前设置某个区段临时限速，列车以 ATO 模式运行至此区段，检查列车是否在限速区段入口处接收限速值并按限速值以下速度运行
4	列车模式变更：列车处于 CBTC 模式时，选择非强制 BM 模式，检查列车当 CBTC 模式有效时，是否能自动升级为 CBTC 模式运行
5	车载通信故障：列车以 ATPM 模式运行，指令车载人员操作断开两端 USW（交换机 A/B）空开，模拟车载 DCS 故障，检查列车是否触发紧急制动
6	无线冗余功能测试：在轨旁或车上模拟放置 2.4G 无线干扰源，测试列车运行过程中是否后受干扰，造成车地通信超时，触发紧急制动

5.3　信号系统 IATP 模式功能综合联调测试

5.3.1　信号系统 IATP 模式功能综合联调测试概述

信号系统对列车的控制方式有三种模式，分别是联锁控制模式、点式 ATP（又叫 IATP）控制模式及 CBTC 控制模式。IATP 控制模式是

CBTC 模式的后备模式,是通过预先设定好的地面信号点,系统从该信号点获知列车移动的速度和方向,计算出为达到规定速度所要求的制动力,具备列车自动防护功能,当连续式 ATP 功能失效或特殊需要时,系统可启动降级模式组织列车运营并可达到满足条件的行车间隔要求。

5.3.2 信号系统 IATP 模式功能综合联调测试目的

(1) 检验 IATP 模式下信号系统功能是否正常,能否满足运营的需要,是否满足信号合同技术要求。

(2) 检验行车各岗位人员行车业务技能、行车设备设施操作能力及应急处置能力,行车各岗位之间的协作能力。

(3) 检验行车设备相关维护部门的应急处理抢修组织流程是否合理、有效,人员处置技能是否培训到位。

(4) 通过此次测试,及时将暴露出来的问题与设备供应商等相关单位进行协调处理。

(5) 全面检查系统,检漏纠错,并对发现的存在问题进行及时有效的整改,确保系统能完全满足运营使用要求。

5.3.3 信号系统 IATP 模式功能综合联调测试项目

信号系统 IATP 模式联调项目见表 5.3-1。

信号系统 IATP 模式联调项目　　　　表 5.3-1

序号		项目组成
1	列车控制模式转换测试	(1) 转换轨/存车线; (2) 车站站台
2	ATP 防护功能测试	(1) 列车超速; (2) 列车冒进信号
3	点式信息获取功能测试	(1) 信号机状态点式信息; (2) 紧急关闭点式信息; (3) 屏蔽门关闭锁紧点式信息
4	车门控制功能测试	(1) 对标车门控制; (2) 非对标车门控制
5	IATP 运行功能测试	(1) IATP 运行测试; (2) IATP 运行间隔追踪测试
6	混跑测试	混跑测试

5.3.4 信号系统IATP模式功能综合联调测试前准备

5.3.4.1 测试前置条件

信号系统IATP模式功能综合联调前置条件见表5.3-2。

信号系统IATP模式功能综合联调前置条件　　　　表5.3-2

序号	前置条件	备注
1	线路的限界检查完毕,并符合设计要求。线路、供电要求设备运作正常,设备性能良好	
2	各车站车控室内公务电话可用	
3	通信无线系统已实现全线覆盖(包含正线、存车线、折返线),可以用无线手持台实现OCC、车站、列车之间的联系	
4	上线列车已签发车辆PAC文件,且装配无线手持电台	
5	信号联锁功能已完成综合测试,功能达到要求	
6	信号完成轨旁设备功能测试,具备点式控制功能	
7	信号厂家已完成BM功能测试,且至少提供BM模式下的非载客安全运行证书	
8	ATS具备BM模式下行车要求,具备监控功能	
9	屏蔽门在BM测试过程中除信号与屏蔽门接口测试外全部打到旁路的位置,以保障测试顺利进行	
10	测试开始时间前两个小时对动车区域进行线路巡道检查,并进行线路封锁	
11	保证司机有无线手持台,实现列车与车站之间的联系	
12	调度中心提前1天编制好测试所需运行图,并提供给司机及测试人员	
13	《行车组织规则》及车站、司机、调度工种操作手册、应急处理和维修手册等规章均编写完毕。车站、司机、调度等行车人员通过培训、考试,并取得相关操作资格证	
14	各部门相关人员在测试开始前全部安排到位。车站、司机、调度、设备维修、车辆检修人员全部在岗,按正常工作要求值班。确保测试期间严格按照正常运营生产要求开展行车组织、设备维修/维护及故障抢修工作	
15	本方案在实施前一周已对各相关岗位和测试人员进行了培训	
16	测试前由建设部门提交各专业的功能具备情况,经综合联调领导小组及项目专业小组确认是否具备进行本项测试,确认具备后由综合联调领导小组发布联调令	

5.3.4.2 所需工器具

测试前应准备充足的工器具,确保测试能正常开展。信号系统CBTC模式功能综合联所需工器具见表5.3-3。

信号系统 CBTC 模式功能综合联所需工器具　　　　表 5.3-3

序号	工具/设备	规格型号	单位	数量
1	手持台	800M	台	若干
2	对讲机	400M	台	若干
3	紧急关闭按钮钥匙		把	2
4	司控室钥匙		把	2
5	万用表		台	2
6	十字螺丝刀		把	4
7	一字螺丝刀		把	4
8	笔记本电脑		台	2
9	秒表		块	2
10	电客车		列	2

5.3.5 信号系统 IATP 模式功能综合联调测试方法及步骤

5.3.5.1 测试方法

本项综合联调通过对列车处于信号系统 IATP 控制模式下的列车控制模式转换功能、ATP 防护功能、点式信息获取功能、车门控制功能、IATP 运行功能等进行列车上线运行测试，验证信号系统功能是否与设计一致，是否达到合同规定要求，是否满足运营需要。

5.3.5.2 联调实施操作步骤

（1）列车控制模式转换测试

列车运行交路为某站至某站之间，需电客列车 1 列，出段后需关闭车地通信电源，按表 5.3-4 所示步骤测试列车控制模式转换功能。

列车控制模式转换测试步骤　　　　表 5.3-4

序号	联调内容
1	列车由车辆段/停车场出段，行驶至转换轨通过有源信标后能否升级为 IATP 控制模式；列车由正线回段，行驶至转换轨后能否降级为联锁控制级别（RM 模式）；分别记录 IATP 模式下的出段时分和入段时分，列车在区间运行时，分别记录列车区间运行时分
2	列车套图运行完交路后，将列车运行到线路上的存车线，列车以 RM 模式行驶扫过有源信标后能否升级为 IATP 控制模式

（2）ATP 防护功能测试

列车运行交路为某站至某站之间，需电客列车 1 列，出段后需关闭车地通信电源，按表 5.3-5 所示步骤测试列车 ATP 防护功能。

5.3 信号系统 IATP 模式功能综合联调测试

ATP 防护功能测试步骤 表 5.3-5

序号	联调内容
1	列车在某站至某站区间以 IATP 控制模式运行时，由 OCC 指令司机推动牵引手柄直至列车超过 ATP 防护速度，验证列车在超速时是否产生紧急制动
2	列车继续以 IATP 控制模式运行至前方某站台并停稳，由 OCC 指令司机将驾驶模式转换为 RMF 模式并后退动车，当列车后退速度≥5km/h 时，验证列车在超速时是否产生紧急制动
3	列车以 RM 模式出站且列车扫过有源信标后暂不升级为 IATP 控制模式，在某站至某站区间保持 RM 模式行驶，由 OCC 指令司机推动牵引手柄直至列车速度≥25km/h 时，验证列车在超速时是否产生紧急制动
4	列车以 IATP 控制模式下动车，由 OCC 指令车站钩锁好出站进路的道岔（如有），封锁好出站进路信号机后指令司机以 ATPM 手动全牵引闯红灯运行，验证列车冒进信号后是否产生紧急制动

（3）点式信息获取功能测试

列车运行交路为某站至某站之间，需电客列车 1 列，出段后需关闭车地通信电源，按表 5.3-6 所示步骤测试列车点式信息获取功能。

点式信息功能测试步骤 表 5.3-6

序号	联调内容
1	列车在某站至某站区间以 IATP 控制模式运行时，由 OCC 指令信号专业配合人员模拟前方进路内区段占用或道岔失表（如有），当列车扫过相关有源信标时是否收到零速度码并在进路防护信号机前方正常停车
2	列车出段后以 IATP 控制模式运行至前方某站台并停稳，由 OCC 在 MMI 上设置前方各站站台扣车，当列车扫过相关有源信标时是否收到零速度码（列车运行第一圈时做该项测试）
3	列车出段后以 IATP 控制模式运行至前方某站台并停稳，由 OCC 指令信号专业配合人员分别在本站按压站台的紧急关闭按钮及下一站的紧急关闭按钮，分别在这两种条件下列车扫过相关有源信标时是否收到零速度码（列车运行第二圈时做该项测试）
4	列车出段后以 IATP 控制模式运行至前方某站台并停稳，由 OCC 指令屏蔽门设备厂商分别在本站模拟屏蔽门打开及下一站屏蔽门打开，分别在这两种条件下列车扫过相关有源信标时是否收到零速度码（列车运行第三圈时做该项测试）

（4）车门控制功能测试

列车运行交路为某站至某站之间，需电客列车 1 列，出段后需关闭车地通信电源，按表 5.3-7 所示步骤测试列车车门-屏蔽门功能。

车门控制功能测试内容　　　　　　　表 5.3-7

序号	联调内容
1	列车以 IATP 控制模式运行一圈，由随车信号人员在各站确认列车停稳在停车窗内（离停车牌±0.5m 范围内），司机按压开门按钮，信号人员确认车门是否打开；车门打开后，司机按压关门按钮，信号人员确认车门是否关闭
2	列车继续以 IATP 控制模式向前运行 0.5m≤S≤1m 的距离，司机按压开门按钮，信号人员确认车门是否不能打开。司机使用 RMR 模式后退运行，由随车信号人员在各站确认列车停稳在停车窗内（离停车牌±0.5m 范围内），司机按压开门按钮，信号人员确认车门是否打开
3	列车继续以 RMR 模式向后运行−0.5m≤S≤−1m 的距离，司机按压开门按钮，信号人员确认车门是否不能打开。司机使用 IATP 控制模式向前运行，由随车信号人员在各站确认列车停稳在停车窗内（离停车牌±0.5m 范围内），司机按压开门按钮，信号人员确认车门是否打开

（5）IATP 运行功能测试

列车运行交路为某站至某站之间，需电客列车 2 列，出段后需关闭车地通信电源，按表 5.3-8 所示步骤测试 IATP 运行功能。

IATP 运行功能测试内容　　　　　　　表 5.3-8

序号	联调内容
1	列车以 BM-ATO 模式分上下行线进行测试，列车停在上下行线正方向第一条进路信号机前方，在 OCC 的 MMI 上手动排列进路，列车能收到速度码并以 BM-ATO 模式正常驾驶，在终端信号机前根据速度码自动停车
2	上线 2 列电客车，以 BM-ATO 模式运行，保持 5min（以具体 IATP 控制模式技术要求为测试标准）的行车间隔运行一圈，检验列车能否达到技术要求的前提下正常运行

（6）混跑测试

列车运行交路为某站至某站之间，需电客列车 4 列，出段后需关闭车地通信电源，上线 4 列电客车，依照次序单数列车以 IATP 控制模式运行，双数列车以 CBTC 模式运行，检验列车能否正常运行，信号专业随车人员做好混跑功能测试相关记录。

5.4　信号系统联锁功能综合联调测试

5.4.1　信号系统联锁功能综合联调测试概述

信号系统联锁设备是地铁信号系统中保证列车行车安全的核心设备，

5.4 信号系统联锁功能综合联调测试

联锁关系的正确性与完整性直接影响地铁在运营过程中的行车安全。信号系统联锁功能的测试应根据《城市轨道交通试运营基本条件》GB/T 30013 和相应设计文件的要求，对信号系统正线及出入段、车辆段的联锁功能进行测试，以检验信号系统是否与设计一致，能否达到合同规定的功能与运营需要，同时检查信号人员和操作人员对信号系统功能和特点的掌握程度。

城市轨道交通的联锁集中站为有岔站，根据道岔的不同位置可以组成不同的进路，列车是否能够进入进路，需要有信号机指示列车。为了保证行车安全，必须使信号机、进路和道岔三者之间，存在一定的相互制约的关系，这种关系成为联锁。控制车站的道岔、进路和信号，并实现它们之间的联锁关系的设备成为联锁设备（图 5.4-1）。

系统联锁功能联调测试采取静态测试与动态测试两种方法，对信号系统正线及出入段、车辆段的联锁功能进行综合测试：

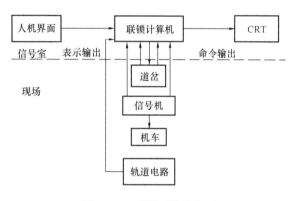

图 5.4-1 联锁系统流程图

（1）静态测试拟采用人工排路和模拟相关条件的方式检验进路联锁关系的正确性和人机界面与轨旁的一致性；

（2）动态测试拟采用列车以非限制人工驾驶模式（URM 模式）上线运行的方式，检验进路的建立、占用、自动解锁等功能。

5.4.2 信号系统联锁功能综合联调测试目的

（1）检验信号系统正线及出入段、车辆段的联锁功能是否正常，联锁功能是否完整，是否满足信号系统合同技术要求；

（2）检验信号操作人员的业务技能与对设备的理解、掌握情况，提升相关岗位人员对设备的掌握能力及应急处置能力；

（3）检验行车设备相关维护部门的应急处理抢修组织流程是否合理、有效，人员处置技能是否培训到位。

（4）通过此次测试，全面检查系统，检漏纠错，并对发现的问题进行及时有效的整改，及时将暴露出来的信号系统问题与设备厂家、施工单位等相关单位进行协调处理。

5.4.3 信号系统联锁功能综合联调测试项目

在全线范围内，根据联锁表信息对全线区域的以下功能进行测试：

（1）人工排列进路，检查列车占用并出清后进路能否正常解锁；

（2）设置进路自动触发模式，检查列车占用触发区段后能否自动排列进路；

（3）设置连续通过进路模式，检查对应信号显示是否正常；

（4）设置折返进路模式，检查列车能否在联锁模式下正常折返；

（5）人工排列进路，检查进路区段占用时，始端信号机能否开放引导（抽测）；

（6）人工排列进路，列车占用接近区段，取消该进路，检查该进路延时解锁时间是否与联锁表一致（抽测）；

（7）人工排列进路，列车在保护区段前方停车，检查保护区段延时解锁时间是否与联锁表一致（抽测）。

5.4.4 信号系统联锁功能综合联调测试前准备

5.4.4.1 测试前置条件（表5.4-1）

联锁功能测试前置条件   表 5.4-1

序号	前置条件
1	线路的限界检查完毕，并符合设计要求。线路、供电要求设备运作正常，设备性能良好
2	各车站车控室内站间电话可用
3	通信无线系统已实现全线覆盖（包含 OCC、车站、轨行区），OCC、车站、司机可通过无线手持台互相联系
4	上线列车已签发车辆 PAC 文件，且装配无线车载电台
5	信号系统（联锁系统、ATP 系统、ATO 系统、ATS 系统、车地通信系统）功能完好，达到设计要求并工作正常
6	信号厂家已完成 CBTC 模式下各项功能测试，且至少提供授权报告
7	信号厂家提供联锁软件版本报告
8	中央和站台 ATS 具备 CBTC 模式下行车要求，具备监控功能，连锁站的 LATS 可用
9	屏蔽门（安全门）在调试过程中除与信号接口调试外全部打到旁路的位置，以保障信号功能的测试的顺利进行
10	调试开始时间的 2h 之前线路的巡道检查完毕，并封锁调试区域
11	保证司机有足够的无线手持台实现与车站之间的联系

5.4 信号系统联锁功能综合联调测试

续表

序号	前置条件
12	提前1天编制好调试所需的运行图,并提供给列车司机及调试人员
13	各部门相关人员在测试开始前全部安排到位。车站、司机、调度、设备维修、车辆检修人员全部在岗
14	本方案在实施前一周已对各相关岗位和测试人员进行了培训

5.4.4.2 所需工器具(表5.4-2)

联锁功能测试所需工器具　　　　　　　　　　　　　表5.4-2

序号	工具/设备	数量	用途
1	对讲机800M	若干	调试人员联络
2	电客列车	2备1	调试
3	信号维护抢修工具	各1套/系统	紧急情况处理
4	笔记本电脑	若干	下载调试数据
5	秒表	若干	调试时间计量

5.4.5 信号系统联锁功能综合联调测试方法及步骤

联调实施操作步骤。

(1) 静态测试

按照信号联锁表的要求逐个对联锁区进行联锁试验,检查进路表中的元素是否与实际一致,确保联锁关系正确(表5.4-3)。

联锁功能静态测试步骤　　　　　　　　　　　　　表5.4-3

序号	测试步骤(每一进路)
1	排列进路,检查中央MMI、车站HMI工作站上的进路元素是否与进路表一致,同时检查现场的信号机、轨道区段、道岔位置与进路表是否一致
2	按压紧急停车按钮,是否导致相关信号机关闭
3	打开屏蔽门,是否导致相关信号关闭
4	进路建立后,检查敌对进路能否建立
5	单独锁闭该进路上的某一信号元素(信号机、轨道区段、道岔等),检查进路能否建立
6	开启折返模式,锁闭折返进路中的相关元素,折返模式应失效

(2) 动态测试

动态测试期间需有两列车,均以URM模式驾驶列车运行,检查进路建立、占用、出清、解锁等情况(表5.4-4)。

联锁功能动态测试步骤　　　　　　　　表 5.4-4

序号	测试步骤
1	在测试区域运行第一圈过程中，人工排列每一条进路，检查列车占用并出清后进路能否正常解锁
2	第二圈，人工排列车每一条进路，检查进路区段占用时，始端信号机能否开放引导
3	第三圈，人工排列车每一条进路，检查接近区段占用时，取消该进路，该进路延时解锁时间是否与进路表一致
4	第四圈，人工排列车每一条进路，检查列车在保护区段前方停车后，保护区段延时解锁时间是否与进路表一致
5	1 列车，全线运行，检查进路能否正常建立、占用、出清、解锁
6	2 列车相隔 5min 全线运行，检查追踪运行时各自进路能否正常建立、占用、出清、解锁状态，且在终点站能否有效折返（无阻塞现象）
7	打开折返模式，检查列车是否能触发相应的折返进路，列车在人工折返过程能否自动触发和解锁相关进路

5.5　信号与车辆、屏蔽门、PIS 综合联调测试

5.5.1　信号与车辆、屏蔽门、PIS 综合联调测试概述

信号与车辆的接口功能主要测试 CBTC 列车在 ATO 模式下的停车精度控制以及对车门开关的控制、信号与屏蔽门的接口功能主要测试信号对屏蔽门开关控制以及屏蔽门状态对列车运行的影响以及测试信号与 PIS 接口列车到站显示功能是否正常。

本项综合联调分 4 个测试项目：ATO 列车精确停车及屏蔽门联动测试、屏蔽门相关信号车载功能测试、IATP 屏蔽门功能测试、PIS 到站显示功能测试，联调过程协调系统的调度和联动控制，使各个设备发挥其应有的作用。

5.5.2　信号与车辆、屏蔽门、PIS 综合联调测试目的

（1）采用列车上线运行，验证信号系统与车辆、屏蔽门、PIS 系统接口功能是否正常，能否满足运营的需要。

（2）采用列车上线运行，验证信号、车辆、屏蔽门、PIS 维护和操作人员在此过程中进一步接口调试中的功能及特点；发现系统接口、功能的问题，协调建设单位、供应商、施工单位对问题进行整改。

5.5.3 信号与车辆、屏蔽门、PIS综合联调测试项目

本方案信号与车辆的接口功能主要测试CBTC列车在ATO模式下的停车精度控制以及对车门开关的控制、信号与屏蔽门的接口功能主要测试信号对屏蔽门开关控制以及屏蔽门状态对列车运行的影响以及测试信号与PIS接口列车到站显示功能是否正常。测试分4部分内容进行，分别是：ATO列车精确停车及屏蔽门联动测试、屏蔽门相关信号车载功能测试、IATP屏蔽门功能测试、PIS到站显示功能测试，由此验证信号系统与车辆、屏蔽门、PIS系统能否正常使用。

5.5.4 信号与车辆、屏蔽门、PIS综合联调测试前准备

5.5.4.1 测试前置条件

信号与车辆、屏蔽门、PIS综合联调前，应对调试列车、信号系统、通信设备、屏蔽门、综合机电设备做好充分的检查，确保试验过程中人身、设备的安全，确保试验圆满、顺利完成（表5.5-1）。

信号与车辆、屏蔽门、PIS综合联调测试前置条件　　表5.5-1

序号	前置条件
1	信号系统（CBI联锁系统、ATC系统）功能完好，达到设计要求并工作正常
2	信号专业完成CBTC模式下的车载功能的测试，并获得安全认证
3	PSD系统已完成安装并符合设计要求，具备站台级（PSL）操作功能，PSD系统与信号系统之间的接口已完成调试并符合设计要求
4	PSD系统设备已通过业主验收，并已完成5000次无故障连续通电运行测试
5	屏蔽门与信号设备的一致性已全部检查，全部正确，屏蔽门专业完成了门故障与供电单元组故障时门状态输出一致性检查
6	PIS系统已完成安装并符合设计要求，具备站台到站信息显示功能，PSD系统与信号系统之间的接口已完成调试并符合设计要求
7	通信无线系统已实现全线覆盖（包含正线、存车线、折返线），可以用无线手持台实现车站与列车、列车与车站之间的联系
8	提供4列性能良好的列车
9	测试开始时间的2h之前线路的巡道检查完毕，并封锁本线线路（正线和折返线）
10	《行车组织规则》及车站、司机、调度工种操作手册、应急处理和维修手册等规章均编写完毕。车站、司机、调度等行车人员通过培训、考试，并取得相关操作资格证
11	各部门相关人员在测试开始前全部安排到位。车站、司机、调度、设备维修、车辆检修人员全部在岗，按正常工作要求值班。确保联调期间严格按照正常运营生产要求开展行车组织、设备维修/维护及故障抢修工作

5.5.4.2 所需工器具（表 5.5-2）

信号与车辆、屏蔽门、PIS 综合联调测试所需工器具　　　　表 5.5-2

序号	名称	配置标准	使用地点	备注
1	手持台 4 台	项目指挥 1 台	调试现场	
		执行组长 1 台	调试现场	
		综合监控人员 1 台	调试现场	
		通信集中网管人员 1 台	调试现场	
2	秒表	根据实际需求配置	调试现场	
3	万用表	2 台综合监控专业组、通信专业组各 1 台	调试现场	
4	技术图纸资料	2 套综合监控专业组、通信专业组各 1 台	调试现场	
5	调试电脑或者模拟工具	综合监控专业组、通信专业组各 1 台	调试现场	
6	螺丝批（一字、十字）	综合监控专业组、通信专业组各 3 套	调试现场	
7	图纸资料	各专业人员	调试现场	
8	通信集中网管终端设备	控制中心管线图、系统内部接线图	调试现场	
9	设备房钥匙	通信集中网管人员	调试现场	
10	各系统设备柜钥匙	调试人员	调试现场	

5.5.5 信号与车辆、屏蔽门、PIS 综合联调测试方法及步骤

5.5.5.1 测试方法

系统联调需要完成信号与车辆的接口功能主要测试 CBTC 列车在 ATO 模式下的停车精度控制以及对车门开关的控制、信号与屏蔽门的接口功能主要测试信号对屏蔽门开关控制以及屏蔽门状态对列车运行的影响以及测试信号与 PIS 接口列车到站显示功能正常，信号、车辆、屏蔽门、PIS 测试核心功能如下。

（1）ATO 列车精确停车及屏蔽门联动测试。

（2）屏蔽门相关信号车载功能测试。

（3）IATP 屏蔽门功能测试。

（4）PIS 到站显示功能测试。

5.5.5.2 联调实施操作步骤

（1）ATO 列车停车精度及与屏蔽门联动功能测试，设备正常时设备

接口检查列车采用ATO模式运行2圈,检查各站PSD设备正常时的接口情况,具体操作要求如表5.5-3。

ATO列车停车精度及与屏蔽门联动功能测试步骤　　　表5.5-3

序号	测试步骤
1	屏蔽门专业组成员确认所有站的屏蔽门都关闭且锁紧(PSL关闭锁紧指示灯长亮)
2	列车以ATO模式驾驶进站停车(列车按正常线路运行),信号人员确认列车是否停在停车窗±0.3m范围内,将确认结果填写在记录表格
3	当列车在停车窗±0.3m范围内停稳后,信号人员确认屏蔽门是否与车门联动打开,并将确认结果填写在记录表格
4	屏蔽门打开时,按压ATO按钮,信号人员确认列车是否可启动,将确认结果填写在记录表格
5	司机按压列车关门按钮,信号人员确认屏蔽门是否与列车门联动关闭,将确认结果填写在记录表格
6	屏蔽门关闭锁紧后(PSL盘关闭锁紧灯长亮),信号人员确认列车能否ATO模式出站,将确认结果填写在记录表格

(2)站台无车时,单个屏蔽门故障测试,列车采用ATO模式运行1圈,全部车站站务人员配合单个屏蔽门故障及旁路,具体操作要求如表5.4-4。

站台无车时,单个屏蔽门故障测试步骤　　　表5.4-4

序号	测试步骤
1	列车进站前,站务人员模拟单个门单元不能关闭锁紧故障(打开应急门或使单个滑动门卡障碍物,不能完全关闭锁紧)
2	信号人员确认列车是否在进站前自动停车,将确认结果填写在记录表格
3	站务人员将故障门单元进行安全回路隔离(将门头模式开关打到"手动"位),信号人员确认列车是否可以ATO/ATPM模式进站,将确认结果填写在记录表格

(3)列车在车站内运行时,单个屏蔽门故障测试,列车采用ATO模式运行,2圈(1圈为列车进入车站时屏蔽门故障测试,1圈为列车离开车站时屏蔽门故障测试),全部车站站务人员配合单个屏蔽门故障及旁路,具体操作要求如表5.5-5。

列车在车站内运行时,单个屏蔽门故障测试步骤　　　表5.5-5

序号	测试步骤
1	列车进/离站过程中,站务人员模拟单个门单元不能关闭锁紧故障(打开应急门或使单个滑动门卡障碍物,不能完全关闭锁紧)
2	信号人员确认列车进/离站过程中是否紧急制停,将确认结果填写在记录表格
3	站务人员将故障门单元进行安全回路隔离(将门头模式开关打到"手动"位),信号人员确认列车是否可以ATO/ATPM模式进/离站,将确认结果填写在记录表格

(4) 在可自动折返站屏蔽门故障情况下，进行有折返轨站测试具体操作要求如表 5.5-6。

自动折返站屏蔽门故障测试步骤 表 5.5-6

序号	测试步骤
1	列车在有折返轨站站台正常停车，屏蔽门专业组成员模拟屏蔽门关闭锁紧故障（打开应急门或使单个滑动门卡障碍物，不能完全关闭锁紧）
2	列车司机进行无人折返操作，信号人员确认列车可否启动，将确认结果填写在记录表格
3	屏蔽门专业组成员在 PSL 盘上打互锁解除；信号人员确认列车可否自动驶入折返线，将确认结果填写在记录表格

(5) 在无折返轨车站屏蔽门故障情况下，在有折返轨站测试具体操作要求如表 5.5-7。

折返站屏蔽门故障测试步骤 表 5.5-7

序号	测试步骤
1	列车在无折返轨站站台正常停车，屏蔽门专业组成员模拟屏蔽门关闭锁紧故障（打开应急门或使单个滑动门卡障碍物，不能完全关闭锁紧）
2	列车司机进行换向启动操作，信号人员确认列车可否启动，将确认结果填写在记录表格
3	屏蔽门专业组成员在 PSL 盘上打互锁解除；信号人员确认列车可否正常启动，将确认结果填写在记录表格

(6) 所有车站的屏蔽门故障，屏蔽门 PSL 旁路故障使列车以 ATO 模式运行列车采用 ATO 模式运行 1 圈，全部车站站务人员配合在单个屏蔽门故障时进行"互锁解除"，具体操作要求如表 5.5-8。

所有车站的屏蔽门故障，屏蔽门 PSL 旁路故障测试步骤 表 5.5-8

序号	测试步骤
1	屏蔽门关闭锁紧（PSL 盘关闭锁紧灯长亮）时，列车以 ATO 模式进站
2	列车正常进站停车后，屏蔽门专业组成员模拟屏蔽门关闭锁紧故障（打开应急门或使单个滑动门卡障碍物，不能完全关闭锁紧）
3	屏蔽门专业组成员确认 PSL 盘上的关闭锁紧灯熄灭，列车司机以 ATO 模式启动列车，信号人员确认列车是否可启动
4	站务专业组成员在屏蔽门 PSL 盘上打互锁解除，并确认 PSL 盘上的关闭锁紧灯长亮，列车司机以 ATO 模式启动列车，信号人员确认列车是否可启动

（7）屏蔽门相关的信号车载功能测试，测试前加载时刻表，由列车上的信号人员指挥，选定相关车站，进行项目内容的测试，如表5.5-9。

与屏蔽门相关的信号车载功能测试步骤　　　　　　表5.5-9

序号	测试步骤
1	列车ATPM模式测试1圈，测试内容确认：屏蔽门设备正常，前方进路没有排列，列车在车站ATPM停车时，屏蔽门和车门不应自动打开，按压相应开门按钮，对应的车门及屏蔽门打开
2	列车ATPM模式测试2圈，第1圈驾驶列车超过停车点±0.5m，第2圈驾驶列车超过停车点±0.3至0.5m，测试内容确认：列车停车不准测试：屏蔽门关闭，列车以ATPM模式驾驶停站超出停车窗时（超过停车点±0.5m），按压开门按钮，屏蔽门不能联动打开。列车停车不准测试：屏蔽门关闭，列车以ATPM模式驾驶停站超出停车点时（离停车点±0.3至0.5m），按压开门按钮，屏蔽门可以联动打开
3	在可进行站后折返的车站进行站后折返时屏蔽门、车门的测试，测试内容确认：列车ATO模式在折返站的停车窗范围内停稳后，屏蔽门和车门能自动打开并保持
4	在可进行站前折返的车站进行站前折返时屏蔽门、车门的测试，测试内容确认：列车ATO模式在折返站的停车窗范围内停稳后，屏蔽门和车门能自动打开，司机关闭主控钥匙，屏蔽门和车门能保持打开状态

（8）信号与PIS接口功能测试（表5.5-10）

与PIS接口功能测试步骤　　　　　　表5.5-10

序号	测试步骤
1	4列车按时刻表套图运行，采用ATO模式驾驶运行1圈，信号与通信人员核查双方传输报文信息是否一致，并与车站检查PIS显示是否正确
2	模拟单台接口故障，信号与通信人员核查双方传输报文信息是否一致

5.6　列车最大运行能力联调测试

5.6.1　列车最大运行能力联调测试概述

列车在正线的最小追踪间隔、折返时间、出入段时间是信号系统的重要指标之一，数值越小表示系统运行能力越大，运输能力也就越强，也是CBTC优越性的体现。主流信号系统在CBTC模式下的正线的最小行车间隔为90s。测试方案通过多列车按最小行车间隔依次排列、高密度运行的方式,对列车出入段能力、正线追踪能力以及折返能力进行测试,同时在此过程检验各岗位操作是否熟练,联动是否协调。考虑实际运营中不会按最小行车间隔来编制运行图,因此测试方案按120s的运行图对信号系统CBTC模式下最大运行能力进行测试。

5.6.2 列车最大运行能力联调测试目的

(1)根据信号系统用户需求及技术规格书,检验信号系统各项能力是否满足合同要求,通过上线多列车,按最小的行车间隔依次排列,满足条件即发车的高密度运行方式,验证信号系统在CBTC模式下的正线的最小追踪间隔为90s,最小行车间隔不大于120s,折返间隔不大于120s,出入段间隔不大于120s。通过验证信号系统的正线追踪能力、折返能力、出入段能力,检验信号系统在CBTC模式下列车能否按120s的行车间隔运行,以及在这种模式下信号系统是否安全平稳可靠。

(2)检验行调、车站值班员、车厂调度、司机、信号维护人员对设备功能是否熟悉,操作是否熟练,联动是否协调。通过联调测试提高信号维护人员的技能水平,让操作人员进一步熟悉信号设备显示界面及相关操作。

(3)联调测试结果可作为信号系统功能验收的一项重要依据,也为开通运营后调度部门编制运行图提供依据。

(4)通过上线多列车测试,模拟开通运营后多列车运行,可客观反映信号系统最大运行能力。

(5)通过联调测试提前暴露设备安装及功能问题,对调试存在问题及时有效总结及全线整改,确保顺利开通。

5.6.3 列车最大运行能力联调测试项目

测试项目(表5.6-1)。

列车最大运行能力测试项目　　　　表5.6-1

序号	测试项目	测试地点	备注
1	电客车出段(场)能力测试	出段线	
2	电客车入段(场)能力测试	入段线	
3	电客车正线追踪能力测试	正线	
4	电客车折返能力测试	正线	
5	旅行速度验证	正线	

5.6.4 列车最大运行能力联调测试前准备

5.6.4.1 测试前置条件

为确保测试能顺利地完成，调试准备条件、系统运行条件、关联系统运行条件做好充分的检查，确保测试过程中人身、设备的安全。需检查的主要项目及内容如表 5.6-2。

列车最大运行能力测试前置条件　　　表 5.6-2

序号	检查项目	检查内容
1	调试准备条件	（1）线路的限界检查完毕，并符合设计要求；线路、供电设备运作正常，设备性能良好，信号设备各项安装工艺符合标准； （2）通信无线系统已实现全线覆盖（包含各车站、OCC、正线、存车线、折返线），800M无线手持台能实现OCC、车站与列车之间的相互联系；各车站车控室、OCC公务电话可用且能互相正常通话； （3）测试时应保证司机有足够的800M无线手持台实现列车与车站、OCC之间的联系； （4）测试开始前线路的巡道检查完毕；测试开始前测试区域接触网送电完毕； （5）车辆部门至少提供4台车辆与信号的接口已调试完成的车辆，并确认车辆状态良好，已签发车辆PAC文件
2	调试系统运行条件	（1）信号系统完成各单体调试，主要包括道岔、信号机、计轴系统、电源系统、站台/IBP紧停、站台门、连锁计算机等联锁关系校核工作，设备的各项参数符合技术要求并提供相关单体调试报告； （2）信号系统完成全线联锁软件调试，确保联锁关系正确完整，信号厂家提供相关的调试报告，并取得联锁级证书； （3）信号系统完成正线与车辆段联锁接口调试，并提供相关调试报告； （4）信号系统完成轨旁设备的功能测试，具备BM（点式）、CBTC通信模式； （5）信号系统至少完成4列电客车的车载子系统BM（点式）、CBTC模式的静态和动态调试，并提供相关调试报告； （6）上线测试列车需具备CBTC模式/多车运行证书； （7）信号系统完成信号与站台门的接口调试，并提供相关调试报告； （8）完成ATS子系统单体调试，具备运行图、列车自动调整等所有功能；完成各车站DTI安装与调试，能正常显示发车指示信息； （9）信号厂家在测试前1天编制好所需的行车间隔为90s（CBTC模式）和180s（BM模式）列车运行图，并提交给电客车司机、行车调度、车场调度和信号测试人员； （10）完成信号联调T09（连锁，含出入段照查）、T10（BM）、T11（CBTC）、T13（信号、车辆与站台门）项目
3	关联系统运行条件	（1）完成站台门的单体调试，站台门能正常开关并给出正确的信号，并提供相关调试报告。（注：完成站台门5000次动作测试）； （2）检查信号与车辆的接口调试，电客车ATO对标在正常范围内；检查信号、车辆与车载PIS的接口调试，电客车自动广播功能调试完成且工作正常； （3）完成信号与站台门的接口调试，站台门能与电客车车门联动且能给出正确的信号

5.6.4.2 所需工器具

测试所需工器具如表 5.6-3。

列车最大运行能力测试所需设备、器材清单　　　表 5.6-3

序号	名称	单位	数量	备注
1	手持台（800M）	台	18	
2	秒表	个	6	
3	笔记本电脑	台	2	
4	信号维护工具	套	2	
5	图纸、资料	本	若干	

5.6.5 列车最大运行能力联调测试方法及步骤

5.6.5.1 测试方法

（1）电客车出段（场）能力测试

当车场具备发/接车条件时，组织 4 列电客车依次出车辆段（停车场）；在此期间，各车信号专业组参调人员（随车）记录到达转换轨和车站/车站和转换轨的时间，根据 4 列电客车依次出的时间差即可直观反映出段（场）能力。

（2）电客车入段（场）能力测试

当车场具备发/接车条件时，组织 4 列电客车依次入车辆段（停车场）；在此期间，各车信号专业组参调人员（随车）记录到达转换轨和车站/车站和转换轨的时间，根据 4 列电客车依次进入的时间差即可直观反映入段（场）能力。

（3）电客车正线追踪能力测试

正线区域 4 列电客车按照运行图以 ATO 模式动车，各车信号专业组参调人员（随车）记录电客车在站台对标停稳的时间和实际发车时间。

注：发车时间需根据站台 DTI 及车载 DMI 显示操作。

（4）电客车折返能力测试

正线区域 4 列电客车按照运行图在特定折返站进行有人/无人折返，各车信号专业组参调人员（随车）记录电客车在折返站下行站台对标停稳和实际发车的时间，并记录折返后电客车在上行站台对标停稳和实际发车的时间（抽测）。

（5）旅行速度验证

根据电客车正线追踪的时间，对电客车的旅行速度进行计算验证。

5.6.5.2 联调实施操作步骤

(1) 电客车出段（场）能力测试操作步骤如表 5.6-4 所示。

电客车出段（场）能力测试操作步骤　　　　表 5.6-4

序号	测试步骤
1	选定 2 列电客车为测试用车，假设为 T1、T2 车，2 列车分别停于场段不同股道（可以选择相邻的 2 个股道），假设为 L1、L2。假设出段后的车站为上行方向终端站车站 1
2	在 DCC 给停于 L1 道的 T1 车办理出段列车进路，同时在 OCC 调度台上给 T1 列车办理到达车站 1 下行站台的进路，T1 列车启动时记录下列车 A 启动的时间，记为：T1-1
3	具备发车条件后，立即给 T2 列车办理从场段 L2 道到正线的列车进路，记录下列车 T2 启动的时间，记为：T2-1
4	T1 列车根据设置的进路运行，当列车到达车站 1 下行站台停稳时，记录时间。记为 T1-2。之后 T1 继续往上行方向运行，为 T2 接车做准备
5	T2 列车根据设置的进路运行，当列车到达车站 1 下行站台停稳时，记录时间。记为 T2-2
6	根据记录时间对比得出（T2-2 至 T1-2）的值，判断出段时间间隔是否满足要求

(2) 电客车入段（场）能力测试操作步骤（表 5.6-5）。

电客车入段（场）能力测试操作步骤　　　　表 5.6-5

序号	测试步骤
1	选定 2 列电客车为测试用车，假设为 T3、T4 车。假设出段后的车站为上行方向终端站车站 1。假设回库后列车分别停于场段 L3、L4。T3 在车站 1 上行站台待命，T4 在车站 1 上行站台外信号机后方虚拟站台停车待命
2	T3 列车停于车站 1 上行站台，在中央 MMI 上给 T3 设置经出/入段线的回段进路，同时在 DCC 给 T3 列车办理进入场段 L3 的列车进路。T3 列车在车站 1 上行站台发车，记录下发车时间，记为：T3-1
3	当 T3 列车到达场段 L3 道停稳时，记录下时间，记为 T3-2
4	T3 列车离开站台后，当条件具备后办理 T4 列车的回段进路，并在 DCC 给 T4 列车办理进入场段 L4 道的列车进路。在 T3 列车发车后，满足信号开放条件，列车收到速度码，T4 列车立即发车，记录下 T4 列车的启动时间，记为：T4-1
5	当 T4 列车到达场段 L4 道停稳时，记录下时间，记为 T4-2
6	根据记录时间对比得出（T4-2 至 T3-2）的值，判断是入段时间间隔是否满足要求

(3) 电客车正线追踪能力测试操作步骤（表 5.6-6）

第5章 信号系统综合联调

电客车正线追踪能力测试操作步骤　　　　　　　　　　　　　　　表 5.6-6

序号	测试步骤
1	选定4列电客车作为测试用车,假设为T5、T6、T7、T8,依次停在车站1下行站台、车站1站后折返线、车站1上行站台、车站1相邻车站上行站台。设置90s运行图,运行等级设置为1级,各车站按照合同要求设置停站时间,在中央MMI上设置从车站1到车站2下行站台的自动触发进路,同时设置自动通过进路。列车DMS设置为AM挡
2	按照时刻表规定时间,给T5列车手动添加为计划车,T5车按照DTI显示的发车倒计时发车。后续各站正常停站,开关门,按照DTI指示及时发车。记录列车在车站1及后续各站发车时间,记为A-车站1…A-车站2
3	T5车离开后,列车T6接近并停在车站1下行站台。手动添加为计划车。按照发车计时器的显示发车。后续各站要求同T09。记录列车在车站1及后续各站发车时间,记为B-车站1…B-车站2
4	T7、T8车按照前车要求,依次发车至车站2下行站台
5	列车到达车站2后,T5车经车站2站后折返线进行ATB折返至上行站台,T6车进折返线存车,T7车进车站1下行站台存车,T8车停在车站2相邻车站下行站台,仅记录发车时间即可
6	上行站台参照上述1~5执行测试。如测试不通过,分析原因,再次组织测试一圈

（4）电客车折返能力测试操作步骤（表5.6-7）

电客车折返能力测试操作步骤　　　　　　　　　　　　　　　　表 5.6-7

序号	测试步骤
1	选定6列车在CBTC控制级别下以ATO模式停在车站1上行站台外做好准备,所有列车门控制方式设为手动开手动关模式,第一列车以CBTC下的ATO模式运行到车站1上行站台停稳做好准备
2	在MMI上给6列车设置到车站1站后折返轨的头码
3	第一列车到车站1上行站台停稳后,记录列车到达车站1上行站台的时间TA-1 一名司机在头端负责折返操作,另一名司机在尾端负责折返后动车操作,头端司机确认车门和屏蔽门都关好后,将牵引/制动手柄放惰性位,方向手柄回零位,关闭主控钥匙,按压控制台上的ATB按钮列车进入ATB模式。列车自动驶往折返线,记录列车离开车站1上行站台的时间TA-2
4	列车以ATB模式进入折返线,在折返线停稳后,由中心配合人员给列车更换到车站2站后折返轨的头码。列车由折返线自动驶入车站1下行站台对标停车,完成自动折返,记录第一列车到达下行站台的到站时间TA-3
5	尾端司机打开主控钥匙,出站信号开放,满足条件后以ATO模式驾驶继续运行,记录第一列车离开车站1下行站台的时间TA-4
6	第一列车动车进入折返线,出清车站1上行站台后,满足条件后以CBTC控制级别下ATO模式动车进入车站1上行站台停稳待命,记录第二列车到达车站1上行站台的时间TB-1,满足条件发车,以第一列车同样的方式完成折返操作记录车站1上行站台离开时间TB-2,车站1下行站台到达时间TB-3,离开时间TB-4
7	后续车辆重复以上步骤,完成折返能力测试。其余各折返站均按照此方法开展测试。比较6列车到达车站1下行站台的时间,分析其折返间隔是否合格

(5)电客车旅行速度验证

本测试内容与"电客车正线追踪能力测试"操作步骤同步进行,对测试的数据进行分析计算,验证旅行速度是否满足设计要求。

5.7 信号系统综合联调故障案例

5.7.1 案例一:CBTC列车在区间紧急制动,无法收到速度码

(1)故障概况:信号综合联调期间,OCC调试人员发现所有调试的CBTC列车经过某-某区间时均发生紧急制动,紧急制动后无法收到速度码,所有列车以RM模式动车行驶到某站台附近收到速度码后升级为CBTC模式。

(2)原因分析:信号值班人员接到通知后查看某-某区间轨旁DCS无线网络连接情况,无异常告警,车载调试人员在列车停稳存车线后下载车载数据发现列车运行至某-某区间时EOA超时,导致列车定位丢失而发生紧制,初步判断该区间轨旁DCS无线网络存在异常情况。立即通知信号系统集成商添车到该区间进行无线网络场强测试,发现在列车运行至某-某区间弯道区域时信号场强较弱,车地通信建立情况不佳,导致车载ATC在5s内未接收到新的移动授权而导致列车发生紧急制动。

(3)处置措施:现场对该弯道区域的连续3个AP点的发射功率进行调高,使得在相邻AP点的中间位置的无线信号场强符合要求,图5.7-1是轨旁TRE实物图。

图5.7-1 轨旁TRE实物图

随即组织一趟 CBTC 列车在该区间进行正向及反向运行，同时在车上测试信号场强符合要求，列车能在该区间的弯道区域正常运行，图 5.7-2 是轨旁 AP 天线实物图。

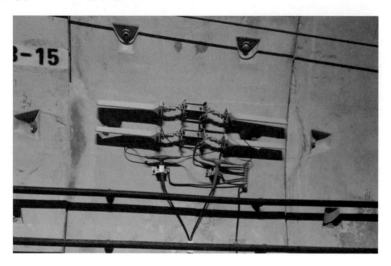

图 5.7-2　轨旁 AP 天线实物图

5.7.2　案例二：列车以 IATP 控制模式出站扫过有源信标后速度码为零

（1）故障概况：信号综合联调期间，OCC 调试人员接车上调试人员报：列车以 IATP 控制模式出站扫过有源信标后速度码为零，列车前方信号机 X3807 开放绿灯信号；经 OCC 调试人员确认前方已排列出站进路且信号机开放绿灯信号。OCC 调试人员立即通知信号值班人员启动信号故障应急处理流程进行故障处置。

（2）原因分析：信号值班人员接到通知后查看 SDM 维护操作台连锁相关驱动数据，发现 X3807 信号机的 DDJ 已处于落下状态，表明当前运营模式已处于 BM 模式；查看 X3807 信号机的 LXJ 在故障时已处于吸起状态，前方道岔 DBJF 在故障时已处于吸起状态，判断有源信标变量信息电路继电器工作正常。值班人员使用万用表测量 LUE 的 KZ、KF 电源，测量到 24Vdc 电压，随即测量接口柜至 LUE 进线处电压也正常，随即在分线柜处测量 LEU 输出至轨旁有源信标处电压也正常，初步判断故障点在室外有源信标处，图 5.7-3 是 LEU 实物图。

信号值班人员带上抢修工器具、BEPT 信标读写工具及笔记本请点后

5.7 信号系统综合联调故障案例

图 5.7-3　LEU 实物图

进入轨行区测量有源信标变量信息，未在有源信标上读取到可变信息，检查有源信标尾缆插头，发现尾缆插头有松动现象，现场对尾缆插头进行重新紧固后使用 BEPT 读取到可变信息，判断故障原因为有源信标尾缆插头松动，室内 LEU 传送过来的可变信息未传送到有源信标上，导致列车扫过有源信标时速度码为零。

（3）处置措施：有源信标尾缆从轨旁 HZ12 终端盒连接至有源信标信息插孔，中间稍有高度差，导致尾缆插头接上插口后受重力影响及列车经过振动后可能造成插头松动，经与厂家协调，由厂家使用钢扎带在有源信标尾缆插头处进行绑扎紧固，保证插头与插孔可靠连接，图 5.7-4 为

图 5.7-4　BEPT 信标读写工具实物图

BEPT 信标读写工具实物图、图 5.7-5 为有源信标实物图。

图 5.7-5　有源信标实物图

5.7.3　案例三：信号系统与屏蔽门不联动故障

（1）故障概况：信号综合联调期间，车站站务人员反映，某站下行屏蔽门 MMI 显示下行屏蔽门为打开状态，与车站确认 IBP、PSL 关闭锁紧指示灯不亮，现场屏蔽门为关闭状态，现场需要打互锁解除接发列车。

（2）原因分析：该故障导致整侧屏蔽门的关闭锁紧信号丢失，分析、排查屏蔽门整改安全回路，用短接线接通安全回路，测试确认下行滑动门、应急门关闭锁紧回路线路状态，测量 IR con1-11、con1-12 端子，发现电压仅为 1.6V（正常值为 60V），将相关输出回路临时短接测试后屏蔽门关闭锁紧回路正常，初步确认是 IR 控制模块下行安全回路继电器故障，导致门体信号未能正确传输至 PEDC 及各指示灯及信号系统，更换 IR 控制模块后设备恢复正常，图 5.7-6 为屏蔽门 IR 模块。

（3）处置措施：整理发生过的故障，分类汇总形成故障案例，下发工班及委外维修单位学习，优化故障排查流程，人力分配，提高故障处理效率，建议优化现场人员配置。针对 IR 控制模块更换进行专项培训，加快

5.7 信号系统综合联调故障案例

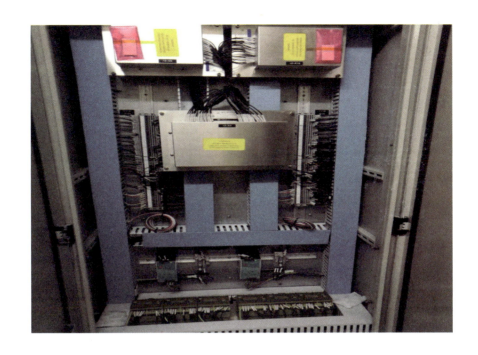

图 5.7-6　屏蔽门 IR 模块

更换的速度。与厂家协调，由厂家对 IR 控制模块进行稳定性报告，保证模块安全运行，稳定可靠。

5.7.4　案例四：信号系统运行列车发生紧急制动故障

（1）故障概况：信号综合联调期间，OCC 调试人员接车上调试人员报：列车在区间运行时，发生紧急制动故障，信号 DMI 屏显示列车超速紧制，但列车实际运行速度未超速。

（2）原因分析：从车载 ATC 数据可以看出列车以 ATO 模式运行至 G01C 区段时，车载 ATC 设备接收到 ZC 发送限制的 EOA，EOA 信息不可用，不授权列车运行，类型为 NA W tfdir（有进路，不知前方情况），EOA 授权距离由 856.09m 变为 0，导致车载 ATC 设备计算的速度码由 46.64km/h 变为 0km/h；列车当前速度 33.16km/h 高于速度码，车载 ATC 设备触发超速紧急制动，图 5.7-7 为车载 ATC 数据分析。

从正线关键设备状态及查看相关数据，发现 SDM 数据显示：20：11：57s 联锁双机不同步，连锁 A 机主用切换到 B 机主用报警。

综合车载 ATC 数据及 SDM 数据，初步判断为连锁 A/B 机双机不同

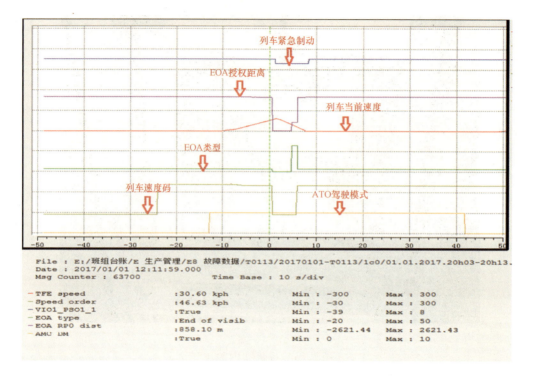

图 5.7-7 车载 ATC 数据分析

步，主用机切换时 0113 处于联锁区、ZC 边界，导致 ZC 采集的联锁信息不一致，给出处于边界的 0113 车限制的 EOA，不授权列车继续运行，车载 ATC 设备根据接收到的 EOA 计算出的速度码为 0。经查看回放数据发现，列车在出站压入进路第一个区段时，C 站联锁机出现倒机随后列车出现紧制，回放发现当时 C 站 A 机第 4 机笼第 6 槽板卡出现故障后联锁机倒机，图 5.7-8 为联锁机倒机记录。

综上所述，C 站联锁机 A、B 机主备用切换时，ZC 采集到的联锁信息不一致，给出处于联锁区、ZC 边界的列车的 EOA 信息不可用，车载 ATC 设备根据接收到的 EOA 信息计算的速度码为 0，列车当时速度高于新收到的速度码，导致车载 ATC 设备触发超速紧急制动。

（3）处置措施

现场抽取部分区段进行联锁机倒机，列车运行至联锁分界点测试是否存在列车紧制的故障现象；与厂家协调，由厂家对为联锁 A/B 机双机不同步进行故障分析，深层次的分析系统逻辑形成设备故障报告。

5.8 信号系统综合联调记录表

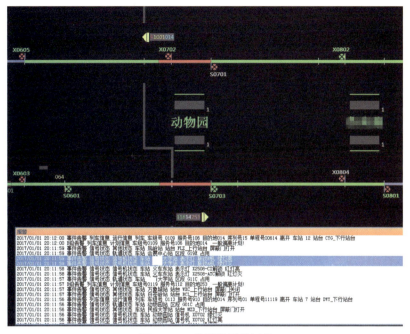

图 5.7-8 联锁机倒机记录

5.8 信号系统综合联调记录表

5.8.1 各种模式功能综合测试记录表

各种模式功能综合测试记录表见表 5.8-1~表 5.8-6。

列车出入段运行时分记录表　　　　　　　　表 5.8-1

列车出入段运行时分记录表							
日期： 年 月 日			第 圈	日期： 年 月 日			第 圈
列车号：		参与人：		列车号：		参与人：	
出段				入段			
列车运行模式				列车运行模式			
停车股道				停车股道			
车辆段内列车启动时分				站上（下）行站台启动时分			
出段信号机前停稳时分				转换轨停稳时分			
转换轨停稳时分				入段信号机前停稳时分			
下（上）行站台停稳时分				车辆段内列车停稳时分			
列车段内启动至停稳站下（上）行站台耗时				列车站上（下）行站台启动至场内停稳耗时			

171

续表

日期：年 月 日		第 圈	日期：年 月 日		第 圈
列车号：	参与人：		列车号：	参与人：	
出段：			入段：		
列车运行模式			列车运行模式		
停车股道			停车股道		
车辆段内列车启动时分			站上（下）行站台启动时分		
出段信号机前停稳时分			转换轨停稳时分		
转换轨停稳时分			入段信号机前停稳时分		
站下（上）行站台停稳时分			车辆段内列车停稳时分		
列车段内启动至停稳站下（上）行站台耗时			列车站上（下）行站台启动至段内停稳耗时		
问题记录：					
参与人员：					

列车区间运行时分记录表　　　　　　　　　　表 5.8-2

列车区间运行时分记录表				
日期：年 月 日		列车号：		参与人：
第 圈		列车运行模式：		运行等级：
车站	上/下行			
	停稳时分	启动时分	停站时间（s）	区间运行时间（s）
站				
站				
站				
站				
站				
站				
问题记录：				
参与人员：				

5.8 信号系统综合联调记录表

列车运行测试记录表   表 5.8-3

\multicolumn{5}{l}{IATP 控制级别下列车运行测试记录表}
\multicolumn{3}{l}{联调日期： 年 月 日}	列车号：	测试地点：
序号	联调科目	预期结果	是否正确	备注
1	列车出车辆段到达转换停车后能否升级到点 ATP 控制级别，从正线到达转换轨后能否停车	出段能升级为 IATP 模式，入段能降级 RM 模式	正确 / 不正确	
2	RM 超速、IATP 超速、倒退超速测试	超速后列车紧急制动	正确 / 不正确	
3	列车行驶在区间的解锁车门测试	不受影响	正确 / 不正确	
4	列车采用 IATP 模式驾驶列车运行一个交路，列车是否运行正常，没有产生紧急制动或常用制动	不应产生非正常停车现象	正确 / 不正确	
5	列车在联锁控制级别下，经过两个信标后，是否能升级为点式 IATP 级别并以 ATP 模式驾驶	列车能升级到 IATP 模式且能正常驾驶	正确 / 不正确	
6	列车 IATP 级别运行时，当前方轨道区段占用在越过信标时能收到零速度码	列车自动停车	正确 / 不正确	
7	4 列车以 IATP 模式和 CBTC-ATPM 模式运行一个交路，列车是否运行正常，没有产生紧急制动或常用制动	不应产生非正常停车现象，不应互相影响	正确 / 不正确	

问题记录：

参与人：

闯红灯安全制动距离测试记录表   表 5.8-4

后备模式出站闯红灯安全制动距离测试记录							
日期： 年 月 日					列车号：		
地点							
前方出站信号机是否为禁止信号							
列车越过出站信号机是否立刻产生紧急制动							
列车停稳后第一对轮对是否压过前方道岔岔尖							
列车第一对轮对轴线位置至前方道岔岔尖距离							
问题记录：							
参与人：							

紧停功能测试记录表   表 5.8-5

某紧停功能测试记录表					
序号	车底号 车站名称	站台	测试时间		备注
			列车在站台停车后按压紧停按钮，检查列车出站时经过有源信标是否收到速度码		
1		上行			
		下行			
2		上行			
		下行			
3		上行			
		下行			
4		上行			
		下行			
5		上行			
		下行			
6		上行			
		下行			
		下行			
测试存在的问题：					
测试人员：					

注：测试结果正常在相应的位置内打"√"，异常打"×"，如无此内容可打"—"。

5.8 信号系统综合联调记录表

扣车功能测试记录表　　　　　　　　　　　表 5.8-6

序号	车底号 车站名称	站台	测试时间 设置车站扣车，列车出站经过有源信标时收到零速码，无法动车	备注
1		上行		
		下行		
2		上行		
		下行		
3		上行		
		下行		
4		上行		
		下行		
5		上行		
		下行		
6		上行		
		下行		
		下行		
测试存在的问题：				
测试人员：				

注：测试结果正常在相应的位置内打"√"，异常打"×"，如无此内容可打"—"。

5.8.2 动态联锁功能测试记录表格

动态联锁功能测试记录表格见表5.8-7～表5.8-9。

进路延时解锁及保护区段时解锁测试记录表　　表 5.8-7

序号	进路	占用的接近区段	解锁延时时间	保护区段	解锁延时时间	进路区段占用时始端信号机是否能开放引导	备注
1							
2							
3							
4							
5							

说明：延时解锁时间可根据ATS工作站上的时钟判断，结果正确打√，错误打×。

175

进路自动解锁功能测试记录表   表 5.8-8

序号	进路	接近区段占用时进路能否自动触发	进路出清后能否自动解锁	开启折返模式后,接近区段有车时是能否自动触发进路	开启折返模式后,关闭相关元素,接近区段有车时是否不能自动触发进路	备注
1						
2						
3						
4						
5						

说明：本表中"/"表示不适用该条进路，如结果正确打√，错误打×。

正线与车辆段/停车场接口（连锁检查）测试记录表   表 5.8-9

正线与车辆段/停车场接口（连锁检查）测试记录表					
日期： 年 月 日			场段名：		记录人：
序号	科目		期望结果	是否正确	备注
1	正线排列至出段线转换轨进路后，车辆段/停车场无法排列至出段线转换轨进路		车辆段/停车场无法排列至出段线转换轨进路	□ 合格 □ 不合格	
2	正线排列至入段线转换轨进路后，车辆段/停车场无法排列至入段线转换轨进路		车辆段/停车场无法排列至入段线转换轨进路	□ 合格 □ 不合格	
3	车辆段/停车场排列至出段线转换轨进路后，正线无法排列至出段线转换轨进路		正线无法排列至出段线转换轨进路	□ 合格 □ 不合格	
4	车辆段/停车场排列至入段线转换轨进路后，正线无法排列至入段线转换轨进路		正线无法排列至入段线转换轨进路	□ 合格 □ 不合格	
5					
6					
问题记录：					

第 6 章 综合监控系统综合联调

6.1 综合监控系统简介及联调概述

6.1.1 综合监控系统简介

综合监控系统（ISCS，Integrated Supervisory Control System），即一个高度集成的以现代计算机技术、网络技术、自动化技术和信息技术为基础的大型计算机集成系统。该系统集成了多个地铁自动化专业分子系统，并在集成平台下支持对地铁各专业进行统一监控，实现各专业系统的信息共享及系统之间的联动控制功能，为实现地铁现代化经营管理提供信息化基础。

地铁综合监控系统由中央综合监控系统、车站综合监控系统以及连接它们的综合监控骨干网组成。各级设备均设有热备用和冗余，整个系统为一个开放性系统，具有良好的可靠性和可拓展性。

城市轨道交通的综合监控系统主要功能有两大部分，一是对机电设备的实施集中监控功能；二是各系统之间协调联动功能。实施监控能获得车站运行状态与运行情况，实现电力经济调度等作用。综合监控系统是一个地理上分散的 PSCADA 系统，分为中央级监控系统层、车站级监控系统层和就地设备自动化系统层，如图 6.1-1 所示。

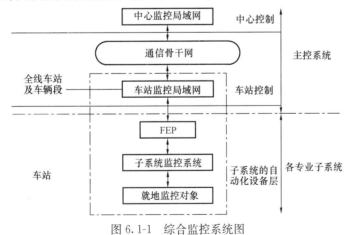

图 6.1-1 综合监控系统图

6.1.2 综合监控系统联调概述

城市轨道交通综合监控系统（以下简称 ISCS）的监控对象主要包括集成系统和互联系统两部分，集成系统包括 BAS、FAS、PSCADA、PSD

等，互联系统包括 AFC、SIG、PSD、CCTV、PIS 等。在地铁投入试运营前，对综合监控的调试至关重要。综合监控系统因其系统庞大且复杂，接口种类多、数量大，故综合联调应包括设备单体调试和联结各分散子系统作为整体进行集中控制、集中监视的调试。

6.2 综合监控系统雪崩功能项目联调测试

6.2.1 综合监控系统联调测试概述

ISCS 系统雪崩是指 ISCS 系统具备雪崩报警过滤的功能，目的是在短时间内发生大量数据信息上送的情况下，保护与 ISCS 系统相关联的 PSCADA、BAS、FAS、PSD、ACS、AFC 等系统不受到任何影响。在正常状态下，ISCS 系统中央级、车站级、车辆段服务器一直与 PSCADA、FAS、DTS、BAS、PSD、AFC、SIG、CLK、PA、PIS、CCTV、ACS、TEL/ALARM 等系统保持连接，并实时显示各系统的所有级别的报警情况；在雪崩状态下，ISCS 系统中央级、车站级、车辆段服务器保留与所有系统的正常连接，但只实时显示相关重要系统（可自定义）的某一级别及以上（可自定义）报警情况。

6.2.2 综合监控系统雪崩功能项目联调测试目的

（1）验证综合监控系统在大面积停电情况产生大量报警情况下，可通过有效步骤切断影响，保证系统可继续有效运行。

（2）通过综合监控系统雪崩功能的测试，确保实现综合监控系统在极端故障情况下实现对各重要系统的监控功能，保证新线运营工作的顺利进行。

（3）通过模拟综合联调，对运营操作及维修人员进行培训，提高检修人员技能，确保新线安全运营。

6.2.3 综合监控系统雪崩功能项目联调测试项目

综合监控系统雪崩项目综合联调范围为全线车站、控制中心综合监控系统雪崩能力测试和网络风暴测试，包含的科目如下：

（1）综合监控系统自动雪崩模式；

（2）综合监控系统暂时雪崩模式；

(3)综合监控系统手动激活雪崩模式;
(4)综合监控系统网络广播风暴。

6.2.4 综合监控系统雪崩功能项目联调测试前准备

6.2.4.1 测试前项目检查

(1)全线车站电力设备都已完成安装和调试,各种测试验收已完成,符合设计要求。

(2)各车站车控室、OCC 公务电话可用且能互相正常通话。

(3)通信无线系统已实现全线覆盖(包含 OCC、正线、存车线、折返线),无线手持台能实现 OCC、车站与列车之间的相互联系。无线手持台准备充分并完成分组。

(4)综合监控系统与各接口子系统之间已经完成单体测试和功能测试,能正确接收显示子系统上传信息。

(5)测试车站所有设备的 UPS 已经完成调试并投入使用,确保在失去市电时,由后备电源给设备供电。

(6)联调所需的所有图纸、技术资料、备品备件及工器具已全部到位。

(7)联调实施前一周已对各相关岗位和测试人员进行了培训。

(8)承包商及设备供应商的临管值守、保驾、抢修人员已到位,熟悉联调方案并能够完成设备操作、故障处理、检修及抢修工作,各现场设备状态良好并处于安全操作状态。

6.2.4.2 所需工器具(表 6.2-1)

联调工器具表　　　　　　　　　　表 6.2-1

序号	工具	数量	使用人员	提供单位	工具要求
1	手持台	6	总指挥 1	综合监控专业组提供 6 台	已充满电
			综合监控(中央)1		
			综合监控(车站)1		
			PSD 专业 1		
			AFC 专业 1		
			ACS 专业 1		
			PSCADA 专业 1		
2	综合监控用设备	1	综合监控专业组	综合监控系统	工具正常
3	变电用设备	1	PSCADA 专业组	PSCADA 系统	工具正常
4	各设备房钥匙	1	调试人员	车站客运	方便使用

6.2.5 综合监控系统雪崩功能项目联调测试方法及步骤

6.2.5.1 测试方法

雪崩测试分为自动雪崩检测模式、手动雪崩模式激活模式两种，测试时按此两种模式分别测试。

6.2.5.2 联调实施操作步骤

综合监控系统雪崩状态可以通过 HMI 界面进行设置操作。其中联调需要验证的雪崩状态又分为三个子状态（激活，未激活和持续状态），这些子状态可以通过 HMI 界面进行设置操作分别以手动或者自动的方式触发转换。联调通过三种模式来验证雪崩状态及其三个子状态是否符合设计要求，这三种模式分别是自动雪崩模式、暂时雪崩模式和手动激活雪崩模式（图 6.2-1）。

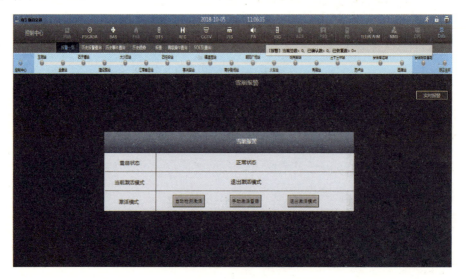

图 6.2-1 雪崩示意图

（1）自动雪崩模式

自动雪崩模式是操作人员通过 HMI 界面将 ISCS 系统设置为雪崩自动检测状态，当外界条件满足了雪崩触发条件并保持超过雪崩条件持续时间 10s 以上后，ISCS 系统自动选择进入雪崩状态，此时雪崩功能被激活成功并保持持续状态。

暂时雪崩模式是操作人员通过 HMI 界面将 ISCS 系统设置为雪崩自动检测状态，当外界条件满足了雪崩触发条件但未超过雪崩条件持续时间 10s 以上，ISCS 系统仍未自动选择进入雪崩状态，此时雪崩功能未被激活成功未保持持续状态。

自动雪崩模式：自动化人员/综合监控厂家将综合监控系统雪崩检测调整为自动检测，由供电人员及PSCADA厂家在主变通过PSCADA软件平台模拟35kV两路进线开关分位，触发综合监控雪崩启动条件；在雪崩条件检测启动10s内，系统处于暂时雪崩状态，各系统厂家在这10s内各实际制造/模拟一个故障报警，此时故障报警在综合监控系统正常显示；10s后系统进入雪崩激活状态，此时综合监控系统会屏蔽掉除PSCADA系统报警外的其他系统全部报警信息。此时各系统再次实际制造/模拟一个故障报警，查看综合监控系统故障报警信息是否正确，是否正确过滤报警，图6.2-2为供电一次图。

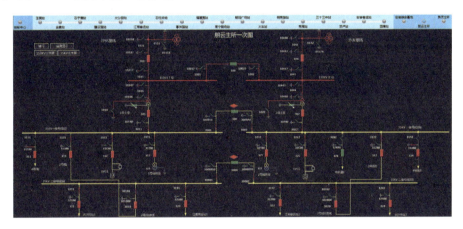

图 6.2-2 供电一次图

1) 供电、通信、信号、综合监控、屏蔽门、AFC专业人员确认各自系统正常工作；综合监控系统确认各系统状态、报警信息正常监控（各专业通过模拟告警信息上传至综合监控正常显示后，恢复）。

2) 综合监控系统将雪崩切到自动检测状态。

3) 从PSCADA系统模拟一个主变两路35kV进线开关分闸信号并保持。

4) 各专业在综合监控系统暂时雪崩状态（10s内）各模拟一个故障报警上传至综合监控系统。

5) 综合监控系统确认收到各系统告警信息后，各专业恢复告警点为正常。

6) 综合监控系统进入雪崩状态，此时各专业再次模拟故障报警信息，综合监控系统告警过滤，只显示PSCADA告警信息。

7) 恢复故障告警，PSCADA 系统恢复 35kV 进线开关分闸信号至正常状态。

（2）手动激活雪崩模式

手动激活雪崩模式：自动化人员/综合监控厂家将综合监控系统雪崩检测调整为手动，首先检查各接口专业报警上送及显示正常，然后手动启动雪崩报警过滤功能，各系统厂家实际制造/模拟一个故障报警，系统正确过滤报警信息，只显示 PSCADA 报警信息。

1) 综合监控系统将雪崩手动激活；

2) 综合监控系统进入雪崩状态，此时各专业再次模拟故障报警信息，综合监控系统告警过滤，只显示 PSCADA 告警信息；

3) 恢复故障告警，综合监控退出雪崩激活状态。

6.3 综合监控系统与 SIG 联调测试

6.3.1 综合监控系统与 SIG 联调测试概述

综合监控系统互联信号系统（另称 SIG 系统），接收 SIG 系统发送的列车位置信息、列车数量、列车号、阻塞信息、时刻表信息在综合监控系统显示，同时发送供电分区带电信息至 SIG 系统进行显示，通过综合监控系统与 SIG 系统设备的联调，测试综合监控系统对 SIG 系统设备监控功能，确保系统功能达设计标准，满足运营需求。

6.3.2 综合监控系统与 SIG 联调测试目的

（1）验证 ISCS 能够正常接收 SIG 发送的列车位置信息并进行正确显示，验证接口功能是否与设计相符，并满足运营实际要求。

（2）验证 SIG 系统能够正常接收轨道电位信息并进行正确显示。

（3）验证电客列车在区间，信号判断阻塞条件并发送给 ISCS 的条件是否达到设计原则，满足运营需要。

（4）验证环控系统对 ISCS 及 BAS 系统区间灾害模式控制命令的响应情况，联动关系的正确性，ISCS 及 BAS 收到环控设备执行反馈的正确性，确保区间发生灾害模式下机电设备的正常运行。

（5）验证信息传输功能是否与设计相符，确保各系统间响应能力，发现系统接口、功能上的问题，协调建设、厂家、施工（安装）对问题进行整改并满足运营要求。

6.3.3 综合监控系统与SIG联调测试项目

系统联调需要完成的主要项目是实现综合监控系统对SIG系统设备的监视控制功能，按照协议规定的各种数据信息均能通过SIG系统在综合监控系统上正确接收和反馈，并且综合监控系统均能对SIG系统设备发送和接收正确数据信息。SIG测试核心功能如下：

（1）综合监控与信号系统接口点表（除轨道电路占用信息及阻塞信号外）信息的完整测试。

（2）所有轨道电路占用信息核对及列车阻塞信息核对。

（3）区间灾害情况下两边站点同时执行阻塞模式、火灾模式测试。

6.3.4 综合监控系统与SIG联调测试前准备

6.3.4.1 测试前项目检查

（1）作业前一天应确定好所有综合联调人员、站点、开始时间，准备好工具及测试表格，调试当天所有相关人员准时到站，领取相关工具及记录表格，并分组到达指定工作地点待命。

（2）由信号系统负责人以及ISCS/BAS系统负责人各自确认所有相关系统、设备已投入运行，且工作状态正常，具备联调条件，并报告本联调科目常务副组长。

（3）由各专业负责人确认所有相关系统、设备已投入运行，且工作状态正常，具备综合联调条件，并与联调组长取得联系。

（4）各专业人员确认控制中心、车站环境良好、各系统设备运行正常，并报告联调组长。

（5）联调组长通知各方，联调工作开始，由联调常务副组长负责具体指挥实施。

联调前提条件见表6.3-1。

联调前提条件 表6.3-1

序号	前提条件
1	SIG系统设备已投入运行，所有功能均已具备，且工作状况良好
2	综合监控系统设备已经具备车站级和中央级对SIG系统的联调功能，工作状况良好

续表

序号	前提条件
3	综合监控系统与机电设备监控系统已经完成所有模式的点对点测试,并且隧道模式联动完好、通信功能完好
4	综合监控系统完成自身内部完整的模拟 SIG 轨道电路占用所有隧道火灾及阻塞模式的模拟测试
5	综合监控系统与 AFC 系统接口功能完成,客流量信息已经过验证
6	综合监控系统与供电系统接口功能完成,并已经过验证
7	综合监控系统厂家提供完整的软件编写资料,包括隧道联络通道及中间风井的公里标及其对应的轨道号,轨道号与模式对应的算法
8	综合监控系统厂家给出每个轨道号对应不同情况下要执行的模式,并根据设计验证其正确性
9	通信无线系统已实现全线覆盖(包含 OCC、各车站设备房,满足 ISCS 系统站级与中央级网络传输需求),无线手持台能实现 OCC、车站之间的相互联系
10	各部门相关人员在测试开始前全部安排到位。车站、司机、调度、设备维修、车辆检修人员全部在岗,按正常工作要求值班。确保测试期间严格按照正常运营生产要求开展行车组织、设备维修/维护及故障抢修工作
11	本方案在实施前一周已对各相关岗位和测试人员进行了培训
12	测试前由建设部门提交各专业的功能具备情况,经综合联调演练工作组确认是否具备进行本项测试,确认具备后由综合联调演练工作组发布联调令

6.3.4.2 所需工器具 (表 6.3-2)

工器具需求表　　　　表 6.3-2

序号	工具	数量	使用人员	工具要求
1	无线手持台	8 台	总指挥 1 台 副总指挥 1 台 现场指挥 1 台 综合监控专业组 1 台 SIG 专业组 1 台 BAS 专业组 2 台 客车司机 1 台	可正常使用并已充满电(含充电器)
2	手提电脑	2 部	综合监控专业组、BAS 专业组	可正常使用(含 BAS、综合监控专业编程软件及报文截取、分析软件、信号模拟发生软件)
3	各系统设备柜钥匙	1 套	各专业人员	可正常使用
4	螺丝批(8 件套)	1 套	综合监控专业组	可正常使用
5	手电筒	1 把	综合监控专业组	可正常使用
6	施工图纸	1 份	综合监控专业组	最新施工版本
7	设备房钥匙	若干	调试人员	可正常使用

6.3.5 综合监控系统与SIG联调测试方法及步骤

联调实施操作步骤。

SIG测试步骤、人员组织及信息传递如下。

（1）综合监控与信号系统接口点表（列车位置信息、时刻表）信息的完整测试。

（2）人员具体安排

相关专业：综合监控、SIG、供电、电调、行调、设备供货商。

作业地点：OCC行调工作站、电调工作站。

人员要求：综合监控2人、SIG2人，行调1人、电调1人、综合监控设备供货商1人、SIG设备供货商1人均在OCC，供电人员分布在车站。

（3）测试步骤

验证综合监控-SIG通信信息的正确性，并验证综合监控在MMI上对该信息显示的正确性。

列车及站台信息测试表格见表6.3-3。

列车及站台信息测试表格　　　　　　表6.3-3

序号	测试步骤的内容	信息传递
1	综合监控人员和SIG人员检查综合监控与SIG物理连接是否正常	SIG人员向综合监控人员报告，综合监控人员确认后通知SIG人员进行下一步测试
2	根据列车运营时刻表，对照SIG系统列车运行图，核对综合监控系统上同一列车位置信息、车体号一致性	
3	根据接口点表上轨道号，核对完全部轨道号	
4	中断综合监控与SIG通信链路，做好接口报文截取准备	
5	恢复综合监控与SIG通信链路，截取SIG发送给综合监控的时刻表报文	
6	核对同一服务号列车综合监控系统上和SIG系统上的计划时刻表信息一致性	
7	待该服务号列车服务结束，截取该趟服务号列车实际运行时刻表报文	

续表

序号	测试步骤的内容	信息传递
8	核对同一服务号列车综合监控系统上和SIG系统上的实际时刻表信息一致性	
9	恢复综合监控系统与SIG系统设备至正常状态	

综合监控ISCS与SIG联调测试步骤见表6.3-4。

综合监控ISCS与SIG联调测试步骤　　　　表6.3-4

序号	测试步骤的内容	信息传递
1	SIG人员侧拔开SIG设备通信网口A	完成后SIG人员向综合监控人员报告
2	综合监控人员确认监控是否正常	综合监控人员确认后通知SIG人员进行下一步测试
3	SIG人员侧恢复SIG设备通信网口A，并拔开网口B	完成后SIG人员向综合监控人员报告
4	综合监控人员确认监控是否正常	综合监控人员确认后通知SIG人员进行下一步测试
5	SIG人员侧恢复SIG设备网口B，并拔开通信网口A	完成后SIG人员向综合监控人员报告
6	综合监控人员确认监控是否正常	综合监控人员确认后通知SIG人员进行下一步测试
7	综合监控人员及SIG人员恢复各自负责的系统及现场设备	SIG人员向综合监控人员汇报，综合监控人员向执行组长汇报测试内容完毕

6.4 综合监控系统IBP盘与关联系统联调测试

6.4.1 综合监控系统IBP盘与关联系统联调测试概述

当出现车站值班操作员在车站设备服务器或者人机界面出现故障时，通过IBP盘对本车站进行应急管理；或在紧急情况下直接操作IBP盘上按钮、钥匙开关等，采用人工介入方式进行运行模式操作和某些设备的远程单动操作。发出的控制信号输入IBP盘PLC。由PLC发出联动控制指令和某些设备的远程控制指令。另外，PLC通过通信接口和FAS报警控制器连接，接收FAS报警控制器直接传来的火灾模式指令，并将火灾模式信息转送到现场冗余PLC和BAS工作站。

IBP盘上设置紧急控制按钮，状态指示灯等，对重要设备进行应急监控。其控制级别高于各系统操作站。

综合紧急后备盘IBP盘直启硬线连接关联设备联动功能的带负荷调试。根据《城市轨道交通试运营基本条件》GB/T 30013的要求，验证在车站综合紧急后备盘IBP盘上能否正常联动信号SIG（紧急停车）、AFC（闸机紧急释放）、PSD（开关门）、BAS（环控模式、隧道通风模式下发）、ACS（门禁紧急释放）、消防风机（启动排烟风机）、自动扶梯（紧急停止）、消防泵（启动消防泵）的控制功能。

图6.4-1为综合监控系统IBP盘。

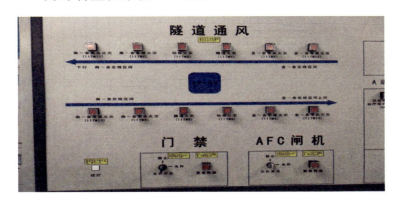

图6.4-1 综合监控系统IBP盘

本科目是针对轨道交通车站在灾害紧急工况下，进行的综合紧急后备盘IBP盘直启硬线连接关联设备联动功能的带负荷调试。

6.4.2 综合监控系统IBP盘与关联系统联调测试目的

（1）检验车站综合紧急后备盘与通过硬线连接的各系统（信号、AFC、PSD、BAS模式、ACS、消防风机、自动扶梯、消防泵等）可以正常联动，确保各相关设备系统接口的正确性、完整性、实时响应能力，及时发现存在问题并协调解决。

（2）验证综合紧急后备盘IBP各相关设备系统可以正常联动、响应及时、动作到位、复位可靠。

（3）验证车站紧急工况下，通过IBP盘操作相关联设备的正确性、确保线路各设备系统在紧急情况下的安全运营。

(4)验证通过影响直启各系统间的响应能力,是否满足运营要求。

(5)全面检查系统,检漏纠错,并对发现的存在问题进行及时有效的整改,确保系统能完全满足运营使用要求。

(6)通过综合联调,对运营操作及维修人员进行培训,提高检修人员技能,特别是运营人员在紧急情况下的处理能力,确保新线安全运营。

6.4.3 综合监控系统IBP盘与关联系统联调测试项目

(1)综合监控系统通过IBP盘实现BAS系统不同端的站厅小系统火灾模式控制,站厅公共区大系统火灾模式控制,隧道火灾及阻塞模式控制等。

(2)综合监控系统通过IBP盘实现SIG的紧急停车和放行的监控功能。

(3)综合监控系统通过IBP盘实现特殊情况下上、下行屏蔽门的控制要求。

(4)综合监控系统通过IBP盘控制扶梯紧停。

(5)综合监控系统通过IBP盘控制/监视水泵(消防泵)动作。

(6)综合监控系统通过IBP盘控制/监视消防风机。

(7)综合监控系统通过IBP盘实现特殊情况下AFC闸机释放功能的要求。

(8)综合监控系统通过IBP盘实现特殊情况下ACS闸机释放功能的要求。

(9)综合监控系统通过IBP盘实现特殊情况下FG防淹门控制的要求(采用模拟测电压测试)。

6.4.4 综合监控系统IBP盘与关联系统联调测试前准备

6.4.4.1 联调检查项目(表6.4-1)

联调检查项目　　　　　　　表6.4-1

序号	检查项目
1	IBP盘各系统按钮、灯、旋转开关等都已经完成安装及接线,型号规格符合合同要求
2	FAS、BAS、PSD、FG、ACS、AFC、SIG各专业已经完成点对点及功能测试,符合设计要求
3	IBP盘各专业按钮、灯、旋转开关与子专业系统或现场设备单体测试完成,具备紧急后备操作功能,符合技术规格书要求

6.4 综合监控系统 IBP 盘与关联系统联调测试

续表

序号	检查项目
4	通信无线系统已实现全线覆盖（包含 OCC、各车站设备房，满足 ISCS 系统站级与中央级网络传输需求），无线手持台能实现 OCC、车站之间的相互联系
5	各部门相关人员在测试开始前全部安排到位。车站、司机、调度、设备维修、车辆检修人员全部在岗，按正常工作要求值班。确保测试期间严格按照正常运营生产要求开展行车组织、设备维修/维护及故障抢修工作
6	本方案在实施前一周已对各相关岗位和测试人员进行了培训
7	测试前由建设部门提交各专业的功能具备情况，经综合联调演练工作组确认认是否具备进行本项测试，确认具备后由综合联调演练工作组发布联调令

6.4.4.2 所需工器具

综合联调需准备以下工具：800M、400M 手持台对讲机、设备房钥匙、屏蔽门端门钥匙、图纸、资料、测试设备和仪器、手提电脑及抢修工具、兆欧表、数字万用表、数字万用表、秒表、BP 相关钥匙 1 套（表 6.4-2）。

工具需求表　　　　　　　　表 6.4-2

序号	工具/设备	数量	要求	用途
1	对讲机 800M	若干	充满电，并有备用电池	调试人员联络
2	对讲机 400M	若干	充满电，并有备用电池	调试人员联络
3	设备房钥匙	若干		打开关键设备房、相关机房
4	屏蔽门端门钥匙	1 套		进入端门外侧设备房区域
5	图纸、资料	若干	图纸、资料齐全	资料查询
6	测试设备和仪器	若干	报监理、业主备案	测试实际接口设备
7	手提电脑及抢修工具	各 1 套/系统		紧急情况处理
8	兆欧表	若干		测量接地电阻
9	数字万用表	若干		测量电气回路
10	秒表	若干		调试时间计量
11	IBP 相关钥匙	1 套		

6.4.5 综合监控系统IBP盘与关联系统联调测试方法及步骤

6.4.5.1 测试方法

各参与及配合单位检查各设备系统状态,确保设备工作正常,具备调试条件,符合前置条件各项要求。通过车站综合监控系统IBP盘对所控制系统分别进行关联性控制、监控操作。

分别由专业系统人员在IBP盘上操作紧急关闭、紧急关闭取消和试灯功能。检查查信号系统有无收到相关指令信息,正确执行相关动作,且动作到位。

6.4.5.2 联调实施操作步骤

根据综合监控系统IBP盘与关联系统联调项目逐项实施操作。

(1) 综合监控系统通过IBP盘实现BAS系统不同端的站厅小系统火灾模式控制,站厅公共区大系统火灾模式控制,隧道火灾及阻塞模式控制等。

联调测试步骤见表6.4-3。

联调测试步骤　　　　　　　　　　　　　　　　　表6.4-3

序号	测试步骤	信息传递
1	各专业检查各自系统设备运行正常,可以开始测试	各专业完成后向站级综合监控人员报告
2	站级综合监控人员按下IBP试灯按钮并观察环控功能区各指示灯是否点亮	站级综合监控人员向低压配电人员报告
3	由低压配电人员、环控人员将BAS系统控制的所有设备切换为BAS控制状态	完成后,低压配电人员、环控人员向BAS人员、站级综合监控人员报告,站级综合监控人员向中央级综合监控人员报告
4	站级综合监控人员将IBP盘环控模式手自动钥匙开关转为手动	完成后站级综合监控人员向中央级综合监控人员、BAS人员、低压配电人员、环控人员报告
5	BAS人员检查BAS工作站是否显示IBP盘环控手自动显示手动状态,站级/中央级综合监控人员检查综合监控工作站HMI是否显示手动状态	BAS人员、中央级综合监控人员完成后向车站级综合监控人员报告
6	站级综合监控人员在IBP盘人工按下一个模式指令按钮	完成后站级综合监控人员向中央级综合监控人员、BAS人员、低压配电人员、环控人员报告
7	BAS人员、低压配电人员、环控人员检查BAS能否正确接收执行相应的火灾模式指令,并对环控通风系统按模式表动作要求进行核对	完成后环控人员向BAS人员报告,BAS人员向站级综合监控人员、低压配电人员报告,站级综合监控人员向中央级综合监控人员报告

6.4 综合监控系统 IBP 盘与关联系统联调测试

续表

序号	测试步骤	信息传递
8	站级、中央级综合监控人员在综合监控系统工作站上对环控通风系统设备是否按模式表要求动作进行核对	中央级综合监控人员检查完毕后向站级综合监控人员报告，站级综合监控人员检查完成且接到中央级综合监控人员报告后向BAS人员、低压配电人员报告
9	站级综合监控人员检查IBP盘模式指示灯是否与BAS系统的模式执行情况反馈信号是否一致	完成后站级综合监控人员向中央级综合监控人员、BAS人员、低压配电人员报告
10	站级综合监控人员按下灾后恢复按钮，停止火灾模式	站级综合监控人员向中央级综合监控人员、BAS人员、低压配电人员、环控人员报告
11	BAS人员、低压配电人员、环控人员检查设备是否按照灾后恢复要求动作状态动作	BAS人员、低压配电人员、环控人员检查完毕后向站级综合监控、中央级综合监控人员报告
12	站级综合监控人员检查完毕后按步骤1~11重新执行另一个模式，直至记录表中所列模式全部测试完毕（大系统模式需检查扶梯、直梯是否正确联动）	同1~11
13	低压配电人员将所有环控设备切换为环控位	完成后低压配电人员向BAS人员、站级综合监控人员报告，站级综合监控人员向中央级综合监控人员报告
14	综合监控人员把钥匙开关打到自动位	完成后站级综合监控人员向中央级综合监控人员、BAS人员报告
15	BAS人员检查BAS工作站是否显示IBP盘环控自动显示手动状态，站级/中央级综合监控人员检查综合监控工作站HMI是否显示手动状态	BAS人员、中央级综合监控人员完成后向车站级综合监控人员报告
16	站级综合监控人员按下一个模式指令按钮，站级和中央级综合监控人员检查是否有模式执行	完成后站级综合监控人员向中央级综合监控人员、BAS人员、低压配电人员报告
17	重复第16步，将所有模式按钮全部测试一遍	同16步
18	由BAS人员模拟一个模式"执行中"的反馈信号	完成后BAS人员向站级综合监控人员报告，接报后站级综合监控人员向中央级综合监控人员报告
19	站级、中央级综合监控人员检查IBP盘模式指示灯是否与BAS人员所强制的该模式执行情况反馈信号一致	中央级综合监控人员检查完毕后向站级综合监控人员报告，站级综合监控人员检查完成且接到中央级综合监控人员报告后向BAS人员、低压配电人员报告
20	由BAS人员模拟该模式"执行成功"的反馈信号	完成后BAS人员向站级综合监控人员报告，接报后站级综合监控人员向中央级综合监控人员报告

续表

序号	测试步骤	信息传递
21	站级、中央级综合监控人员检查IBP盘模式指示灯是否与BAS人员所强制的该模式执行情况反馈信号一致	中央级综合监控人员检查完毕后向站级综合监控人员报告，站级综合监控人员检查完成且接到中央级综合监控人员报告后向BAS人员、低压配电人员报告
22	由BAS人员模拟该模式"执行失败"的反馈信号	完成后BAS人员向站级综合监控人员报告，接报后站级综合监控人员向中央级综合监控人员报告
23	站级、中央级综合监控人员检查IBP盘模式指示灯是否与BAS人员所强制的该模式执行情况反馈信号一致	中央级综合监控人员检查完毕后向站级综合监控人员报告，站级综合监控人员检查完成且接到中央级综合监控人员报告后向BAS人员、低压配电人员报告
24	重复18~23步，将所有模式按钮测试完毕	同18~23步
25	所有模式按钮测试完毕后由低压配电人员、环控人员将环控设备恢复初始状态	完成后低压配电人员、环控人员向站级综合监控人员报告
26	环控设备恢复初始状态后由BAS人员将BAS系统恢复初始状态	完成后BAS人员向站级综合监控人员报告
27	BAS系统恢复初始状态后由综合监控人员将IBP盘恢复初始状态	完成后站级综合监控人员向低压配电人员、环控人员、BAS人员报告

（2）综合监控系统通过IBP盘实现SIG的紧急停车和放行的监控功能，联调测试步骤见表6.4-4。

联调测试步骤　　　　　　　　　　　　　　　表6.4-4

序号	测试步骤	信息传递
1	信号人员、综合监控人员检查各自设备运行正常，可以开始测试	综合监控人员向信号人员报告，综合监控人员向信号人员报告
2	在得到信号人员确认可测试回复后，综合监控人员在IBP盘上按上行线站台紧急停车按钮	完成后综合监控人员向信号人员报告
3	信号人员检查信号系统是否收到指令	完成后信号人员向综合监控人员报告
4	综合监控人员检查紧急停车指示灯是否亮红灯，蜂鸣器是否响亮报警	完成后综合监控人员向信号人员报告
5	综合监控人员按上行线取消紧急停车按钮	完成后综合监控人员向信号人员报告
6	信号人员检查信号系统是否收到指令	完成后信号人员向综合监控人员报告
7	综合监控人员检查紧急停车指示灯是否熄灭，蜂鸣器是否消声	完成后综合监控人员向信号人员报告

6.4 综合监控系统 IBP 盘与关联系统联调测试

续表

序号	测试步骤	信息传递
8	重复1~12步针对下行紧急停车进行测试	同1~12步
9	综合监控人员在IBP盘上按上行线站台紧急停车按钮	完成后综合监控人员向信号人员报告
10	信号人员检查信号系统是否收到指令	完成后信号人员向综合监控人员报告
11	综合监控人员检查紧急停车指示灯是否亮红灯,蜂鸣器是否响亮报警	完成后综合监控人员向信号人员报告
12	综合监控人员按下切断报警按钮,检查是否蜂鸣器消声	完成后综合监控人员向信号人员报告
13	综合监控人员按上行线取消紧急停车按钮	完成后综合监控人员向信号人员报告
14	信号人员检查信号系统是否收到指令	完成后信号人员向综合监控人员报告
15	综合监控人员检查紧急停车指示灯是否熄灭	完成后综合监控人员向信号人员报告
16	信号人员通过轨旁电话(逐个)和IBP盘上的电话与综合监控人员进行通话	全部电话测试完成后信号人员向综合监控人员报告
17	在换乘站联络线站点,由信号人员模拟邻线线路故障	信号人员向综合监控人员报告
18	综合监控人员按下故障切除	综合监控人员向信号人员报告
19	信号人员检查本线联络线道岔是否解锁	信号人员向综合监控人员报告
20	信号人员确认联络线道岔定位且区段空闲	信号人员向综合监控人员报告
21	得到信号人员反馈后,综合监控人员按下故障切除取消	综合监控人员向信号人员报告
22	信号人员检查故障切除是否取消,并通知邻线	信号人员向综合监控人员报告
23	测试完毕后,各专业恢复各自设备状态	

(3)综合监控系统通过IBP盘实现特殊情况下上、下行屏蔽门的控制要求。联调测试步骤见表6.4-5。

联调测试步骤 表6.4-5

序号	测试步骤	信息传递
1	综合监控人员、屏蔽门人员检查各自系统设备正常运行,可以开始测试	综合监控人员向屏蔽门人员向综合监控人员报告
2	综合监控人员按下上行测试灯按钮,检查各显示灯正常	综合监控人员向屏蔽门人员向综合监控人员报告
3	站级综合监控人员将上行侧屏蔽门IBP允许开关钥匙打到允许位	站级综合监控人员向中央级综合监控人员、屏蔽门人员报告
4	站级综合监控人员按下上行侧屏蔽门开门按钮	站级综合监控人员向中央级综合监控人员、屏蔽门人员报告

195

第6章 综合监控系统综合联调

续表

序号	测试步骤	信息传递
5	屏蔽门人员确认现场屏蔽门是否开启	完成后屏蔽门人员向站级综合监控人员报告，站级综合监控人员向中央级综合监控人员报告
6	站级综合监控人员确认上行侧屏蔽门开启灯是否点亮，关闭锁紧灯是否熄灭，站级、中央级综合监控人员检查综合监控工作站是否显示屏蔽门开启	中央级综合监控人员检查完毕后向站级综合监控人员报告，站级综合监控人员检查完成且接到中央级综合监控人员报告后向屏蔽门人员报告
7	站级综合监控人员将上行侧屏蔽门钥匙打到禁止位	站级综合监控人员向中央级综合监控人员、屏蔽门人员报告
8	屏蔽门人员确认现场屏蔽门是否关闭	完成后屏蔽门人员向站级综合监控人员报告，站级综合监控人员向中央级综合监控人员报告
9	站级综合监控人员确认上行侧屏蔽门开启灯是否熄灭，门关闭且锁紧灯是否点亮，站级、中央级综合监控人员检查综合监控工作站是否显示屏蔽门关闭	中央级综合监控人员检查完毕后向站级综合监控人员报告，站级综合监控人员检查完成且接到中央级综合监控人员报告后向屏蔽门人员报告
10	屏蔽门人员现场打开一扇应急门	完成后屏蔽门人员向站级综合监控人员报告，站级综合监控人员向中央级综合监控人员报告
11	站级综合监控人员确认上行侧屏蔽门关闭且锁紧灯是否熄灭，站级、中央级综合监控人员检查综合监控工作站是否正常显示屏蔽门状态	中央级综合监控人员检查完毕后向站级综合监控人员报告，站级综合监控人员检查完成且接到中央级综合监控人员报告后向屏蔽门人员报告
12	综合监控人员将边门允许开关钥匙打到允许位	站级综合监控人员向中央级综合监控人员、屏蔽门人员报告
13	站级综合监控人员按下上行侧边门开门按钮	站级综合监控人员向中央级综合监控人员、屏蔽门人员报告
14	屏蔽门人员确认现场边门是否开启	完成后屏蔽门人员向站级综合监控人员报告，站级综合监控人员向中央级综合监控人员报告
15	站级综合监控人员确认上行侧边门开启灯是否点亮，关闭锁紧等是否熄灭，站级、中央级综合监控人员检查综合监控工作站是否显示屏蔽门开启	中央级综合监控人员检查完毕后向站级综合监控人员报告，站级综合监控人员检查完成且接到中央级综合监控人员报告后向屏蔽门人员报告
16	站级综合监控人员将上行侧边门允许开关钥匙打到禁止位	站级综合监控人员向中央级综合监控人员、屏蔽门人员报告
17	屏蔽门人员确认现场边门是否关闭	完成后屏蔽门人员向站级综合监控人员报告，站级综合监控人员向中央级综合监控人员报告

6.4 综合监控系统 IBP 盘与关联系统联调测试

续表

序号	测试步骤	信息传递
18	站级综合监控人员确认上行侧边门开启灯是否熄灭，门关闭且锁紧灯是否点亮，站级、中央级综合监控人员检查综合监控工作站是否显示屏蔽门关闭	中央级综合监控人员检查完毕后向站级综合监控人员报告，站级综合监控人员检查完成且接到中央级综合监控人员报告后向屏蔽门人员报告
19	屏蔽门人员现场开启边门	完成后屏蔽门人员向站级综合监控人员报告，站级综合监控人员向中央级综合监控人员报告
20	站级综合监控人员确认上行侧屏蔽门关闭且锁紧灯是否熄灭，站级、中央级综合监控人员检查综合监控工作站是否正常显示屏蔽门状态	中央级综合监控人员检查完毕后向站级综合监控人员报告，站级综合监控人员检查完成且接到中央级综合监控人员报告后向屏蔽门人员报告
21	对下行侧屏蔽门按钮重复 2~6.3 步检查下行侧功能区工作情况是否正常	同 2~20 步
22	由站级综合监控人员将上、下行钥匙位转为禁止位，屏蔽门人员将屏蔽门恢复至正常使用状态	完成后屏蔽门人员向站级综合监控人员报告，站级综合监控人员向中央级综合监控人员报告

（4）综合监控系统通过 IBP 盘控制扶梯紧停，联调测试步骤见表 6.4-6。

联调测试步骤 表 6.4-6

序号	测试步骤	信息传递
1	综合监控人员、电扶梯人员检查各自系统设备正常运行，可以开始测试	综合监控人员向门梯人员报告，电扶梯人员向综合监控人员报告
2	电扶梯人员将车站所有扶梯开启，检查运行情况正常后停止运行	完成后电扶梯人员向站级综合监控人员报告，站级综合监控人员向中央级综合监控人员报告
3	电扶梯人员现场开启一台站内的扶梯上行	完成后电扶梯人员向站级综合监控人员报告，站级综合监控人员向中央级综合监控人员报告
4	站级综合监控人员检查对应扶梯上行指示灯是否点亮，站级、中央级综合监控人员检查综合监控工作站是否显示扶梯上行	中央级综合监控人员检查完毕后向站级综合监控人员报告，站级综合监控人员检查完成且接到中央级综合监控人员报告后向电扶梯人员报告
5	站级综合监控人员按下该扶梯的停止按钮	完成后站级综合监控人员向中央级综合监控人员、电扶梯人员报告
6	电扶梯人员检查对应扶梯是否停梯及报警	完成后电扶梯人员向站级综合监控人员报告，站级综合监控人员向中央级综合监控人员报告

197

第6章 综合监控系统综合联调

续表

序号	测试步骤	信息传递
7	站级综合监控人员检查对应扶梯上、下行指示灯是否熄灭，站级、中央级综合监控人员检查综合监控工作站是否显示扶梯停止	中央级综合监控人员检查完毕后向站级综合监控人员报告，站级综合监控人员检查完成且接到中央级综合监控人员报告后向电扶梯人员报告
8	电扶梯人员现场开启本台扶梯下行	完成后电扶梯人员向站级综合监控人员报告，站级综合监控人员向中央级综合监控人员报告
9	站级综合监控人员检查对应扶梯下行指示灯是否点亮，站级、中央级综合监控人员检查综合监控工作站是否显示扶梯下行	中央级综合监控人员检查完毕后向站级综合监控人员报告，站级综合监控人员检查完成且接到中央级综合监控人员报告后向电扶梯人员报告
10	站级综合监控人员按下该扶梯的停止按钮	完成后站级综合监控人员向中央级综合监控人员、电扶梯人员报告
11	电扶梯人员检查对应扶梯是否停梯及报警	完成后电扶梯人员向站级综合监控人员报告，站级综合监控人员向中央级综合监控人员报告
12	站级综合监控人员检查对应扶梯上、下行指示灯是否熄灭，站级、中央级综合监控人员检查综合监控工作站是否显示扶梯停止	中央级综合监控人员检查完毕后向站级综合监控人员报告，站级综合监控人员检查完成且接到中央级综合监控人员报告后向电扶梯人员报告
13	电扶梯人员现场打开一台出入口扶梯盖板（扶梯必须停止运行）（只有出入口扶梯才需要）	完成后电扶梯人员向站级综合监控人员报告
14	站级综合监控人员检查扶梯盖板防盗蜂鸣器是否报警	完成后站级综合监控人员向屏蔽门人员报告
15	电扶梯人员恢复盖板	完成后电扶梯人员向站级综合监控人员报告
16	站级综合监控人员检查扶梯盖板防盗蜂鸣器是否报警	完成后站级综合监控人员向电扶梯人员报告
17	重复13~16步，将所有纳入盖板防盗范围的扶梯逐一测试完毕	
18	重复2~17步，完成所有扶梯的测试	
19	所有按钮测试完毕后，电扶梯人员、综合监控人员恢复各自系统至正常使用状态	

（5）综合监控系统通过 IBP 盘控制/监视水泵（消防泵）动作，联调测试步骤见表 6.4-7。

6.4 综合监控系统 IBP 盘与关联系统联调测试

联调测试步骤　　　　　　　　　　　　　　　　　　　表 6.4-7

序号	测试步骤	信息传递
1	综合监控人员、给水排水人员检查各自系统设备运行正常，可以开始测试	综合监控人员向给水排水人员报告，给水排水人员向综合监控人员报告
2	给水排水人员现场将水泵箱切换为手动	完成后给水排水人员向站级综合监控人员报告，站级综合监控人员向中央级综合监控人员报告
3	站级综合监控人员检查水泵自动指示灯是否熄灭，站级、中央级综合监控人员检查综合监控工作站是否显示水泵手动	中央级综合监控人员检查完毕后向站级综合监控人员报告，站级综合监控人员检查完成且接到中央级综合监控人员报告后向给水排水人员报告
4	站级综合监控人员按下消防泵启动按钮	站级综合监控人员向中央级综合监控人员、给水排水人员报告
5	给水排水人员现场检查消防泵是否启动，站级综合监控人员观察消防泵启动指示灯是否点亮，站级、中央级综合监控人员检查综合监控工作站是否显示消防泵启动	完成后给水排水人员、中央级综合监控人员向站级综合监控人员报告
6	综合监控人员按下停泵按钮	站级综合监控人员向中央级综合监控人员、给水排水人员报告
7	给水排水人员现场检查消防泵是否停止，站级综合监控人员观察消防泵启动指示灯是否熄灭，站级、中央级综合监控人员检查综合监控工作站是否显示消防泵停止	
8	给水排水人员现场将水泵箱切换为自动	完成后给水排水人员向站级综合监控人员报告，站级综合监控人员向中央级综合监控人员报告
9	站级综合监控人员按下消防泵启动按钮	站级综合监控人员向中央级综合监控人员、给水排水人员报告
10	给水排水人员现场检查消防泵是否启动，站级综合监控人员观察消防泵启动指示灯是否点亮，站级、中央级综合监控人员检查综合监控工作站是否显示消防泵启动	完成后给水排水人员、中央级综合监控人员向站级综合监控人员报告
11	综合监控人员按下停泵按钮	站级综合监控人员向中央级综合监控人员、给水排水人员报告
12	给水排水人员现场检查消防泵是否停止，站级综合监控人员观察消防泵启动指示灯是否熄灭，站级、中央级综合监控人员检查综合监控工作站是否显示消防泵停止	

续表

序号	测试步骤	信息传递
13	给水排水人员现场模拟消防泵故障信号	完成后给水排水人员向站级综合监控人员报告，站级综合监控人员向中央级综合监控人员报告
14	站级综合监控人员检查消防泵故障指示灯是否点亮，站级、中央级综合监控人员检查综合监控工作站是否显示消防泵故障	中央级综合监控人员检查完毕后向站级综合监控人员报告，站级综合监控人员检查完成且接到中央级综合监控人员报告后向给水排水人员报告
15	给水排水人员现场取消消防泵故障信号	完成后给水排水人员向站级综合监控人员报告，站级综合监控人员向中央级综合监控人员报告
16	站级综合监控人员检查消防泵故障指示灯是否熄灭，站级、中央级综合监控人员检查综合监控工作站是否显示消防泵正常	中央级综合监控人员检查完毕后向站级综合监控人员报告，站级综合监控人员检查完成且接到中央级综合监控人员报告后向给水排水人员报告
17	所有按钮测试完毕后，给水排水人员、综合监控人员恢复各自系统、设备至正常使用状态	完成后给水排水人员向站级综合监控人员报告

（6）综合监控系统通过 IBP 盘控制/监视消防风机，联调测试步骤见表 6.4-8。

联调测试步骤 表 6.4-8

序号	测试步骤	信息传递
1	综合监控人员、FAS 人员检查各自系统设备运行正常，可以开始测试	综合监控人员向环控人员报告，FAS 人员向综合监控人员报告
2	FAS 人员现场将消防风机切换为手动	完成后给站级综合监控人员报告，站级综合监控人员向中央级综合监控人员报告
3	站级综合监控人员检查消防风机自动指示灯是否熄灭，FAS 人员检查 FAS 主机及工作站、站级/中央级综合监控人员检查综合监控工作站是否显示消防风机手动	中央级综合监控人员检查完毕后向站级综合监控人员报告，站级综合监控人员检查完成且接到中央级综合监控人员报告后向 FAS 人员报告
4	站级综合监控人员按下一台消防风机启动按钮	站级综合监控人员向中央级综合监控人员、FAS 人员报告
5	FAS 人员现场检查消防风机是否启动，站级综合监控人员观察消防风机启动指示灯是否点亮，FAS 人员检查 FAS 主机及工作站、站级/中央级综合监控人员检查综合监控工作站是否显示消防风机启动	完成后 FAS 人员、中央级综合监控人员向站级综合监控人员报告

6.4 综合监控系统IBP盘与关联系统联调测试

续表

序号	测试步骤	信息传递
6	综合监控人员按下停机按钮	站级综合监控人员向中央级综合监控人员、FAS人员报告
7	FAS人员现场检查消防风机是否停止，站级综合监控人员观察消防风机启动指示灯是否熄灭，FAS人员检查FAS主机及工作站、站级/中央级综合监控人员检查综合监控工作站是否显示消防风机停止	完成后FAS人员、中央级综合监控人员向站级综合监控人员报告
7	FAS人员现场将消防风机切换为自动	完成后给站级综合监控人员报告，站级综合监控人员向中央级综合监控人员报告
8	站级综合监控人员检查消防风机自动指示灯是否熄灭，FAS人员检查FAS主机及工作站、站级/中央级综合监控人员检查综合监控工作站是否显示消防风机自动	中央级综合监控人员检查完毕后向站级综合监控人员报告，站级综合监控人员检查完成且接到中央级综合监控人员报告后向FAS人员报告
9	站级综合监控人员按下一台消防风机启动按钮	站级综合监控人员向中央级综合监控人员、FAS人员报告
10	FAS人员现场检查消防风机是否启动，站级综合监控人员观察消防风机启动指示灯是否点亮，FAS人员检查FAS主机及工作站、站级/中央级综合监控人员检查综合监控工作站是否显示消防风机启动	完成后FAS人员、中央级综合监控人员向站级综合监控人员报告
11	综合监控人员按下停机按钮	站级综合监控人员向中央级综合监控人员、FAS人员报告
12	FAS人员现场检查消防风机是否停止，站级综合监控人员观察消防风机启动指示灯是否熄灭，FAS人员检查FAS主机及工作站、站级/中央级综合监控人员检查综合监控工作站是否显示消防风机停止	完成后FAS人员、中央级综合监控人员向站级综合监控人员报告
13	所有按钮测试完毕后，FAS人员、综合监控人员恢复各自系统、设备至正常使用状态	完成后FAS人员向站级综合监控人员报告

本科目各参与及配合单位检查各设备系统状态，确保设备工作正常，具备调试条件，符合前置条件各项要求。

6.5 综合监控系统与 FAS 系统正常及灾害工况模式联调测试

6.5.1 综合监控系统与 FAS 系统正常及灾害工况模式联调测试概述

火灾自动报警系统（FAS）采用控制中心和车站二级管理，控制中心、车站、就地三级监控方式设置。在控制中心设置中央级 FAS 实现对全线的消防集中监控管理。FAS 的中央级调度管理及监控功能、车站级调度管理功能及监控功能由综合监控系统软件实现。

车站控制室在火灾情况下兼作消防控制室。在各车站控制室设一台 FAS 系统控制盘（FACP），监视车站内 FAS 系统所有设备状态及消防设备状态，接收车站内现场设备火灾报警信号，并显示报警部位。通过 FACP 的 RS485 接口直接向 BAS 发送火灾模式指令，由 BAS 执行车站消防救灾模式，同时由 FAS 将火灾信息传给控制中心。车辆段和主变电站的消防联动控制盘由 FAS 负责设计，实现消防联动控制。图 6.5-1 为 FAS 系统主机，图 6.5-2 为气体灭火控制盘。

图 6.5-1 FAS 系统主机

6.5 综合监控系统与FAS系统正常及灾害工况模式联调测试

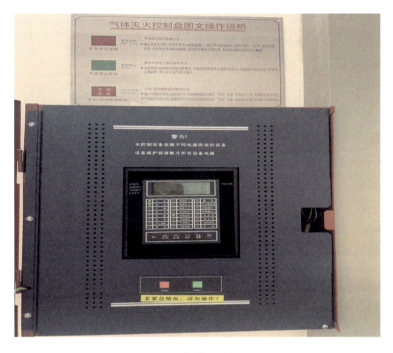

图 6.5-2 气体灭火控制盘

通过综合监控系统与FAS系统设备联调，测试综合监控系统与FAS及气体灭火系统的协同运作能力，以确保系统功能达设计标准，满足运营需求。

6.5.2 综合监控系统与FAS系统正常及灾害工况模式联调测试目的

通过该项测试，验证综合监控系统对FAS设备、感温光纤及气体灭火系统设备的监控是否实时反映现场火警状态；验证FAS与BAS模式、综合监控系统之间的联动，是否能够正常联动模式，以及模拟火灾情况下切非等功能是否正常实现；通过联调发现系统存在的问题，协调建设单位、厂家、施工队对问题进行整改。

6.5.3 综合监控系统与FAS系统正常及灾害工况模式联调测试项目

系统联调需要完成的主要项目是实现综合监控系统对FAS及气体灭火系统设备的监视控制功能，按照协议规定的各种数据信息均能通过

FAS及气体灭火系统在综合监控系统上正确接收和反馈,并且综合监控系统均能对FAS及气体灭火系统设备发送和接收正确数据信息。

FAS测试核心功能如下:

(1) 综合监控与FAS系统调试。
(2) 综合监控、FAS与感温光纤调试。
(3) 综合监控与气体灭火系统调试。
(4) FAS系统切断非消防电源功能测试。
(5) 车辆段综合监控、FAS、电梯、EPS测试。

6.5.4 综合监控系统与FAS系统正常及灾害工况模式联调测试前准备

6.5.4.1 测试前项目检查

FAS系统主要由中央级、车站级、就地控制级设备构成。进行综合联调前,应对各关联设备软硬件进行全面检查,确认其各项功能正常,保证各项测试顺利完成。具体检查项目如表6.5-1。

功能检查项目统计表　　　　　　　　　　　　　表6.5-1

序号	检查点	检查内容
1	FAS系统设备	(1) 检查FAS系统设备是否上电投入运行、无故障,是否已进行了报警设备、控制设备、监视设备的功能测试,系统内各联动功能是否完善并正确; (2) 检查FAS系统是否已完成与消防水泵、非消防电源、防火卷帘、防火阀、电梯等接口的调试; (3) 检查FAS系统工作站是否已完成调试,所有功能均具备,工作状况是否良好
2	气体灭火系统	(1) 气体灭火系统是否已完成系统内各控制设备、报警设备、监视设备的功能调试,程序功能联动调试; (2) 检查系统内所有联动功能是否实现正常联动,各设备已上电投入运行、无故障并工作正常; (3) 在做气体保护区域火灾模拟以及可能导致气体保护动作的相关测试时,检查是否已断开车站所有气瓶启动电磁阀回路
3	综合监控系统设备	检查综合监控系统设备是否已经具备车站级和中央级对FAS系统的联调功能,工作状况是否良好
4	通信无线系统	(1) 检查通信无线系统是否已实现全线覆盖(包含OCC、各车站设备房,是否满足ISCS系统车站级与中央级网络传输需求); (2) 检查无线手持台是否能实现OCC、车站之间的相互联系

6.5.4.2 所需工器具（表 6.5-2）

所需工器具表　　　　　　　　　　　　　　表 6.5-2

序号	工具	数量	使用人员	工具要求
1	对讲机	6台	执行组长1台 车站级综合监控人员1台 现场FAS人员1台 现场气体灭火人员1台 气瓶间气体灭火人员1台 现场机电人员1台	可正常使用并已充满电（含充电器）
2	无线手持台	5台	项目指挥1台 执行组长1台 中央级综合监控人员1台 车站级综合监控人员1台 区间FAS人员1台	可正常使用并已充满电（含充电器）
3	手提电脑	2部	综合监控人员、FAS人员	可正常使用（含FAS、综合监控专业编程软件及报文截取、分析软件、信号模拟发生软件）
4	各系统设备柜钥匙	1套	各专业人员	可正常使用
5	万用表	1个	气瓶间气体灭火人员	可正常使用
6	设备房钥匙	1套	调试人员	可正常使用
7	烟枪	2套	气体灭火、FAS共用	可正常使用
8	电吹风	2套	气体灭火	可正常使用
9	红外对射探测器测试纸	2张	FAS、气体灭火用	可正常使用
10	线辘	1盘	FAS、气体灭火用	可正常使用（50m）
11	图纸	若干	FAS系统、气体灭火系统施工图各一份、FAS、气体灭火设备点表各一份	最新施工版本
12	人字梯	4把	气体灭火、FAS系统各两把（长短）	可正常使用
13	手电筒	2个	用于为现场人员提供照明	可正常使用
14	破玻测试匙	2把	用于测试破玻手动报警器	可正常使用
15	烟温感拆卸杆	1套	用于烟温感故障模拟	可正常使用
16	螺丝批（十字、一字各规格）	1套	用于故障模拟及测试	可正常使用
17	感温电缆	10m	用于感温电缆火警模拟	可正常使用

6.5.5 综合监控系统与FAS系统正常及灾害工况模式联调测试方法及步骤

6.5.5.1 测试方法

通过模拟火警信号，监视中央级、车站级综合监控信息、FAS工作站信息，测试FAS系统火警信息是否能够正确传递给综合监控系统。

通过对烟感（温感）进行隔离操作及隔离恢复操作，监视中央级综合监控工作站、车站级综合监控工作站、FAS工作站的隔离恢复功能，测试FAS探测器与综合监控系统隔离功能是否实现。

通过模拟火灾模式信号、各设备故障等，测试FAS系统模块与综合监控系统模块监控功能、模拟功能、消防电话主机故障功能是否实现。

通过模拟消防水泵故障、区域火灾信息等，测试消防泵的相关自动控制功能是否实现。

通过火警信号、模拟预报警信号（火警）、确认报警信号（二次报警）等，监视声光报警器、防火阀、气瓶间等状态，测试综合监控系统与FAS气体灭火系统之间的信号是否正确传递。

通过模拟火灾信号，监视三类负荷的切除情况、非消防电源切除情况，测试综合监控-FAS、非消防电源切断模式功能是否实现。

6.5.5.2 联调实施操作步骤

综合监控系统与FAS系统调试主要是测试综合监控系统与FAS系统之间的报警、故障、动作信号等是否正确传递，其各项测试的步骤、人员组织及信息传递如表6.5-3～表6.5-7所示。

注意：在开展以下测试时须确认：IBP盘手/自动开关打到"手动"位，FAS人员断开三类负荷总开关的控制模块，防止三类负荷误切断。

测试FAS系统火警信息是否能够正确传递给综合监控系统　　表6.5-3

序号	测试步骤内容	信息传递
1	用烟枪（电风筒）在现场测试FAS系统烟感/温感、用测试纸测试红外对射探测器，模拟火警信号	FAS专业组报告综合监控专业组，车控室综合监控人员报告中央级综合监控负责人
2	FAS人员检查FAS工作站（FAS控制盘）是否收到正确的报警信息	结果由车控室综合监控专业组反馈中央级综合监控专业组，综合监控专业组反馈FAS专业组
3	综合监控专业组检查综合监控系统车站事件报警栏接收的信息是否正确；其跳图功能是否正常	车控室综合监控专业组报告中央级综合监控专业组

6.5 综合监控系统与FAS系统正常及灾害工况模式联调测试

续表

序号	测试步骤内容	信息传递
4	综合监控专业组检查综合监控系统OCC级事件、报警栏接收的信息是否正确，其跳图功能是否正常	中央级综合监控专业组反馈车控室综合监控专业组
5	重复1～4步骤，直至完成所有FAS探测器与综合监控系统报警功能的测试	同1～4步骤
6	用破玻手动报警器测试工具测试手动报警器（消防栓泵按钮），模拟火警信号	FAS专业组报告综合监控专业组，车控室综合监控人员报告中央级综合监控负责人
7	FAS人员检查FAS工作站（控制盘）上是否显示正确的报警信息	结果由综合监控专业组反馈车控室综合监控人员，车控室综合监控人员反馈FAS专业组
8	车控室综合监控人员检查综合监控系统车站事件报警栏接收的信息是否正确，其跳图功能是否正常	车控室综合监控专业组报告中央级综合监控专业组
9	综合监控专业组检查综合监控系统OCC级事件、报警栏接收的信息是否正确，其跳图功能是否正常	中央级综合监控专业组反馈车控室综合监控专业组
10	重复6～9步骤，直至完成所有FAS系统破玻手动报警器与综合监控系统报警功能的测试	同6～9步骤
11	FAS人员在现场感温电缆控制器上模拟火警信号（FAS人员在现场感温光纤使用热水模拟火警信号，每隔30m测试一次）	FAS专业组报告综合监控专业组，综合监控专业组报告中央级综合监控负责人
12	FAS人员检查FAS工作站（控制盘）上是否显示正确的报警信息	结果由中央级综合监控专业组反馈综合监控专业组，综合监控专业组反馈现场负责人
13	车控室综合监控人员检查综合监控系统车站事件报警栏接收的信息是否正确，其跳图功能是否正常	车控室综合监控专业组报告中央级综合监控专业组
14	综合监控专业组检查综合监控系统OCC级事件、报警栏接收的信息是否正确，其跳图功能是否正常	中央级综合监控专业组反馈车控室综合监控专业组
15	重复11～14步骤，直至完成所有FAS系统感温光纤与综合监控系统报警功能的测试	同11～14步骤
16	FAS人员在控制盘上进行FAS系统复位操作	FAS专业组向综合监控专业组报告，综合监控专业组向中央级综合监控专业组报告
17	综合监控专业组查看车站级综合监控系统的事件信息是否复位	结果由中央级综合监控专业组反馈车控室综合监控专业组
18	综合监控专业组查看中央级综合监控系统的事件信息是否复位	结果由中央级综合监控专业组反馈车控室综合监控专业组

FAS气灭系统探测器隔离测试、各设备故障模拟测试　　表 6.5-4

序号	测试步骤	信息传递
1	FAS专业组对烟感（温感）进行隔离操作及隔离恢复操作，并查看隔离及隔离恢复操作是否成功	FAS专业组
2	FAS专业组在FAS工作站查看隔离操作及隔离恢复操作是否成功	FAS专业组报告综合监控专业组
3	综合监控专业组在中央级综合监控工作站查看隔离操作及隔离恢复操作是否成功	中央级综合监控专业组反馈综合监控专业组
4	综合监控专业组对烟感（温感）进行隔离操作及隔离恢复操作，并查看隔离及隔离恢复操作是否成功	综合监控专业组报告中央级综合监控专业组、综合监控专业组报告FAS专业组
5	FAS专业组在FAS工作站查看隔离操作及隔离恢复操作是否成功	FAS专业组报告综合监控专业组
6	综合监控专业组在车站级综合监控工作站查看隔离操作及隔离恢复操作是否成功	中央级综合监控专业组反馈综合监控专业组
7	重复1~6步骤，直至完成所有FAS探测器与综合监控系统隔离功能的测试	同1~6步骤
8	FAS人员在FAS控制盘上逐一模拟火灾模式信号	FAS专业组报告车站级及综合监控专业组
9	综合监控专业组检查IBP盘的火灾模式指示灯信号是否正常闪亮	综合监控专业组将结果反馈给FAS专业组
10	综合监控人员检查综合监控系统（车站级及OCC）事件、报警栏接收的信息是否正确，其跳图功能是否正常	中央级综合监控专业组将结果反馈给综合监控专业组
11	重复8~10步骤，直至完成所有FAS系统模块与综合监控系统模块监控功能的测试	同8~10步骤
12	FAS人员在FAS模块箱上和用短接等方法模拟各模块的信息接收及控制情况	FAS专业组报告综合监控专业组及中央级综合监控专业组
13	FAS人员检查FAS工作站（控制盘）上是否显示正确的动作及反馈信息	中央级综合监控专业组反馈给综合监控专业组，综合监控专业组反馈FAS专业组
14	综合监控专业组在车站级综合监控工作站查看是否显示正确的动作及反馈信息	综合监控专业组报告FAS专业组
15	综合监控专业组在中央级综合监控工作站查看是否显示正确的动作及反馈信息	中央级综合监控专业组反馈给综合监控专业组
16	重复12~15步骤，直至完成所有FAS系统模块与综合监控系统模块监控功能的测试	同12~15步骤

6.5 综合监控系统与FAS系统正常及灾害工况模式联调测试

续表

序号	测试步骤	信息传递
17	FAS人员在FAS控制盘上模拟火灾报警控制盘故障、火灾模式输出、烟感、温感、破玻、输入输出模块、感温电缆故障状态。（若故障无法在控制盘上模拟，建议在现场抽测10%的各类设备，模拟现场设备故障来进行测试）	FAS专业组报告综合监控专业组
18	综合监控专业组在车站级综合监控工作站查看是否显示正确的故障信息	综合监控专业组报告FAS专业组
19	综合监控专业组在中央级综合监控工作站查看是否显示正确的故障信息	中央级综合监控专业组反馈给综合监控专业组
20	重复17~19步骤，直至完成所有FAS与综合监控系统模拟功能的测试	同17~19步骤
21	FAS人员在消防电话主机上模拟消防主机故障，并在FAS工作站（控制盘）上查看是否显示正确的故障信息	FAS专业组报告综合监控专业组
22	综合监控专业组在车站级综合监控工作站查看是否显示正确的故障信息	综合监控专业组报告FAS专业组
23	综合监控专业组在中央级综合监控工作站查看是否显示正确的故障信息	中央级综合监控专业组反馈综合监控专业组
24	重复21~23步骤，直至完成所有FAS与综合监控系统消防电话主机故障功能的测试	同21~23步骤

消防泵测试　　　　　　　　　　　　　　　　　　表6.5-5

序号	测试步骤	信息传递
1	给水排水人员将消防水泵控制就地/远程控制打到远程位，并模拟A泵故障	给水排水人员报告FAS专业组
2	FAS人员检查FAS工作站（FAS控制盘）是否收到正确的远程位信息和A泵故障信息	FAS专业组报告综合监控专业组
3	车控室综合监控人员检查车站级综合监控系统是否接收到水泵正确的远程位信息及A泵故障信息	综合监控专业组报告中央级综合监控专业组
4	综合监控专业组检查中央级综合监控系统是否接收到远程位信息及A泵故障信息	中央级综合监控专业组反馈综合监控专业组，综合监控专业组反馈给水排水人员
5	FAS人员在消防水泵相应的区域模拟火灾信号（或按下消防水泵破玻按钮）	FAS专业组报告综合监控专业组及给水排水人员
6	给水排水人员确认现场A泵是否运行	给水排水人员报告综合监控专业组
7	FAS专业组在工作站（控制盘）查看是否启动A泵控制，并检查是否收到A泵运行信息	FAS专业组报告综合监控专业组
8	车控室综合监控人员检查车站级综合监控系统是否接收到水泵正确的A泵运行状态信息	综合监控专业组报告中央级综合监控专业组

209

续表

序号	测试步骤	信息传递
9	综合监控专业组检查中央级综合监控系统是否接收到A泵运行状态信息	中央级综合监控专业组反馈综合监控专业组，综合监控专业组反馈给水排水人员
10	FAS人员对FAS系统进行复位	FAS专业组报告综合监控专业组
11	重复1~10步骤，测试B泵的相关自动控制信息	同1~10步骤
12	各专业人员对各系统设备进行恢复	各专业人员结果反馈给综合监控专业组，综合监控专业组反馈给执行组长

测试综合监控系统与FAS气体灭火系统之间的信号是否正确传递 表6.5-6

序号	测试步骤	信息传递
1	FAS专业组在现场气体保护区房间用烟枪（电风筒）测试气体灭火系统烟感/温感、用红外对射探测器测试纸测试红外对射探测器，模拟火警信号	FAS专业组报告综合监控专业组
2	在气瓶间气瓶控制盘前检查是否收到正确的火警信号（探测区A、探测区B的报警是否正确）	FAS专业组报告综合监控专业组
3	FAS专业组检查工作站（FAS气体灭火控制盘）是否收到正确的探测器报警信号	FAS专业组报告综合监控专业组、综合监控专业组反馈FAS专业组
4	综合监控专业组检查车站级综合监控系统车站事件报警栏接收的信息是否正确，其跳图功能是否正常	综合监控专业组报告中央级综合监控专业组
5	综合监控专业组检查中央级综合监控系统事件报警栏接收的信息是否正确，其跳图功能是否正常	中央级综合监控专业组反馈综合监控专业组
6	FAS专业组、气瓶间人员分别对FAS系统、气瓶控制盘进行复位，重复1~5步骤，测试完毕所有烟感、温感	同1~5步骤
7	在气体保护房间用烟枪（或电风筒）模拟预报警信号（火警）、确认报警信号（二次报警）	FAS专业人员报告FAS专业组及综合监控专业组
8	现场保护区人员检查在预报警后，房间内的声光报警器是否动作，在确认报警后房间外的声光报警器是否动作	FAS专业人员报告FAS专业组
9	FAS专业组在确认报警启动后检查防火阀等受控设备是否正常动作	FAS专业组报告综合监控专业组，综合监控专业组报告中央级综合监控专业组
10	在气瓶间气瓶控制盘前检查是否收到正确的报警信号，并在延时30s后测量启动电磁阀是否有正确的启动电压输出	FAS专业人员将结果反馈FAS专业组和综合监控专业组
11	FAS专业组在确认报警信号发出，自动延时30s时，按下保护区外的停止按钮，检查是否停止倒数，气瓶间人员在气瓶控制盘上检查手动停止灯是否亮	FAS专业人员报告FAS专业组

6.5 综合监控系统与FAS系统正常及灾害工况模式联调测试

续表

序号	测试步骤	信息传递
12	FAS专业组在FAS工作站（车控室气体灭火系统控制盘上）查看喷洒延时、启动喷洒、手动延时信号、手动停止信号，并查看保护区内防烟防火阀的情况	FAS专业组报告综合监控专业组并反馈FAS专业组
13	综合监控专业组检查车站级综合监控系统事件报警栏接收的信息是否正确；其跳图功能是否正常，确认是否收到防火阀的动作信息	综合监控专业组报告中央级综合监控专业组
14	综合监控专业组检查中央级综合监控系统事件、报警栏接收的信息是否正确；其跳图功能是否正常，确认是否收到防火阀的动作信息	中央级综合监控专业组反馈综合监控专业组
15	FAS人员对FAS气灭控制盘进行复位、FAS专业组对气瓶控制盘进行复位	FAS专业组报告给综合监控专业组
16	FAS专业组按下气体灭火手动启动按钮	FAS专业人员报告FAS专业组
17	FAS专业组测试启动电磁阀是否有正确的启动电压输出，在气瓶控制盘上检查手动启动灯是否亮	FAS专业人员将结果反馈FAS专业组
18	在气瓶间的气瓶控制盘上模拟气瓶控制盘系统故障信号、打开管道上的压力开关模拟气体喷洒信号，在电磁阀上模拟电磁阀故障信号，在手自动转换按钮上模拟手动信号，并在气瓶控制盘上检查故障信号灯、气体喷洒灯、手动灯是否亮	FAS专业组报告综合监控专业组，综合监控专业组报告中央级综合监控专业组
19	FAS专业组在工作站（气体灭火系统控制盘）上查看是否接收到正确的手动启动信号、系统故障信号、气体喷洒信号、电磁阀故障信号、气体灭火防护区手动信号	FAS专业组报告综合监控专业组，综合监控专业组报告FAS专业组
20	综合监控专业组检查车站级综合监控系统事件报警栏接收的信息是否正确	综合监控专业组报告中央级综合监控专业组
21	综合监控专业组检查中央级综合监控系统事件报警栏接收的信息是否正确	中央级综合监控专业组反馈综合监控专业组
22	FAS专业组将手自动按钮打到手动状态，并通知FAS专业组进行火灾信号模拟	FAS专业人员通知FAS专业组
23	保护区人员用烟枪（电吹风）模拟火灾信号	FAS专业组将结果报告FAS专业组和综合监控专业组
24	FAS专业组用万用表检查电磁阀回路是否不输出启动电压	FAS专业组报告综合监控专业组
25	FAS专业组对设备进行复位，恢复设备的正常状态	结果报告现场负责人

续表

序号	测试步骤	信息传递
26	重复1~25步骤，直至完成所有气体灭火系统保护区与综合监控的信号测试	同1~25步骤
27	各专业人员对各自设备进行复位	各专业人员将结果反馈给综合监控专业组，综合监控专业组反馈给执行组长

综合监控-FAS、非消防电源切断模式测试　　　表 6.5-7

序号	测试步骤	信息传递
1	检查FAS系统处于正常工作状态	FAS人员报告项目指挥
2	IBP盘处于手动位、防止BAS火灾误动作	BAS人员报告现场项目指挥
3	FAS系统现场负责人在相应的区域内现场用烟枪模拟一个火灾信号	报告车控室FAS系统专业负责人
4	车控室FAS系统负责人查看是否收到火警信号，切除三类负荷的开关模块是否动作	车控室FAS系统负责人反馈给现场负责人，并通知供电房间供电人员
5	供电人员在现场查看非消防电源是否已切除	供电人员将结果反馈车控室FAS系统负责人
6	主控系统人员在工作站（车站及中央级）上确认是否收到非消防电源切除信号	结果反馈车控室FAS系统负责人
7	车控室人员对FAS系统进行复位，供电人员对非消防电源进行复位	各方信息互通

6.6 综合监控系统与屏蔽门系统联调测试

6.6.1 综合监控系统与屏蔽门系统联调测试概述

屏蔽门系统（PSD）是隔离列车轨行区和车站公共区的限界，也是乘客上、下列车的通道；屏蔽门是重要行车设备，屏蔽门系统与列车自动运行系统相关联，屏蔽门系统设备故障将直接对运营造成影响，因此对屏蔽门状态的监控显得尤为重要，综合监控系统（ISCS）实现对屏蔽门设备（滑动门、应急门、端门、电源）等的状态实时监控，可及时对设备故障进行告警显示，方便运营组织维修力量进行故障处理。通过综合监控系统与PSD系统设备的联调，测试综合监控系统对PSD系统设备监控功能，确保系统功能达设计标准，满足运营需求（图6.6-1）。

6.6 综合监控系统与屏蔽门系统联调测试

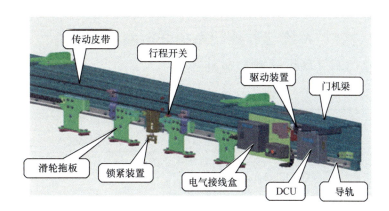

图 6.6-1 屏蔽门门机系统图屏蔽门的供电系统简介

6.6.2 ISCS 与 PSD 系统联调测试目的

综合监控系统与屏蔽门系统联调测试的主要目的是：

（1）检验系统间接口和通信协议的一致性；

（2）接口功能是否满足设计要求，接口可靠性、实时性、可维护性等性能指标是否满足设计要求；

（3）检验系统的完整性；

（4）检验系统软件与接口设备的一致性。

6.6.3 ISCS 与 PSD 联调测试项目

系统联调需要完成的主要项目是实现综合监控系统对 PSD 系统设备的监视控制功能，按照协议规定的各种数据信息均能通过 PSD 系统在综合监控系统上正确接收和反馈，并且综合监控系统均能对 PSD 系统设备发送和接收正确数据信息。

（1）模拟 PSD 主电源故障、UPS 电源故障等单元系统模块故障在 ISCS 系统有无故障报警信息以及故障消除信息反馈；

（2）模拟信号系统向屏蔽门发送关门指令信息 PSD 系统是否正常执行并在 ISCS 系统上显示；

（3）ISCS 中央级及车站级是否记录相关系统信号信息；

（4）模拟 PEDC 故障联调；

（5）ASD/EED 互锁联调；

（6）屏蔽门电机故障联调；

（7）模拟通信故障调试。

6.6.4 综合监控系统与屏蔽门系统联调测试前准备

6.6.4.1 接口调试项目（表 6.6-1）

接口调试项目　　　　　　　　　　　　　　表 6.6-1

序号	调试项	主要测试功能项
1	通信协议	含所有命令和数据的格式、收发的机制和例外处理等
2	人机界面功能	HMI 画面与设计图纸一致性
3	监控功能	滑动门状态监视功能测试
		应急门状态监视功能测试
		端门状态监视功能测试
		PSD 系统信息监视功能测试
4	对时功能	ISCS 向 PSD 提供标准时间信息
5	接口冗余功能	ISCS 与 PSD 主备接口冗余切换
6	接口性能	ISCS 与 PSD 接口数据传输性能
7	网络故障恢复功能	ISCS 与 PSD 接口故障诊断与恢复功能

6.6.4.2 所需工器具

（1）调试工具：对讲机、电工组合工具、网络跳线、便携式电脑。

（2）仪器仪表：万用表、OTDR 测试仪、网络测试仪。

6.6.5 综合监控系统与屏蔽门系统联调测试步骤

联调实施操作步骤。

（1）模拟 PSD 主电源故障、UPS 电源故障等单元系统模块故障在 ISCS 系统有无故障报警信息以及故障消除信息反馈，测试步骤见表 6.6-2。

模拟 PSD 主电源故障、UPS 电源故障等测试步骤　　　表 6.6-2

序号	测试步骤
1	综合监控专业组及 PSD 专业组检查各自系统设备及接口状态
2	PSD 专业组模拟车站 PSD 主电源故障
3	PSD 专业组确认工控机是否收到 PSD 主电源故障报警信息
4	综合监控专业组确认中央级及车站级综合监控系统是否收到 PSD 主电源故障报警信息
5	PSD 专业组恢复车站 PSD 主电源故障
6	PSD 专业组确认工控机是否收到 PSD 主电源故障消除信息
7	综合监控专业组确认中央级及车站级综合监控系统是否收到 PSD 主电源故障消除信息

6.6 综合监控系统与屏蔽门系统联调测试

续表

序号	测试步骤
8	PSD 专业组模拟 PSD、UPS 驱动电源故障
9	PSD 专业组确认工控机是否收到 UPS 驱动电源故障报警信息
10	综合监控专业组确认中央级及车站级综合监控系统是否收到 PSD、UPS 驱动电源故障报警信息
11	PSD 专业组恢复 PSD、UPS 驱动电源故障
12	PSD 专业组确认工控机是否收到 UPS 驱动电源故障消除信息
13	综合监控专业组确认中央级及车站级综合监控系统是否收到 PSD、UPS 驱动电源故障消除信息
14	PSD 专业组模拟 PSD、UPS 控制电源故障
15	PSD 专业组确认工控机是否收到 UPS 控制电源故障报警信息
16	综合监控专业组确认中央级及车站级综合监控系统是否收到 PSD、UPS 控制电源故障报警信息
17	PSD 专业组恢复 PSD、UPS 控制电源故障
18	PSD 专业组确认工控机是否收到 UPS 控制电源故障消除信息
19	综合监控专业组确认中央级及车站级综合监控系统是否收到 PSD、UPS 控制电源故障消除信息

模拟信号系统向屏蔽门发送关门指令信息 PSD 系统是否正常执行并在 ISCS 系统上显示，测试步骤见表 6.6-3。

模拟信号系统向屏蔽门发送关门指令测试步骤　　　　表 6.6-3

序号	测试步骤
1	PSD 专业组模拟信号系统向上行屏蔽门系统发送关门命令
2	PSD 专业组确认工控机是否收到关门命令
3	综合监控专业组确认中央级及车站级综合监控系统是否收到关门命令
4	PSD 专业组模拟信号系统取消上行屏蔽门关门命令
5	PSD 专业组确认工控机是否已记录信号系统取消上行关门命令
6	综合监控专业组确认中央级及车站级综合监控系统是否已记录信号系统取消上行关门命令
7	PSD 专业组模拟信号系统向上行屏蔽门系统发送开门命令
8	PSD 专业组确认工控机是否收到开门命令
9	综合监控专业组确认中央级及车站级综合监控系统是否收到开门命令
10	PSD 专业组模拟信号系统取消上行屏蔽门开门命令
11	PSD 专业组确认工控机是否记录信号系统取消上行屏蔽门开门命令
12	综合监控专业组确认中央级及车站级综合监控系统是否记录信号系统取消上行屏蔽门开门命令
13	PSD 专业组模拟上行信号系统命令故障状态
14	PSD 专业组确认工控机是否收到信号系统命令故障信息
15	综合监控专业组确认中央级及车站级综合监控系统是否收到信号系统命令故障信息
16	恢复上行信号系统命令故障状态
17	PSD 专业组确认工控机是否收到信号系统命令故障消除信息
18	综合监控专业组确认中央级及车站级综合监控系统是否收到信号系统命令故障消除信息

模拟 CAN 总线故障测试联调步骤见表 6.6-4。

模拟 CAN 总线故障测试联调步骤　　　　　　　　　　表 6.6-4

序号	测试步骤
1	PSD 专业组模拟上行 CAN 总线故障报警
2	PSD 专业组确认工控机是否收到 CAN 总线故障报警信息
3	综合监控专业组确认中央级及车站级综合监控系统是否收到 CAN 总线故障报警信息
4	PSD 专业组恢复上行 CAN 总线正常状态
5	PSD 专业组确认工控机是否收到 CAN 总线故障报警消除信息
6	综合监控专业组确认中央级及车站级综合监控系统是否收到 CAN 总线故障报警消除信息

模拟 PEDC 故障联调步骤见表 6.6-5。

模拟 PEDC 故障联调步骤　　　　　　　　　　表 6.6-5

序号	测试步骤
1	PSD 专业组模拟上行 PEDC 故障状态
2	PSD 专业组确认工控机是否收到 PEDC 故障信息
3	综合监控专业组确认中央级及车站级综合监控系统是否收到 PEDC 故障信息
4	PSD 专业组恢复上行 PEDC 正常状态
5	PSD 专业组确认工控机是否收到 PEDC 故障消除信息
6	综合监控专业组确认中央级及车站级综合监控系统是否收到 PEDC 故障消除信息
7	PSD 专业组模拟上行 PEDC 驱动电源故障报警
8	PSD 专业组确认工控机是否收到上行 PEDC 驱动电源故障报警信息
9	综合监控专业组确认中央级及车站级综合监控系统是否收到上行 PEDC 驱动电源故障报警信息
10	PSD 专业组恢复上行 PEDC 驱动电源故障报警
11	PSD 专业组确认工控机是否收到上行 PEDC 驱动电源故障报警消除信息
12	综合监控专业组确认中央级及车站级综合监控系统是否收到上行 PEDC 驱动电源故障报警消除信息
13	PSD 专业组模拟上行 PEDC 通道故障
14	PSD 专业组确认工控机是否收到上行 PEDC 通道故障信息
15	综合监控专业组确认中央级及车站级综合监控系统是否收到上行 PEDC 通道故障信息
16	PSD 专业组恢复上行 PEDC 通道故障
17	PSD 专业组确认工控机是否收到上行 PEDC 通道故障消除信息
18	综合监控专业组确认中央级及车站级综合监控系统是否收到上行 PEDC 通道故障消除信息

ASD/EED 互锁联调见表 6.6-6。

6.6 综合监控系统与屏蔽门系统联调测试

ASD/EED 互锁联调　　　　　　　　　　　　　　　　　　　　　表 6.6-6

序号	测试步骤
1	PSD 专业组在上行 PSL 盘上打 ASD/EED 互锁解除
2	PSD 专业组确认工控机是否收到 ASD/EED 互锁解除触发信息
3	综合监控专业组确认中央级及车站级综合监控系统是否收到 ASD/EED 互锁解除触发信息
4	PSD 专业组撤销上行 ASD/EED 互锁解除
5	PSD 专业组确认工控机是否收到 ASD/EED 互锁解除未触发信息
6	综合监控专业组确认中央级及车站级综合监控系统是否收到 ASD/EED 互锁解除未触发信息
7	PSD 专业组把上行所有滑动门/应急门关闭且锁紧
8	PSD 专业组确认工控机是否收到所有滑动门/应急门关闭且锁紧信息
9	综合监控专业组确认中央级及车站级综合监控系统是否收到所有滑动门/应急门关闭且锁紧信息
10	PSD 专业组打开上行其中的一个滑动门或应急门
11	PSD 专业组确认工控机是否收到所有滑动门/应急门未完全关闭且锁紧信息
12	综合监控专业组确认中央级及车站级综合监控系统是否收到所有滑动门/应急门未完全关闭且锁紧信息
13	PSD 专业组把上行所有滑动门处于完全开启状态
14	PSD 专业组确认工控机是否收到所有滑动门处于完全开启状态信息
15	综合监控专业组确认中央级及车站级综合监控系统是否收到所有滑动门处于完全开启状态信息
16	PSD 专业组把上行其中任何一道滑动门处于未完全开启状态
17	PSD 专业组确认工控机是否收到所有滑动门处于未完全开启状态信息
18	综合监控专业组确认中央级及车站级综合监控系统是否收到所有滑动门处于未完全开启状态信息
19	PSD 专业组将上行 IBP 打到"开门"位置
20	PSD 专业组确认工控机是否收到上行 IBP 开门命令信息
21	综合监控专业组确认中央级及车站级综合监控系统是否收到上行 IBP 开门命令信息
22	PSD 专业组将上行 IBP 打到"禁止"位置
23	PSD 专业组确认工控机是否未收到 IBP 开门命令信息
24	综合监控专业组确认中央级及车站级综合监控系统是否未收到 IBP 开门命令信息
25	PSD 专业组把上行 PSL 打到"关门"位置
26	PSD 专业组确认工控机是否收到上行 PSL 允许操作信息
27	综合监控专业组确认中央级及车站级综合监控系统是否收到上行 PSL 允许操作信息
28	PSD 专业组把上行 PSL 打到"禁止"位置
29	PSD 专业组确认工控机是否收到上行 PSL 禁止操作信息
30	综合监控专业组确认中央级及车站级综合监控系统是否收到上行 PSL 禁止操作信息
31	PSD 专业组把上行 PSL 打到"开门"位置
32	PSD 专业组确认工控机是否收到上行 PSL 开门命令生成及上行 PSL 关门命令撤销信息
33	综合监控专业组确认中央级及车站级综合监控系统是否收到上行 PSL 开门命令生成及上行 PSL 关门命令撤销信息

续表

序号	测试步骤
34	PSD 专业组把上行 PSL 打到"关门"位置
35	PSD 专业组确认工控机是否收到上行 PSL 关门命令生成及上行 PSL 开门命令撤销信息
36	综合监控专业组确认中央级及车站级综合监控系统是否收到上行 PSL 关门命令生成及上行 PSL 开门命令撤销信息
37	PSD 专业组将上行端门 1 解锁
38	PSD 专业组确认工控机是否收到上行端门 1 未锁紧信息
39	综合监控专业组确认中央级及车站级综合监控系统是否收到上行端门 1 未锁紧信息
40	将上行端门 1 关闭锁紧
41	PSD 专业组确认工控机是否收到上行端门 1 关闭锁紧信息
42	综合监控专业组确认中央级及车站级综合监控系统是否收到上行端门 1 关闭锁紧信息
43	PSD 专业组把上行端门 1 打开并保持 30s 以内后关闭
44	PSD 专业组确认工控机是否收到上行端门 1 开启正常信息
45	综合监控专业组确认中央级及车站级综合监控系统是否收到上行端门 1 开启正常信息
46	PSD 专业组把上行端门 1 打开并保持 30s 以上
47	PSD 专业组确认工控机是否收到上行端门 1 开启报警信息
48	综合监控专业组确认中央级及车站级综合监控系统是否收到上行端门 1 开启报警信息
49	PSD 专业组模拟上行端门 1 锁闭检测故障
50	PSD 专业组确认工控机是否收到上行端门 1 锁闭检测故障
51	综合监控专业组确认中央级及车站级综合监控系统是否收到上行端门 1 锁闭检测故障
52	PSD 专业组恢复上行端门 1 锁闭检测故障
53	PSD 专业组确认工控机是否收到上行端门 1 锁闭检测故障消除信息
54	综合监控专业组确认中央级及车站级综合监控系统是否收到上行端门 1 锁闭检测故障消除信息
55	重复步骤 10~54，完成上行端门 1 的检测
56	PSD 专业组把上行应急门 1 打开
57	PSD 专业组确认工控机是否收到上行应急门 1 未锁紧信息
58	综合监控专业组确认中央级及车站级综合监控系统是否收到上行应急门 1 未锁紧信息
59	PSD 专业组把上行应急门 1 关闭锁紧
60	PSD 专业组确认工控机是否收到上行应急门 1 关闭锁紧信息
61	综合监控专业组确认中央级及车站级综合监控系统是否收到上行应急门 1 关闭锁紧信息
62	PSD 专业组模拟上行应急门 1 锁闭检测故障
63	PSD 专业组确认工控机是否收到上行应急门 1 锁闭检测故障信息
64	综合监控专业组确认中央级及车站级综合监控系统是否收到上行应急门 1 锁闭检测故障信息
65	恢复上行应急门 1 锁闭检测故障
66	PSD 专业组确认工控机是否收到上行应急门 1 锁闭检测故障消除信息
67	综合监控专业组确认中央级及车站级综合监控系统是否收到上行应急门 1 锁闭检测故障消除信息

6.6 综合监控系统与屏蔽门系统联调测试

续表

序号	测试步骤
68	重复步骤 56~67，完成上行其他应急门的测试
69	PSD 专业组把上行滑动门 1 打开
70	PSD 专业组确认工控机是否收到上行滑动门 1 部分开启信息
71	综合监控专业组确认中央级及车站级综合监控系统是否收到上行滑动门 1 部分开启信息
72	PSD 专业组把上行滑动门 1 关闭锁紧
73	PSD 专业组确认工控机是否收到上行滑动门 1 关闭锁紧信息
74	综合监控专业组确认中央级及车站级综合监控系统是否收到上行滑动门 1 关闭锁紧信息
75	PSD 专业组模拟上行滑动门 1 故障
76	PSD 专业组确认工控机是否收到上行滑动门 1 故障信息
77	综合监控专业组确认中央级及车站级综合监控系统是否收到上行滑动门 1 故障信息
78	PSD 专业组恢复上行滑动门 1 故障
79	PSD 专业组确认工控机是否收到上行滑动门 1 故障消除信息
80	综合监控专业组确认中央级及车站级综合监控系统是否收到上行滑动门 1 故障消除信息
81	PSD 专业组把上行滑动门 1 门头模式开关打到"自动"位置
82	PSD 专业组确认工控机是否收到上行滑动门 1 自动模式投入信息
83	综合监控专业组确认中央级及车站级综合监控系统是否收到上行滑动门 1 自动模式投入信息
84	PSD 专业组把上行滑动门 1 门头模式开关打到"隔离"位置
85	PSD 专业组确认工控机是否收到上行滑动门 1 隔离模式投入及自动模式退出信息
86	综合监控专业组确认中央级及车站级综合监控系统是否收到上行滑动门 1 隔离模式投入及自动模式退出信息
87	PSD 专业组把上行滑动门 1 门头模式开关打到"手动关"位置
88	PSD 专业组确认工控机是否收到上行滑动门 1 手动模式投入及隔离模式退出信息
89	综合监控专业组确认中央级及车站级综合监控系统是否收到上行滑动门 1 手动模式投入及隔离模式退出信息
90	PSD 专业组把上行滑动门 1 门头模式开关打到"手动开"位置
91	PSD 专业组确认工控机是否收到上行滑动门 1 手动模式投入信息
92	综合监控专业组确认中央级及车站级综合监控系统是否收到上行滑动门 1 手动模式投入信息
93	PSD 专业组模拟上行滑动门 1 闭锁检测开关故障
94	PSD 专业组确认工控机是否收到上行滑动门 1 闭锁检测开关故障信息
95	综合监控专业组确认中央级及车站级综合监控系统是否收到上行滑动门 1 闭锁检测开关故障信息
96	PSD 专业组恢复上行滑动门 1 闭锁检测开关故障
97	PSD 专业组确认工控机是否收到上行滑动门 1 闭锁检测开关故障消除信息
98	综合监控专业组确认中央级及车站级综合监控系统是否收到上行滑动门 1 闭锁检测开关故障消除信息
99	PSD 专业组模拟上行滑动门 1 开门故障

续表

序号	测试步骤
100	PSD 专业组确认工控机是否收到上行滑动门 1 开门故障信息
101	综合监控专业组确认中央级及车站级综合监控系统是否收到上行滑动门 1 开门故障信息
102	PSD 专业组恢复上行滑动门 1 开门故障
103	PSD 专业组确认工控机是否收到上行滑动门 1 开门故障消除信息
104	综合监控专业组确认中央级及车站级综合监控系统是否收到上行滑动门 1 开门故障消除信息
105	PSD 专业组模拟上行滑动门 1 关门故障
106	PSD 专业组确认工控机是否收到上行滑动门 1 关门故障信息
107	综合监控专业组确认中央级及车站级综合监控系统是否收到上行滑动门 1 关门故障信息
108	PSD 专业组恢复上行滑动门 1 关门故障
109	PSD 专业组确认工控机是否收到上行滑动门 1 关门故障消除信息
110	综合监控专业组确认中央级及车站级综合监控系统是否收到上行滑动门 1 关门故障消除信息
111	PSD 专业组模拟上行滑动门 1DCU 故障
112	PSD 专业组确认工控机是否收到上行滑动门 1DCU 故障信息
113	综合监控专业组确认中央级及车站级综合监控系统是否收到上行滑动门 1DCU 故障信息
114	PSD 专业组恢复上行滑动门 1DCU 故障
115	PSD 专业组确认工控机是否收到上行滑动门 1DCU 故障消除信息
116	综合监控专业组确认中央级及车站级综合监控系统是否收到上行滑动门 1DCU 故障消除信息

屏蔽门电机故障联调见表 6.6-7。

屏蔽门电机故障联调　　　　表 6.6-7

序号	测试步骤
1	PSD 专业组模拟上行滑动门 1 电机故障
2	PSD 专业组确认工控机是否收到上行滑动门 1 电机故障信息
3	综合监控专业组确认中央级及车站级综合监控系统是否收到上行滑动门 1 电机故障信息
4	PSD 专业组恢复上行滑动门 1 电机故障
5	PSD 专业组确认工控机是否收到上行滑动门 1 电机故障消除信息
6	综合监控专业组确认中央级及车站级综合监控系统是否收到上行滑动门 1 电机故障消除信息
7	PSD 专业组模拟上行滑动门 1 解锁故障
8	PSD 专业组确认工控机是否收到上行滑动门 1 解锁故障信息
9	综合监控专业组确认中央级及车站级综合监控系统是否收到上行滑动门 1 解锁故障信息
10	PSD 专业组恢复上行滑动门 1 解锁故障
11	PSD 专业组确认工控机是否收到上行滑动门 1 解锁故障消除信息
12	综合监控专业组确认中央级及车站级综合监控系统是否收到上行滑动门 1 解锁故障消除信息

模拟通信故障调试见表 6.6-8。

模拟通信故障调试　　　　　　　　表 6.6-8

序号	测试步骤
1	PSD 专业组模拟 PEDC1 通信中断
2	PSD 专业组确认工控机是否收到 PEDC1 通信中断故障信息
3	综合监控专业组确认中央级及车站级综合监控系统是否收到 PEDC1 通信中断故障信息
4	PSD 专业组恢复 PEDC1 通信故障
5	PSD 专业组确认工控机是否收到 PEDC1 通信中断故障消除信息
6	综合监控专业组确认中央级及车站级综合监控系统是否收到 PEDC1 通信中断故障消除信息
7	重复步骤 1~6，完成 PEDC2 通信测试
8	PSD 人员断开与综合监控网口 A
9	站级、中央级综合监控人员确认监控是否正常
10	PSD 人员恢复网口 A，拔开网口 B
11	站级、中央级综合监控人员确认监控是否正常，链路切换是否正常
12	PSD 专业组恢复网口 B，拔开网口 A
13	站级、中央级综合监控人员确认监控是否正常，链路切换是否正常
14	PSD 专业组与站级、中央级综合监控人员核对系统时间
15	PSD 专业组修改系统时间，并观察时间是否能与综合监控自动对时
16	综合监控与 PSD 双方各自确认系统状态，并恢复现场
17	重复步骤 1~16，直至完成所有车站屏蔽门与综合监控系统综合联调项目

6.7　综合监控系统与 AFC 系统联调测试

6.7.1　综合监控系统与 AFC 系统联调测试概述

AFC 系统的全称是城市轨道交通自动售检票系统。该系统是一种由计算机集中控制的自动售票、半自动售票、自动检票以及自动收费和统计的封闭式自动化网络系统。AFC 自动售检票系统基于计算机、通信、网络、自动控制等技术通过自动化能够实现轨道交通售票、检票、计费、收费、统计、清分管理。其中 AFC 自动售检票系统主要设备包括有中央计算机或线路中央计算机，系统工作站，编码分拣机，车站计算机，自动售票机，闸机，自动充值机，半自动售票机，验票机，手持验票机等。

AFC的结构进行了层次划分，共分为车票、车站终端设备、车站计算机系统、线路中央计算机系统、清分系统5个层次。层次结构是按照全封闭的运行方式，以计程收费模式为基础，采用非接触式IC卡为车票介质的组成原则，根据各层次设备和子系统各自的功能、管理职能和所处的位置进行划分的。已经确定的五层结构，根据轨道交通建设的特点设置的，具有一定的可伸缩性。

通过综合监控系统与AFC系统设备的联调，测试综合监控系统对AFC系统设备监控功能，确认AFC系统是否实现乘客乘坐地铁购票、验票、入闸功能的设备功能，包括服务器、售票机、检票机、充值机等设备，确保系统功能达设计标准，满足运营需求。

6.7.2 综合监控系统与AFC系统联调测试目的

通过该项测试验证某城市综合监控系统对AFC系统设备监控功能，确认AFC系统是否实现乘客乘坐地铁购票、验票、入闸功能的设备功能，包括服务器、售票机、检票机、充值机等设备功能；发现系统接口、功能的问题，协调建设分公司、厂家、施工队对问题进行整改。

6.7.3 综合监控系统与AFC系统联调测试项目

综合监控系统与AFC系统综合联调测试项目主要内容为实现综合监控系统对AFC系统设备的监视控制功能，按照协议规定的各种数据信息均能通过AFC系统在综合监控系统上正确接收和反馈，并且综合监控系统均能对AFC系统设备发送和接收正确数据信息。包括综合监控与AFC服务器联调测试、综合监控与时间表控制联调测试，综合监控与自动售票机联调、自动充值机联调自动检票机联调、半自动售票机联调测试。

6.7.4 综合监控系统与AFC系统联调测试前准备

6.7.4.1 测试前项目检查

AFC系统由计算机集中控制的自动售票、半自动售票、自动检票以及自动收费和统计的封闭式自动化网络系统，根据综合联调测试前应对各设备软硬件进行全面检查确认其各项功能正常，保证各项测试顺利完成。具体检查项目如表6.7-1所示。

6.7 综合监控系统与AFC系统联调测试

仪器功能检查项目统计表　　　　　　　　　　　　　　　表 6.7-1

序号	检查点	检查内容
1	AFC设备	（1）检查计算机集中控制主机是否正常开启运行； （2）检查售票机、闸机各模块是否按设计要求进行接线与布置； （3）检查完成安装及硬件、软件调试，功能完备，符合设计是否与设计说明书一致
2	ISCS设备	（1）检查设备完成安装及硬件、软件调试，功能完备，符合设计要求； （2）检查车站级、中央级ISCS完成与AFC点对点测试、功能测试，符合设计要求是否按设计要求进行接线与布置； （3）检查设备主要技术参数输出是否与设计说明书一致
3	通信无线系统	检查已实现全线覆盖包含OCC、各车站设备房，满足ISCS系统站级与中央级网络传输需求开启运行； 检查无线手持台能实现OCC、车站之间是否相互联系
4	测试相关人员情况	（1）各部门相关人员在测试开始前全部安排到位。调度、维修机电、通信检修人员全部在岗，按正常工作要求值班。 （2）测试期间严格确保按照正常运营生产要求开展行车组织、设备维修/维护及故障抢修工作
5	培训情况	检查本方案在实施前一周已对各相关岗位和测试人员进行了培训及安全交底
6	调试前情况交底	测试前由建设部门提交各专业的功能具备情况，经综合联调演练工作组确认是否具备进行本项测试，确认具备后由综合联调演练工作组发布联调令

6.7.4.2 所需工器具（表6.7-2）

工器具配备表　　　　　　　　　　　　　　　　　　　表 6.7-2

序号	名称	配置标准	使用地点
1	无线手持台	总指挥1台	OCC控制中心
		副总指挥1台	车站
		现场指挥1台	正线区间
		综合监控专业组1台	车站
		AFC专业组1台	车站
2	手提电脑	AFC专业组1台 综合监控专业组1台	车站
3	技术图纸资料	单边、双边供电测试时分别为1套、2套	正线、车站
4	800M对讲机	根据实际需求配置	—
5	螺丝批十件套	8套	车站
6	各系统设备柜钥匙	1套	正线区间
7	手电筒	站级1把、OCC综合监控人员1把	车站
8	设备房钥匙	各专业组人员1套	车站
9	数字万用表	AFC专业组1台 综合监控专业组1台	车站

6.7.5 综合监控系统与 AFC 系统联调测试方法及步骤

6.7.5.1 测试方法

根据城市轨道交通工程现状，系统联调需要完成的主要内容是 AFC 系统实现乘客乘坐地铁购票、验票、入闸功能的设备，包括服务器、售票机、检票机、充值机等设备，通过综合监控系统与 AFC 系统设备的联调，测试综合监控系统对 AFC 系统设备监控功能，确保系统功能达设计标准，综合监控系统均能对 AFC 系统设备发送和接收正确数据信息，AFC 测试核心功能如下：

(1) 客流统计数据：中央级和车站级测试。
(2) 设备运行信息：中央级和车站级测试。
(3) AFC 车站级紧急/降级状态：车站级测试。
(4) 设备投入和退出服务：中央级和车站级测试。
(5) 时间表控制功能：中央级和车站级测试。
(6) 接口冗余链路切换：中央级和车站级测试。

6.7.5.2 联调实施操作步骤（表 6.7-3）

联调实施操作步骤　　　　　表 6.7-3

序号	测试步骤的内容	信息传递
1	综合监控专业组人员及 AFC 专业组人员检查各自系统设备及接口状态	综合监控专业组、AFC 专业组
2	AFC 人员将开启服务器，投入运营服务，AFC 人员确认设备正常运营服务	AFC 人员通知综合监控人员
3	车站级、中央级综合监控人员检查综合监控系统工作站上页面、事件、报警、监控面板等信息，确认综合监控系统显示状态与现场 AFC 设备状态一致	综合监控人员记录后，通知 AFC 人员进行下一步
4	AFC 人员将服务器退出运营服务，AFC 人员确认设备退出运营服务	AFC 人员通知综合监控人员
5	车站级、中央级综合监控人员检查综合监控系统工作站上页面、事件、报警、监控面板等信息，确认综合监控系统显示状态与现场 AFC 设备状态一致	综合监控人员记录后，通知 AFC 人员进行下一步
6	AFC 人员通过软件分别两次模拟两个不同数值的进站客流人数	AFC 人员通知综合监控人员
7	车站级、中央级综合监控人员在综合监控系统上检查两次进站客流人数是否与 AFC 人员模拟的数值一致	综合监控人员记录后，通知 AFC 人员进行下一步

6.7 综合监控系统与AFC系统联调测试

续表

序号	测试步骤的内容	信息传递
8	AFC人员通过软件分别两次模拟两个不同数值的出站客流人数	AFC人员通知综合监控人员
9	车站级、中央级综合监控人员在综合监控系统上检查两次出站客流人数是否与AFC人员模拟的数值一致	综合监控人员记录后,通知AFC人员进行下一步
10	AFC人员依次改变服务器数据传输状态为异常、正常、结束三种状态	AFC人员通知综合监控人员
11	车站级、中央级综合监控人员检查综合监控系统工作站上页面、事件、报警、监控面板等信息,确认综合监控系统显示状态与现场AFC设备状态一致	综合监控人员记录后,通知AFC人员进行下一步
12	AFC人员依次改变服务器SC自身状态为不在运营状态、运营开始、运营中、运营结束状态	AFC人员通知综合监控人员
13	车站级、中央级综合监控人员检查综合监控系统工作站上页面、事件、报警、监控面板等信息,确认综合监控系统显示状态与现场AFC设备状态一致	综合监控人员记录后,通知AFC人员进行下一步
14	AFC人员通过增删文件方式改变磁盘空间状态为良好、正常、不足、严重不足	AFC人员通知综合监控人员
15	车站级、中央级综合监控人员检查综合监控系统工作站上页面、事件、报警、监控面板等信息,确认综合监控系统显示状态与现场AFC设备状态一致	综合监控人员记录后,通知AFC人员进行下一步
16	AFC人员通过增删文件方式改变磁盘空间状态为良好、正常、不足、严重不足	AFC人员通知综合监控人员
17	车站级、中央级综合监控人员检查综合监控系统工作站上页面、事件、报警、监控面板等信息,确认综合监控系统显示状态与现场AFC设备状态一致	综合监控人员记录后,通知AFC人员进行下一步
18	AFC人员通过增删数据库文件改变数据库空间状态为良好、正常、不足、严重不足	AFC人员通知综合监控人员
19	车站级、中央级综合监控人员检查综合监控系统工作站上页面、事件、报警、监控面板等信息,确认综合监控系统显示状态与现场AFC设备状态一致	综合监控人员记录后,通知AFC人员进行下一步
20	AFC人员同时运行不同数量的程序改变CPU利用率,对应为CPU利用良好、正常、偏高	AFC人员通知综合监控人员
21	车站级、中央级综合监控人员检查综合监控系统工作站上页面、事件、报警、监控面板等信息,确认综合监控系统显示状态与现场AFC设备状态一致	综合监控人员记录后,通知AFC人员进行下一步

续表

序号	测试步骤的内容	信息传递
22	AFC 人员开启多个进程改变内存状态，对应为内存利用良好、正常、偏高	AFC 人员通知综合监控人员
23	车站级、中央级综合监控人员检查综合监控系统工作站上页面、事件、报警、监控面板等信息，确认综合监控系统显示状态与现场 AFC 设备状态一致	综合监控人员记录后，通知 AFC 人员进行下一步
24	根据当前模式，分别在车站级综合监控系统下发正常模式、进站次序免检模式、出站次序免检模式、车票日期免检模式、乘车时间免检模式、紧急模式等不同的模式控制命令	综合监控人员通知 AFC 人员
25	AFC 人员现场检查设备是否根据综合监控下发的控制命令改变工作模式	AFC 人员通知综合监控人员记录
26	完成全部模式控制测试后，AFC 人员手动修改现场服务器系统时间	AFC 人员通知综合监控人员
27	车站级综合监控下发强制时钟同步	综合监控人员通知 AFC 人员
28	AFC 人员检查服务器接受到命令后，是否自动同步时间	AFC 人员通知综合监控人员记录

AFC 服务器联调售票机联调步骤见表 6.7-4。

AFC 服务器联调售票机联调步骤　　　　　表 6.7-4

序号	测试步骤的内容	信息传递
1	AFC 人员向综合监控人员报告现场售票机数量	AFC 人员通知综合监控人员
2	车站级、中央级综合监控人员检查综合监控系统工作站上页面、事件、报警、监控面板等信息，确认综合监控系统显示状态与现场 AFC 设备状态一致	综合监控人员记录后，通知 AFC 人员进行下一步
3	AFC 人员依次改变售票机状态为设备正常服务、暂停服务、维修关闭	AFC 人员通知综合监控人员
4	车站级、中央级综合监控人员检查综合监控系统工作站上页面、事件、报警、监控面板等信息，确认综合监控系统显示状态与现场 AFC 设备状态一致	综合监控人员记录后，通知 AFC 人员进行下一步
5	AFC 人员对售票机参数进行修改，或模拟改变参数版本状态为一致、不一致	AFC 人员通知综合监控人员
6	车站级、中央级综合监控人员检查综合监控系统工作站上页面、事件、报警、监控面板等信息，确认综合监控系统显示状态与现场 AFC 设备状态一致	综合监控人员记录后，通知 AFC 人员进行下一步

6.7 综合监控系统与AFC系统联调测试

续表

序号	测试步骤的内容	信息传递
7	AFC人员对软件参数进行修改，或模拟改变参数版本状态为一致、不一致	AFC人员通知综合监控人员
8	车站级、中央级综合监控人员检查综合监控系统工作站上页面、事件、报警、监控面板等信息，确认综合监控系统显示状态与现场AFC设备状态一致	综合监控人员记录后，通知AFC人员进行下一步
9	通过模拟验证TPU参数版本、软件版本的一致、不一致状态	
10	AFC人员通过现场调整或模拟售票机运营状态、连接状态、时钟差异、设备故障状态、数据传输状态	AFC人员通知综合监控人员
11	车站级、中央级综合监控人员依次检查综合监控系统工作站上页面、事件、报警、监控面板等信息，确认综合监控系统显示状态与现场AFC设备状态一致	综合监控人员记录后，通知AFC人员进行下一步
12	AFC人员修改或模拟改变磁盘空间状态、CPU状态、内存状态	AFC人员通知综合监控人员
13	车站级、中央级综合监控人员依次检查综合监控系统工作站上页面、事件、报警、监控面板等信息，确认综合监控系统显示状态与现场AFC设备状态一致	综合监控人员记录后，通知AFC人员进行下一步
14	AFC人员改变或模拟票卡发行模块总体状态、发行Hopper1/Hopper2状态、回收箱1数量状态、废票箱状态	AFC人员通知综合监控人员
15	车站级、中央级综合监控人员依次检查综合监控系统工作站上页面、事件、报警、监控面板等信息，确认综合监控系统显示状态与现场AFC设备状态一致	综合监控人员记录后，通知AFC人员进行下一步
16	AFC人员改变或模拟硬币单元整体状态、硬币找零箱1状态、硬币找零箱2状态、硬币Hopper1/Hopper2状态、硬币回收箱1状态	AFC人员通知综合监控人员
17	车站级、中央级综合监控人员依次检查综合监控系统工作站上页面、事件、报警、监控面板等信息，确认综合监控系统显示状态与现场AFC设备状态一致	综合监控人员记录后，通知AFC人员进行下一步
18	AFC人员改变或模拟纸币找零模块整体状态、纸币识别模块总体状态、纸币找零箱1状态、纸币找零箱2状态、纸币回收箱1数量状态	AFC人员通知综合监控人员

续表

序号	测试步骤的内容	信息传递
19	车站级、中央级综合监控人员依次检查综合监控系统工作站上页面、事件、报警、监控面板等信息，确认综合监控系统显示状态与现场AFC设备状态一致	综合监控人员记录后，通知AFC人员进行下一步
20	AFC人员改变或模拟打印机1总体状态、读写器1总体状态、维修门综合状态	AFC人员通知综合监控人员
21	车站级、中央级综合监控人员依次检查综合监控系统工作站上页面、事件、报警、监控面板等信息，确认综合监控系统显示状态与现场AFC设备状态一致	综合监控人员记录后，通知AFC人员进行下一步
22	AFC人员改变或模拟UPS状态、UPS整体状态	AFC人员通知综合监控人员
23	车站级、中央级综合监控人员依次检查综合监控系统工作站上页面、事件、报警、监控面板等信息，确认综合监控系统显示状态与现场AFC设备状态一致	综合监控人员记录后，通知AFC人员进行下一步
24	AFC人员改变或模拟售票机工作模式、支付模式、找零模式、招援按钮状态	AFC人员通知综合监控人员
25	车站级、中央级综合监控人员依次检查综合监控系统工作站上页面、事件、报警、监控面板等信息，确认综合监控系统显示状态与现场AFC设备状态一致	综合监控人员记录后，通知AFC人员进行下一步
26	根据当前模式，分别在车站级综合监控系统下发暂停服务、恢复服务、无找零模式、只收硬币模式等各种模式控制指令	综合监控人员通知AFC人员
27	AFC人员现场检查设备是否根据综合监控下发的控制命令改变工作模式	AFC人员通知综合监控人员记录
28	完成全部模式控制测试后，AFC人员手动修改现场售票机系统时间	AFC人员通知综合监控人员
29	车站级综合监控下发强制时钟同步	综合监控人员通知AFC人员
30	AFC人员检查售票机接受到命令后，是否自动同步好时间	AFC人员通知综合监控人员记录
31	在车站级综合监控系统下发设备重启指令、关机指令、设备参数/软件同步指令	综合监控人员通知AFC人员
32	AFC人员现场检查售票机是否在接受到相关指令后完成对应动作	AFC人员通知综合监控人员记录
33	重复3~32步骤，完成全部售票机测试	

6.7 综合监控系统与 AFC 系统联调测试

自动充值机联调步骤见表 6.7-5。

自动充值机联调步骤　　　　　　表 6.7-5

序号	测试步骤的内容	信息传递
1	AFC 人员向综合监控人员报告现场自动充值机数量	AFC 人员通知综合监控人员
2	车站级、中央级综合监控人员检查综合监控系统工作站上页面、事件、报警、监控面板等信息，确认综合监控系统显示状态与现场 AFC 设备状态一致	综合监控人员记录后，通知 AFC 人员进行下一步
3	AFC 人员依次改变充值机状态为设备正常服务、暂停服务、维修关闭	AFC 人员通知综合监控人员
4	车站级、中央级综合监控人员检查综合监控系统工作站上页面、事件、报警、监控面板等信息，确认综合监控系统显示状态与现场 AFC 设备状态一致	综合监控人员记录后，通知 AFC 人员进行下一步
5	AFC 人员对充值机参数进行修改，或模拟改变参数版本状态为一致、不一致	AFC 人员通知综合监控人员
6	车站级、中央级综合监控人员检查综合监控系统工作站上页面、事件、报警、监控面板等信息，确认综合监控系统显示状态与现场 AFC 设备状态一致	综合监控人员记录后，通知 AFC 人员进行下一步
7	AFC 人员对充值机软件参数进行修改，或模拟改变参数版本状态为一致、不一致	AFC 人员通知综合监控人员
8	车站级、中央级综合监控人员检查综合监控系统工作站上页面、事件、报警、监控面板等信息，确认综合监控系统显示状态与现场 AFC 设备状态一致	综合监控人员记录后，通知 AFC 人员进行下一步
9	通过模拟验证充值机 TPU 参数版本、软件版本的一致、不一致状态	
10	AFC 人员通过现场调整或模拟充值机运营状态、连接状态、时钟差异、设备故障状态、数据传输状态	AFC 人员通知综合监控人员
11	车站级、中央级综合监控人员依次检查综合监控系统工作站上页面、事件、报警、监控面板等信息，确认综合监控系统显示状态与现场 AFC 设备状态一致	综合监控人员记录后，通知 AFC 人员进行下一步
12	AFC 人员修改或模拟改变充值机磁盘空间状态、CPU 状态、内存状态	AFC 人员通知综合监控人员
13	车站级、中央级综合监控人员依次检查综合监控系统工作站上页面、事件、报警、监控面板等信息，确认综合监控系统显示状态与现场 AFC 设备状态一致	综合监控人员记录后，通知 AFC 人员进行下一步
14	AFC 人员改变或模拟纸币识别模块总体状态、回收箱 1 数量状态	AFC 人员通知综合监控人员

229

续表

序号	测试步骤的内容	信息传递
15	车站级、中央级综合监控人员依次检查综合监控系统工作站上页面、事件、报警、监控面板等信息,确认综合监控系统显示状态与现场AFC设备状态一致	综合监控人员记录后,通知AFC人员进行下一步
16	AFC人员改变或模拟充值机打印机1总体状态、读写器1总体状态、维修门综合状态	AFC人员通知综合监控人员
17	车站级、中央级综合监控人员依次检查综合监控系统工作站上页面、事件、报警、监控面板等信息,确认综合监控系统显示状态与现场AFC设备状态一致	综合监控人员记录后,通知AFC人员进行下一步
18	AFC人员改变或模拟UPS状态、UPS整体状态	AFC人员通知综合监控人员
19	车站级、中央级综合监控人员依次检查综合监控系统工作站上页面、事件、报警、监控面板等信息,确认综合监控系统显示状态与现场AFC设备状态一致	综合监控人员记录后,通知AFC人员进行下一步
20	根据当前模式,分别在车站级综合监控系统下发暂停服务、恢复服务控制指令	综合监控人员通知AFC人员
21	AFC人员现场检查充值机是否根据综合监控下发的控制命令改变工作模式	AFC人员通知综合监控人员记录
22	完成全部模式控制测试后,AFC人员手动修改现场充值机系统时间	AFC人员通知综合监控人员
23	车站级综合监控下发强制时钟同步	综合监控人员通知AFC人员
24	AFC人员检查充值机接受到命令后,是否自动同步好时间	AFC人员通知综合监控人员记录
25	在车站级综合监控系统下发设备重启指令、关机指令、设备参数/软件同步指令	综合监控人员通知AFC人员
26	AFC人员现场检查充值机是否在接受到相关指令后完成对应动作	AFC人员通知综合监控人员记录
27	重复3~26步骤,完成全部充值机测试	
28		

自动检票机联调步骤见表6.7-6。

自动检票机联调步骤 表6.7-6

序号	测试步骤的内容	信息传递
1	AFC人员向综合监控人员报告现场检票机数量	AFC人员通知综合监控人员
2	车站级、中央级综合监控人员检查综合监控系统工作站上页面、事件、报警、监控面板等信息,确认综合监控系统显示状态与现场AFC设备状态一致	综合监控人员记录后,通知AFC人员进行下一步

6.7 综合监控系统与AFC系统联调测试

续表

序号	测试步骤的内容	信息传递
3	AFC人员依次改变检票机状态为设备正常服务、暂停服务、维修关闭	AFC人员通知综合监控人员
4	车站级、中央级综合监控人员检查综合监控系统工作站上页面、事件、报警、监控面板等信息,确认综合监控系统显示状态与现场AFC设备状态一致	综合监控人员记录后,通知AFC人员进行下一步
5	AFC人员对检票机参数进行修改,或模拟改变参数版本状态为一致、不一致	AFC人员通知综合监控人员
6	车站级、中央级综合监控人员检查综合监控系统工作站上页面、事件、报警、监控面板等信息,确认综合监控系统显示状态与现场AFC设备状态一致	综合监控人员记录后,通知AFC人员进行下一步
7	AFC人员对检票机软件参数进行修改,或模拟改变参数版本状态为一致、不一致	AFC人员通知综合监控人员
8	车站级、中央级综合监控人员检查综合监控系统工作站上页面、事件、报警、监控面板等信息,确认综合监控系统显示状态与现场AFC设备状态一致	综合监控人员记录后,通知AFC人员进行下一步
9	通过模拟验证检票机TPU参数版本、软件版本的一致、不一致状态	
10	AFC人员通过现场调整或模拟检票机运营状态、连接状态、时钟差异、设备故障状态、数据传输状态	AFC人员通知综合监控人员
11	车站级、中央级综合监控人员依次检查综合监控系统工作站上页面、事件、报警、监控面板等信息,确认综合监控系统显示状态与现场AFC设备状态一致	综合监控人员记录后,通知AFC人员进行下一步
12	AFC人员修改或模拟改变检票机磁盘空间状态、CPU状态、内存状态	AFC人员通知综合监控人员
13	车站级、中央级综合监控人员依次检查综合监控系统工作站上页面、事件、报警、监控面板等信息,确认综合监控系统显示状态与现场AFC设备状态一致	综合监控人员记录后,通知AFC人员进行下一步
14	AFC人员改变或模拟检票机回收箱模块状态、回收箱1数量状态、回收箱2数量状态、AG设备子类型	AFC人员通知综合监控人员
15	车站级、中央级综合监控人员依次检查综合监控系统工作站上页面、事件、报警、监控面板等信息,确认综合监控系统显示状态与现场AFC设备状态一致	综合监控人员记录后,通知AFC人员进行下一步
16	AFC人员改变或模拟检票机维修门综合状态、闸门状态、通道方向、通道模式	AFC人员通知综合监控人员

续表

序号	测试步骤的内容	信息传递
17	车站级、中央级综合监控人员依次检查综合监控系统工作站上页面、事件、报警、监控面板等信息，确认综合监控系统显示状态与现场 AFC 设备状态一致	综合监控人员记录后，通知 AFC 人员进行下一步
18	AFC 人员改变或模拟检票机 UPS 状态、UPS 总体状态	AFC 人员通知综合监控人员
19	车站级、中央级综合监控人员依次检查综合监控系统工作站上页面、事件、报警、监控面板等信息，确认综合监控系统显示状态与现场 AFC 设备状态一致	综合监控人员记录后，通知 AFC 人员进行下一步
20	AFC 人员改变或模拟检票机读写器 1、2 总体状态	AFC 人员通知综合监控人员
21	车站级、中央级综合监控人员依次检查综合监控系统工作站上页面、事件、报警、监控面板等信息，确认综合监控系统显示状态与现场 AFC 设备状态一致	综合监控人员记录后，通知 AFC 人员进行下一步
22	根据当前模式，分别在车站级综合监控系统下发暂停服务、恢复服务控制指令	综合监控人员通知 AFC 人员
23	AFC 人员现场检查检票机是否根据综合监控下发的控制命令改变工作模式	AFC 人员通知综合监控人员记录
24	完成全部模式控制测试后，AFC 人员手动修改现场检票机系统时间	AFC 人员通知综合监控人员
25	车站级综合监控下发强制时钟同步	综合监控人员通知 AFC 人员
26	AFC 人员检查检票机接受到命令后，是否自动同步好时间	AFC 人员通知综合监控人员记录
27	在车站级综合监控系统下发检票机重启指令、关机指令、设备参数/软件同步指令	综合监控人员通知 AFC 人员
28	AFC 人员现场检查售票机是否在接受到相关指令后完成对应动作	AFC 人员通知综合监控人员记录
29	在车站级综合监控系统下发设置检票机为进站模式、出站模式、双向进出模式	综合监控人员通知 AFC 人员
30	AFC 人员现场检查检票机是否在接受到相关指令后改变模式	AFC 人员通知综合监控人员记录
31	在车站级综合监控系统依次设置检票机扇门为常开、常闭模式	综合监控人员通知 AFC 人员
32	AFC 人员现场检查检票机是否在接受到相关指令后改变模式	AFC 人员通知综合监控人员记录
33	重复 3~32 步骤，完成全部检票机测试	

6.8 综合监控系统与CCTV系统联调测试

6.8.1 综合监控系统与CCTV系统联调测试概述

闭路电视监视系统（CCTV）是维护城市轨道交通和保证运输安全的重要手段。它能够为控制中心的调度员、车站值班员、列车司机、主变电站值班员等提供有关列车运行、防灾救灾、旅客疏导以及社会治安等方面的视觉信息。综合监控系统（ISCS）可分别在中央级和车站级监控平台上对CCTV视频进行查看、编组、轮切以及对图像进行PTZ控制，图6.8-1为CCTV监控图。

图6.8-1 CCTV监控图

CCTV系统主要由车站（含主变电站）、控制中心和车载闭路电视监视系统组成。其中车载闭路电视监视系统由车辆专业负责提供，本专业通过接口方式实现对列车闭路电视监视信息的调用监控，传输通道由专用通信系统和乘客信息系统共同提供。设置在控制中心的行车、环控、电力、票务监视，设置在车站（含主变电站）的运营、防灾监视，采用中心远程监控和车站（段）本地监控方式，组成完整的两级监视网络。车站（段）级与中心级的监视及控制关系相互独立，各级调度操作员的操作和控制关系相互独立。

车站（段）视频监控终端在权限许可范围内，可从本地网络中获取数字视频信息，通过软件解码显示本站（段）相应图像。同时，车站（段）

的数字视频通过专用传输系统传送至控制中心，控制中心视频监控终端可选取车站（段）编码上传的数字视频，解码显示全线任意图像，并可通过视频监控终端选取全线任意多路图像硬解码在大屏幕（由综合监控系统提供）上解码显示。对于高速变化的图像，其画面质量不会发生边缘模糊等现象。中心不同调度员对同一幅实时图像的调用不会重复占用传输带宽，图 6.8-2 为闭路电视系统组网图。

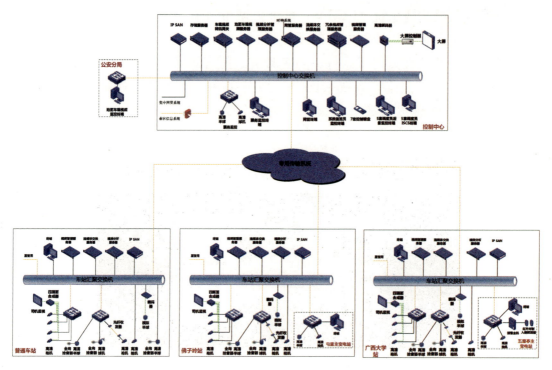

图 6.8-2　闭路电视系统组网图

通过综合监控系统与 CCTV 系统设备的联调，测试综合监控系统对 CCTV 系统设备监控功能，确保系统功能达设计标准，满足运营需求。

6.8.2　综合监控系统与 CCTV 系统联调测试目的

（1）验证综合监控系统可正常调用 CCTV 视频图像对车站情况进行监控；

（2）验证综合监控系统可实现对车站视频进行编组、轮切，以及对图像进行 PTZ 控制；

（3）实现中央及大屏对全线 CCTV 视频的调用监控。

（4）通过综合监控系统与 CCTV 系统设备的测试，发现接口及功能存在的问题，协调建设单位、厂家、施工单位进行问题整改，满足运营需求；

通过模拟联合调试，对运营操作及维修人员进行培训，确保新线开通后安全运营。

6.8.3 综合监控系统与CCTV系统联调测试项目

系统联调需要完成的主要项目是实现综合监控系统对CCTV系统设备的监视控制功能，按照协议规定的各种数据信息均能通过CCTV系统在综合监控系统上正确接收和反馈，并且综合监控系统均能对CCTV系统设备发送和接收正确数据信息。

CCTV测试核心功能如下：

（1）自动循环监视模式：中央级和车站级测试。
（2）人工监视模式：中央级和车站级测试。
（3）双通道冗余功能：中央级和车站级测试。

6.8.4 综合监控系统与CCTV系统联调测试前准备

6.8.4.1 测试前项目检查（表6.8-1）

测试前项目检查表 表6.8-1

序号	前置条件
1	综合监控系统设备已具备中央级、车站级对CCTV系统的联调功能，且工作状况良好
2	CCTV系统设备已投入运行、所有功能均已具备，且工作状况良好
3	通信无线系统已实现全线覆盖（包含OCC、各车站设备房，满足ISCS系统车站级与中央级网络传输需求），无线手持台可实现OCC、车站之间相互联系
4	联调测试所需的仪器仪表以及必备的工具准备充分，联调所使用的仪器仪表等均为符合国家标准要求的仪表，且均在使用的有效期限内
5	施工图、系统图齐全、联调实施方案、联调测试记录表格等资料齐全
6	所有参与本联调的单位及人员均已熟悉本联调组织及实施方案，并已做好相关各项准备工作

6.8.4.2 所需工器具（表6.8-2）

所需工器具配备表 表6.8-2

序号	工具/设备	数量	要求	用途
1	对讲机	若干	充满电，并有备用电池	调试人员联络
2	设备房钥匙	若干		打开通信设备房、相关系统机房
3	屏蔽门端门钥匙	1套		进入端门外侧设备房区域

续表

序号	工具/设备	数量	要求	用途
4	图纸、资料	若干	图纸、资料齐全	资料查询
5	测试设备和仪器	若干	报监理、业主备案	测试实际接口设备
6	电脑及抢修工具	各1套/系统		紧急情况处理
7	数字万用表	若干		测量电气回路

6.8.5 综合监控系统与CCTV系统联调测试方法及步骤

6.8.5.1 测试方法

CCTV系统主要由车站（含主变电站）、控制中心和车载闭路电视监视系统组成。其中车载闭路电视监视系统由车辆专业负责提供，本专业通过接口方式实现对列车闭路电视监视信息的调用监控，传输通道由专用通信系统和乘客信息系统共同提供。设置在控制中心的行车、环控、电力、票务监视，设置在车站（含主变电站）的运营、防灾监视，采用中心远程监控和车站（段）本地监控方式，组成完整的两级监视网络。车站（段）级与中心级的监视及控制关系相互独立，各级调度操作员的操作和控制关系相互独立。

车站（段）视频监控终端在权限许可范围内，可从本地网络中获取数字视频信息，通过软件解码显示本站（段）相应图像。同时，车站（段）的数字视频通过专用传输系统传送至控制中心，控制中心视频监控终端可选取车站（段）编码上传的数字视频，解码显示全线任意图像，并可通过视频监控终端选取全线任意多路图像硬解码在大屏幕（由综合监控系统提供）上解码显示。对于高速变化的图像，其画面质量不会发生边缘模糊等现象。中心不同调度员对同一幅实时图像的调用不会重复占用传输带宽。

6.8.5.2 联调实施操作步骤

中央CCTV可实现功能测试步骤及内容见表6.8-3。

中央CCTV可实现功能测试步骤及内容　　表6.8-3

序号	测试步骤	信息传递
1	综合监控专业组人员在综合监控系统行调工作站CCTV界面上执行自动循环监视模式	综合监控专业组报告CCTV专业组
2	CCTV专业组人员确认自动循环监视模式执行结果是否成功	CCTV专业组反馈综合监控专业组

6.8 综合监控系统与 CCTV 系统联调测试

续表

序号	测试步骤	信息传递
3	综合监控专业组人员在综合监控系统行调工作站 CCTV 界面上执行人工监视模式	综合监控专业组报告 CCTV 专业组
4	CCTV 专业组人员确认人工监视模式执行结果是否成功	CCTV 专业组反馈综合监控专业组
5	综合监控专业组人员在综合监控系统行调工作站 CCTV 界面上进行画面切换	综合监控专业组报告 CCTV 专业组
6	CCTV 专业组人员确认画面切换执行结果是否成功	CCTV 专业组反馈综合监控专业组
7	综合监控专业组人员在大屏幕系统 CCTV 界面上执行自动循环监视模式	综合监控专业组报告 CCTV 专业组
8	CCTV 专业组人员确认自动循环监视模式执行结果是否成功	CCTV 专业组反馈综合监控专业组
9	综合监控专业组人员在大屏幕系统 CCTV 界面上执行人工监视模式	综合监控专业组报告 CCTV 专业组
10	CCTV 专业组人员确认人工监视模式执行结果是否成功	CCTV 专业组反馈综合监控专业组
11	综合监控专业组人员在综合监控系统大屏幕系统 CCTV 界面上进行画面切换	综合监控专业组报告 CCTV 专业组
12	CCTV 专业组人员确认画面切换执行结果是否成功	CCTV 专业组反馈综合监控专业组
13	CCTV 专业组人员将后备监控操作台切换至后备操作状态	CCTV 专业组报告综合监控专业组
14	综合监控专业组人员确认切换是否成功	综合监控专业组反馈 CCTV 专业组

车站 CCTV 可实现功能测试步骤及内容见表 6.8-4。

车站 CCTV 可实现功能测试步骤及内容　　　　表 6.8-4

序号	测试步骤	信息传递
1	综合监控专业组在综合监控系统车站工作站 CCTV 界面上执行自动循环监视模式	综合监控专业组报告 CCTV 专业组
2	CCTV 专业组确认自动循环监视模式执行结果是否成功	CCTV 专业组反馈综合监控专业组
3	综合监控专业组在综合监控系统车站工作站 CCTV 界面上执行人工监视模式	综合监控专业组报告 CCTV 专业组
4	CCTV 专业组确认人工监视模式执行结果是否成功	CCTV 专业组反馈综合监控专业组
5	综合监控专业组在综合监控系统车站工作站 CCTV 界面上进行画面切换	综合监控专业组报告 CCTV 专业组

续表

序号	测试步骤	信息传递
6	CCTV 专业组确认画面切换执行结果是否成功	CCTV 专业组反馈综合监控专业组
7	综合监控专业组在综合监控系统车站工作站 CCTV 界面上对一体化球机进行控制操作	综合监控专业组报告 CCTV 专业组
8	CCTV 专业组确认控制操作执行结果是否成功	CCTV 专业组反馈综合监控专业组
9	CCTV 专业组将后备监控操作台切换至后备操作状态	综合监控专业组报告 CCTV 专业组
10	综合监控专业组确认切换是否成功	CCTV 专业组反馈综合监控专业组
11	由各专业组确认相关系统设备状况,均恢复正常状态后结束联调	

双通道冗余功能测试步骤见表 6.8-5。

双通道冗余功能测试步骤　　　　　表 6.8-5

序号	测试步骤	信息传递
1	CCTV 专业组将两路连至综合监控系统接线中的一路断开	CCTV 专业组反馈报告监控专业组
2	综合监控专业组确认其站级和中央级 CCTV 界面是否正常显示	综合监控专业组反馈 CCTV 专业组
3	CCTV 专业组恢复接线原状后,将另一路接线断开	CCTV 专业组反馈报告监控专业组
4	综合监控专业组确认其站级和中央级 CCTV 界面是否正常显示	综合监控专业组反馈 CCTV 专业组
5	由各专业组确认相关系统设备状况,均恢复正常状态后结束联调	由各专业组组长确认后向综合监控专业组组长汇报,综合监控专业组组长向执行组长汇报
6	现场指挥下达联调结束命令	现场指挥下达调试结束命令

6.9 综合监控系统与广播系统联调测试

6.9.1 综合监控系统与广播系统联调测试概述

广播系统(PA)就是通过声源、控制、声频切换、功率放大器、扬声器等设备,实现声源选择、声频切换、输出控制、音量控制等功能,地铁广播系统由正线广播系统和车辆段/停车场广播系统两部分组成。主要用于地铁运营时对乘客进行公告信息广播,并在发生灾害时兼做防灾广播,对乘客进行安全疏散引导,以及为运营管理及维护人员播发有关信息等,从而保证地铁运营的服务管理质量,为运营管理及维护人员提供更灵活、快捷的管理手段,各车站作为一个独立的区域广播,而中心能够对每个车站进行播音,使乘客通过正确的服务信息广播引导,安全、便捷地乘坐地铁。

综合监控系统可在中央级和车站级对相应的广播系统(PA)进行监视控制,可以事先对广播进行编组以及广播系统(PA)各种模式切换。通过综合监控系统与 PA 系统设备的联调,测试综合监控系统对 PA 系统设备的监控功能,确保系统功能达设计标准,满足运营需求,图 6.9-1 是综合监控与 PA 示意图。

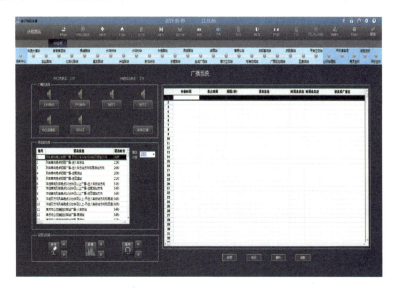

图 6.9-1　综合监控与 PA 示意图

6.9.2　综合监控系统与广播系统联调测试目的

(1)验证综合监控系统(ISCS)是否实现广播(PA)编组以及各种模式切换广播,满足运营需求。

(2)检验综合监控系统(ISCS)与广播系统(PA)间的功能,确保各外部接口相关设备连接的正确性、完整性、实时响应能力,及时发现存在问题并协调解决。

(3)全面检查系统,检漏纠错,并对发现的问题进行及时有效的整改,确保系统能完全满足运营使用的要求。

(4)通过自主综合联调,对运营操作及维修人员进行培训,提高检修人员技能,确保新线的安全运营。

图 6.9-2 是吸顶式广播安装示意图,图 6.9-3 是壁挂式广播安装示意图。

图 6.9-2 吸顶式广播安装示意图

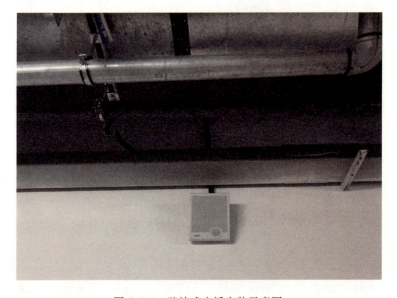

图 6.9-3 壁挂式广播安装示意图

6.9.3 综合监控系统与广播系统联调测试项目

系统联调需要完成的主要项目是实现综合监控系统对 PA 系统设备的监视控制功能，按照协议规定的各种数据信息均能通过 PA 系统在综合监控系统上正确接收和反馈，并且综合监控系统均能对 PA 系统设备发送和接收正确数据信息。

联调测试的项目包括：

(1) 编组广播模式（组选模式）：中央级测试；
(2) 单选广播模式（站选模式）：中央级和车站级测试；
(3) 话筒/语音合成广播模式（信源选择）：中央级和车站级测试；
(4) 人工编程模式（预录制）：中央级和车站级测试；
(5) 监听选择模式：中央级和车站级测试；
(6) 显示模式：中央级和车站级测试；
(7) 优先级功能验证：中央级和车站级测试；
(8) 时间表功能验证：车站级测试；
(9) 后备监视操作台切换：中央级和车站级测试；
(10) 通道冗余测试：中央级和车站级测试。

6.9.4 综合监控系统与广播系统联调测试前准备

6.9.4.1 联调前测试项目（表 6.9-1）

联调前测试项目　　　　表 6.9-1

序号	前提条件
1	PA 系统设备已投入运行，所有功能均已具备，且工作状况良好
2	综合监控系统设备已具备车站级和中央级对 PA 系统的联调功能，所有功能均已具备，且工作状况良好
3	通信无线系统已实现全线覆盖（包含 OCC、各车站设备房，满足 ISCS 系统站级与中央级网络传输需求），无线手持台能实现 OCC、车站之间的相互联系
4	联调测试所需的仪器仪表以及必备的工具准备充分，联调所使用的仪器仪表等均符合国家标准要求，且均在使用的有效期限内
5	施工图、系统图齐全、联调实施方案、联调测试记录表格等资料齐全
6	所有参与本联调的单位及人员均已熟悉本联调组织及实施方案，并已做好相关各项准备工作
7	各部门相关人员在测试开始前全部安排到位。车站、调度、设备维修/测试人员全部在岗，按正常工作要求值班。确保测试期间严格按照正常运营生产要求开展行车组织、设备维修/维护及故障抢修工作
8	测试前由建设部门提交各专业的功能具备情况，经综合联调演练工作组确认是否具备进行本项测试，确认具备后由综合联调演练工作组发布联调令

6.9.4.2 所需工器具（表6.9-2、图6.9-4）

所需工器具　　　　　　　　　表6.9-2

序号	工具/设备	数量	要求	用途
1	对讲机	若干	充满电，并有备用电池	调试人员联络
2	设备房钥匙	若干		相关系统机房
3	图纸、资料	若干	图纸、资料齐全	资料查询
4	电脑及抢修工具	各1套/系统		紧急情况处理
5	数字万用表	若干		测量电气回路

图6.9-4　综合监控系统与广播系统联调所需工具及设备

6.9.5　综合监控系统与广播系统联调测试方法及步骤

6.9.5.1　测试方法

根据城市轨道交通工程现状，系统联调需要完成的主要内容是实现综合监控系统对PA系统设备的监视控制功能，按照综合联调的最终目的，即实现各种数据信息均能通过PA系统在综合监控系统上正确接受和反馈，并且综合监控系统均能对PA系统设备发送和接收正确的数据信息。

（1）综合监控系统与广播系统关联的接口

综合监控系统（ISCS）与广播系统（PA）车站级接口。

综合监控系统（ISCS）与广播系统（PA）中央级接口。

（2）综合监控系统（ISCS）与广播系统（PA）的接口调试原理

1) 车站级 PA 系统与 ISCS 系统的接口调试原理。

① 接受来自 ISCS 的广播控制命令,判断控制命令的优先级。

② 按照规定好的数据格式向 ISCS 发送设备状态、故障信息、广播区占用状态等。

③ 向 PA 发送带优先级的控制命令。

④ 定时向 PA 查询设备状态、故障信息、广播区占用状态等。

2) 中心级 PA 系统与 ISCS 系统的接口调试原理。

① 接受来自 ISCS 的广播控制命令,判断控制命令的优先级。

② 按照规定好的数据格式向 ISCS 发送设备状态、故障信息、广播区占用状态等。

③ 向 PA 发送带优先级的控制命令。

④ 定时向 PA 查询设备状态、故障信息、广播区占用状态等。

6.9.5.2 联调测试步骤(表 6.9-3)

联调测试步骤 表 6.9-3

序号	操作步骤描述	
一	车站级功能测试	信息传递
1	在 ISCS 工作站 PA 监控画面上,在广播区域里选择所要广播的区域(如上行站台、站厅、下行站台、办公区)	完成后站级综合监控人员向 PA 人员向报告
2	确认对应的广播区域是否能听到广播且播放信息正确	完成后 PA 人员向站级综合监控人员报告
3	重复 1~2 步,测试全部广播区域	完成后 PA 人员向站级综合监控人员报告
4	在 ISCS 工作站 PA 监控画面上,选择广播区域、实时广播(人工广播),点击执行	完成后站级综合监控人员向 PA 人员向报告
5	确认对应的广播区域是否能听到广播且播放信息正确	完成后 PA 人员向站级综合监控人员报告
6	在 ISCS 工作站 PA 监控画面上,选择广播区域、播放方式为多次,设置间距时间和结束时间(预录制),点击执行	完成后站级综合监控人员向 PA 人员向报告
7	确认对应的广播区域是否能听到广播且播放信息正确	完成后 PA 人员向站级综合监控人员报告
8	在 ISCS 工作站 PA 监控画面上播放应急广播	完成后站级综合监控人员向 PA 人员向报告
9	确认对应的区域的正常广播全部中止,播放的内容为应急广播且播放信息正确(含优先级测试)	完成后 PA 人员向站级综合监控人员报告

续表

序号	操作步骤描述	
一	车站级功能测试	信息传递
10	在 ISCS 工作站 PA 监控画面上点击停止预录制广播	完成后站级综合监控人员向 PA 人员向报告
11	确认预录制广播是否停止	完成后 PA 人员向站级综合监控人员报告
12	当对广播实行上述功能测试时，同时选择"监听广播"功能	综合监控人员进行确认
二	中央级级功能测试	
1	在 ISCS 工作站 PA 监控画面上，下发广播到某车站某区域（包含人工广播）	完成后中央综合监控人员向站级 PA 人员报告
2	某车站 PA 人员确认在对应的广播区域，能听到广播且播放信息正确	完成后站级 PA 人员向中央综合监控人员报告
3	在 ISCS 工作站 PA 监控画面上，下发广播到多个车站某区域（包含人工广播）	完成后中央综合监控人员向站级 PA 人员报告
4	某站 PA 人员确认在对应的广播区域，能听到广播且播放信息正确	完成后站级 PA 人员向中央综合监控人员报告
三	通道冗余测试	
1	PA 人员断开与综合监控主链路	完成后 PA 人员向综合监控人员报告
2	综合监控人员确认监控是否正常	完成后 PA 人员向综合监控人员报告
3	PA 人员恢复主链路，断开备链路	完成后 PA 人员向综合监控人员报告
4	综合监控人员确认监控是否正常，链路切换是否正常	完成后 PA 人员向综合监控人员报告

6.10　综合监控系统与 PIS 系统联调测试

6.10.1　综合监控系统与 PIS 系统联调测试概述

乘客信息系统（Passenger Information System，以下简称 PIS）是依托多媒体网络技术，以计算机系统为核心，通过设置站厅、站台、出入口、列车的显示终端，让乘客及时准确地了解列车运营信息和公共媒体信息的多媒体综合信息系统。PIS 系统应用于轨道交通，公共交通工具上为乘客和中央控制室提供包括：声频广播平台，视频节目播放平台，应急情况报警，告警平台，和紧急呼叫平台。也为中央控制室提供视频监控，监听监视存储和干预系统。

PIS系统有其独立软硬件系统,PIS工作站上有自己人机界面,在城市轨道交通中其作用有两部分,一是在屏幕上播放视频节目,设计资源开发和广告等方面的内容;二是运营信息的发布,主要显示提示性信息和应急性信息。PIS系统是地铁系统实现以人为本、提高服务质量、加快各种信息公告传递的重要设施,是提高地铁运营管理水平,扩大地铁对旅客服务范围的有效工具。

通过综合监控系统与PIS系统设备的联调,测试综合监控系统对PIS系统设备监控功能,确保系统功能达设计标准,满足运营需求。

6.10.2 综合监控系统与PIS系统联调测试目的

通过该项测试验证某城市综合监控系统对车站PIS、车载PIS都能够正常下发文字通告,实现紧急情况下的紧急信息发布;发现系统接口、功能的问题,协调建设分公司、厂家、施工队对问题进行整改。

6.10.3 综合监控系统与PIS系统联调测试项目

ISCS工作站单点/全线下发文本信息至车站功能测试。

综合监控系统与PIS系统综合联调测试项目主要内容为中央集综合监控人员能否顺利在ISCS工作站上编辑文本后下发到单个站、全线车站与电客车上;站务人员在车站或电客车上检查是否正确收到文本信息,由此验证PIS系统能否正常使用。

6.10.4 综合监控系统与PIS系统联调测试前准备

6.10.4.1 测试前项目检查

PIS系统主要由控制中心子系统、车站子系统、车辆段子系统、停车场子系统、车载子系统以及实现PIS各子系统间信息传送的网络子系统构成。进行综合联调前,应对各设备软硬件进行全面检查,确认其各项功能正常,保证各项测试顺利完成。具体检查项目如表6.10-1所示。

仪器功能检查项目统计表　　　　表6.10-1

序号	检查点	检查内容
1	司机室广播主机	(1) 检查司机室广播主机是否正常开启运行; (2) 检查司机室广播主机内各模块是否按设计要求进行接线与布置; (3) 检查司机室广播主机主要技术参数输出是否与设计说明书一致

续表

序号	检查点	检查内容
2	客室广播主机	（1）检查客室广播主机是否正常开启运行； （2）检查客室广播主机内各模块是否按设计要求进行接线与布置； （3）检查客室广播主机主要技术参数输出是否与设计说明书一致
3	网络视频录像机	检查网络视频录像机是否正常开启运行； 检查网络视频录像机是否清洁到位
4	广播控制盒	检查广播控制盒内话筒是否正常使用； 检查司机对讲、紧急对讲、音量调节、人工广播等功能是否正常使用
5	LED动态地图显示屏	检查LED动态地图显示屏是否正产开启，显示图像、文字是否清晰
6	控制中心服务器	检查控制中心内视频输入服务器、无线服务器、数据服务器、网管服务器、接口服务器等是否正常运行

6.10.4.2 所需工器具（表6.10-2）

联调所需工器具　　　　表6.10-2

序号	名称	配置标准	使用地点
1	列车	上下行各2列	正线区间
2	无线手持台	项目指挥1台	车站
		OCC控制中心2台	OCC控制中心
		列车通信人员2台	列车
		车辆人员1台	列车
3	万用表	正常模式与灾害模式下各4台	车辆段/列车
4	技术图纸资料	单边、双边供电测试时分别为1套、2套	牵引变电所
5	800M对讲机	根据实际需求配置	—
6	螺丝批十件套	2套	车辆段/列车
7	各系统设备柜钥匙	1套	车辆段/列车

6.10.5 综合监控系统与PIS系统联调测试方法及步骤

6.10.5.1 测试方法

根据城市轨道交通工程现状，系统联调需要完成的主要内容是实现综合监控系统对PIS系统设备的监视控制功能，按照综合联调的最终目的，即实现各种数据信息均能通过PIS系统在综合监控系统上正确接受和反馈，并且综合监控系统均能对PIS系统设备发送和接收正确的数据信息。

（1）实时媒体信息接收和播放测试：一人在控制中心进行节目播放，一人在列车LCD屏前观察，两人通过手持电台确认是否同步。

6.10 综合监控系统与PIS系统联调测试

（2）非实时媒体信息接收和播放测试：列车在运行时，车载PIS处于实时播放模式，关闭列车上PIS无线接口（模拟网络通信中断），测试系统是否可以自动从本地的文件目录读取视频播放列表，再按照视频播放列表中视频文件的顺序播放视频文件。

（3）紧急信息播放测试：从OCC控制中心通过紧急信息发布终端发布紧急文本信息，在列车车厢LCD屏前观察是否收到，是否一致，并通过无线手持台与记录人员确认。

（4）列车车厢状况实时监视功能测试：在OCC的CCTV监视器上远程调看列车车厢各摄像头实时监视功能是否正常。

6.10.5.2 联调实施操作步骤（表6.10-3）

联调测试步骤 表6.10-3

序号	测试步骤的内容	信息传递
1	综合监控人员和PIS人员分别检查确认综合监控与PIS物理连接是否正常	PIS人员向综合监控人员报告
2	PIS人员断开与综合监控网口A	完成后PIS人员向站级综合监控人员报告，站级综合监控人员向中央综合监控人员报告
3	站级、中央级综合监控人员确认监控是否正常	完成后中央综合监控人员向站级综合监控人员报告，站级综合监控人员向PIS人员报告
4	PIS人员恢复网口A，拔开网口B	完成后PIS人员向站级综合监控人员报告，站级综合监控人员向中央综合监控人员报告
5	站级、中央级综合监控人员确认监控是否正常，链路切换是否正常	完成后中央综合监控人员向站级综合监控人员报告，站级综合监控人员向PIS人员报告
6	PIS人员恢复网口B，拔开网口A	完成后PIS人员向站级综合监控人员报告，站级综合监控人员向中央综合监控人员报告
7	站级、中央级综合监控人员确认监控是否正常，链路切换是否正常	完成后中央综合监控人员向站级综合监控人员报告，站级综合监控人员向PIS人员报告
8	综合监控人员在综合监控站级工作站编辑文本信息	
9	综合监控人员在综合监控站级工作站下发文本信息到本站的PIS系统	完成后综合监控人员向站务人员报告
10	站级PIS人员检查站级PIS系统工作站是否收到正确的文本信息并显示	中央PIS人员确认后向综合监控人员汇报
11	重复8~10步骤，直至完成所选车站的编辑文本下发	同8~10步骤
12	综合监控人员在中央主任助理工作站编辑文本信息	

续表

序号	测试步骤的内容	信息传递
13	综合监控人员在中央维调工作站下发文本信息到中央及全线车站的 PIS 系统	完成后综合监控人员向站务人员报告
14	中央 PIS 人员检查中央 PIS 系统工作站是否收到正确的文本信息并显示	中央 PIS 人员确认后向综合监控人员汇报
15	各站站务人员检查车站 PIS 系统工作站是否收到正确的文本信息并显示	各站站务人员确认后向综合监控人员汇报
16	综合监控维调工作站下发文本信息到指定调试用客车	完成后综合监控系统测试人员向车上 PIS 人员报告
17	车上 PIS 人员查看是否收到正确的文本信息并显示	完成后车上 PIS 人员向综合监控人员汇报
18	各系统人员负责恢复各自系统设备正常状态并恢复现场	各系统人员将结果向综合监控人员汇报，综合监控人员向执行组长汇报

6.11 综合监控系统与通信集中告警联调测试

6.11.1 综合监控系统与通信集中告警联调测试概述

集中告警系统是通信系统的重要组成部分，用以完成对通信各系统设备进行监视和故障告警。最大限度地利用通信系统的资源，保证其高效、经济、可靠和安全地运行，为通信系统网络的集中指挥管理、控制提供有效手段。

地铁通信系统在控制中心设置通信集中告警系统，负责采集、处理存储、查询、显示并打印输出通信各系统设备的运行状态和故障告警信息，同时将各系统的故障信息上传至综合监控系统。可互联的子系统：信号系统（SIG）、自动售检票系统（AFC）、闭路电视系统（CCTV）、广播系统（PA）、门禁系统（ACS）、乘客信息系统（PIS）、时钟系统（CLK），对各系统设备的运行情况起到监视作用。

6.11.2 综合监控系统与通信集中告警联调测试目的

集中告警系统作用对各专业统一监控，实现各系统的信息共享及系统之间的联动控制功能，通过综合监控系统与通信集中网管系统之间存在接口关系，综合监控系统能够直接地显示通信各子系统维护管理终端输出的重要告警信息及其级别。通过联调测试验证采用模拟通信各子系统的故障告警信息，测试综合监控系统与通信网管系统之间的接口功能是否实现、是否满足运营要求

6.11.3 综合监控系统与通信集中告警联调测试项目

系统联调需要完成的主要项目是实现综合监控系统与通信集中网管系统之间存在接口关系，综合监控系统能够直接地显示通信各子系统维护管理终端输出的重要告警信息及其级别，并且综合监控系统均能对通信集中设备发送和接收正确数据信息，通信集中告警系统接口两项如下：

（1）联调测试采用模拟通信各子系统的故障告警信息，全面测试综合监控系统与通信网管系统之间的接口功能有效实现，与通信各子专业点对点测试，点对点以及功能测试。

（2）通信无线系统已实现全线覆盖（包含OCC、各车站设备房，满足ISCS系统站级与中央级网络传输需求），无线手持台能实现OCC、车站之间的相互联系。

6.11.4 综合监控系统与通信集中告警联调测试前准备

6.11.4.1 联调前检查项目（表6.11-1）

联调前检查项目　　　　　　　　表6.11-1

序号	检查项目
1	通信集中告警系统已经完成与通信各子专业点对点测试，能够正确接收并报警
2	综合监控系统与通信集中告警系统通信、点对点以及功能测试完成，符合设计要求
3	通信无线系统已实现全线覆盖（包含OCC、各车站设备房，满足ISCS系统站级与中央级网络传输需求），无线手持台能实现OCC、车站之间的相互联系
4	各部门相关人员在测试开始前全部安排到位。车站、司机、调度、设备维修、车辆检修人员全部在岗，按正常工作要求值班。确保测试期间严格按照正常运营生产要求开展行车组织、设备维修/维护及故障抢修工作
5	本方案在实施前一周已对各相关岗位和测试人员进行了培训

6.11.4.2 所需工器具（表 6.11-2）

联调所需工器具 表 6.11-2

序号	名称	配置标准	使用地点
1	手持台 4 台	项目指挥 1 台	—
		执行组长 1 台	调试现场
		综合监控人员 1 台	调试现场
		通信集中网管人员 1 台	调试现场
2	秒表	根据实际需求配置	调试现场
3	万用表	2 台综合监控专业组、通信专业组各 1 台	调试现场
4	技术图纸资料	2 套综合监控专业组、通信专业组各 1 台	调试现场
5	调试电脑或者模拟工具	综合监控专业组、通信专业组各 1 台	调试现场
6	螺丝批（一字、十字）	综合监控专业组、通信专业组各 3 套	调试现场
7	图纸资料	各专业人员	调试现场
8	通信集中网管终端设备	控制中心管线图、系统内部接线图	调试现场
9	设备房钥匙	通信集中网管人员	调试现场
10	各系统设备柜钥匙	调试人员	调试现场

6.11.5 综合监控系统与通信集中告警联调测试方法及步骤

6.11.5.1 测试方法

系统联调是实现综合监控系统与通信集中网管系统之间存在接口关系，综合监控系统能够直接地显示通信各子系统维护管理终端输出的重要告警信息及其级别，并且综合监控系统均能对通信集中设备发送和接收正确数据信息。

6.11.5.2 联调实施操作步骤

ISCS 与通信集中网管联调测试项目见表 6.11-3。

ISCS 与通信集中网管联调测试项目 表 6.11-3

序号	测试步骤的内容	信息传递
1	综合监控与通信集中网管人员检查各自系统及接口通信工作状态	通信集中网管人员完成后向综合监控人员报告，综合监控人员确认后向通信集中网管人员汇报
2	通信集中网管人员模拟 PA 系统报警	通信集中网管人员完成后向综合监控人员报告
3	综合监控人员检查报警、事件栏，确认系统是否正确接收并显示 PA 系统报警及其级别	综合监控人员确认完毕后向通信集中网管人员汇报

6.11 综合监控系统与通信集中告警联调测试

续表

序号	测试步骤的内容	信息传递
4	通信网管人员模拟 CCTV 系统报警	通信集中网管人员完成后向综合监控人员报告
5	综合监控人员检查报警、事件栏，确认系统是否正确接收并显示 CCTV 系统报警及其级别	综合监控人员确认完毕后向通信集中网管人员汇报
6	通信网管系统人员模拟 CLK 系统报警	通信集中网管人员完成后向综合监控人员报告
7	综合监控人员检查报警、事件栏，确认系统是否正确接收并显示 CLK 系统报警及其级别	综合监控人员确认完毕后向通信集中网管人员汇报
8	通信集中网管系统人员模拟电话系统报警	通信集中网管人员完成后向综合监控人员报告
9	综合监控人员检查报警、事件栏，确认系统是否正确接收并显示电话系统报警及其级别	综合监控人员确认完毕后向通信集中网管人员汇报
10	通信网管系统人员模拟传输系统报警	通信集中网管人员完成后向综合监控人员报告
11	综合监控人员检查报警、事件栏，确认系统是否正确接收并显示传输系统报警及其级别	综合监控人员确认完毕后向通信集中网管人员汇报
12	通信网管系统人员模拟无线设备系统报警	通信集中网管人员完成后向综合监控人员报告
13	综合监控人员检查报警、事件栏，确认系统是否正确接收并显示无线设备系统报警及其级别	综合监控人员确认完毕后向通信集中网管人员汇报
14	通信网管系统人员模拟电源系统报警	通信集中网管人员完成后向综合监控人员报告
15	综合监控人员确认系统是否正确接收并显示电源系统报警及其级别	综合监控人员确认完毕后向通信集中网管人员汇报
16	综合监控人员检查报警、事件栏，确认系统是否正确接收并显示 PIS 系统报警及其级别	综合监控人员确认完毕后向通信集中网管人员汇报
17	通信网管系统侧拨开接口端口 A	通信集中网管人员完成后向综合监控人员报告
18	综合监控人员确认监控是否正常	综合监控人员确认完毕后向通信集中网管人员汇报
19	通信网管系统侧恢复接口端口 A，并拨开端口 B	通信集中网管人员完成后向综合监控人员报告
20	综合监控人员确认监控是否正常	综合监控人员确认完毕后向通信集中网管人员汇报
21	通信网管系统侧恢复接口端口 B，并拨开端口 A	通信集中网管人员完成后向综合监控人员报告

续表

序号	测试步骤的内容	信息传递
22	综合监控人员确认监控是否正常	综合监控人员确认完毕后向通信集中网管人员汇报
23	各专业人员恢复各自负责的设备	各专业人员完成后向综合监控人员汇报，综合监控人员向执行组长汇报

6.12 综合监控系统与 BAS 系统正常及灾害工况模式联调测试

6.12.1 综合监控系统与 BAS 系统正常及灾害工况模式联调概述

城市轨道交通设施和设备构成了包含列车运行系统、客运服务系统和检修保障系统的庞大系统，作为这个庞大、复杂的系统的自动化信息共享平台，城市轨道交通的综合监控系统承担起协调三大系统的重要任务。综合监控系统由很多子系统组成，其中电力 PSCADA、BAS 和 FAS 三大子系统作为共享平台的基础集成到综合监控系统中。BAS（Building Automatic System）系统实施 2 级管理、3 级控制的方式，即由中央级、车站级和就地级三级对车站设备进行监控，在中央级和车站级进行系统管理。BAS 系统对地铁车站建筑物及隧道内的通风空调系统、空调水系统、给水排水系统、动力照明系统、电扶梯系统等机电设备进行集中监视、控制、调度和管理，实现正常运营和灾害工况下，有效的协调系统的调度和联动控制，使各个设备发挥其应有的作用，图 6.12-1 是设备图示。

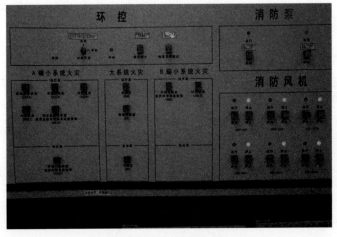

图 6.12-1 设备图示

6.12.2 综合监控系统与BAS系统正常及灾害工况模式联调目的

通过该项测试验证BAS系统在各种非正常运行方式下是否能与机电各系统设备进行监视、单控、模控通过综合监控系统、BAS对车站和区间的低压配电、照明导向、给水排水、环控、电扶梯、FAS联动、传感器、UPS、EPS等系统设备的监控功能，验证上述系统设备与BAS及综合监控系统协同运作。

6.12.3 综合监控系统与BAS系统正常及灾害工况模式联调项目

6.12.3.1 综合监控与大/小系统模式测试

此功能主要测试大系统、小系统在正常模式与火灾模式下能否顺利启用各系统投入运行。

6.12.3.2 综合监控系统单体设备点对点测试

此功能主要测试通风空调设备、电伴热设备、给水排水设备、点附体设备、照明系统、EPS等于综合监控系统接口功能是否能正常使用。

6.12.4 综合监控系统与BAS系统正常及灾害工况模式联调前准备

测试前项目检查见表6.12-1。

测试前项目检查　　　　　　　　　　　　　　　表6.12-1

序号	检查点	检查内容
1	车站机电设备（环控"大系统、小系统、隧道通风系统、水系统、多联机"、给水排水、照明系统、电伴热、EPS、电扶梯等）	（1）检查车站各机电设备是否投入运行，工作状态是否良好； （2）检查车站设备是否完成单体设备调试，包括管道吹扫与试压
2	BAS系统数据配置	检查车站级综合监控的BAS系统数据配置是否与中央数据一致
3	IBP盘	检查IBP盘调试是否完成； 检查IBP盘是否完成复位
4	车站风室、风道	（1）检查车站风室、风道是否完成清理； （2）检查风室门锁是否完好并能正常使用
5	通信无线系统	检查通信无线系统是否已实现全线覆盖，包含OCC、各车站设备房，能满足ISCS系统站级与中央级网络传输需求； 检查无线手持台是否能实现OCC、车站之间的相互联系

联调所需工器具见表 6.12-2。

联调所需工器具　　　　　表 6.12-2

序号	名称	配置标准	使用地点
1	800M 对讲机	根据实际需求配置	—
2	400M 对讲机	根据实际需求配置	—
3	手电筒	根据实际需求配置	调试现场
4	调试用组合工具（工具箱）	2 套	调试现场
5	短接线	根据实际需求配置	调试现场
6	万用表	2 台	调试现场
7	技术图纸资料	2 套	调试现场
8	人字梯	2 把	调试现场
9	伸缩梯	1 把	调试现场
10	调试电脑或者模拟工具	1 套	调试现场

6.12.5　综合监控系统与 BAS 系统正常及灾害工况模式联调方法及步骤

6.12.5.1　测试方法

机电设备人员在控制中心、车站的综合监控设备前准备就绪，检查测试前各项设备均达到开展联调测试的条件后，由控制中心的相关人员对大系统、小系统等各设备开始操作，单点或系统操作设备时，由现场人员报告设备是否正常运行。

6.12.5.2　联调实施操作步骤

（1）ISCS/BAS 系统接收车站站内通风系统、隧道通风系统、水系统单台环控设备的反馈信号点测

综合监控/BAS 与通风系统测试步骤见表 6.12-3。

综合监控/BAS 与通风系统测试步骤　　　　表 6.12-3

序号	测试步骤
1	现场人员对设备进行就地/远控位切换
2	车站级自动化综合监控人员检查 ISCS 系统界面图元、弹出菜单、事件界面显示是否正确
3	风水电人员将设备对应的环控柜切换为环控/BAS 位，车站级自动化综合监控人员检查 ISCS 系统界面图元、弹出菜单、事件界面显示是否正确
4	由车站级自动化综合监控人员分别对单台通风空调设备发出启动/停止指令，现场人员检查对应的设备动作是否正确，车站级自动化综合监控人员检查 ISCS 系统界面图元、弹出菜单、事件、报警界面显示是否正确

6.12 综合监控系统与BAS系统正常及灾害工况模式联调测试

续表

序号	测试步骤
5	现场人员模拟故障信号,车站级自动化综合监控人员检查 ISCS 系统界面图元、弹出菜单、事件界面显示是否正确。重复1~5步骤,直至完成所有通风空调的测试内容
6	各专业人员复位测试设备
7	车站级自动化综合监控人员将变频器设为变频运行,由车站级自动化综合监控人员检查 ISCS 系统界面图元、弹出菜单、事件界面显示是否正确
8	车站级自动化综合监控人员改变变频器运行频率,风水电人员或环控人员确认变频器运行频率情况,车站级自动化综合监控人员检查 ISCS 系统界面图元、事件界面显示是否正确
9	车站级自动化综合监控人员检查点击 ISCS 中设备图标后的弹出菜单中信息(电流、电压、频率、轴承温度、绕组温度)显示是否正确
10	现场人员模拟故障信号,车站级自动化综合监控人员检查 ISCS 系统界面图元、弹出菜单、事件、报警界面显示是否正确。重复7~10步骤,直到完成所有变频器的测试
11	现场人员将冷水机组控制状态设定到就地/远程,车站级自动化综合监控人员检查 ISCS 系统界面图元、弹出菜单、事件界面显示是否正确
12	车站级自动化综合监控人员对冷源群控发出启动指令,现场人员检查对应的设备动作是否正确,车站级自动化综合监控人员检查 ISCS 系统界面图元、弹出菜单、事件界面显示是否正确
13	现场人员模拟故障信号,车站级自动化综合监控人员检查 ISCS 系统界面图元、弹出菜单、事件、报警界面显示是否正确
14	各专业人员复位测试设备

(2) ISCS/BAS 系统与照明、EPS 设备点测试

综合监控/BAS与照明、EPS设备点测试步骤见表6.12-4。

综合监控/BAS与照明、EPS设备点测试步骤　　表 6.12-4

序号	测试步骤
1	风水电人员对 EPS 装置进行检查,确认该装置处于正常工作状态,车站级自动化综合监控人员检查 ISCS 系统界面显示是否正确
2	风水电人员做出交流输入电压信号
3	车站级自动化综合监控人员检查 ISCS 系统界面图元、弹出菜单、事件界面显示是否正确。重复步骤1~3完成所有状态点测
4	风水电人员做出主电源故障
5	车站级自动化综合监控人员检查 ISCS 系统界面图元、弹出菜单、事件、报警界面显示是否正确
6	重复1~5步骤,对其他组 EPS 进行测试(UPS测试参照 EPS 调试步骤进行)
7	风水电人员下发智能照明模式,风水电人员确认现场灯具是否已启动相应模式,车站级自动化综合监控人员检查 ISCS 系统界面图元、弹出菜单、事件界面显示是否正确
8	风水电人员做出故障模拟信号,车站级自动化综合监控人员检查 ISCS 系统界面图元、弹出菜单、事件界面显示是否正确
9	各专业人员负责各自系统的设备及现场的恢复

(3) ISCS/BAS 系统与给排水、电伴热设备测试

综合监控/BAS 与给水排水、电伴热设备测试步骤见表 6.12-5。

综合监控/BAS 与给水排水、电伴热设备测试步骤　　　　表 6.12-5

序号	测试步骤
1	风水电人员将水泵组打到"手动"位,车站级自动化综合监控人员检查 ISCS 系统界面图元、弹出菜单、事件界面显示是否正确
2	风水电人员依次手动启动 1 号、2 号泵(个别泵组有 3 号泵),车站级自动化综合监控人员检查 ISCS 系统界面图元、弹出菜单、事件界面显示是否正确
3	风水电人员将水泵组(包括污水泵、废水泵雨水泵、局部排水泵)打到"自动"位,车站级自动化综合监控人员检查 ISCS 系统界面图元、弹出菜单、事件界面显示是否正确
4	车站级自动化综合监控人员远程启动依次启动 1 号、2 号泵(个别泵组有 3 号泵),风水电人员现场确认水泵是否开启,车站级自动化综合监控人员检查 ISCS 系统界面图元、弹出菜单、事件界面显示是否正确
5	风水电人员模拟水泵故障信号,车站级自动化综合监控人员检查 ISCS 系统界面图元、弹出菜单、事件、报警界面显示是否正确
6	重复 1~5 步骤,对所有水泵组(包括污水泵、废水泵雨水泵、局部排水泵)进行测试
7	风水电人员将电伴热器开启/关闭,车站级自动化综合监控人员检查 ISCS 系统界面图元、弹出菜单、事件界面显示是否正确
8	风水电人员模拟电伴热器故障信号,车站级自动化综合监控人员检查 ISCS 系统界面图元、弹出菜单、事件、报警界面显示是否正确
9	
10	由风水电人员将水泵打至"自动"位,模拟超高水位/超低水位报警(无此信号的泵组可跳至 12 步骤)
11	由车站级自动化综合监控人员检查 ISCS 系统界面图元、弹出菜单、事件、报警界面显示是否正确
12	风水电人员模拟电伴热器低温/高温报警信号,由车站级自动化综合监控人员检查 ISCS 系统界面图元、弹出菜单、事件、报警界面显示是否正确
13	各专业人员负责各系统的设备及现场的恢复

(4) ISCS/BAS 系统与电扶梯测试

综合监控/BAS 与电扶梯测试步骤见表 6.12-6。

综合监控/BAS 与电扶梯测试步骤　　　　表 6.12-6

序号	测试步骤
1	电扶梯人员确认扶梯无人员乘坐,踏板上无杂物
2	电扶梯人员开启扶梯,依次做出上行、下行、停止、左右扶手带异常、急停、速度状态 0.65 m/s、0.5 m/s、0.13m/s、检修等状态,车站级自动化综合监控人员检查 ISCS 系统界面图元、弹出菜单、事件、报警界面显示是否正确
3	电扶梯人员依次做出(或模拟)盖板防盗、扶梯故障、水位开关报警,车站级自动化综合监控人员检查 ISCS 系统界面图元、弹出菜单、事件、报警界面显示是否正确

续表

序号	测试步骤
4	电扶梯人员模拟扶梯脱离扫描状态,车站级自动化综合监控人员检查 ISCS 系统界面图元、弹出菜单、事件、报警界面显示是否正确。重复步骤1~4,完成所有扶梯测试
5	电扶梯人员开启电梯,依次做出电梯上行、下行、急停、检修状态,并核对所在楼层,车站级自动化综合监控人员检查 ISCS 系统界面图元、弹出菜单、事件、报警界面显示是否正确
6	电扶梯人员做出(或模拟)故障、消防状态、警铃报警,车站级自动化综合监控人员检查 ISCS 系统界面图元、弹出菜单、事件、报警界面显示是否正确
7	电扶梯人员模拟电梯脱离扫描状态车站级自动化综合监控人员检5~7,完成所有电扶梯测试
8	自动化综合监控人员在 IBP 盘上按下电扶梯的急停按钮,电扶梯、自动化综合监控人员分别确认电扶梯状态和综合监控人机界面信息。重复步骤8,完成 IBP 上所有电扶梯的急停测试
8	各专业人员负责各系统的设备及现场的恢复

6.13 综合监控系统与 PSCADA 系统联调测试

6.13.1 综合监控系统与 PSCADA 系统联调概述

地铁电力监控系统(PSCADA)是通信技术、计算机网络技术在城市轨道交通应用的重要体现。该系统对全线的变电设备进行监控,并采集、分析变电设备的运行数据,从而为供电系统的调度、维护提供科学的依据。以确保牵引供电系统和全线的电力变配电系统安全可靠和经济运行。

PSCADA 系统主要由电力调度系统、变电所综合自动化系统、通信通道三部分组成。电力调度系统设置在调度中心,主要由硬件平台、系统软件、数据库系统、信息收集系统等部分组成;变电所综合自动化系统具有一次设备监控、运行数据采集、时间顺序记录等功能,同时还承担着整个变电所信息处理、调度通信、中央信号、保护自动化等功能;通信通道是指变电所与调度中心电力调度系统的前置机之间进行数据交换的通信链路,图 6.13-1 是 PSCADA 系统组成示意图。

供电系统相关联调包含供电系统各种模式功能综合联调和电力监控系统 PSCADA 功能综合联调。

(1)供电系统各种模式功能综合联调包括测试直流 1500V 牵引供电系统在各种非正常运行方式下的供电能力;在正常牵引负荷下测试大双边

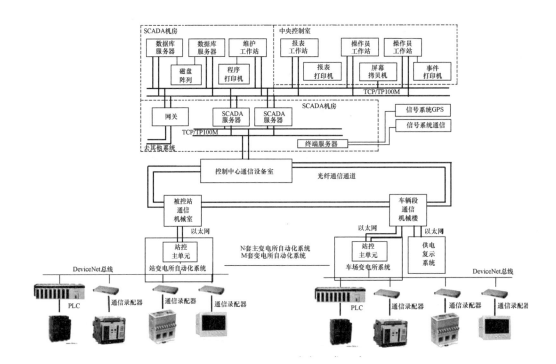

图 6.13-1 PSCADA 系统组成示意图

越区、单边供电模式、正线向安吉综合基地支援供电模式的能力；在大双边越区供电模式、大单边越区供电模式下进行车辆试跑测试。

（2）电力监控系统 PSCADA 功能综合联调：控制中心电力调度通过 PSCADA 对主变电所、牵引降压混合变电所、降压变电所、跟随降压变电所进行遥控、遥测、遥信等功能进行全部检验测试。并进行程控卡片、停送电和双边联跳功能联调。

6.13.2 综合监控系统与 PSCADA 系统联调目的

（1）检验全线 PSCADA 系统功能及布局是否满足相关设计标准。

（2）检验全线 PSCADA 配置是否满足正常运行的可靠性要求。

（3）按相关合同技术规格书全面检查设备/系统，检漏纠错，并对发现的问题进行及时有效的整改，确保系统能满足运营要求。

（4）验证综合监控系统与 PSCADA 系统之间的接口功能是否与设计相符，并满足运营要求。

（5）验证综合监控系统数据归档、报表功能、故障推图、程控卡片等中央级功能。

（6）通过现场端对端测试验证 ISCS 与 PSCADA 之间链路通信正常。

（7）通过现场端对端测试验证控制中心能准确监视 PSCADA 底层设备的状态信息。

（8）通过现场端对端测试验证控制中心能通过 PSCADA 向底层开关发送控制指令和接收设备信号，并准确执行。

（9）通过全线 PSCADA 联调，后期直接由运营电力调度操作及维修人员进行实际操作（综合监控和供电系统供货商保驾），使操作、检修人员熟悉设备，提高操作维护技能，确保安全运营。

6.13.3　综合监控系统与 PSCADA 系统联调项目

综合监控系统与 PSCADA 系统联调项目表如表 6.13-1 所示。

综合监控系统与 PSCADA 系统联调项目表　　表 6.13-1

序号	测试项目	测试地点
1	ISCS 监控主变电所 PSCADA	OCC、主变电所
2	测试 110kV Ⅰ 段母线、35kV 一级/二级母线 Ⅰ 段母线侧开关分闸遥控	OCC、主变电所
3	接地刀闸对位测试	OCC、主变电所
4	测试 110kV、35kV Ⅰ 段母侧开关合闸遥控	OCC、主变电所
5	测试 110kV、35kV Ⅱ 段母侧开关分闸遥控	OCC、主变电所
6	接地刀闸对位测试	OCC、主变电所
7	测试 110kV、35kV Ⅱ 段母线侧开关合闸遥控	OCC、主变电所
8	测试 110kV、35kV、0.4kV 等设备遥信信息	OCC、主变电所
9	测试 110kV、35kV、0.4kV 等设备遥测信息	OCC、主变电所
10	ISCS 监控牵引降压变电所 PSCADA	OCC、牵引降压变电所
11	测试 35kV Ⅰ 段母线侧开关分闸遥控	OCC、牵引降压变电所
12	35kV Ⅰ 段接地刀闸对位测试	OCC、牵引降压变电所
13	测试 35kV Ⅰ 段母线侧开关合闸遥控	OCC、牵引降压变电所
14	测试 35kV Ⅱ 段母线侧开关分闸遥控	OCC、牵引降压变电所
15	35kV Ⅱ 段接地刀闸对位测试	OCC、牵引降压变电所
16	测试 35kV Ⅱ 母侧开关合闸遥控	OCC、牵引降压变电所
17	测试本所 0.4kV 开关遥控	OCC、牵引降压变电所
18	测试 35kV、0.4kV 等设备遥信信息	OCC、牵引降压变电所
19	测试 35kV、0.4kV 等设备遥测信息	OCC、牵引降压变电所
20	0.4kV 各馈出线调试工作	OCC、牵引降压变电所
21	测试直流 1500V 和上网隔离开关遥控	OCC、牵引降压变电所
22	测试 1500V 设备遥信信息	OCC、牵引降压变电所

续表

序号	测试项目	测试地点
23	测试 1500V 设备遥测信息	OCC、牵引降压变电所
24	程序遥控功能测试	OCC、牵引降压变电所

6.13.4　综合监控系统与 PSCADA 系统联调前准备

6.13.4.1　测试前项目检查

测试前项目检查表如表 6.13-2 所示。

测试前项目检查表　　　　表 6.13-2

序号	前置条件
1	各主变电所及牵引降压混合变电所、降压变电所、跟随降压变电所各供电系统至少完成由监理组织的供电设备单体验收后，三权移交运营分公司
2	综合监控（PSCADA）系统正式接入控制中心，控制中心通信设备功能满足电力调度指挥基本要求
3	控制中心 SCADA 系统安装调试完毕并通过验收
4	变电所供电设备正常供电状态并通过单体调试和验收
5	各变电所通信设备功能满足基本通信要求
6	各变电所各项功能符合供电设计要求
7	各变电所消防报警灭火系统和消防设施投入使用
8	变电所设备功能调试，各种设备处于工作位置，处于运行状态，无故障，设备本身无故障，无报警信号等
9	供电监控系统设备运行稳定正常，无报警信号，无缺项内容
10	各变电所有施工方和监理单位签字的单体系统调试试验报告
11	各变电所供电设备命名与综自屏确定一致（与 OCC 电力调度、信号屏、模拟图上和综合保护继电器上）
12	所有变电所报文进行整理、疏理、分层、分级
13	各变电所安全用具和消防气体灭火系统投运、移动式灭火器的准备齐全，供电一次系统模拟图的安装到位

6.13.4.2　所需工器具

所需工器具如表 6.13-3 所示。

所需工器具表　　　　表 6.13-3

序号	工具/设备	数量	要求	用途
1	对讲机 800M	若干	充满电，并有备用电池	调试人员联络
2	设备房钥匙	若干		打开关键设备房、相关机房

续表

序号	工具/设备	数量	要求	用途
3	屏蔽门端门钥匙	1套		进入端门外侧设备房区域
4	图纸、资料	若干	图纸、资料齐全	资料查询
5	测试设备和仪器	若干	报监理、业主备案	测试实际接口设备
6	手提电脑及抢修工具	各1套/系统		紧急情况处理
7	兆欧表	若干		测量接地电阻
8	数字万用表	若干		测量电气回路
9	秒表	若干		调试时间计量
10	继保仪	1台		现场调试

6.13.5 综合监控系统与PSCADA系统联调方法及步骤

6.13.5.1 测试方法

（1）进行DO测点操作，如隔离开关、断路器遥控以及定值组切换（远方复归在第3步之后做），开关遥控时后台会显示开关状态DI信号。根据变电所典型操作要求进行操作。

（2）进行DI测点操作，如弹簧未储能、MCB分位、维护接地MCB分位等（具体DI测点以点表为准）。根据已停役的110kV、35kV、1500V、0.4kV开关设备、综保继电器设备、交直流屏设备、杂散电流设备、排流设备、轨电位设备、有源滤波设备逐个进行DI测点操作。

（3）进行需要加量的DI测点操作，既保护信号，如过流Ⅱ段跳闸、零序Ⅱ段跳闸等（具体DI测点以点表为准），加量进行时后台及保护装置会显示AI信号。根据已停役的35kV开关逐个进行DI测点操作。

（4）测试内容主要包括两部分内容：单点遥控测试和程序遥控。

1）单点遥控测试应包含变电所内所有开关类设备，遥控正确率应达到100%。包含：高压开关、中压开关、电动隔离开关、其他自动装置、直流开关、直流隔离开关、低压开关。

2）程序遥控包含部分上行接触网送电、部分上行接触网停电、部分下行接触网送电、部分下行接触网停电、全线上行接触网送电、全线上线接触网停电、全线下行接触网送电、全线下行接触网停电、全线上下行接触网送电、全线上下行接触网停电测试，遥控正确率应达到100%。

（5）辅助设备联调，现场根据点表逐一模拟故障信息

1）轨电位设备进行遥控、遥信、遥测功能验证；

2）排流柜设备进行遥控、遥信、遥测功能验证；

3）杂散电流备进行遥信、遥测功能验证；

4)交、直屏设备进行遥控、遥信、遥测功能验证。

控制中心人员通过综合监控系统对主变电所、牵引降压混合变电所、降压变电所、跟随降压变电所进行遥控、遥测、遥信等功能进行全部检验测试。

轨道交通工程供电系统一般沿用 110kV/35kV 两级集中供电方式，设多个供电分区。AC35kV 经变电所牵引变压器降压和整流后为牵引列车提供 DC1500V 电源，经动力变压器降压后为车站及区间动力照明提供 AC400V 电源。

变电所综合自动化系统（即 PSCADA 系统）采用集中管理、分散布置的模式，分层、分布式系统结构。系统由站级管理层、网络通信层、间隔设备层组成，包括控制信号盘、分散式或集中组屏式测控/保护单元等智能电子装置（其他供货商提供）、所内通信网络和维护设备等部分。系统以供电设备为对象，通过网络将所内的 110kV/35kV/0.4kV 交流保护测控单元、1500V 直流保护测控单元、交直流电源系统监控单元等间隔层设备连接起来。按照变电所综合自动化系统结构及设备配置情况可将其划分为牵引降压混合变电所和降压变电所。

牵引降压混合变电所和降压变电所综合自动化采用三级控制方式，即控制中心远方控制、所内控制信号盘/计算机集中控制、设备本体控制。三种控制方式相互闭锁，以达到安全控制的目的。对于接触网电动隔离开关，在控制信号盘上设置当地/远方转换开关、相应的合分闸开关及控制装置。

牵引降压混合变电所主要包括 35kV 设备、牵引变压器、降压变压器、1500V 设备、400V 设备、交直流屏、PSCADA 系统等设备。

35kV 开关柜设备如图 6.13-2 所示。

图 6.13-2　35kV 开关柜设备图

1500V 开关设备如图 6.13-3 所示。

图 6.13-3　1500V 开关设备图

400V 开关柜设备如图 6.13-4 所示。

图 6.13-4　400V 开关柜设备图

交直流系统设备如图 6.13-5 所示。

PSCADA 系统设备如图 6.13-6 所示。

电力监控 PSCADA 联动功能综合联调范该轨道交通供电线路供电的主变电所和全部正线各个车站、控制中心、车辆段变电所。

图 6.13-5　交直流系统设备图

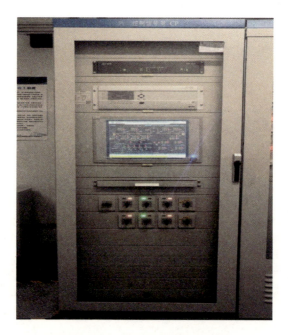

图 6.13-6　PSCADA 系统设备图

6.13.5.2　联调实施操作步骤

(1) ISCS 监控主变电所 PSCADA

1) 110kV Ⅰ 段母线、35kV 一级/二级母线 Ⅰ 段母线侧开关分闸遥控测试步骤，如表 6.13-4 所示。

6.13 综合监控系统与PSCADA系统联调测试

110kVⅠ段母线、35kV一级/二级母线Ⅰ段母线侧开关分闸遥控测试步骤

表 6.13-4

序号	步骤内容
1	下发 35kV 安吉车辆段Ⅰ柜 2H138 断路器分闸令
2	下发 35kV 安吉车辆段Ⅰ柜 2H131 隔离开关分闸令
3	下发 35kV 西津站Ⅰ柜 2H118 断路器分闸令
4	下发 35kV 西津站Ⅰ柜 2H111 隔离开关分闸令
5	下发 35kV 二级Ⅰ段进线开关 2H128 断路器分闸令
6	下发 35kV 二级Ⅰ段进线开关 2H121 隔离开关分闸令
7	下发 35kV 二级母线Ⅰ段 2H311 母联隔离开关分闸令
8	下发 35kV 二级母线Ⅱ段 2H321 母联隔离开关分闸令
9	下发 35kV 二级母线母联 2H318 断路器合闸、分闸令
10	下发 35kVSVG 补偿Ⅰ柜 1H138 断路器分闸令
11	下发 35kVSVG 补偿Ⅰ柜 1H131 隔离开关分闸令
12	下发 35kV 3号线Ⅰ柜 1H118 断路器分闸令
13	下发 35kV 3号线Ⅰ柜 1H111 隔离开关分闸令
14	下发 35kV 某线Ⅰ柜 1H128 断路器分闸令
15	下发 35kV 某线Ⅰ柜 1H121 隔离开关分闸令
16	下发 35kV1 号站用变 1H158 断路器分闸令
17	下发 35kV1 号站用变 1H151 隔离开关分闸令
18	下发 35kV 一级Ⅰ段进线开关 1H148 断路器分闸令
19	下发 35kV 一级Ⅰ段进线开关 1H141 隔离开关分闸令
20	下发 35kV 一级母线Ⅰ段 1H311 母联隔离开关分闸令
21	下发 35kV 一级母线Ⅱ段 1H321 母联隔离开关分闸令
22	下发 35kV 一级母线母联 1H318 断路器合闸、分闸令
23	下发 110kV 1号主变 1010 中性点接地隔离开关合闸令
24	下发 110kV GIS 103 断路器分闸令
25	下发 110kV GIS 1034 变压器侧隔离开关分闸令
26	下发 110kVⅠ母线侧 1031 隔离开关分闸令
27	下发 110kVⅠ线路侧 1033 隔离开关分闸令
28	下发 110kV 0151PT 隔离开关分闸令
29	下发 110kVⅠ段 1001 母联隔离开关分闸令
30	下发 110kVⅡ段 1002 母联隔离开关分闸令
31	下发 110kV 母联 100 断路器合闸、分闸令

2）接地刀闸对位测试

供电专业主变电所值班人员将Ⅰ段母联开关切换到就地状态，接地刀闸对位测试步骤如表6.13-5。

接地刀闸对位测试步骤　　　　　　　　　　表6.13-5

序号	步骤内容
1	下发35kV二级2H317Ⅰ段母联接地隔离开关合闸令,之后分闸令
2	下发35kV二级2H327Ⅱ段母联接地隔离开关合闸令,之后分闸令
3	下发35kV安吉车辆段Ⅰ柜2H137接地隔离开关合闸令,之后分闸令
4	下发35kV西津Ⅰ柜2H117接地隔离开关合闸令,之后分闸令
5	下发35kV二级Ⅰ段进线柜2H127接地隔离开关合闸令,之后分闸令
6	下发35kV3号线Ⅰ柜1H117接地隔离开关合闸令,之后分闸令
7	下发35kV某线Ⅰ柜1H127接地隔离开关合闸令,之后分闸令
8	下发35kVSVG补偿Ⅰ柜1H137接地隔离开关合闸令,之后分闸令
9	下发35kVⅠ段1H1571号站用变接地隔离开关合闸令,之后分闸令
10	下发35kV一级Ⅰ段进线柜1H147接地隔离开关合闸令,之后分闸令
11	下发35kV一级1H317Ⅰ段母联接地隔离开关合闸令,之后分闸令
12	下发35kV一级1H327Ⅱ段母联接地隔离开关合闸令,之后分闸令
13	下发110kV1号主变1010中地接地隔离开关分闸令
14	下发110kV1号主变接地10348隔离开关合闸令,之后分闸令
15	下发110kVⅠ母10347接地隔离开关合闸令,之后分闸令
16	下发110kV开关下级10317接地隔离开关合闸令,之后分闸令
17	下发110kV开关上级10337接地隔离开关合闸令,之后分闸令
18	下发110kV开关线路10338接地隔离开关合闸令,之后分闸令
19	下发110kV01518PT接地隔离开关合闸令,之后分闸令
20	下发110kV10017Ⅰ段母联接地隔离开关合闸令,之后分闸
21	下发110kV10027Ⅱ段母联接地隔离开关合闸令,之后分闸令

3) 测试110kV、35kVⅠ段母侧开关合闸遥控,110kV、35kVⅠ段母侧开关合闸遥控测试步骤如表6.13-6。

110kV、35kVⅠ段母侧开关合闸遥控测试步骤　　　　表6.13-6

序号	步骤内容
1	下发110kV1号主变1010中地接地隔离开关合闸令
2	下发110kV0151PT隔离开关合闸令
3	下发110kV1033线路侧隔离开关合闸令
4	下发110kVⅠ母侧1031隔离开关合闸令
5	下发110kV1034变压器侧隔离开关合闸令
6	下发110kV1号主变103断路器合闸令
7	下发110kV1号主变1010中地接地隔离开关分闸令

续表

序号	步骤内容
8	下发110kVⅠ段1001母联隔离开关合闸令
9	下发110kVⅡ段1002母联隔离开关合闸令
10	下发35kV一级Ⅰ段进线开关1H141隔离开关合闸令
11	下发35kV一级Ⅰ段进线开关1H148断路器合闸令
12	下发35kV1号站用变1H151隔离开关合闸令
13	下发35kV1号站用变1H158断路器合闸令
14	下发35kV某线Ⅰ柜1H121隔离开关合闸令
15	下发35kV某线Ⅰ柜1H128断路器合闸令
16	下发35kV3号线Ⅰ柜1H111隔离开关合闸令
17	下发35kV3号线Ⅰ柜1H118断路器合闸令
18	下发35kVSVG补偿Ⅰ柜1H131隔离开关合闸令
19	下发35kVSVG补偿Ⅰ柜1H138断路器合闸令
20	下发35kV一级Ⅰ段1H311母联隔离开关合闸令
21	下发35kV一级Ⅱ段1H321母联隔离开关合闸令
22	主变值班员检查0.4kV交流屏、直流屏供电恢复正常状态
23	下发35kV二级Ⅰ段进线开关2H121隔离开关合闸令
24	下发35kV二级Ⅰ段进线开关2H128断路器合闸令
25	下发35kV安吉车辆段Ⅰ柜2H131隔离开关合闸令
26	下发35kV安吉车辆段Ⅰ柜2H138断路器合闸令
27	下发35kV西津站Ⅰ柜2H111隔离开关合闸令
28	下发35kV西津站Ⅰ柜2H118断路器合闸令
29	下发35kV二级Ⅰ段2H311母联隔离开关合闸令
30	下发35kV二级Ⅱ段2H321母联隔离开关合闸令

4）测试110kV、35kVⅡ段母侧开关分闸遥控

前提条件，110kV、35kV一级/二级母联柜备自投选择转换开关切到退出位置，本所0.4kV负荷切换至1号所用变供电。下级同一供电区域变电所所有35kV母联备自投选择转换开关切到投入位置，0.4kV母联备自投选择转换开关切到投入位置。在操作110kV供电设备时，必须接上级电网电力调度命令后执行。

再操作停35kV设备前先停SVG补偿设备。

再操作停35kV设备前先停电抗器设备（如有）。

110kV、35kVⅡ段母侧开关分闸遥控测试步骤见表6.13-7。

110kV、35kVⅡ段母侧开关分闸遥控测试步骤 表 6.13-7

序号	步骤内容
1	下发 35kV 安吉车辆段Ⅱ柜 2H238 断路器分闸令
2	下发 35kV 安吉车辆段Ⅱ柜 2H231 隔离开关分闸令
3	下发 35kV 西津站Ⅱ柜 2H218 断路器分闸令
4	下发 35kV 西津站Ⅱ柜 2H211 隔离开关分闸令
5	下发 35kV 二级Ⅱ段进线开关 2H228 断路器分闸令
6	下发 35kV 二级Ⅱ段进线开关 2H221 隔离开关分闸令
7	下发 35kV 二级母线Ⅰ段 2H311 母联隔离开关分闸令
8	下发 35kV 二级母线Ⅱ段 2H321 母联隔离开关分闸令
9	下发 35kVSVG 补偿Ⅱ柜 1H248 断路器分闸令
10	下发 35kVSVG 补偿Ⅱ柜 1H241 隔离开关分闸令
11	下发 35kV 电抗器Ⅱ柜 1H238 断路器分闸令
12	下发 35kV 电抗器Ⅱ柜 1H231 隔离开关分闸令
13	下发 35kV3 号线Ⅱ柜 1H218 断路器分闸令
14	下发 35kV3 号线Ⅱ柜 1H211 隔离开关分闸令
15	下发 35kV 某线Ⅱ柜 1H228 断路器分闸令
16	下发 35kV 某线Ⅱ柜 1H221 隔离开关分闸令
17	下发 35kV 2 号站用变 1H268 断路器分闸令
18	下发 35kV 2 号站用变 1H261 隔离开关分闸令
19	下发 35kV 一级Ⅱ段进线开关 1H258 断路器分闸令
20	下发 35kV 一级Ⅱ段进线开关 1H251 隔离开关分闸令
21	下发 35kV 一级母线Ⅰ段 1H311 母联隔离开关分闸令
22	下发 35kV 一级母线Ⅱ段 1H321 母联隔离开关分闸令
23	下发 110kV 2 号主变 1020 中性点接地隔离开关合闸令
24	下发 110kV 104 断路器分闸
25	下发 110kV 1044 变压器侧隔离开关分闸令
26	下发 110kV Ⅰ母线侧 1041 隔离开关分闸令
27	下发 110kV 1043 线路侧隔离开关分闸令
28	下发 110kV 0152PT 隔离开关分闸令
29	下发 110kV Ⅰ段 1001 母联隔离开关分闸令
30	下发 110kV Ⅱ段 1002 母联隔离开关分闸令

5）接地刀闸对位测试

供电专业主变电所值班人员将Ⅰ段母开关切换到就地状态。

6.13 综合监控系统与 PSCADA 系统联调测试

接地刀闸对位测试步骤见表 6.13-8。

接地刀闸对位测试步骤　　　　　　　　　　　　　　　表 6.13-8

序号	步骤内容
1	下发 35kV 二级安吉车辆段 Ⅱ 柜 2H237 接地隔离开关合闸令，之后分闸令
2	下发 35kV 二级西津 Ⅱ 柜 2H217 接地隔离开关合闸令，之后分闸令
3	下发 35kV 二级 Ⅱ 段进线柜 2H227 接地隔离开关合闸令，之后分闸令
4	下发 35kV 一级 3 号线 Ⅱ 柜 1H217 接地隔离开关合闸令，之后分闸令
5	下发 35kV 一级某线 Ⅱ 柜 1H227 接地隔离开关合闸令，之后分闸令
6	下发 35kV 一级 SVG 补偿 Ⅱ 柜 1H247 接地隔离开关合闸令，之后分闸令
7	下发 35kV 电抗器 Ⅱ 柜 1H237 接地隔离开关合闸令，之后分闸令
8	下发 35kV 一级 Ⅱ 段 1H267 2 号站用变接地隔离开关合闸令，之后分闸令
9	下发 35kV 一级 Ⅱ 段进线柜 1H257 接地隔离开关合闸令，之后分闸令
10	下发 110kV 2 号主变 1020 中性点接地隔离开关分闸令
11	下发 110kV 1 号主变接地 10448 隔离开关分闸令，之后合闸令
12	下发 110kV Ⅱ 段母线 10447 接地隔离开关分闸令，之后合闸令
13	下发 110kV 开关下级 10417 接地隔离开关分闸令，之后合闸令
14	下发 110kV 开关上级 10437 接地隔离开关分闸令，之后合闸令
15	下发 110kV 开关线路 10438 接地隔离开关分闸令，之后合闸令
16	下发 110kV 01528PT 接地隔离开关分闸令，之后合闸

6）测试 110kV、35kV Ⅱ 段母线侧开关合闸遥控，110kV、35kV Ⅱ 段母线侧开关合闸遥控测试步骤见表 6.13-9。

110kV、35kV Ⅱ 段母线侧开关合闸遥控测试步骤　　　　表 6.13-9

序号	步骤内容
1	下发 110kV 2 号主变 1020 中性点接地隔离开关合闸令
2	下发 110kV 0152PT 隔离开关合闸令
3	下发 110kV 1043 线路侧隔离开关合闸令
4	下发 110kV Ⅱ 段母线侧 1041 隔离开关合闸令
5	下发 110kV 1044 变压器侧隔离开关合闸令
6	下发 110kV 2 号主变 104 断路器合闸令
7	下发 110kV 2 号主变 1020 中性点接地隔离开关分闸令
8	下发 110kV Ⅰ 段 1001 母联隔离开关合闸令
9	下发 110kV Ⅱ 段 1002 母联隔离开关合闸令
10	下发 35kV 一级 Ⅱ 段进线开关 1H251 隔离开关合闸令
11	下发 35kV 一级 Ⅱ 段进线开关 1H258 断路器合闸令
12	下发 35kV 一级 1 号站用变 1H261 隔离开关合闸令

续表

序号	步骤内容
13	下发35kV一级1号站用变1H268断路器合闸令
14	下发35kV一级某线Ⅱ柜1H221隔离开关合闸令
15	下发35kV一级某线Ⅱ柜1H228断路器合闸令
16	下发35kV一级3号线Ⅱ柜1H211隔离开关合闸令
17	下发35kV一级3号线Ⅱ柜1H218断路器合闸令
18	下发35kV一级SVG补偿Ⅱ柜1H241隔离开关合闸令
19	下发35kV一级SVG补偿Ⅱ柜1H248断路器合闸令
20	下发35kV电抗器Ⅱ柜1H231隔离开关合闸令
21	下发35kV电抗器Ⅱ柜1H238断路器合闸令
22	下发35kV一级Ⅰ段1H311母联隔离开关合闸令
23	下发35kV一级Ⅱ段1H321母联隔离开关合闸令
24	主变值班员检查0.4kV交流屏、直流屏供电恢复正常状态
25	下发35kV二级Ⅱ段进线开关2H221隔离开关合闸令
26	下发35kV二级Ⅱ段进线开关2H228断路器合闸令
27	下发35kV二级安吉车辆段Ⅱ柜2H231隔离开关合闸令
28	下发35kV二级安吉车辆段Ⅱ柜2H238断路器合闸令
29	下发35kV二级西津站Ⅱ柜2H211隔离开关合闸令
30	下发35kV二级西津站Ⅱ柜2H218断路器合闸令
31	下发35kV二级Ⅰ段2H311母联隔离开关合闸令
32	下发35kV二级Ⅱ段2H321母联隔离开关合闸令
33	110kV、35kV一级/二级母联柜备自投选择转换开关切到投入位置，恢复下级同一供电区域变电所正常供电。

7）测试110kV、35kV、0.4kV等设备遥信信息，110kV、35kV、0.4kV等设备遥信信息测试步骤见表6.13-10。

110kV、35kV、0.4kV等设备遥信信息测试步骤　　　表6.13-10

步骤内容
供电专业施工人员根据遥信点表现场模拟或实际动作产生遥信信号，OCC人员及变电所内PSCADA人员在各自画面及报警窗中查看是否收到变化遥信信号

8）测试110kV、35kV、0.4kV等设备遥测信息，110kV、35kV、0.4kV等设备遥测信息测试步骤见表6.13-11。

6.13 综合监控系统与PSCADA系统联调测试

110kV、35kV、0.4kV等设备遥测信息测试步骤　　表6.13-11

序号	步骤内容
1	供电专业施工人员使用继电保护试验仪对110kV、35kV保护测控装置输入电压电流模拟量，OCC人员及变电所PSCADA人员在各自画面上检查遥测值与现场保护测控装置测量值是否一致
2	供电专业施工人员在现场0.4kV交流屏上查看各种测量数值，OCC人员及变电所PSCADA人员在各自画面上检查遥测值与现场测量值是否一致

（2）ISCS监控牵引降压变电所PSCADA

1）测试35kVⅠ段母线侧开关分闸遥控

前提条件，35kV母联柜备自投选择转换开关切到退出位置，本所0.4kV备自投选择转换开关切到投入位置。下级同一供电区域变电所所有35kV母联备自投选择转换开关切到投入位置，所有0.4kV备自投选择转换开关切到投入位置，35kVⅠ段母线侧开关分闸遥控测试步骤见表6.13-12。

35kVⅠ段母线侧开关分闸遥控测试步骤　　表6.13-12

序号	步骤内容
1	下发104A断路器分闸令
2	下发1041A隔离开关分闸令
3	下发102A断路器分闸令
4	下发1021A隔离开关分闸令
5	下发101A断路器分闸令
6	下发1011A隔离开关分闸令
7	下发103断路器合闸令
8	下发103断路器分闸令
9	下发1031隔离开关分闸令
10	下发1032隔离开关分闸

2）35kVⅠ段接地刀闸对位测试

供电专业施工人员将Ⅰ母开关切换到就地状态，35kVⅠ段接地刀闸对位测试步骤见表6.13-13。

35kVⅠ段接地刀闸对位测试步骤　　表6.13-13

序号	步骤内容
1	供电专业施工人员切换1041AE接地开关合闸，之后分闸令
2	供电专业施工人员切换1021AE接地开关合闸，之后分闸令
3	供电专业施工人员切换1011AE接地开关合闸，之后分闸令

续表

序号	步骤内容
4	供电专业施工人员切换1031E接地开关合闸，之后分闸令
5	供电专业施工人员切换1032E接地开关合闸，之后分闸令

3）测试35kVⅠ段母线侧开关合闸遥控，35kVⅠ段母线侧开关合闸遥控测试步骤见表6.13-14。

35kVⅠ段母线侧开关合闸遥控测试步骤　　　表6.13-14

序号	步骤内容
1	下发1011A隔离开关合闸令
2	下发101A断路器合闸令
3	下发1041A隔离开关合闸令
4	下发104A断路器合闸令
5	下发1021A隔离开关合闸令
6	下发102A断路器合闸令
7	下发0.4kV三级负荷断路器开关合闸令

4）测试35kVⅡ段母线侧开关分闸遥控

前提条件，35kV母联柜备自投选择转换开关切到退出位置，本所0.4kV备投选择转换开关切到投入位置。下级站35kV母联备自投选择转换开关切到投入位置，0.4kV备自投选择转换开关切到投入位置，35kVⅡ段母线侧开关分闸遥控测试步骤见表6.13-15。

35kVⅡ段母线侧开关分闸遥控测试步骤　　　表6.13-15

序号	步骤内容
1	下发104B断路器分闸令
2	下发1041B隔离开关分闸令
3	下发106断路器分闸令
4	下发1061隔离开关分闸令
5	下发107断路器分闸令
6	下发1071隔离开关分闸令
7	下发102B断路器分闸令
8	下发1021B隔离开关分闸令
9	下发101B断路器分闸令
10	下发1011B隔离开关分闸令

5）35kVⅡ段接地刀闸对位测试

6.13 综合监控系统与PSCADA系统联调测试

供电专业施工人员将Ⅱ母开关切换到就地状态，35kV Ⅱ段接地刀闸对位测试步骤见表6.13-16。

35kV Ⅱ段接地刀闸对位测试步骤 表6.13-16

序号	步骤内容
1	供电专业施工人员切换1041BE接地开关合闸，之后分闸令
2	供电专业施工人员切换1061E接地开关合闸，之后分闸令
3	供电专业施工人员切换1071E接地开关合闸，之后分闸令
4	供电专业施工人员切换1021BE接地开关合闸，之后分闸令
5	供电专业施工人员切换1011BE接地开关合闸，之后分闸令

6）测试35kV Ⅱ母侧开关合闸遥控，35kV Ⅱ母侧开关合闸遥控测试步骤见表6.13-17。

35kV Ⅱ母侧开关合闸遥控测试步骤 表6.13-17

序号	步骤内容
1	下发1011B隔离开关合闸令
2	下发101B断路器合闸令
3	下发1041B隔离开关合闸令
4	下发104B断路器合闸令
5	下发1061隔离开关合闸令
6	下发106断路器合闸令
7	下发1071隔离开关合闸令
8	下发107断路器合闸令
9	下发1021B隔离开关合闸令
10	下发102B断路器合闸令
11	下发0.4kV三级负荷断路器开关合闸令

7）测试本所0.4kV开关遥控

前提条件，0.4kV备自投选择转换开关切换到退出位置，本所0.4kV开关遥控测试步骤见表6.13-18。

本所0.4kV开关遥控测试步骤 表6.13-18

序号	步骤内容
1	下发本所0.4kV Ⅰ段进线断路器分闸令
2	下发本所0.4kV母联断路器合闸令
3	下发本所0.4kV母联断路器分闸令
4	下发本所0.4kV Ⅰ段进线断路器合闸令

续表

序号	步骤内容
5	下发本所 0.4kV Ⅱ 段进线断路器分闸令
6	下发本所 0.4kV 母联断路器合闸令
7	下发本所 0.4kV 母联断路器分闸令
8	下发本所 0.4kV Ⅱ 段进线断路器合闸令
9	下发本所 0.4kV Ⅰ 段三级负荷断路器开关分闸令
10	下发本所 0.4kV Ⅰ 段三级负荷断路器开关合闸令
11	下发本所 0.4kV Ⅱ 段三级负荷断路器开关分闸令
12	下发本所 0.4kV Ⅱ 段三级负荷断路器开关合闸令

8）测试 35kV、0.4kV 等设备遥信信息，35kV、0.4kV 等设备遥信信息测试步骤见表 6.13-19。

35kV、0.4kV 等设备遥信信息测试步骤　　　　表 6.13-19

步骤内容
供电专业施工人员根据遥信点表现场模拟或实际动作产生遥信信号，OCC 人员及变电所内 PSCADA 人员在各自画面及报警窗中查看是否收到变化遥信信号

9）测试 35kV、0.4kV 等设备遥测信息，35kV、0.4kV 等设备遥测信息测试步骤见表 6.13-20。

35kV、0.4kV 等设备遥测信息测试步骤　　　　表 6.13-20

序号	步骤内容
1	供电专业施工人员使用继电保护试验仪对 35kV 保护测控装置输入电压电流模拟量，OCC 人员及变电所 PSCADA 人员在各自画面上检查遥测值与现场保护测控装置测量值是否一致
2	供电专业施工人员使用继电保护试验仪对 0.4kV 保护测控装置输入电压电流模拟量，OCC 人员及变电所 PSCADA 人员在各自画面上检查遥测值与现场保护测控装置测量值是否一致

10）0.4kV 各馈出线调试工作，0.4kV 各馈出线测试步骤见表 6.13-21。

0.4kV 各馈出线测试步骤　　　　表 6.13-21

序号	步骤内容
1	供电专业施工人员在现场将 0.4kV 馈出线开关分闸，之后合闸
2	OCC 人员和变电所 PSCADA 人员在各自一次图画面上查看操作开关是否正确变化

11）测试直流 1500V 和上网隔离开关遥控

前提条件，211、213、212、214 直流高速馈线断路器开关合位，

201、202进线直流高速断路器开关合位,2011、2021负极隔离开关合位,2111、2121、2131、2141上网隔离开关合位,2113、2124接触网联络隔离开关分位,直流1500V和上网隔离开关遥控测试步骤见表6.13-22。

直流1500V和上网隔离开关遥控测试步骤　　表6.13-22

序号	步骤内容
1	下发211断路器开关分闸令
2	下发2111隔离开关分闸令
3	下发212断路器开关分闸令
4	下发2121隔离开关分闸令
5	下发213断路器开关分闸令
6	下发2131隔离开关分闸令
7	下发214断路器开关分闸令
8	下发2141隔离开关分闸令
9	下发201正极断路器开关分闸令
10	下发202正极断路器开关分闸令
11	下发2011负极隔离开关分闸令（变电所现场就地操作）
12	下发2021负极隔离开关分闸令（变电所现场就地操作）
13	下发2011负极隔离开关合闸令（变电所现场就地操作）
14	下发2021负极隔离开关合闸令（变电所现场就地操作）
15	下发201进线断路器开关合闸令
16	下发202进线断路器开关合闸令
17	下发2113隔离开关合闸令
18	下发2113隔离开关分闸令
19	下发2124隔离开关合闸令
20	下发2124隔离开关分闸令
21	下发2111隔离开关合闸令
22	下发2121隔离开关合闸令
23	下发2131隔离开关合闸令
24	下发2141隔离开关合闸令
25	下发211断路器开关合闸令
26	下发212断路器开关合闸令
27	下发213断路器开关合闸令
28	下发214断路器开关合闸令

12）测试1500V设备遥信信息,1500V设备遥信信息测试步骤见表6.13-23。

1500V设备遥信信息测试步骤	表6.13-23
步骤内容	
供电专业施工人员根据遥信点表现场模拟或实际动作产生遥信信号,OCC人员及变电所内PSCADA人员在各自画面及报警窗中查看是否收到变化遥信信号	

13）测试1500V设备遥测信息,1500V设备遥测信息测试步骤见表6.13-24。

1500V设备遥测信息测试步骤	表6.13-24
步骤内容	
供电专业施工人员使用试验仪对1500V保护装置输入模拟量,OCC人员及变电所PSCADA人员在各自画面上检查遥测值与现场保护装置测量值是否一致	

（3）程序遥控功能测试,程序遥控功能测试步骤见表6.13-25。

程序遥控功能测试步骤		表6.13-25
序号	步骤内容	
1	下发部分上行接触网送电遥控命令	
2	下发部分上行接触网停电遥控命令	
3	下发部分下行接触网送电遥控命令	
4	下发部分下行接触网停电遥控命令	
5	下发全线上行接触网送电遥控命令	
6	下发全线上行接触网停电遥控命令	
7	下发全线下行接触网送电遥控命令	
8	下发全线下行接触网停电遥控命令	
9	下发全线上下行接触网送电遥控命令	
10	下发全线上下行接触网停电遥控命令	

6.14 综合监控系统与防淹门联调测试

6.14.1 综合监控系统与防淹门联调测试概述

防淹门系统作为地铁的防灾设备主要应用在水系复杂、常年蓄水或地处海域的地区。为防止突发事故造成隧道破裂后江河（湖）水涌进地下车站、区间隧道造成事故范围扩大,特在过江两端的地铁车站端头部与隧道接口处设置防淹门系统,在发生事故时能关闭闸门,封闭过江隧道,保护地铁车站人身和设备的安全。

防淹门系统由机械设备和控制系统两部分组成。防淹门系统机械设备主要由门扇、闭锁、机械锁定装置、门框、轨道密封装置、启闭机、控制系统等几部分组成。防淹门的形式主要有升降式和平开式两种。升降式防淹门的门体为单扇门，两侧采用钢基铜材料作为滑动导向块，与门槽配合上下滑动，实现闸门在隧道内开闭和水流的通道动作。

6.14.2 综合监控系统与防淹门联调测试目的

防淹门的作用是为防止因突发事故造成隧道破裂后江（湖）水灌入地铁站而造成事故扩大，特在过江段两端的地铁站端部与隧道接口处或区间内设置防护密闭兼防淹门系统，以便发生事故时能紧急关闭闸门，封闭过江隧道，保护地铁站人身和设备的安全。通过测试验证综合监控系统、防淹门工控机监控的防淹门设备状态与现场的设备状态是否一致，从中发现系统接口、功能上的问题，协调各参建单位对问题进行整改，确保各系统间响应能力，并满足运营要求。

6.14.3 综合监控系统与防淹门联调测试项目

系统联调需要完成的主要项目是实现综合监控系统对防淹门系统设备的监视控制功能，按照协议规定的各种数据信息均能通过防淹门系统在综合监控系统上正确接收和反馈，并且综合监控系统均能对防淹门系统设备发送和接收正确数据信息，防淹门测试核心功能如下：

（1）设备状态信息；
（2）设备报警信息；
（3）通道状态信息；
（4）对时功能。

6.14.4 综合监控系统与防淹门联调测试前准备

6.14.4.1 联调前检查项目（表6.14-1）

联调前检查项目　　　　表6.14-1

序号	检查项目
1	防淹门设备完成调试，并做好防护措施，此联调采用模拟信号测试
2	综合监控系统设备已经具备车站级和中央级对防淹门系统的联调功能，工作状况良好

第6章 综合监控系统综合联调

续表

序号	检查项目
3	通信无线系统已实现全线覆盖（包含OCC、各车站设备房，满足ISCS系统站级与中央级网络传输需求），无线手持台能实现OCC、车站之间的相互联系
4	各部门相关人员在测试开始前全部安排到位。车站、司机、调度、设备维修、车辆检修人员全部在岗，按正常工作要求值班。确保测试期间严格按照正常运营生产要求开展行车组织、设备维修/维护及故障抢修工作

6.14.4.2 联调所需工器具（表6.14-2）

联调所需工器具　　　　　　　　　　表6.14-2

序号	名称	配置标准	使用地点
1	800M对讲机	根据实际需求配置	—
2	兆欧表	根据实际需求配置	调试现场
3	手电筒	根据实际需求配置	调试现场
4	调试用组合工具（工具箱）	2套	调试现场
5	秒表	根据实际需求配置	调试现场
6	万用表	2台	调试现场
7	技术图纸资料	2套	调试现场
8	调试电脑或者模拟工具	1套	调试现场

6.14.5 综合监控系统与防淹门联调测试方法及步骤

6.14.5.1 测试方法

系统联调需要完成的主要项目是实现综合监控系统对防淹门系统设备的监视功能，按照协议规定的各种数据信息均能通过防淹门系统在综合监控系统上正确接收和反馈，并且综合监控系统均能对防淹门系统设备发送和接收正确数据信息，综合监控与防淹门接口功能见表6.14-3。

综合监控与防淹门接口功能　　　　　　　　　　表6.14-3

接口功能	物理接口	ISCS	防淹门
ISCS与防淹门通信接口	RJ45	(1) 每隔一定时间采集防淹门的核心数据； (2) 每隔一定时间对两者通道进行检测； (3) 向防淹门提供网络时间同步信息	(1) 按照约定好的数据格式准备数据； (2) 回应ISCS对两者之间的通道检测； (3) 接收ISCS提供的网络时间信息
IBP盘对防淹门远程开/关及状态反馈	硬线	提供防淹门控制按钮和指示灯	接收IBP盘控制并驱动IBP盘指示灯

6.14.5.2 联调实施操作步骤（表6.14-4）

联调测试步骤　　　　　　　　　　　　　　　　　表6.14-4

序号	测试步骤
1	防淹门专业组人员现场模拟或实际动作产生防淹门电源故障，综合监控专业组人员在HMI上核对设备点位置及相应事件、报警信息是否正确
2	防淹门专业组人员现场模拟或实际动作产生防淹门系统电机过载故障，综合监控系统人员在HMI上核对设备点位置及相应报警信息是否正确
3	防淹门专业组人员现场模拟或实际动作产生防淹门水位预报警、危险报警、超速报警，综合监控系统人员在HMI上核对水位状态显示及报警信息是否正确
4	防淹门专业组人员准备动作防淹门关门，在现场防淹门控制盘发出关门请求信号给综合监控系统，综合监控专业组人员检查是否收到关门请求信息，页面、事件、报警、菜单信息是否正确
5	防淹门专业组人员现场模拟关门允许信号发送给综合监控，综合监控专业组人员检查是否收到关门关门允许信息，页面、事件、报警、菜单信息是否正确
6	防淹门系统人员在现场短接防淹门关门触点，综合监控系统人员检查HMI上收到关门报警信息是否正确及闸门正在关闭状态显示、事件、菜单信息是否正确，当门体关到位时，在HMI上是否显示正确的闸门全关状态、页面、事件、报警、菜单信息是否正确
7	防淹门专业组人员现场模拟或实际动作产生防淹门系统设备故障，综合监控系统人员在HMI上页面、事件、报警、菜单信息是否正确
8	防淹门专业组人员动作闸门开启，综合监控系统人员在HMI上检查是否收到闸门正在开启信息，页面、事件、报警、菜单信息是否正确。当闸门体开到位时，综合监控系统人员在HMI上检查是否收到正确的闸门全开状态
9	防淹门专业组人员分别模拟模拟号1锁定装置未锁定、锁定、拔出，综合监控系统人员在HMI上页面、事件、报警、菜单信息是否正确。重复步骤9测试其余锁定装置
10	重复步骤1～9，直至测试完所有门体
11	防淹门专业组断开与综合监控通信A通道，综合监控专业组检查事件、报警是否正确显示A通道故障，并且页面及数据传输正常；防淹门专业组恢复与综合监控通信A通道，断开B通道，综合监控专业组检查事件、报警是否正确显示A通道恢复，B通道故障，并且页面及数据传输正常
12	各专业组恢复设备状态，报告现场指挥，现场指挥下达联调结束指令

6.15 综合监控系统与TIS车载信息联调测试

6.15.1 综合监控系统与TIS车载信息联调测试概述

综合监控与PIS子系统的接口功能包括获取地面PIS系统状态、发布滚动/紧急信息至车站 PIS 显示屏、发布紧急信息至车载 PIS 屏、转发车辆系统上传的车辆信息，本节主要针对 PIS 子系统转发车辆信息至 ISCS 的联调测试。

PIS 系统将从列车 TCMS 获得的列车实时位置信息，以 PIS 和专用视频监控系统双方均认可的通用信息方式提供给专用视频监控系统，以便专用视频监控系统掌握列车实时位置信息，实现对正线运营车辆的视频调用监视，PIS 开放有关文件协议并配合专用视频监控监视系统实现该功能，费用应含在总价中。

车载 CCTV 系统通过与车辆 TCMS 接口获取列车位置信息。该信息的物理接口为 TCMS 与车载 PIS 司机室三层交换机的网络接口。车载 CCTV 应用软件通过车载有线网络通道实时接收 TCMS 发送的包含列车位置信息的数据包，经车地无线传输通道，将经过整合带有列车位置信息的数据包传输至控制中心，控制中心 PIS 系统与专用视频监控系统通过网络接口连接，当专用视频监控系统访问车载视频监控系统时，通过具体接口协议解析整合列车位置信息的数据包，获取列车位置信息。

图 6.15-1 是列车位置信息整合，上传，地面专用视频监控系统解析流程图。

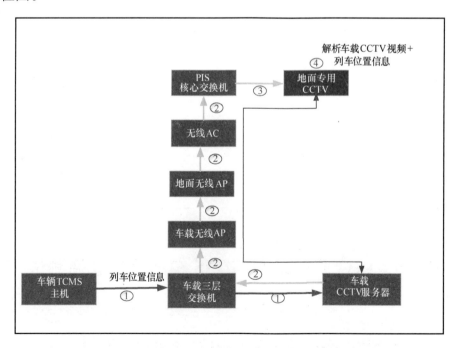

图 6.15-1 列车位置信息整合，上传，地面专用视频监控系统解析流程图

通过PIS子系统连接综合监控系统（ISCS）和TIS系统来完成列车故障信息上传至控制中心、车厂调度等地，供相关人员辅助进行行车指挥、列车故障处理。无线集群通信子系统主要完成综合监控系统和列车之间的数据传输功能，是综合监控系统和列车之间信息传递的桥梁。

6.15.2 综合监控系统与TIS车载信息联调测试目的

（1）检验PIS子系统能否正常接收列车故障信息；

（2）检验综合监控系统能否正常接收PIS转发的列车故障信息并正确显示；

（3）通过综合监控系统与TIS系统设备的测试，发现系统接口、功能上的问题，及时协调建设公司、厂家、施工队对问题进行整改；

（4）通过模拟综合联调，对运营操作及维修人员进行培训，提高检修人员技能，确保安全运营；

（5）全面检查系统，检漏纠错，并对发现的存在问题进行及时有效的整改，确保系统能完全满足运营使用要求。

6.15.3 综合监控系统与TIS车载信息联调测试项目

综合监控系统（ISCS）、PIS子系统和TIS系统信息传递测试：

（1）接口物理链路目测检查；

（2）信息上传正确性验证测试；

（3）通信稳定性验证测试；

（4）通信时延测试；

（5）链路冗余测试（分别包括PIS与TIS、PIS与ISCS）；

（6）车辆在不同位置时的信息上传测试等。

6.15.4 综合监控系统与TIS车载信息联调测试前准备

6.15.4.1 联调前检查项目（表6.15-1）

联调前检查项目　　　　表6.15-1

序号	前提条件
1	PIS系统与车载系统接口功能各车辆的PIS系统与车载系统接口功能正常常（接口位置为每列车）
2	综合监控系统与中央级ISCS与中央级PIS系统接口
3	综合监控系统设备已经具备中央级对TIS系统的联调功能，所有功能均按照合同各项条款的要求已经完全具备，且工作状况良好

续表

序号	前提条件
4	通信系统全线光纤环网贯通，可以实现OCC、车辆段、列车之间的相互联系
5	在车辆段内提前准备一列电客车，参与调试的电客车已签署PAC
6	通信无线系统已实现全线覆盖（包含OCC、各车站设备房，满足ISCS系统站级与中央级网络传输需求），无线手持台能实现OCC、车站之间的相互联系
7	各部门相关人员在测试开始前全部安排到位。车站、司机、调度、设备维修、车辆检修人员全部在岗，按正常工作要求值班。确保测试期间严格按照正常运营生产要求开展行车组织、设备维修/维护及故障抢修工作
8	本方案在实施前一周已对各相关岗位和测试人员进行了培训
9	测试前由建设部门提交各专业的功能具备情况，经综合联调演练工作组及确认是否具备进行本项测试，确认具备后由综合联调演练执行小组发布联调令

6.15.4.2 联调所需工器具（表6.15-2）

联调所需工器具　　　　　　　表6.15-2

序号	工具	数量	使用人员
1	手提电脑	2台	综合监控专业联调实施组
2	数字万用表	2台	综合监控专业联调监控组
3	无线手持台	7个	项目指挥1台
			执行组长1台
			组员2台
			综合监控人员1台
			通信专业人员1台
			车辆专业人员1台
4	螺丝批	1套	共用
5	图纸	1套	综合监控系统施工、接线图，无线专业接线图、接线图，点表

6.15.5 综合监控系统与TIS车载信息联调测试方法及步骤

6.15.5.1 测试方法

通过PIS子系统连接综合监控系统（ISCS）和TIS系统来完成列车故障信息上传至控制中心、车厂调度等地，通信PIS与车辆（车载PIS、车载视频监控系统）实施联调测试，完成综合监控系统和列车之间的数据传输功能。

故障切换：列车运行到某站时，列车上设备厂家技术人员将车载PIS系统所有无线通信接口关闭（拔除网线），模拟车地通信中断（做此操作前,提前告知调度)。

车载 PIS 自动切换,播放本地垫播视频,切换过程中 LCD 屏无黑屏、蓝屏现象;列车继续运行 10min 后,列车上设备厂家技术人员恢复车载 PIS 系统所有无线通信接口。

车载 PIS 自动切换,播放实时信息,切换过程中 LCD 屏无黑屏、蓝屏现象。作业完成需锁好设备柜门,车辆人员确认故障切换时车辆信息是否还正常上传至 ISCS。

6.15.5.2 联调实施操作步骤

执行组长检查测试列车到达预定位置、参加测试的人员到达各自岗位情况。通信、信号、车辆专业人员检查设备状态,然后向执行组长报告检查结果。列车分别进行上下行对开,联调步骤见表 6.12-3。

联调步骤　　表 6.12-3

1. 接口物理链路目测检查	(1) 综合监控人员和 PIS 人员分别检查确认综合监控与 PIS、PIS 与车载物理连接是否正常
	(2) 中央 PIS 人员向综合监控人员报告
2. 信息上传正确性验证测试	(1) 车辆人员按点表顺序模拟第一个车辆故障信息,发送给 PIS 系统
	(2) 完成后车辆人员向 PIS 人员报告
3. PIS 人员检查是否收到相关信息	(1) PIS 人员检查是否收到车辆人员发送的故障信息
	(2) PIS 人员向综合监控人员报告
4. 通信验证测试	(1) 综合监控人员检查接收到的信息是否与车辆发出信息一致
	(2) 综合监控人员通知车辆人员、PIS 人员
5. 联调测试	(1) 重复第 2~4 步骤,抽测 10 到 20 个车辆故障信息
	(2) 换一部车,重复 1~5 步骤
6. 测试结束	各专业恢复设备到正常状态,出清现场工器具

6.16 综合监控系统与 ACS 联调测试

6.16.1 综合监控系统与 ACS 联调测试概述

通过综合监控系统与门禁系统设备的联调,测试综合监控系统对门禁系统设备监控和控制功能,确保系统功能达设计标准,满足运营需求。

门禁系统(以下简称 ACS)是实现员工进出管理的自动化系统。通过 ACS 可实现自动识别员工身份；自动根据系统设定开启门锁；自动记录事件；自动采集数据，自动统计、产生报表；并可通过系统设定实现人员权限、区域管理和时间控制等功能。

门禁系统由中央计算机系统、车站计算机系统、现场终端设备（就地控制器、读卡器、电控锁、紧急开门按钮及出门按钮等）、门禁卡及通信网络组成。系统控制中心中央计算机系统、车辆段计算机系统、停车场计算机系统、各车站计算机系统、主变电站通过综合监控系统提供的两个 100M 端口进行网络传输，图 6.16-1 是门禁监视系统图。

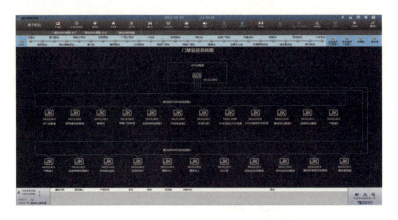

图 6.16-1　门禁监视系统图

6.16.2　综合监控系统与 ACS 联调测试目的

（1）检验全线 ACS 设备及功能符合相关设计标准。

（2）检验全线 ACS 设备配置满足新线正常运营要求。

（3）验证综合监控系统与 ACS 系统之间的接口实现的功能是否与设计相符，并满足运营要求。

（4）验证综合监控系统对 ACS 设备状态的监视，能实时反馈 ACS 设备现场实际状态。

（5）验证综合监控系统对 ACS 的编组功能及开启控制功能，实现紧急情况下对 ACS 的开门控制功能。

（6）通过联合调试，对运营操作人员及维修人员进行培训，提高运营操作人员和检修人员技能，特别是运营人员在紧急情况下的处理能力，确保新线安全运营。

6.16.3 综合监控系统与ACS联调测试项目

根据新线工程现状,综合监控系统与ACS联调范围为所有车站、综合基地、车辆段、停车场、主变电站。

(1) 综合监控系统与ACS接口连接及控制功能验证。

(2) 综合监控系统对ACS设备状态监控功能验证。

6.16.4 综合监控系统与ACS联调测试前准备

6.16.4.1 联调前检查项目(表6.16-1)

联调前检查项目 表6.16-1

序号	前提条件
1	所有相关人员按综合联调作业令时间准时到站点,领取相关工器具及记录表格,并到达指定调试地点待命
2	由相关专业工作人员将调试所涉及的设备房门打开,并报告联调组长
3	各专业人员确认控制中心、车站、综合基地、主变电站各系统设备运行正常,并报告联调组长
4	联调组长通知各方,联调工作开始,由联调副组长负责具体指挥实施

6.16.4.2 联调所需工器具(表6.16-2)

联调所需工器具 表6.16-2

序号	工具	数量	使用人员	提供单位	工具要求
1	无线手持台	6台	组长1台		可正常使用并已充满电(含充电器)
			副组长1台		
			综合监控专业组2台		
			ACS专业组2台		
2	手提电脑	2部	综合监控专业组		可正常使用
			ACS专业组		
3	万用表	1个	公用		可正常使用
4	螺丝批(一字、十字)	2套	公用		可正常使用
5	设备房钥匙	1套	调试人员		可正常使用
6	各系统设备柜钥匙	1套	各专业人员		可正常使用

6.16.5 综合监控系统与ACS联调测试方法及步骤

6.16.5.1 测试方法

(1) 检验全线ACS设备及功能符合相关设计标准。

(2) 检验全线 ACS 设备配置满足新线正常运营要求。

(3) 验证综合监控系统与 ACS 系统之间的接口实现的功能是否与设计相符,并满足运营要求。

(4) 验证综合监控系统对 ACS 设备状态的监视,能实时反馈 ACS 设备现场实际状态。

(5) 验证综合监控系统对 ACS 的编组功能及开启控制功能,实现紧急情况下对 ACS 的开门控制功能。

(6) 通过联合调试,对运营操作人员及维修人员进行培训,提高运营操作人员和检修人员技能,特别是运营人员在紧急情况下的处理能力,确保新线安全运营。

6.16.5.2 联调实施操作步骤

ACS 测试步骤、人员组织及信息传递,如表 6.16-3～表 6.16-8。

状态信息监视功能联调步骤　　　　　　　　　表 6.16-3

序号	测试步骤	负责人	信息传递
1	ACS 专业组现场操作产生相应状态信息	ACS 专业组	ACS 专业组报告综合监控专业组
2	综合监控专业组查看综合监控系统检查人机界面状态信息是否与现场相符	综合监控专业人员	综合监控专业组反馈 ACS 专业组
3	重复上述步骤,完成所有点位测试		

实时报警功能联调步骤　　　　　　　　　表 6.16-4

序号	测试步骤	负责人	信息传递
1	ACS 专业组现场操作产生相应报警信息	ACS 专业组	ACS 专业组报告综合监控专业组
2	综合监控专业组检查综合监控系统人机界面报警信息是否与现场相符	综合监控专业人员	综合监控专业组反馈 ACS 专业组
3	重复上述步骤,完成所有点位测试		

控制功能联调步骤　　　　　　　　　表 6.16-5

序号	测试步骤	负责人	信息传递
1	综合监控专业组确认当前人机界面下调试点位状态	综合监控专业组	
2	综合监控专业组通过人机界面下发开/关门控制命令	综合监控专业组	综合监控专业组报告 ACS 专业组
3	ACS 专业组现场确认开/关门动作情况	ACS 专业组	ACS 专业组反馈综合监控专业组

6.16 综合监控系统与ACS联调测试

续表

序号	测试步骤	负责人	信息传递
4	综合监控专业组检查人机界面状态门禁状态与现场一致及事件报警记录是否齐全	综合监控专业组	
5	重复1~4步骤，完成所有点位测试		

自定义门组控制联调步骤　　　　表6.16-6

序号	测试步骤	负责人	信息传递
1	综合监控人员在综合监控软件定义随机选取任意数量门禁组成几个门组，进行保存	综合监控人员	综合监控人员向ACS人员报告
2	综合监控人员确认当前操作门组内门禁状态	综合监控人员	综合监控人员向ACS人员报告
3	综合监控专业组通过人机界面下发开/关门控制命令	综合监控人员	综合监控人员向ACS人员报告
4	ACS人员检查现场该门组包括的门禁是否按控制命令要求动作	ACS人员	ACS人员报告向综合监控人员报告
5	综合监控人员检查人机界面事件、报警、菜单信息是否正确反馈现场信息	综合监控人员	
6	重复2~5步骤，完成所有点位测试		

记录查询功能联调步骤　　　　表6.16-7

序号	测试步骤	负责人	信息传递
1	综合监控专业组随机查看部分综合监控相关事件记录及报警信息	综合监控专业组	
2	综合监控专业组对相关对应报警、事件记录与现场设备动作、状态变化相对比，确认一致	综合监控专业组	

通道冗余测试联调步骤　　　　表6.16-8

序号	测试步骤	负责人	信息传递
1	ACS专业组断开与综合监控接线端口A	ACS专业组	ACS专业组报告综合监控专业组
2	综合监控人员确认监控是否正常	综合监控专业组	综合监控专业组反馈ACS专业组
3	ACS专业组恢复接线端口A，断开接线端口B	ACS专业组	ACS专业组报告综合监控专业组
4	综合监控人员确认监控是否正常，链路切换是否正常	综合监控专业组	综合监控专业组反馈ACS专业组
5	ACS专业组、综合监控专业组将各自系统恢复正常工作状态	ACS专业组、综合监控专业组	

6.17 综合监控系统综合联调故障案例

6.17.1 综合监控系统 IBP 盘与关联系统联调

（1）按下电扶梯急停按钮后，扶梯无法停止

处理方法：

1）检查按钮是否损坏，若有问题则更换按钮，若无问题则到下一步；

2）检查急停按钮到 IBP 盘内接线端子是否可靠连接，若有问题则检查连接线缆是否断路，检查线缆端接是否良好，若无问题则到下一步；

3）检查 IBP 盘接线端子到扶梯接线端子是否可靠连接，若有问题则检查连接线缆是否断路，检查线缆端接是否良好，若无问题则到下一步；

4）需扶梯厂家检查扶梯问题。

（2）按下门禁释放按钮后，门禁无法释放

处理方法：

1）检查门禁释放按钮是否损坏，若有问题则更换按钮，若无问题则到下一步；

2）检查门禁释放按钮到 IBP 盘内接线端子是否可靠连接，若有问题则检查连接线缆是否断路，检查线缆端接是否良好，若无问题则到下一步；

3）检查 IBP 盘接线端子到门禁控制柜接线端子是否可靠连接，若有问题则检查连接线缆是否断路，检查线缆端接是否良好，若无问题则到下一步；

4）检查门禁控制柜内部接线端子到分励脱扣器的连接是否可靠，若有问题则检查连接线缆是否断路，检查线缆端接是否良好，若无问题则到下一步；

5）检查分励脱扣器是否有故障，若有故障则直接更换。

（3）按下环控模式按钮后，模式无法执行或执行失败。

处理方法：

1）检查 IBP 盘上钥匙切换钥匙是否已打到"手动"位置，若没到位则手动达到"手动"，同时检查相关环控设备是否已切到"BAS"位，若未到位，则到环控柜上操作切换至"BAS"位，若无问题则到下一步；

2）检查模式执行按钮是否损坏，若有问题则更换按钮，若无问题则到下一步；

3）检查模式执行按钮到 IBP 盘内接线端子是否可靠连接，若有问题则检查连接线缆是否断路，检查线缆端接是否良好，若无问题则到下一步；

4）检查 IBP 盘接线端子到 IBP 盘内的 BAS DI 模块接线端子是否可靠连接，若有问题则检查连接线缆是否断路，检查线缆端接是否良好，若无问题则到下一步；

5）需 BAS 工程师检查程序逻辑是否有正确，若有问题则修改；同时检查风机与风阀连锁是否正确。

6.17.2 综合监控系统与 FAS 系统联调故障案例

（1）故障概况：联调时调度在综合监控上发现某车站 FAS 系统部分设备灰显，图 6.17-1 是某车站 FAS 系统部分设备灰显故障。

图 6.17-1 某车站 FAS 系统部分设备灰显故障

（2）原因分析：经现场检查，发现通信协议转换器 P1/P3 通信状态指示灯不亮，初步判定是通信协议转换器通信故障，经断电重启后系统恢复正常。通信协议转换器具体参数如图 6.17-2、图 6.17-3 所示。

各车站已发生多起因通信协议转换器通信故障引起综合监控界面灰显的故障，经重启通信协议转换器后恢复正常，主要原因是通信协议转换器长时间运行易引起通信死机。

- 前排：

  Ready: 上电后，通信网关卡自检成功，该灯亮绿色平光。

  SD: 当通信网关卡上插入SD卡，该灯亮绿色平光。

  P1: 绿色灯，为发送指示灯。当该通信口有数据发送时，它绿色闪烁。
  　　黄色灯，为接收指示灯。当该通信口有数据接收时，它黄色闪烁。

  P2: 绿色灯，为发送指示灯。当该通信口有数据发送时，它绿色闪烁。
  　　黄色灯，为接收指示灯。当该通信口有数据接收时，它黄色闪烁。

- 后排：

  P3: 绿色灯，为发送指示灯。当该通信口有数据发送时，它绿色闪烁。
  　　黄色灯，为接收指示灯。当该通信口有数据接收时，它黄色闪烁。

  P4: 绿色灯，为发送指示灯。当该通信口有数据发送时，它绿色闪烁。
  　　黄色灯，为接收指示灯。当该通信口有数据接收时，它黄色闪烁。

图 6.17-2　通信协议转换器状态指示灯不亮　　图 6.17-3　通信协议转换器状态指示灯描述

（3）处理措施：在 FAS 及气体灭火系统检修项目中添加重启通信协议转换器的项目，以降低此类故障的发生率。

6.17.3　综合监控系统与屏蔽门联调故障案例

（1）单个屏蔽门无法正常关闭或关闭后门灯闪烁。解决措施：检测该道滑动门地槛或异物卡阻、半闭或锁紧的行程开关未动作，处理方法为清理异物、调整门地槛、调整行程开关或者锁钩。

（2）单个屏蔽门不能联动打开。解决措施：通常为电磁阀损坏或者电动机无力，处理方法为更换电磁阀或者门电动机。

6.17.4　综合监控系统与 AFC 系统联调故障案例

（1）故障概况：根据正线调试工班反应，石埠站 AFC 设备全部灰显，票务管理 SCWS 无法登陆，车站 TVM 可正常售票，GATE 可正常进出站，BOM 可正常进行操作。

（2）原因分析：经检查，此次故障原因为：石埠站 SC 服务器异常重启后，SC 服务器应用进程未启动导致 SCWS 无法登陆及综合监控灰显。票务清分人员手动启动 SC 服务器应用进程后，AFC 系统各项服务均可正常使用，但综合监控依旧灰显。

综合监控长时间灰显根本原因为综合监控与 SC 服务器链接未建立，SC 与综合监控系统无数据交互导致综合监控界面显示 AFC 设备灰显。

SC 服务器与综合监控系统网络正常，从石埠站 SC 服务器可 ping 通综合监控服务器（图 6.17-4）。

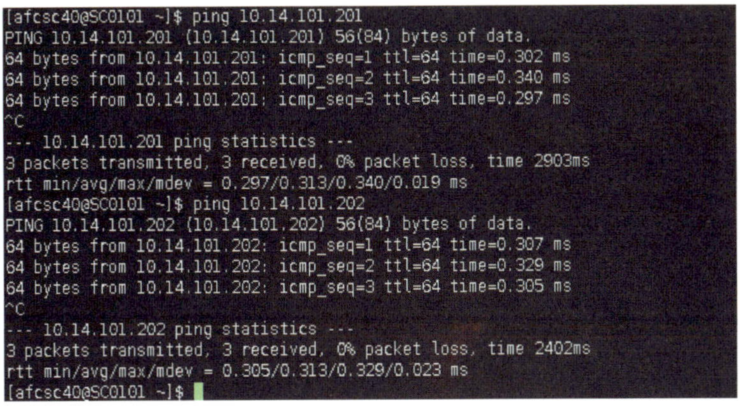

```
[afcsc40@SC0101 ~]$ ping 10.14.101.201
PING 10.14.101.201 (10.14.101.201) 56(84) bytes of data.
64 bytes from 10.14.101.201: icmp_seq=1 ttl=64 time=0.302 ms
64 bytes from 10.14.101.201: icmp_seq=2 ttl=64 time=0.340 ms
64 bytes from 10.14.101.201: icmp_seq=3 ttl=64 time=0.297 ms
^C
--- 10.14.101.201 ping statistics ---
3 packets transmitted, 3 received, 0% packet loss, time 2903ms
rtt min/avg/max/mdev = 0.297/0.313/0.340/0.019 ms
[afcsc40@SC0101 ~]$ ping 10.14.101.202
PING 10.14.101.202 (10.14.101.202) 56(84) bytes of data.
64 bytes from 10.14.101.202: icmp_seq=1 ttl=64 time=0.307 ms
64 bytes from 10.14.101.202: icmp_seq=2 ttl=64 time=0.329 ms
64 bytes from 10.14.101.202: icmp_seq=3 ttl=64 time=0.305 ms
^C
--- 10.14.101.202 ping statistics ---
3 packets transmitted, 3 received, 0% packet loss, time 2402ms
rtt min/avg/max/mdev = 0.305/0.313/0.329/0.023 ms
[afcsc40@SC0101 ~]$
```

图 6.17-4　图示（一）

查看 SC 与综合监控的业务端口，端口处于 linsen 状态（图 6.17-5），但未建立链接（图 6.17-6）。

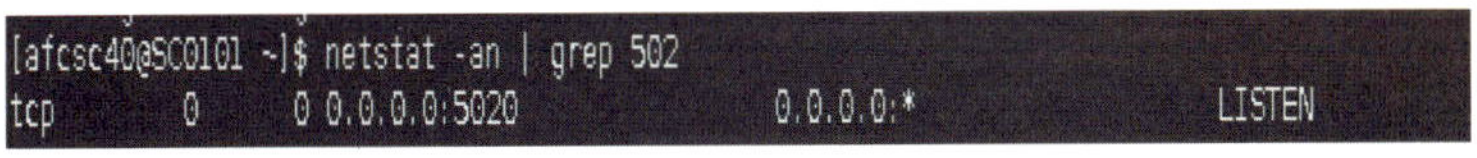

```
[afcsc40@SC0101 ~]$ netstat -an | grep 502
tcp        0      0 0.0.0.0:5020            0.0.0.0:*               LISTEN
```

图 6.17-5　图示（二）

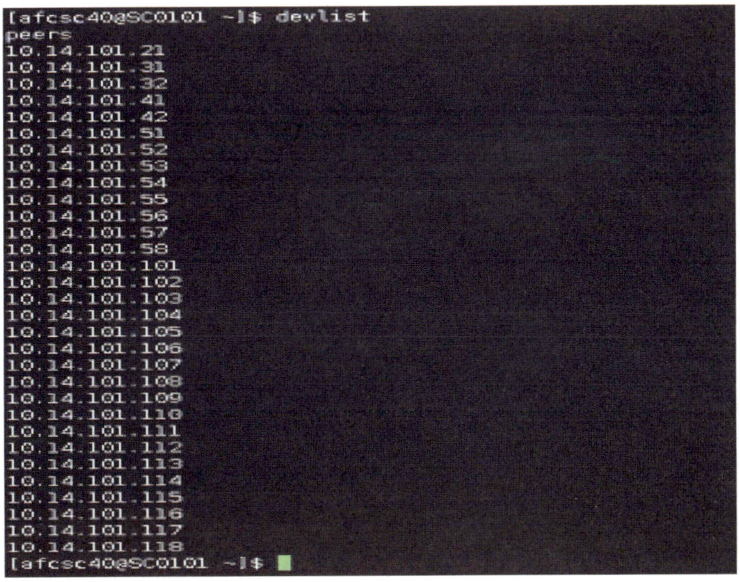

```
[afcsc40@SC0101 ~]$ devlist
peers
10.14.101.21
10.14.101.31
10.14.101.32
10.14.101.41
10.14.101.42
10.14.101.51
10.14.101.52
10.14.101.53
10.14.101.54
10.14.101.55
10.14.101.56
10.14.101.57
10.14.101.58
10.14.101.101
10.14.101.102
10.14.101.103
10.14.101.104
10.14.101.105
10.14.101.106
10.14.101.107
10.14.101.108
10.14.101.109
10.14.101.110
10.14.101.111
10.14.101.112
10.14.101.113
10.14.101.114
10.14.101.115
10.14.101.116
10.14.101.117
10.14.101.118
[afcsc40@SC0101 ~]$
```

图 6.17-6　图示（三）

重启综合监控系统，调试技术人员对 SC 服务器进行通信重新配置，连接建立后，车控室综合监控系统恢复正常。

6.17.5 综合监控系统与 CCTV 系统联调故障案例

（1）IP-SAN 故障概况：车站出现全站"视频存储失败"告警，录像无法正常存储，实时图像能上传至服务器中。

（2）原因分析：

1）登录该站服务器，确认实况图像是否正常。告警出现"视频存储失败"，而且是该站所有的图像通道都出现该告警。

2）查询录像情况，录像无法正常存储，同时无法查找到之前的录像。登录 IP SAN 控制台，在 IE 浏览器中输入"IP SAN 的 IP 地址"，无法登录控制台。

3）无法 PING 通 IP SAN，确认 IP SAN 故障。

（3）故障处理：

1）更换 IP SAN 备件，首先对 IP SAN 备件进行基本数据设置（如：添加 IP SAN 的 IP 地址，修改管理口、业务口的 IP 地址等）。

2）恢复故障 IP SAN 业务，导入备份好的数据到备件中。将原本 IP SAN 的数据导入到备用 IP SAN 中，恢复配置。

3）把原有 IP SAN 硬盘插入备件中，安装 IP SAN 后即可恢复。同时查看录像确认是否恢复正常。

（4）CCTV 视频服务器故障概况：车站车控室无法切换图像，其中调看中的图像显示正常；OCC 无法远程调看该车站图像

（5）原因分析：

1）在终端上登录视频服务器，无法登陆该站 CCTV 软件平台，同时尝试 PING 通该站服务器。

2）无法 PING 通 CCTV 服务器，服务器也无法正常运行。

3）确认服务器故障。

（6）故障处理：

1）重装视频服务器管理软件。

2）导入原始数据库。

3）导入 license。

4）重新登录视频服务器，确认故障恢复情况。

6.17.6 综合监控系统与广播系统综合联调故障案例

(1) 综合监控故障概况：综合监控人机界面（MMI）上子系统设备图标灰显（图 6.17-7）。

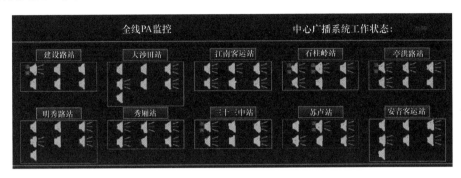

图 6.17-7 综合监控 PA 子系统人机界面

(2) 故障处理：打开综合监控界面灰显设备的属性框，则检查：综合监控点表配置是否正常完整。

(3) 打开综合监控界面灰显设备的属性框，若静态信息显示正常（即设备名称、位置、代码有显示），而数据采集异常，进行以下操作：

1) 综合监控工作站上通过 ping 子系统（PA）的接口 IP 地址，不通，则需要按序检查：

① 子系统（PA）到综合监控配线架的网线是否敷设到位，是否查到配线架正确位置；

② 综合监控交换机（或 FEP）对应的网络指示灯、子系统（PA）的接口设备对应网络指示灯是否亮起（并闪烁）；

③ 综合监控交换机 VLAN、子系统（PA）的接口 IP、子网掩码、默认网关是否按照双方约定的进行配置，子系统（PA）防火墙是否已关闭。

2) 综合监控人机界面（MMI）上子系统设备状态与现场实际状态不正确，则检查：

① 子系统软件上对该设备的监视是否正确。

② 综合监控点表配置的地址与子系统配置的地址是否与约定一致。

③ 若仍无法判定排除问题，则通过笔记本电脑替代、抓包等方法进行分析。

3) 综合监控人机界面（MMI）上对子系统设备状态控制失败（现场

设备无动作、动作不正确），则检查：

① 子系统软件上对该设备的控制是否正确。

② 综合监控点表配置的地址与子系统配置的地址是否与约定一致。

③ 若仍无法判定排除问题，则通过笔记本电脑替代、抓包等方法进行分析。

（4）广播控制盒不能进行预录制语音广播/不能进行话筒广播。

检查广播控制盒的设置是否正确，广播控制盒通信是否正常；网络声频播放器通信是否正常。

1）广播系统不能正常选区。查看广播控制盒通信是否正常，查看功率放大器有无声频输入/输出，如果无声频输入请查看信源（广播控制盒/话筒前级/网络声频播放器）等设备。若无声频输出，请查功率放大器是否正常工作。

2）控制失败。先检查接口控制器备状态是否正确，以验证接口通信是否正常。

3）实况控制成功，预录制语音控制失败，检查 PA 是否配置了声频、操作优先级，综合监控控制命令的循环次数、操作优先级、语音编号是否与约定一致。

4）实况、预录制语音控制成功、监听失败，检查 PA 是否配置了操作优先级。

6.17.7　综合监控系统与通信集中告警联调故障案例

（1）故障概况：多个车站，通信 PIS 专业 A 站、B 站下行早晨 7 点列车到站预告显示区域陆续出现综合监控系统 PA 时间表无法添加。

（2）影响情况：列车到站预告显示区域陆续出现综合监控系统 PA 时间表无法添加，影响 1 号线综合监控系统对设备的监控，经现场人员登录服务器检查 PA 时间表的日志 scheduleserver.log，发现数据日志出现异常，scheduleserver 服务进程卡死，从而导致 PA 时间表内容无法添加。

（3）处理措施：此故障为服务器 scheduleserver 服务进程异常，从而导致 PA 时间表内容无法添加，针对问题情况提出如下整改措施，加强后续加强运营工班对此类故障的应急处理培训，出现故障后及时处理，重启相关软件服务进程；对接设备厂家核查重新开发新软件，并对全线 PA 软件进行升级，从根本上解决软件存在的隐患。

6.17.8 综合监控系统与 BAS 系统联调故障案例

(1) 故障概况：调测试某站小系统 A 端火灾模式 XA7 时，综合监控模式表上未显示执行相应模式；测试小系统 B 端火灾模式 XB16 时，排烟风机 SEF-B401 未按模式启动。

(2) 处理过程：

1) 环调测试发现故障环调测试某站小系统 A 端火灾模式 XA7 时，综合监控模式表上未显示执行相应模式；测试小系统 B 端车站控制室火灾模式 XB16 时，排烟风机 SEF-B401 未按模式启动。

2) 机电维修人员到达现场。

3) 检查检查情况：某站排烟风机 SEF-B401 未按小系统 B 端火灾模式 XB16 启动原因是排烟风机 SEF-B401 防火阀连锁线损坏，重新布线后恢复正常，小系统 A 端火灾模式 XA7 无法正常启动故障需待报计划处理。

4) 次日再次进行现场测试：某站小系统 A 端火灾模式 XA7 未显示执行故障原因为程序反馈延时，经现场进行火灾模式测试后设备恢复正常。

(3) 原因分析：

初步判断，因防火阀动作时力度较大，平时检修保养启动模式调试次数多导致防火阀连锁线加快老化损坏；小系统 A 端火灾模式 XA7 未显示执行故障原因为程序反馈延时。

因防火阀动作时的力度较大，在平时多次检修保养启动模式调试后有一定概率导致防火阀连锁线加快老化和损坏的速度，导致车站控制室火灾模式 XB16 启动，排烟风机 SEF-B401 未按模式启动。小系统 A 端火灾模式 XA7 未显示执行故障原因为程序反馈延时。

(4) 经验总结：

1) 防火阀连锁线加快老化损坏，导致排烟风机 SEF-B401 未动作；

2) 小系统 A 端火灾模式 XA7 未显示执行故障原因为程序反馈延时。

6.17.9 防淹门系统测试故障案例

防淹门一般常见故障：

(1) 浮球设计为 3 选 2 信号传送模式，但测试浮球任意两根的情况下有一组未正确传送信号到主机。处理方式：更换浮球；

（2）防淹门在检修模式状态下进行起降防淹门，有可能造成电机热继电器动作。处理方式：复位热继电器；

（3）IBP盘上报防淹门通信故障，BAS界面接收不到监控数据。处理方式：更换光纤通信模块；

（4）误按"试灯"按钮，造成故障信号反复报送。处理方式：不要乱按设备按钮。

6.18 综合监控系统联调记录表

综合监控系统联调记录表见表6.18-1~表6.18-11。

综合监控系统与SIG联调测试表　　　　　　　表6.18-1

序号	牵引供电范围	A所				B所				区域供电状态	验证通过		
		断路器	状态	隔离开关	状态	母线电压	断路器	状态	隔离开关	状态	母线电压		综合监控	SIG工作站	大屏
1	A													
2	B													
3	C													
4	D													

IBP盘与AFC、ACS联调测试表　　　　　　　表6.18-2

＿＿＿＿站IBP盘（AFC）联调记录表

序号	控制按钮	通过	不通过	备注
1	允许开关			
2	紧急释放			

序号	反馈信号	通过	不通过	备注
1	紧急释放灯			

＿＿＿＿站IBP盘（ACS）联调记录表

序号	控制按钮	通过	不通过	备注
1	紧急释放			

6.18 综合监控系统联调记录表

续表

序号	反馈信号	通过	不通过	备注
1	紧急释放灯			

IBP 盘与 FG 联调测试表　　　　　　　　表 6.18-3

_____站 IBP 盘（FG）联调记录表

序号	控制按钮	通过	不通过	备注
1	试灯			
2	关门			
3				
4				
5				
6				

序号	反馈信号	通过	不通过	备注
1	报警			
2	门关状态			
3	门关状态			

序号	功能模块	通过	不通过	备注
1	盘面			

IBP 盘与屏蔽门联调测试表　　　　　　　　表 6.18-4

_____站 IBP 盘（屏蔽门）联调记录表

序号	上行侧控制按钮	通过	不通过	备注
1	试灯			
2	IBP 盘允许/禁止			
3	开门			
4	边门允许/禁止			

序号	上行侧反馈信号	通过	不通过	备注
1	开门			
2	开边门			
3	关闭锁紧			

序号	下行侧控制按钮	通过	不通过	备注
1	试灯			
2	IBP 盘允许/禁止			

续表

序号	下行侧控制按钮	通过	不通过	备注
3	开门			
4	边门允许/禁止			

序号	下行侧反馈信号	通过	不通过	备注
1	开门			
2	开边门			
3	关闭锁紧			

IBP盘与消防风机、水泵联调测试表　　表6.18-5

_____站IBP盘（消防风机）联调记录表

序号	控制按钮	通过	不通过	备注	序号	反馈信号	通过	不通过	备注
机器1									
1	启动				1	运行			
2	停止				2	停止			
机器2									
1	启动				1	运行			
2	停止				2	停止			
机器3									
1	启动				1	运行			
2	停止				2	停止			

IBP盘与电扶梯联调测试表　　表6.18-5

_____站IBP盘（电扶梯）联调记录表

序号	控制按钮	通过	不通过	反馈信号	通过	不通过	反馈信号	通过	不通过	备注
1	01(N)急停			01(N)上行			01(N)下行			
2	02(N)急停			02(N)上行			02(N)下行			
3	03(N)急停			03(N)上行			03(N)下行			
4	04(K1)急停			04(K1)上行			04(K1)下行			
5	05(K2)急停			05(K2)上行			05(K2)下行			
6	06(K2)急停			06(K2)上行			06(K2)下行			
7	07(K3)急停			07(K3)上行			07(K3)下行			
8	08(K3)急停			08(K3)上行			08(K3)下行			
9	09(K4)急停			09(K4)上行			09(K4)下行			
10	10(NW)急停			10(NW)上行			10(NW)下行			
11	11(NW)急停			11(NW)上行			11(NW)下行			

6.18 综合监控系统联调记录表

续表

序号	控制按钮	通过	不通过	反馈信号	通过	不通过	反馈信号	通过	不通过	备注
12	12(KW1)急停			12(KW1)上行			12(KW1)下行			
13	13(KW2)急停			13(KW2)上行			13(KW2)下行			
14	消声按钮			盖板防盗						

综合监控与 FAS 联调测试表 表 6.18-6

序号	信息描述	状态1	状态0	报警等级	页面位置、颜色正确√/错误×	监控面板正确√/错误×	报警描述及等级正确√/错误×
1	系统信息防火分区 1						
2	系统信息 FAS 主机手/自动状态						
3	系统信息 FAS/气灭主机总故障						
4	系统信息气灭主机通信故障						
5	系统信息 FAS 主机电源故障						
6	系统信息 FAS 主机卡件故障						
7	系统信息气灭主机卡件故障						
8	系统信息 FAS 主机接地故障						
9	系统信息气灭主机接地故障						
10	气体灭火控制盘 QM1 气体灭火一级报警						
11	气体灭火控制盘 QM1 气体灭火二级报警						
12	气体灭火控制盘 QM1 气体灭火手/自动状态						
13	气体灭火控制盘 QM1 气体灭火控制器故障						
14	智能感烟探测器 L01-T001 报警状态						
15	智能感烟探测器 L01-T001 故障状态						
16	隔离模块 L01-T015 故障状态						
17	隔离模块 L01-T015 屏蔽状态						
18	手动报警按钮 L01-M001 报警状态						
19	手动报警按钮 L01-M001 故障状态						
20	ACS 区域门禁 1ACS 控制模块故障状态						
21	ACS 区域门禁 1ACS 控制模块屏蔽状态						

综合监控与屏蔽门联调测试表   表6.18-7

序号	车站标识	设备中文描述	设备所在地	属性描述	IO类型	报警类型	报警级别	DI 0	DI 1	寄存器地址	综合监控 页面	综合监控 事件	综合监控 报警
1	25	供电系统	屏蔽门设备房										
2	25	上行控制器	屏蔽门设备房										
3	25	上行线指示灯	站台										
4	25	上行屏蔽门	站台										
5	25	上行线任意活动门	站台										
6	25	上行MSD1（车头）	站台										
7	25	上行MSD2（车尾）	站台										
8	25	上行线EED1	站台										
9	25	上行就地控制盘	站台										
10	25	上行就地控制盘	站台										
11	25	上行IBP	站台										
12	25	上行边门	站台										
13	25	上行端门（车头）	站台										
14	25	上行端门（车尾）	站台										
15	25	上行线信号系统	信号设备房										
16	25	上行线信号系统	信号设备房										

6.18 综合监控系统联调记录表

综合监控与 AFC 联调测试表　　　　　　表 6.18-8

序号	车站标识	设备中文描述	设备所在地	属性描述	图纸设备代码	IO类型	报警类型	报警级别	数字表示类型（仅针对数字点）比特数值0（000）	寄存器地址	寄存器比特/比特号	综合监控 页面	监控面板	报警栏	控制
1	火车东站	模式代码		车站运行模式		AI				1	0~7				
2	火车东站	车站出站客流数量		车站出站客流数量		AI				4-5	0~31				
3	火车东站	车站服务器	AFC设备室	预留	SV012501	MDI				6	0~1				
4	火车东站	自动售票机	车站站厅	服务状态	TVM01	MDI		3	设备正常服务	8	0~2				
5	火车东站	自动售票机	车站站厅	纸币识别模块总体状态	TVM06	MDI		2	正常	51	14~15				
6	火车东站	自动售票机	车站站厅	纸币找零箱1状态	TVM06	MDI		2	正常	52	0~2				
7	火车东站	自动售票机	车站站厅	纸币找零箱2状态	TVM06	MDI		2	正常	52	3~5				
8	火车东站	自动售票机	车站站厅	纸币回收箱1数量状态	TVM06	MDI		2	正常	52	6~8				
9	火车东站	自动售票机	车站站厅	打印机1总体状态	TVM06	MDI		2	正常	52	9~11				
10	火车东站	自动售票机	车站站厅	读写器1总体状态	TVM06	DI	2	3	正常	52	12~13				
11	火车东站	自动售票机	车站站厅	维修门综合状态	TVM06	MDI		2	打开	52	14~15				

综合监控与CCTV联调测试表　　　　　　　　　　　　　　　表6.18-9

调试时间：		调试站点：控制中心		
序号	项目	标准	结果	备注及问题记录
1	界面显示	综合监控系统CCTV界面正常显示，包含CCTV图像显示窗口及选择菜单、控制菜单		
2	分屏显示	可实现二分屏、四分屏等显示		
3	模式	可保存显示模式，并实现模式调用显示		
4	大屏投放	实现对所选图像往大屏投放显示及切换		
5	自动模式	选择预定模式执行，画面根据预定模式调用相应画面进行定时轮切		

综合监控与广播联调测试表　　　　　　　　　　　　　　　表6.18-10

调试时间：		调试站点：		
序号	项目	标准	结果	备注及问题记录
1	显示广播设备状态	登录软件后，选择站点，点击PA标签，相应广播界面正常显示		
2	广播区域选择	点击相应区域，相应区域图标、喇叭变色，播放区域与选择区域一致		
3	预录制语音	显示预录制语音，序号、名称根据车务提供的语音广播列表一致，与广播系统一致		
4	重复语音	设置重复次数，验证播放次数与设置一致		
5	实况广播（人工广播）	开启实况广播，选择区域进行人工广播验证		
6	语音广播（预录制语音广播）	开启语音广播，选择区域播放预录制语音，检验广播内容与名称一致		
7	监听模式	选择区域，监听该区域广播		
8	定时自动广播	根据运营时刻表，进行车站内定时广播		
9	火灾联动广播	综合监控发送火灾模式信号给到PA，PA播放相应广播		
10	时间表广播功能	编制时间表，验证播放时间、播放次序与编制的一致		
11	优先级验证	从高到低：高级打断低级，后播语音打断先播语音		
12	物理接线检查	综合监控室内与PA接口的接线是否齐全，并且首尾两端有标识牌		
13	冗余测试	断开主链路，综合监控可正常监视广播设备状态，下发广播命令，广播正常播放；恢复主链路，断开备链路；综合监控可正常监视广播设备状态，下发广播命令，广播正常播放；恢复主、备链路		

6.18 综合监控系统联调记录表

综合监控与 PIS 联调测试表 表 6.18-11

调试时间：　　　　　　　　　　调试站点：控制中心

序号	项目	标准	结果	备注及问题记录
1	界面显示	预录信息、信息编辑、区域选择、模式选择、播放方式、时间选择、指令发布，各区域显示正确		
2	预录信息更新	可预录信息条目，并保存；可新增、更新条目		
3	车站、区域选择	选择车站及区域进行控制命令下发，相应车站、区域正确显示文字信息。（正常文本、紧急文本）		
4	列车选择	选择列车进行控制命令下发，相应列车上 PIS 屏正确显示文字信息。（正常文本、紧急文本）		
5	定时播放	设置播放开始时间、结束时间，核对现场信息播放开始时间、结束时间与设置时间一致		
6	撤销功能	对正在播放的信息进行撤销，验证信息可正常撤销，不残留显示		
7	物理连接	检查中央 PIS 两根通信网线，网线、水晶头压制标准，使用 ping 命令检查，无丢包。 检查中央车载 PIS 两根通信网线，网线、水晶头压制标准，使用 ping 命令检查，无丢包		
8	冗余测试	断开主链路，综合监控可正常监视广播设备状态，下发广播命令，广播正常播放； 恢复主链路，断开备链路；综合监控可正常监视播设备状态，下发广播命令，广播正常播放； 恢复主、备链路。 （对中央 PIS、车载 PIS 分别测试）		

第7章 其他系统综合联调测试

7.1 其他系统简介及联调概述

7.1.1 其他系统简介概述

其他系统是按照乘客"售票-刷卡-进站-上车-下车-出站"的乘车流程，划分为 AFC、屏蔽门、地铁车辆等三个子系统，其中地铁车辆是用来运输旅客的运输工具，是地铁工程的灵魂和核心，起着穿针引线的重要作用，在其他系统中是最关键，也是最复杂的设备。地铁车辆通常分为辅助系统、主电路系统、110V 控制系统、列车监控系统、供风制动系统、车门系统、转向架系统、乘客信息系统、空调系统、车体内装系统、附属照明系统、车钩贯通道系统。各个系统协调配合，共同维持的正常运营，为乘客提供一个舒适的服务体验。满足乘客对便捷性、舒适性以及安全性的一些基本需求，为使乘客有一个较好的乘车体验。

7.1.2 其他系统联调概述

其他系统是城市轨道直接影响乘客服务质量的核心系统，其运行情况直接关系到城市轨道交通开通以后运营的服务质量和乘客的满意度。

其他系统联调通过测试在正常情况和特殊情况下，设备的极限运行情况，以检验设备是否满足合同要求，同时检验各岗位操作是否熟练，制定完善的应急应对措施，确保在各种情况下，采取不同的应对措施，将乘客安全输送到目的地。

其他系统联调主要包括车站自动售检票系统通过及处理能力联调测试、屏蔽门乘客保护能力综合联调测试、车辆系统能力测试以及车站客运服务体验能力联调。

7.2 屏蔽门乘客保护能力综合联调

7.2.1 屏蔽门乘客保护能力联调概述

屏蔽门系统（PSD）是隔离列车轨行区和车站公共区的限界，也是乘客上、下列车的通道；屏蔽门是重要行车设备，屏蔽门设备故障将直接对运营造成影响，因此对屏蔽门状态的监控显得尤为重要，综合监控系统实现对屏蔽门设备（滑动门、应急门、端门、电源）等的状态实时监控，可及时对设备故障进行告警显示，方便运营组织维修力量进行故障处理。通过综合监控系统与 PSD 系统设备的联调，测试综合监控系统对 PSD 系统设备监控功能，确保系统功能达设计标准，满足运营需求。

通过屏蔽门乘客保护能力综合联调系统测试，在遇到突发情况时能够自动报警、运行到指定位置，并能够向信号系统发出正确指令使列车做出正确的动作，从而确保乘客的生命财产安全。

7.2.2　屏蔽门乘客保护能力联调测试目的

（1）验证综合监控系统、屏蔽门工控机监控的屏蔽场设备状态与现场的设备状态是否一致，是否符合设计要求；

（2）通过综合监控系统与 PSD 系统设备的测试，检验系统设备是否符合设计要求，发现系统接口、功能上的问题，协调建设单位、设备厂家、施工单位对问题进行整改；

（3）通过模拟联合调试，对运营操作及维修人员进行培训，确保运营线路安全运营。

7.2.3　联调测试项目测试前准备

（1）所有联调相关人员（按联调作业令时间）准时到车站及 OCC，领取相关工具及记录表格，并分组到达工作地点待命；

（2）调试人员确认所辖系统、设备已投入运行，且工作状态正常，具备联调条件，并报告现场指挥；

（3）由相关专业工作人员将车站所涉及的设备房门打开，并报告联调组长；

（4）各专业人员确认控制中心、车站环境良好、各系统设备运行正常，并报告执行组长；

（5）执行组长通知各方，联调工作开始，由联调常务副组长负责具体指挥实施；

7.2.3.1 联调测试前检查项目（表 7.2-1）

联调前检查项目　　　　　　　　　　　　　　　　表 7.2-1

序号	检查内容
1	屏蔽门系统设备安装完成，与信号及综合监控系统间接口功能调试已完成，且能正常运行
2	车站常规机电设备已正常投入运行，设备状态稳定、工作状况良好，其中环控智能低压、通风空调、风机、风阀、给水排水、低压配电、应急照明等单系统调试已经完成，各系统与FAS和综合监控（含BAS）系统接口调试均已完成，可正常联动
3	综合监控系统ISCS已完成与屏蔽门系统的接口测试测试，各工况模式与工艺设计要求一致，具备联动条件。ISCS工作站中可监视屏蔽门状态，可接收屏蔽门报警
4	通信无线子系统已完系统调试，具备车站与中心之间无线手持台通信功能，无线通信工具可满足调试需要。设备已正常投入运行，设备状态稳定、工作状况良好
5	联调测试所需的仪器仪表以及必备的抢修工具准备充分，联调所使用的仪器仪表等均为符合国家标准要求的仪表，且均在使用的有效期限内
6	施工图、系统图齐全、调试方案、调试记录表格等资料齐全
7	联调相关所有子系统测试期间故障率不大于2次/8h，每次故障时间不大于10min
8	所有参与本联调的单位及人员均已熟悉本联调组织及实施方案，并已做好相关各项准备工作

7.2.3.2 联调测试所需工具（表 7.2-2）

联调所需工器具　　　　　　　　　　　　　　　　表 7.2-2

序号	工具/设备	数量	要求	用途	提供单位
1	对讲机 800M	8台	充满电，并有备用电池	调试人员联络	通信/运营（待定）
执行组长1台、组员1台、OCC参调人员1台、综合监控系统1台、站台值班人员1台、站台屏蔽门专业人员1台、随车测试人员2台					
2	设备房钥匙	若干		打开关键设备房、相关机房	各相关专业
3	屏蔽门端门钥匙	1套		进入端门外侧设备房区域	屏蔽门专业
4	图纸、资料	若干	图纸、资料齐全	资料查询	屏蔽门专业
5	测试设备和仪器	若干	报监理、业主备案	测试实际接口设备	屏蔽门专业
6	手提电脑及抢修工具	各1套/系统		紧急情况处理	屏蔽门专业
7	标准测试块	若干		测量异常夹物	屏蔽门专业
8	数字万用表	若干		测量电气回路	屏蔽门专业
9	秒表	若干		调试时间计量	屏蔽门专业
10	测力计	若干		屏蔽门夹击力计量	屏蔽门专业

7.2.4 联调测试项目及联调步骤

7.2.4.1 联调测试项目(表 7.2-3)

测试项目表　　　　表 7.2-3

序号	测试专业	测试项目	测试内容
1	综合监控	状态监视	滑动门、应急门、端门开/关状态监视
2			滑动门隔离、手动、自动状态、手动解锁状态监视
3			PSL 操作状态/互锁状态监视
4			信号系统对站台门控制状态监视
5			控制系统、UPS 状态监视
6		故障监视	对滑动门、应急门、端门故障监视
7		IBP 盘	监视上行/下行滑动门全部开启状态
8			监视上行/下行滑动门全部"门关紧且锁闭"状态
9			火灾情况下 IBP 控制上行/下行滑动门开/关
10			IBP 开启排烟滑动门功能
11	综合监控与站台门	双通道冗余	检查综合监控与站台门之间的双通道冗余功能

7.2.4.2 测试方案

(1) 测试位置

综合监控与站台门调试分四级进行,分别是:

1) 控制中心级:综合监控专业;
2) 车站级:综合监控专业;
3) 站台门控制级:站台门专业;
4) 现场级:站台门专业。

(2) 测试通信要求

联调开展过程中,要求测试用语严格规范,体现测试各层级的信息沟通,总体要求以执行组长要求为准,初定原则如下:

1) 控制中心:简称 OCC,通信前缀语:OCC 收到,OCC 通知;
2) 车站控制室:简称车控室,通信前缀语:车控室收到,车控室通知;
3) 站台门控制室:简称屏控室,通信前缀语:屏控室收到,屏控室通知;
4) 站台门:简称现场,通信前缀语:现场收到,现场通知。

7.2 屏蔽门乘客保护能力综合联调

（3）信息传递

联调信息流程总原则如下：

1）优先自上而下原则：实现控制中心要求调试信号，现场模拟，控制中心收到、车控室收到、屏控室收到，下一个调试信号。

2）自下而上原则：现场级模拟信号，无线对讲通知，屏控室、车控室、控制中心依次回复，继续下一点，联调测试项目测试步骤见表7.2-4。

联调测试项目测试步骤 表7.2-4

1. 测试项目参与单位及人员准备	（1）屏蔽门专业人员在测试车站站台待命，配备对讲机
	（2）信号专业人员在OCC待命并派随车测试人员，均配备对讲机
	（3）综合监控专业人员在车控室待命，配备对讲机
	（4）运营公司派车站值班员在测试车站站台待命，配备对讲机
	（5）建设公司、运营公司、联调单位、咨询单位和各相关设备系统监理、设计单位人员在车控室等处待命
2. 项目各参与及配合单位检查各设备系统状态，确保设备工作正常，具备调试条件，符合前置条件各项要求	
3. 联调项目执行组长和组员确定内容	（1）所有设备均能正常运行，综合监控系统与各联动系统无通信故障
	（2）所有动作设备处于停止状态
	（3）所有带时限保护或特殊保护的设备打到测试位
	（4）确认需要动作的设备和线路人员出清、环控系统风道干净，无杂物，保障设备动作时候无安全风险

4. 综合监控与屏蔽联调测试步骤：

序号	测试步骤	负责人	表格	记录人	信息传递
（1）	综合监控系统及站台门系统人员检查各自系统设备及接口状态	车站级、中央级自动化综合监控人员及站台门人员	记录表格表6.18-7	车站级、中央级自动化综合监控人员及站台门人员	完成后站台门人员向车站级自动化综合监控人员报告，车站级自动化综合监控人员向中央级自动化综合监控人员报告，中央级自动化综合监控人员通知车站级综合监控、站台门人员进行下一步测试
（2）	模拟车站站台门主电源故障报警	站台门人员			完成后站台门人员向车站级自动化综合监控人员报告，车站级自动化综合监控人员向中央级自动化综合监控人员报告
（3）	确认中央级及车站级综合监控系统是否收到站台门主电源故障报警信息	中央级、车站级自动化综合监控人员	记录表格表6.18-7	中央级、车站级自动化综合监控人员	中央级自动化综合监控人员检查完毕后向车站级自动化综合监控人员报告，车站级自动化综合监控人员检查完毕并接中央级人员报告后通知站台门人员模拟下一个故障或状态

第7章 其他系统综合联调测试

续表

序号	测试步骤	负责人	表格	记录人	信息传递
(4)	恢复车站站台门主电源故障	站台门人员			完成后站台门人员向车站级自动化综合监控人员报告，车站级自动化综合监控人员向中央级自动化综合监控人员报告
(5)	确认中央级及车站级综合监控系统是否收到站台门主电源故障报警消除信息	中央级、车站级自动化综合监控人员	记录表格表6.18-7	中央级、车站级自动化综合监控人员	中央级自动化综合监控人员检查完毕向车站级自动化综合监控人员报告，车站级自动化综合监控人员检查完毕并接中央级自动化综合监控人员报告后通知站台门人员模拟下一个故障或状态
(6)	其余所有监视点位，参照步骤2~6，直至完成点表上的所有监视点位测试	参照步骤2~6	参照步骤2~6	参照步骤2~6	参照步骤2~6
(7)	将上/下行IBP打到操作允许位置	车站级自动化综合监控人员			完成后车站级自动化综合监控人员向中央级自动化综合监控人员报告
(8)	确认中央级及车站级综合监控系统是否收到上行IBP操作允许信息	中央级、车站级自动化综合监控人员	记录表格表6.18-7	中央级、车站级自动化综合监控人员	中央级自动化综合监控人员检查完毕向车站级自动化综合监控人员报告，车站级自动化综合监控人员检查完毕并接中央级自动化综合监控人员报告后通知站台门人员模拟下一个故障或状态
(9)	依次将上行、下行IBP打到"开门"位置	车站级自动化综合监控人员			完成后车站级自动化综合监控人员向站台门人员、中央级自动化综合监控人员报告
(10)	站台门人员现场确认上/下行滑动门是否全部打开	站台门人员			完成后站台门人员向车站级自动化综合监控人员报告，车站级自动化综合监控人员向中央级自动化综合监控人员报告
(11)	确认中央级及车站级综合监控系统是否收到上/下行IBP开门命令信息	中央级、车站级自动化综合监控人员	记录表格表6.18-7	中央级、车站级自动化综合监控人员	中央级自动化综合监控人员检查完毕向车站级自动化综合监控人员报告，车站级自动化综合监控人员检查完毕并接中央级自动化综合监控人员报告后通知站台门人员模拟下一个故障或状态

7.2 屏蔽门乘客保护能力综合联调

续表

序号	测试步骤	负责人	表格	记录人	信息传递
(12)	将上行IBP打到关门位置	车站级自动化综合监控人员			完成后车站级自动化综合监控人员向站台门人员、中央级自动化综合监控人员报告
(13)	站台门人员现场确认上/下行滑动门是否全部关闭	站台门人员			完成后站台门人员向车站级自动化综合监控人员报告，车站级自动化综合监控人员向中央级自动化综合监控人员报告
(14)	确认中央级及车站级综合监控系统是否未收到IBP关门命令信息	中央级、车站级自动化综合监控人员	记录表格表6.18-7	中央级、车站级自动化综合监控人员	中央级自动化综合监控人员检查完毕后向车站级自动化综合监控人员报告，车站级自动化综合监控人员检查完毕并接中央级自动化综合监控人员报告后通知站台门人员模拟下一个故障或状态
(15)	依次按下上行、下行IBP"开排烟滑动门"按钮位置	车站级自动化综合监控人员			完成后站台门人员向车站级自动化综合监控人员报告，车站级自动化综合监控人员向中央级自动化综合监控人员报告
(16)	站台门人员现场确认上/下行1-1、3-5、6-5号滑动门是否打开	站台门人员			完成后站台门人员向车站级自动化综合监控人员报告，车站级自动化综合监控人员向中央级自动化综合监控人员报告
(17)	确认中央级及车站级综合监控系统是否未收到IBP开排烟滑动门命令信息	中央级、车站级自动化综合监控人员	记录表格表6.18-7	中央级、车站级自动化综合监控人员	中央级自动化综合监控人员检查完毕后向车站级自动化综合监控人员报告，车站级自动化综合监控人员检查完毕并接中央级自动化综合监控人员报告后通知站台门人员模拟下一个故障或状态
(18)	站台门人员修改系统时间，并观察时间是否能与综合监控自动对时	站台门人员	记录表格表6.18-7	中央级、车站级自动化综合监控人员及站台门人员	完成后站台门人员向车站级自动化综合监控人员报告，车站级自动化综合监控人员向中央级自动化综合监控人员报告
(19)	中央级、车站级自动化综合监控人员确认监控是否正常	中央级、车站级自动化综合监控人员	记录表格表6.18-7		
(20)	各专业人员恢复各自负责专业设备原状	各专业人员			各专业人员将结果反馈给中央级自动化综合监控人员，中央级自动化综合监控人员反馈给执行组长

续表

序号	测试步骤	负责人	表格	记录人	信息传递
5. 屏蔽门乘客保护功能测试步骤	（1）确认屏蔽门处于关闭状态				
	（2）确认站台无列车				
	（3）联调执行组长下达开始指令				
	（4）在站台无列车的情况下，由屏蔽门专业工作人员用机械方式打开一扇屏蔽门				
	（5）由信号系统检查信号系统是否关闭了进站进路，使列车在站外等待。综合监控专业确定是否能在 ISCS 工作站查看到屏蔽门状态及报警信息				
	（6）列车进站时，由屏蔽门工作人员用机械方式打开一扇屏蔽门				
	（7）站台工作人员确认列车是否紧急制动，综合监控专业确定是否能在 ISCS 工作站查看到屏蔽门状态及报警信息				
	（8）列车进站停稳，屏蔽门与车门正常开启，测量列车与屏蔽门间隙				
	（9）列车停在站台，车门与屏蔽门正常开始关闭，关门过程中用测力计测量屏蔽门夹击力				
	（10）列车停在站台，车门与屏蔽门正常开始关闭，关门过程中用标准测试块置于关闭过程中的屏蔽门间				
	（11）屏蔽门专业工作人员确认屏蔽门探测到障碍物是否自动弹开，综合监控专业确定是否能在 ISCS 工作站查看到屏蔽门状态及报警信息				
	（12）列车停在站台，车门与屏蔽门正常关闭等待发车，此时由屏蔽门工作人员用机械方式打开一扇屏蔽门				
	（13）由信号专业工作人员确认，发车指示灯是否禁止发车，综合监控专业确定是否能在 ISCS 工作站查看到屏蔽门状态及报警信息				
	（14）列车停在站台，车门与屏蔽门正常关闭等待发车，随车测试人员用旁路方式随机打开一组车门并模拟车门关闭信号，在屏蔽门与列车间隙内人为放入障碍物				
	（15）站台值班人员确认屏蔽门与列车间隙障碍物探测系统是否报警，位于车尾的瞭望灯带是否为司机提供报警信息				
	（16）车门与屏蔽门关闭，列车从站台发车离开，在发车过程中，由屏蔽门工作人员用机械方式打开一扇屏蔽门				
	（17）站台工作人员确认列车是否紧急制动，综合监控专业确定是否能在 ISCS 工作站查看到屏蔽门状态及报警信息				

6. 列车与屏蔽门间隙应每个活动门处都测量，屏蔽门乘客保护功能可在两侧站台各抽测一至两个活动门

7. 数据采集：

7.2 屏蔽门乘客保护能力综合联调

续表

步骤序号	测试内容	记录人员	备注
(1)	确认屏蔽门处于关闭状态		
(2)	确认站台无列车		
(3)	本联调科目组长下达开始指令		
(4)	在站台无列车的情况下,由屏蔽门专业工作人员用机械方式打开一扇屏蔽门		
(5)	由信号系统检查信号系统是否关闭了进站进路,使列车在站外等待。综合监控专业确定是否能在ISCS工作站查看到屏蔽门状态及报警信息		
(6)	列车进站时,由屏蔽门工作人员用机械方式打开一扇屏蔽门		
(7)	站台工作人员确认列车是否紧急制动,综合监控专业确定是否能在ISCS工作站查看到屏蔽门状态及报警信息		
(8)	列车进站停稳,屏蔽门与车门正常开启,测量列车与屏蔽门间隙		间隙应小于130mm
(9)	列车停在站台,车门与屏蔽门正常开始关闭,关门过程中用测力计测量屏蔽门夹击力		
(10)	列车停在站台,车门与屏蔽门正常开始关闭,关门过程中用标准测试块置于关闭过程中的屏蔽门间		测试块应在离地一定距离重复多次放置
(11)	屏蔽门专业工作人员确认屏蔽门探测到障碍物是否自动弹开,综合监控专业确定是否能在ISCS工作站查看到屏蔽门状态及报警信息		
(12)	列车停在站台,车门与屏蔽门正常关闭等待发车,此时由屏蔽门工作人员用机械方式打开一扇屏蔽门		
(13)	由信号专业工作人员确认,发车指示灯是否禁止发车,综合监控专业确定是否能在ISCS工作站查看到屏蔽门状态及报警信息		
(14)	列车停在站台,车门与屏蔽门正常关闭等待发车,随车测试人员用旁路方式随机打开一组车门并模拟车门关闭信号,在屏蔽门与列车间隙内人为放入障碍物		
(15)	站台值班人员确认屏蔽门与列车间隙障碍物探测系统是否报警,位于车尾的瞭望灯带是否为司机提供报警信息		屏蔽门与列车间隙障碍物探测系统仅报警,不与信号系统连锁
(16)	车门与屏蔽门关闭,列车从站台发车离开,在发车过程中,由屏蔽门工作人员用机械方式打开一扇屏蔽门		
(17)	站台工作人员确认列车是否紧急制动,综合监控专业确定是否能在ISCS工作站查看到屏蔽门状态及报警信息		

7.3 车站自动售检票系统通过及处理能力测试

7.3.1 车站自动售检票系统通过及处理能力联调测试概述

车站自动售检票系统（AFC）通过及处理能力联调测试（以下简称：联调测试）是根据《城市轨道交通自动售检票系统技术条件》GB/T 20907、《城市轨道交通自动售检票系统工程质量验收标准》GB/T 50381、《AFC 系统设备技术规格书》要求，以《综合联调联试大纲》为主体纲领，为验证大客流时自动售票机售票能力及工作稳定性、进出闸时自动检票机的通过及处理能力、AFC 系统数据的完整、准确性，模拟系统真实环境下整个车站在规定时间内大客流冲击，通过对自动售票机购票压力测试以及自动检票机通过能力测试，检验 AFC 系统是否满足需要，图 7.3-1、图 7.3-2 是测试现场图。

图 7.3-1　测试现场图（一）

自动售检票系统主要由线路中心计算机系统、车站计算机系统、车站终端设备、维修系统、培训系统、模拟测试系统及通信网络等组成。

线路中心计算机系统为轨道交通 AFC 系统的核心部分，可对本系统内部的所有设备进行监控，实现对系统运营、票务、财务及维修的集中管理功能。线路中心计算机系统可采集、处理系统内各类数据，制定、维护

7.3 车站自动售检票系统通过及处理能力测试

图 7.3-2　测试现场图（二）

系统各类参数，下达系统各类命令，同时为系统提供高度的安全机制和严格的操作规程；向清分中心系统上传交易数据和一些管理数据的功能；并通过清分中心系统实现本线路与轨道交通网络其他线路以及市政交通一卡通之间的结算。

维修系统、模拟测试系统和培训系统设置于车辆基地，用于运营人员培训、模拟测试、制定设备维修计划、保养计划、设备故障处理、备品备件管理、部件管理、维修数据管理等并对所辖工区内系统故障、设备故障及运行状态监控。

车站计算机系统为车站 AFC 系统的核心部分，可对本车站内部的所有设备进行实时监控，实现对车站 AFC 系统运营、票务、维修的集中管理功能。车站计算机系统可采集、处理车站内各类数据，并上传到线路中心计算机系统；接收线路中心计算机系统下传的各类系统参数，并下载到车站各 AFC 终端设备；可接收线路中心计算机系统下达系统各类命令，并下传到车站各 AFC 终端设备，同时可根据需要自行向 AFC 终端设备下达控制命令，并将该操作记录上传到线路中心计算机系统。

7.3.2　联调测试目的

（1）为验证 AFC 系统设备大客流时处理能力，模拟车站 1h 3000 人次的客流，通过模拟车站大客流，验证大客流时 AFC 系统数据的准确性、TVM 售票能力及工作稳定性、大客流时进出闸机的通过及处理能力。

(2）为满足运营需求，应对高峰期大客流时段乘客进、出站压力，自动检票机应具备连续刷卡，快速通过能力。（即：在连续刷票卡或回收车票时，闸门或阻挡装置保持常开状态，无需 1 人 1 闸，连续刷卡快速通过）

（3）全面检查系统，检漏纠错，并对发现的存在问题进行及时有效的整改，确保系统能完全满足运营使用要求。

（4）通过综合联调，对运营操作及维修人员进行培训，提高运营操作及检修人员技能，确保新线开通后安全运营。

7.3.3 联调测试项目实验前准备

7.3.3.1 联调前检查项目（表 7.3-1）

联调前检查项目　　　　　　　　表 7.3-1

序号	前 提 条 件
1	自动售检票系统设备已完成单机测试、压力测试、站内系统联调，各项功能均具备，工作状况良好，并正常运行
2	参与联调的单位及人员必须参加联调前组织的本科目技术交底和桌面推演会，暨启动准备会，均已熟悉联调组织及实施方案，并做好相关各项准备工作。所有测试人员、站点、时间，准备好工具及测试表格、测试用预制票、现金准备
3	联调测试所需的仪器仪表以及必备的工具准备充分，联调所使用的仪器仪表等均为符合国家标准要求的仪表，且均在使用的有效期限内
4	施工图、系统图齐全、联调实施方案、联调测试记录表格等资料齐全
5	所有参与联调的单位及人员均已熟悉系统联调组织及实施方案，并已做好相关各项准备工作，参加联调测试人员到岗能正常工作

7.3.3.2 联调所需工器具（表 7.3-2）

联调所需工器具　　　　　　　　表 7.3-2

序号	工具	数量	使用人员	备注及要求
1	对讲机	14 台	联调组长、副组长各 1 台（4 台）	可正常使用，调至同一频道
			结账负责人 2 台	
			引导负责人 2 台	
			车控室人员 2 台（2 台）	
			AFC 抢修人员 2 台（各 1 台）	
			单程票、储值票负责人 1 台	
			BOM 操作人员 1 台	

续表

序号	工具	数量	使用人员	备注及要求
2	5元纸币	120张	TVM购票测试人员	20张预留（每台10张）
3	10元纸币	120张	TVM购票测试人员	20张预留（每台10张）
4	一元硬币	900枚	结账负责人、TVM购票测试人员	200枚预留
5	单程票	1000张	单程票持票测试人员	200张预留
6	预制票	2100张	预制票持票测试人员	180张预留
7	储值票	40张	储值票持票测试人员	10张预留
8	员工票	40张	储值票持票测试人员	10张预留
9	钞票袋	5个	结账负责人	可正常使用
10	运钞推车	1辆	结账负责人	可正常使用
11	点票机	1台	结账负责人	可正常使用
12	硬币清点机	2台	结账负责人	可正常使用
13	计数表	4台	结账负责人、引导负责人共4台	可正常使用
14	计时电子表	4台	结账负责人、引导负责人	可正常使用
15	设备钥匙	2套	AFC抢修人员	可正常使用

7.3.4 联调测试项目及联调步骤

7.3.4.1 联调测试项目

通过模拟整个车站半小时进闸1500人次的客流，验证AFC系统设备的大客流时的通过及处理能力，验证综合监控采集来自AFC的以车站为单位的客流统计数据、设备状态信息是否满足设计要求与运营需求。联调科目包括：

自动售票机（TVM）购票压力测试：在站厅选2台TVM进行1h连续购票压力测试，测试TVM在大客流时售票能力。

自动检票机（GATE）通过及处理能力测试：通过50~60个持票测试人员分为A、B两个组在站厅进闸机\出闸机各进行1h 3000次进闸、出闸测试，测试闸机在大客流时的通过及处理能力。

在TVM购票及闸机通过的测试过程中，验证SC显示的设备状态与现场设备状态一致，车站为单位的SC查询客流统计数据是否与实际测试的数据一致。

7.3.4.2 联调测试项目原理及方案

(1) 自动售票机购票压力测试：在站厅选 2 台 TVM 两位购票测试人员进行 1h 或 300 张连续购票的压力测试。

(2) 自动检票机进、出闸测试：按照每台闸机 25 人/min 的标准，在 1h 每台闸机通过 1500 人，2 台闸机共计 3000 人，其中每台闸机每小时单程票 300 次，预制票 960 次，储值票 120 次、免费票 120 次。

(3) 自动检票机进、出闸测试时应兼顾做到：应对高峰期大客流时段乘客进、出站压力，自动检票机具备的连续刷卡，快速通过能力测试。（即在连续刷卡或回收车票时，闸门或阻挡装置保持常开状态，无需 1 人 1 闸，连续刷卡快速通过，但计数正确）

(4) 分 A、B 两组进行进闸、出闸测试，每个小组可在站厅 A、B 端各选取 1 进闸或出闸机，每台进闸或出闸机旁留出 1 个通道闸机保持常开作为出或进闸使用，每组人员各类票种测试流程如表 7.3-3、表 7.3-4。

各类票种测试流程表　　　　　　　　　　　　　　　　表 7.3-3

测试票种	测试整个流程
单程票	进闸—票卡集中—出闸
预制票	进闸—票卡集中—出闸
储值票	进闸——出闸，循环进行
免费票	进闸——出闸，循环进行

注：售票、进闸、出闸测试循环进行，可按实际情况先后安排。单程票进闸测试不回收车票，出闸测试时统一在出闸机回收。储值卡、员工票按实际情况确定。

每组人员每个票种人员及次数　　　　　　　　　　　　表 7.3-4

测试票种	1h 共需测试次数	持票测试人员
单程票	300 次	50~60 人
预制票	960 次	
储值票	120 次	
免费票	120 次	

7.3.4.3 联调测试项目步骤

参试人员于开始前 30min 在到达到相应岗位。各小组负责人清点人数后报联调组长，到达各自指定岗位通过手持台向联调组长报到，完成测试前检查后再次向联调组长报告检查情况。由联调组长下达联调开始命令。

1. TVM购票测试步骤人员职责分工：

（1）结账负责人：在站厅选取 2 台售票机，将购票现金分发给两位 TVM 购票测试人员；将闸机进出站测试用预制票、储值票、员工票交给单程票、储值票负责人；负责 TVM 的测试引导及计数\计时，满 1h 或购买 300 张票即可停止购票。开始测试前，进行补币、补票保留打印票据；测试时，进行测试数据及设备异常记录；测试结束后，进行 TVM 结账、取现金、持票袋进行单程票回收。设备正常且具备售票测试条件后汇报情况，并请示联调组长下达开始 TVM 购票测试命令并计时。

（2）单程票、储值票负责人：保管 TVM、BOM 购买的单程票；结账负责人交接的预制票、储值票、员工票，做好票种及 A、B 组分类。在 TVM 购票测试半个 h 左右，将票卡按 A/B 两组分配给引导负责人。

（3）TVM 购票人员：持币进行购票，满 1h 或购买 300 张票即可停止购票。并将已购单程票交单程票负责人保管，每个测试人员应各持有 5 元/10 元纸币进行备用购票。

（4）BOM 操作人员：在 BOM 上发售 100 张单程票，查询、处理在整个测试过程中出现的异常票卡。所购票卡交单程票、储值票负责人保管。

（5）单程票、储值票负责人：购票测试完成后，将单程票分发给引导负责人，全程负责票卡安全。

（6）AFC 数据监控人员：监视 SC 上 TVM 购票数据，确认购票交易数据。

2. 进出闸测试步骤及人员职责分工

（1）引导负责人：每个引导负责人选好 1 台测试进闸机，并将相邻闸机保持常开，作为出闸通道，引导负责人分发车票到所有测试人员。

（2）持票测试人员：各票种测试人员按照进闸-出闸通道的循环方式进行进闸测试。进闸测试过程中不回收车票，进闸的车票与未使用车票应分别放置。

（3）进闸测试细化安排：按照每台闸机 25 人/min 的标准，在 1h 每台闸机通过 1500 人，2 台闸机共计进闸 3000 人，其中每台闸机 1h 内单程票（包括预制票）进站 1260 次，储值票进站 120 次，员工票 120 次闸。测试过程中各人员的先后顺序应先对固定。

（4）引导负责人：每个引导负责人整理好各组已进站票卡并分配到每个测试人员手中，选好 1 台测试出闸机，并将相邻闸机保持常开，作为进闸通道。

（5）持票测试人员：各票种测试人员持票按照出闸-进闸通道的循环方式进行出闸测试。出闸机回收车票。

（6）出闸测试与进闸测试过程一致，区别在与保持进闸机常开，测试人员在出闸机通过并回收车票。

（7）AFC 数据监控人员：监视 SC 客流数据，确认进出闸次数。购票及进出闸测试结束后，核对 SC 及 LC 收益报表数据的准确性和完整性。

（8）单程票、储值票负责人、结账负责人：回收出闸机车票，结算对账，如数收回票、款。

（9）所有人：恢复现场，出清人员。

7.4 车辆系统能力测试

7.4.1 车辆系统能力测试概述

地铁车辆是地铁乘客直接接触地铁服务的载体，地铁车辆通常分为辅助系统、主电路系统、110V 控制系统、列车监控系统、供风制动系统、车门系统、转向架系统、乘客信息系统、空调系统、车体内装系统、附属照明系统、车钩贯通道系统，各个系统协调配合，共同维持车辆的正常运营。

车辆系统在运营、载客中起着至关重要的作用，因此需保障车辆系统的能力达到相关要求。车辆系统能力测试主要是一列样车的型式试验、其他车辆的例行试验。车辆在正线上动车调试的内容主要包括：辅助电源系统 SIV、牵引系统 VVVF、监控系统 TMS（我们一般叫 TCMS 系统）、转向架试验以及车辆在信号系统控制下的运行试验。车辆试验的整体思路按照空车型式试验、超员型式试验、定员型式试验、信号系统控制下的运行试验等不同阶段实施。

本章主要对列车故障运行和救援能力、列车辅助电源蓄电池能力、列车牵引制动极限性能进行测试，实现对车辆系统能力的评估。

图 7.4-1 是测试时用沙袋模拟 AW2（定员）、AW3（超员）载荷。

图 7.4-1　测试时用沙袋模拟 AW2（定员）、AW3（超员）载荷

7.4.2　车辆系统能力测试目的

（1）验证列车 AW3（超载）及丧失部分动力下，正常通过最大坡度能力。

（2）验证列车 AW3（超载）及丧失全部动力下，在最大坡度上的被救援能力。

（3）验证列车在落下双弓后保持指定的紧急负载，蓄电池持续供电达到 45min 以上能力。

（4）通过观察软件所绘出的列车牵引制动曲线来验证列车行车稳定性。

（5）通过此次测试，及时将暴露出来的问题与设备供应商等相关单位进行协调处理。

（6）全面检查系统，检漏纠错，并对发现的存在问题进行及时有效的整改，确保系统能完全满足运营使用要求。

7.4.3　车辆系统能力测试项目

（1）列车故障运行和救援能力测试：测试超载（AW3）的列车丧失部分动力时最大坡道启动能力及丧失全部动力时的最大坡道救援能力。

（2）列车辅助电源蓄电池能力测试：测试蓄电池持续供电能力。

（3）列车牵引制动极限性能测试：测试列车的牵引制动性能。

7.4.4 车辆系统能力测试前准备

7.4.4.1 测试前检查项目

（1）线路的限界检查、冷热滑检验完毕，符合设计要求。

（2）线路应有齐全的线路标志。

（3）相关系统、设备（线路、供电等）设备性能良好，已投入运行，运作正常，具备综合联调条件，并与联调组长取得联系。

（4）通信无线系统已实现全线覆盖（包含 OCC、车站、轨行区），OCC、车站、司机可通过无线手持台互相联系。

（5）上线列车已签发车辆 PAC 文件，且装配无线车载电台。

（6）车辆已完成静态调试和动态调试，相关指标符合合同要求。

（7）调试开始时间的两个小时之前线路的巡道检查完毕，并封锁调试区域。

（8）各部门相关人员在测试开始前，领取相关工器具及记录表格，全部安排到位。车站、司机、调度、设备维修、车辆检修人员全部在岗。

（9）在方案实施前一周已对各相关岗位和测试人员进行了培训。

（10）轨道公司、联调主导统筹公司、运营公司、联调单位、咨询单位、供货商、施工单位确认相关系统设备符合调试条件。

7.4.4.2 所需工器具

车辆系统能力测试所需工器具如表 7.4-1 所示。

车辆系统能力测试所需工器具　　　　表 7.4-1

序号	工具/设备	数量	要求	用途	备注
1	对讲机 800M	若干	充满电，并有备用电池	调试人员联络	通信/运营（待定）
2	电客列车	2		调试	车辆专业
3	车辆维护抢修工具	各1套/系统		紧急情况处理	车辆专业
4	笔记本电脑	若干		下载调试数据	车辆厂家
5	秒表	若干		调试时间计量	联调单位
6	DEWE2 数据采集系统	1套		数据采集	
7	钳形电流表	1		电流测量	
8	钳形放大器	若干		辅助测量	

7.4.5 车辆系统能力测试方法及步骤

（1）列车故障运行和救援能力测试方法

1）在超员载荷（AW3）下，当一节动车无动力时，列车可在线路最大坡道（30‰以上）上起动列车，并能往返一次全程。

2）在超员载荷（AW3）下，当两节动车无动力时，列车可在线路最大坡道（30‰以上）上起动，并使列车前进到最近车站；清客后空车能运行至车辆段。

评定标准：

一列超载（AW3）列车切除1/4牵引箱动力时，有资质的司机驾驶列车，应能够在线路最大坡道（30‰以上）上起动列车，并能往返一次全程；

一列超载（AW3）列车切除1/2牵引箱动力时，有资质的司机驾驶列车，应能够在线路最大坡道（30‰以上）上起动列车，并使列车前进到最近车站；

3）列车故障时不应引起其他车辆部件及设备的故障和损坏。

如果不具备30‰以上的坡道条件，可以以等同的替代方法进行：即车辆施加一定的制动力，模拟坡道阻力。

用下面的公式可计算出坡道阻力：

$$f = mgi$$

式中　　f——坡道阻力；

　　　　m——坡停起动模式时为6节编组AW3载荷列车重量；救援模式时为6节编组AW0加上6节编组AW3载荷列车重量；

　　　　g——9.81m/s^2；

　　　　i——30‰。

4）一列超载（AW3）的列车，全部丧失动力时，应能由一列空载（AW0）列车，在线路最大坡道（30‰以上）起动并推行。

评定标准：

两列车联挂好，且进入拖动模式后，由有资质的司机驾驶一列无故障空载（AW0）列车在线路最大坡道（30‰以上）上牵引一列超载（AW3）无动力列车（所有制动缓解），应能起动。

（2）列车辅助电源蓄电池能力测试方法

激活列车，列车在额定网压下正常工作，保持静止不动，升弓充电，连接电脑用专用软件确认蓄电池为满电状态后，开启列车照明和空调，待负载稳定运行后列车降弓，利用蓄电池对列车直流负载进行供电，根据软件检测放电电流估算放电容量，当放电容量为蓄电池容量由满容量降为80%容量时，列车升弓接入高压，待列车照明和空调运行稳定后再度降弓，放电直至蓄电池欠压保护。

上述试验过程中对蓄电池电压和电流进行监控记录。车辆指定紧急负载包括：

1）全部紧急照明；
2）所有客室侧门的一次开关门；
3）所有与安全有关的控制系统；
4）全部头灯和尾灯；
5）全部通信设备（包括无线电及 PIS 设备，LCD 显示屏除外）；
6）紧急通风。

执行蓄电池紧急负载

整列车正常照明亮度降低，客室所有 LCD 显示屏延时 8min 断电，全列车转为紧急通风。蓄电池应至少能给整列车的紧急负载供电 45min。

45min 之后，蓄电池的电压必须≥84V。当蓄电池电压低于 84V 时欠压继电器动作。

（3）列车牵引制动曲线稳定性测试方法

1）试验前将测试用笔记本电脑与制动系统维护终端相连接。试验时列车混合制动应能正常发挥。线路制动试验应在道床良好，干态轨面线路上进行。试验区段应选取一段至少 1km 的平直线上进行，坡度小于 3‰。试验前应在静态对列车闸瓦状态进行检查，对新闸瓦应经适当磨合，闸瓦摩擦面积不得低于 75%。每次制动试验前，闸瓦的温度应低于 100℃。

2）AW3 载荷：

第 1 步：在 AW3 载荷情况下，开启测试设备，包括用于测量常用减速度的特殊设备，100% 牵引至 40km/h；当列车到达预定地点和速度后，切断牵引力，列车惰行 3s 后，迅速按试验要求的制动方式施加制动，并保持此状态直至列车停车，测量 0km/h 到 40km/h 的加速度；

第 2 步：重复此试验，测量 0km/h 到 80km/h 的加速度；

第 3 步：100% 牵引至 80km/h，施加 100% 常用制动，测量 80km/h 到 0km/h 的减速度和电制动力曲线；

评判标准

牵引、制动性能满足合同要求，在 AW3 负载内，在电空转换点前，

7.4 车辆系统能力测试

具有持续电制动能力，电空转换点后通过空气制动补偿使车辆完全停止。

联调实施操作步骤。

（1）列车故障运行和救援能力测试步骤

列车故障运行和救援能力测试步骤，见表表 7.4-2～表 7.4-5。

列车故障运行和救援能力测试步骤　　　　　　　　　　　　　表 7.4-2

序号	步 骤 内 容
1	提前选取线路最大坡度所处区域的最近车站作为测试开始及结束车站
2	车辆维护人员确认试验列车达到 AW3 超载状态（或等同重量使车辆达到 AW3 超载）
3	车辆维护人员协助司机切除 1/4 牵引箱动力，使车辆处于 1/4 牵引力牵引状态
4	确认关闭车门后，待行调命令车辆缓慢启动，低速通过大坡度区段，并能往返一次全程
5	出清所有测试人员后，车辆维护人员下载车辆故障信息，列车恢复初始状态，测试结束，等待行调命令

列车故障运行和救援能力测试步骤　　　　　　　　　　　　　表 7.4-3

序号	步 骤 内 容
1	提前选取线路最大坡度所处区域的前后车站作为测试开始及结束车站
2	车辆维护人员确认试验列车达到 AW3 超载状态（或等同重量使车辆达到 AW3 超载）
3	车辆维护人员协助司机切除 1/2 牵引箱动力，使车辆处于 1/2 牵引力牵引状态
4	确认关闭车门后，待行调命令车辆缓慢启动，低速通过大坡度区段，停稳于下一车站
5	出清所有测试人员后，车辆维护人员下载车辆故障信息，列车升弓恢复初始状态，测试结束，等待行调命令
6	另选取一列 AW0 的试验列车，停放在线路最大坡度，以车辆段作为测试结束地点
7	车辆维护人员协助司机切除 1/2 牵引箱动力，使车辆处于 1/2 牵引力牵引状态
8	确认关闭车门后，待行调命令车辆缓慢启动，低速通过大坡度区段，空车能运行至车辆段
9	出清所有测试人员后，车辆维护人员下载车辆故障信息，列车升弓恢复初始状态，测试结束，等待行调命令

列车故障运行和救援能力测试步骤　　　　　　　　　　　　　表 7.4-4

序号	步 骤 内 容
1	提前选取线路最大坡度所处区域的前后车站作为测试开始及结束车站
2	车辆维护人员确认被救援列车车达到 AW3 超载状态（或等同重量使车辆达到 AW3 超载）。救援列车处于 AW0 空载状态
3	司机按照电客车救援流程，由有资质的司机驾驶一列无故障空载（AW0）列车在线路最大坡道（30‰以上）上牵引一列超载（AW3）无动力列车（所有制动缓解）。被救援列车应能启动
4	列车解勾后，按照行调命令车辆缓慢启动，低速通过大坡度区段，停稳于下一车站
5	出清所有测试人员后，车辆维护人员下载车辆故障信息，列车升弓恢复初始状态，测试结束，等待行调命令

(2) 列车辅助电源蓄电池能力测试步骤

列车辅助电源蓄电池能力测试步骤，见表7.4-5。

列车辅助电源蓄电池能力测试步骤　　　　　　　表7.4-5

序号	步 骤 内 容
1	提前选取车辆安排在车辆段进行测试，司机室与车厢各一名车辆维护人员，司机室维护人员负责记录司机室电压表数值，车厢内维护人员负责连接维护电脑并记录软件读取的电压数值
2	列车到达指定股道后，升弓并开启所有照明及空调通风
3	测试开始后，车辆维护人员协助操作落下双弓并计时，同时确认保持照明及空调通风
4	过程中，每5min记录一次蓄电池电压表数值，至测试开始后45min
5	记录完毕所有数据后升双弓

(3) 列车牵引制动极限性能测试步骤

列车牵引制动系统性能测试步骤，见表7.4-6。

列车牵引制动系统性能测试步骤（AW3工况）　　　表7.4-6

序号	步 骤 内 容
1	提前准备工况条件较好的列车
2	车辆维护人员确认电脑软件及数据线使用无误
3	车辆维护人员提前接受相关软件培训
4	确认载荷为AW3，并设定软件记录相关数据（列车参考速度，载荷，时间等）
5	100%牵引至40km/h，2次，测量0km/h到40km/h的加速度
6	100%牵引至80km/h，2次，测量0km/h到80km/h的加速度
7	100%牵引至80km/h，施加100%常用制动，测量80km/h到0km/h的减速度和电制动力曲线；（需重复1次，记录2个数据）
8	出清所有测试人员后，车辆维护人员下载车辆故障信息，列车恢复初始状态，测试结束，等待行调命令
9	通过软件记录数据计算加减速度及电制动曲线图

7.4.6　车辆系统能力测试应急预案

7.4.6.1　安全防护措施

（1）综合联调实施细则由联调单位负责在各综合联调科目开始前至少1周发至各参调单位，各参调单位负责在综合联调前落实对联调实施细则的下发、参调人员安排及细则和方案的学习工作。

（2）综合联调中各科目的组织实施由本科目联调常务副组长负责，各专业组落实的参加调试人员需在统一指挥下严格按联调方案进行，参加联调的各岗位按照《地铁行车组织规程》等各项规章制度的要求进行联调操作，如遇安全事故情况，应立即停止调试工作以确保人员生命安全并向本联调科目组长汇报。

（3）为防意外，各站须确保事故照明完好，否则须准备足够的便携式应急灯。

（4）列车出现故障需要救援时，按照故障救援程序处理。

（5）综合联调中遇设备故障，由本联调科目组长通知供应商的现场保驾人员，及时进行处理，进行整改，直至达到技术要求，方可继续进行综合联调。

（6）因系统或者施工问题等原因造成测试不能正常进行时，由本联调科目组长确认责任单位或者部门，相关单位或者部门责成厂家和承包商限期内完成整改。

（7）综合联调中发生的故障在整改完毕后由相关部门进行检查，确认符合综合联调前置条件后方可进行再次调试。

（8）对于涉及意外伤害的情况发生，伤员需立即停止调试，送伤员及时就医。

（9）所有参加综合联调的单位和个人必须严格依照本实施细则和现场指挥进行调试，严禁以赶进度为由擅自修改或缩减综合联调的内容及步骤。

（10）所有参与联调测试人员必须熟悉联调测试的安全措施及安全技术标准，加强自身安全意识。

（11）联调测试过程中，应遵守轨道公司和联调主导统筹公司各项操作规程，任何情况下不违章作业。

（12）进入联调测试现场应按作业规定佩戴安全帽，禁止穿拖鞋、高跟鞋、易滑鞋或赤脚进入车站。

（13）任何参与和配合联调测试人员未经许可不得进入轨行区间、供电有关重要设备房，严格执行请销点制度。

（14）本联调科目组长组织确定：所有设备均能正常运行，需要动作的设备和线路人员出清，保障设备动作时候无安全风险。

（15）行车安全事项

1）严禁在接触网下搬动超高、超长物体。

2）严禁攀爬车顶。

3）各种车辆在运行中严格按规定速度行驶，司机不间断瞭望。

4）工程车在运行时须停车确认道岔开通位置。

5）"每天电客车首次动车前",工程车或限界检查车进行压道或限界确认。压道车或限界检查车运行时,发现轨行区人员须随车出清,如不能出清时,及时通知车站行车值班员;对轨行区侵限料具须进行出清,如不能出清时,须停车联系车站,车站联系行调进行处理,处理完毕后方能动车。

6）电客车司机注意观察接触网状态和网压显示,发现异常情况及时停车。

7）列车在运行中发现侵限物和异响,应立即停车处理,并报告联调测试负责人和行调,听候安排。

8）联调测试前,司机、车辆检修人员对联调测试车辆进行一次全面检查,发现异常及时通知车辆、乘务、联调测试部门,并做好记录。

7.4.6.2 执行应急预案的条件

执行应急预案的条件表见表7.4-7。

执行应急预案的条件表　　　　表7.4-7

序号	风险源	控制措施
1	联调现场环境不佳引起的伤害	进行安全交底,佩戴安全防护用品
2	无关人员误入引起伤害事故	加强安保对进入现场人员的核查,凭证进入联调现场
3	联调人员误闯联调禁区	加强现场标识和人员看护,加强联调培训
4	设备误操作引起的伤害事故	加强设备操作培训,现场双岗制,一唱一操作
5	模式执行科目各类事故风机运行引起的伤害事故	启动前对场地进行清理,现场落实看护人员,运行过程中严禁进入风机现场
6	轨行区科目未要点联系登记,进入行车区间作业	严格执行登记制度,严禁违规随意施工
7	施工、检修之前未进行安全交底	落实安全交底制度,任何施工联调必须安全交底到位
8	在联调期间人员下车时列车动车	落实安全交底,下车前必须将列车手柄放置在制动位并现场看护,在未反复确认前严禁动车
9	在轨道或道岔上行走和坐在上面休息以及跳跃轨道地沟	现场人员下线路前严格安全培训
10	携带超高物件进入轨行区引起的接触网伤害事故	联调期间禁止超高物件进入轨行区

7.4.6.3 执行应急预案的人员、器材配备

（1）运营分公司配备有 1 辆救援机动车辆，1 辆大客车（35 座及以上），1 辆金杯车（11 座及以上），1 辆卡车，停放在车辆段，用于应急救援使用。配有至少两名专职汽车司机。

（2）运营分公司配有（车辆复轨系统、救援气囊装置、车辆破拆救援、车辆轮对故障救援走行器）专用救援设备。

（3）车辆动车调试时段，救援车辆和救援设备停放在车辆段备用，车辆部门确保设备良好。

（4）确保消防器材完好有效，每列电客车上配备 16 具手提灭火器（每节车辆和驾驶室分别各配 2 具），定期检查保养，确保灭火器完好有效。所有参加调试的车辆和乘务人员熟知灭火器的具体位置和使用方法。

（5）调试区域各站配备灭火器、消防栓、消防砂和消防铲，站务人员、安保人员要熟知消防器材的具体位置和使用方案。

（6）成立两个消防小组

车辆消防组：负责电客车发生初起火灾的扑救，人员疏散，火灾报警等。

组长：联调测试车辆现场施工负责人

成员：当班电客车司机、调试人员

车站消防组：负责车站发生初起火灾的扑救，人员疏散，火灾报警等，并协助车辆消防组完成电客车初期火灾的扑救、人员疏散等工作。

组长：联调测试配合车站现场施工负责人。

成员：当班站务人员、当班安保人员、调试人员。

7.4.6.4 应急处置

（1）严格按事件应急响应、信息上报相关程序执行，事件发生在区间时，由列车司机报告行调；如不可能，则报告最近行车值班员，由其转报行调；事故发生在车站或车辆段时，由行车值班员或车场调度报告行调；行车调度员在接到事件、事故报告信息后，应该规定及时逐级上报；其他相关岗位应按规定的报告程序进行报告。

（2）事件报告的事项包括：发生时间（月、日、时、分），发生地点（区间、车站、公里、米、上行或下行），列车车次、车底号、工程车车号，报告人和关系人姓名、职务、联系方式，事故概况及原因，人员伤亡及车辆、线路等设备损坏情况，是否影响邻线行车、是否需要救援以及其

他有必要说明的内容等。

（3）测试过程中，如发现有危及安全的现象时，参与测试的任何人员都可在第一时间采取措施，暂停联调，向项目组长报告，项目组长上报给联调组长，由联调组长决定联调中止或停止命令。

（4）因系统等原因造成测试不能正常进行时，由相关部门责成厂家和承包商限期内完成整改。

（5）相关部门在测试时所发生的故障整改完以后，进行确认，检查确实符合测试条件后，再进行测试。

（6）若故障严重影响人员或设备安全，由项目组长下令终止联调，待故障整改后再继续联调。

（7）在应急抢险指挥组未到达之前，列车在车站时由该站行车值班员（或站长）负责应急指挥，列车在区间时由司机负责应急指挥。

（8）若联调测试期间发生火灾等意外情况，本联调科目组长马上通知中止联调，并立即通知车站相关值班人员，车站应积极采取措施，迅速进入相应的应急程序或处理预案，同时相关专业组马上恢复系统设备并配合应急抢险处理。

（9）当联调测试过程中发现危及人身、设备安全时，现场小组人员须当机立断、采取果断措施，如停机或切断电源等，以防止意外情况的发生，并立即向本联调科目组长进行汇报。

（10）联调测试过程中应充分考虑气候、天气因素，对于临时接电的设备（尤其是轨行区内），在接线时要特别注意绝缘防护；遇雷暴天气时，联调测试的相关单位应及时关注气象部门的预报和预警，做好相关设备的防雷处置以保证设备的安全，做好站区的防汛预案，防止站区被雨水倒灌。

（11）问题汇总

相关联调过程中发现的问题由联调单位与相关单位沟通后注明整改时限，作为本科目总结的附件，同时由联调单位输入联调问题数据库，上传至信息共享平台。各相关单位应根据联调主导统筹公司和联调指挥部的规定提交整改报告及相关文件，按规定归档、保存。

（12）问题整改

由车辆系统承包商/供货商负责人落实本身系统存在问题的跟踪整改工作。对于综合联调中存在的问题，应进行及时记录、分析、解决，根据问题的类别、性质、责任分别处理，参与和配合单位根据问题汇总逐一排查，由监理单位督促按期整改；出现重大问题由相关部门讨论、分析，找到问题的原因及解决办法。必要时，需重新进行综合联调，最终目的是确保系统运行的质量。

7.5 车站客运服务体验能力综合联调

7.5.1 车站客运服务体验能力联调概述

城市轨道交通设施和设备构成了包含列车运行系统、客运服务系统和检修保障系统的庞大系统。针对地铁车站建筑物及隧道内的机电设备进行集中监视、控制、调度和管理，乘客按正常的运营进行体验，从系统协调调度和联动控制，按照"售票-刷卡-进站-上车-下车-乘梯-出站"的乘车体验，进行全方位体验式测试。

城市轨道交通是城市公共交通的骨干，它的产品是乘客位移和运输服务。提高城市轨道交通客运服务质量，能为乘客提供更加优质的乘车环境和出行服务。车站客运人员是城市轨道交通的形象代表，如果客运服务人员的语言、行为、态度等外在表现决定了乘客对服务质量的评价，假如客运人员是以良好的情绪、最佳的状态投入到工作中传递的是正能量，产生的效果也当然能让乘客欣然接受。在营造和谐社会的今天，客运服务在城市轨道交通中有着十分重要的地位，服务是轨道交通服务行业的从业人员给予乘客的是一种心灵感受，也是企业文化的现实表现，更是员工个人品位、信心、仪态、形象、修养的具体反映。服务质量标准不仅仅是城市轨道交通企业向社会提供和承诺的可监控，可考核的服务产品性能的指标，而且也是运输企业规划建设、设施设备的配备、管理条例、工作流程和规章规范，以及工作人员素质和工作方法标准，图 7.5-1 是客运服务人员的语言、行为、态度现场图片。

城市轨道交通服务标准，即在为乘客提供服务的范围内，对服务的质量明确提出应该达到的，并能够检验的和可重复使用的规则、指导性文件，是运输企业在为乘客提供服务时的准则和依据，安全文明乘车、换乘注意事项等规章制度，引导广大市民树立安全、文明、绿色出行的意识，使广大市民能够切身感受城市轨道交通新变化、新发展。

第 7 章　其他系统综合联调测试

图 7.5-1　客运服务人员的语言、行为、态度现场图片

7.5.2　车站客运服务体验能力联调的目的

针对新线乘客乘车体验进行测试，按照"售票-刷卡-进站-上车-下车-乘梯-出站"的乘车体验，进行全方位体验式测试。为了更好地体现企业文化，提高服务质量标准，在线路运营前进行以下方面的测试。

（1）检验车站各种机电设备对车站客运服务的保障。

（2）检验车站内导向系统、服务设施等对客运服务的保障。

（3）检测站内空气质量，环境温湿度。

（4）全面检查系统，检漏纠错，并对发现的存在问题进行及时有效的整改，确保系统能完全满足运营使用要求。

7.5.3　联调测试项目试验前准备

（1）所有相关人员按综合联调作业令时间准时到站点，领取相关工器具及记录表格，并到达指定调试地点待命。

（2）由各专业负责人确认所有相关系统、设备已投入运行，且工作状态正常，具备综合联调条件，并与联调组长取得联系。

（3）由相关专业工作人员将车站所涉及的设备房门打开，并报告联调组长。

（4）各专业人员确认控制中心、车站环境良好、各系统设备运行正常,并报告联调组长。

(5)联调组长通知各方,联调工作开始,由联调常务副组长负责具体指挥实施。

7.5.3.1 车站客运服务体验能力联调前检查项目

车站客运服务体验能力联调前检查项目见表 7.5-1。

车站客运服务体验能力联调前检查项目　　　　表 7.5-1

序号	前 置 条 件	备注
1	车站空调系统完成综合联调,设备已正常投入运行,设备状态稳定、工作状况良好	
2	通信广播 PA、乘客信息系统 PIS、视频监控系统 CCTV 已完成综合联调,设备已正常投入运行,设备状态稳定、工作状况良好	
3	通信无线子系统已完成综合联调,具备车站与中心通信功能,无线通信工具可满足调试需要。设备已正常投入运行,设备状态稳定、工作状况良好	
4	自动售检票系统 AFC 已完成综合联调,设备已正常投入运行,设备状态稳定、工作状况良好	
5	电扶梯已完成综合联调,设备已正常投入运行,设备状态稳定、工作状况良好	
6	综合监控系统已完成综合联调,ISCS 工作站可对站内各系统进行有效监控,设备已正常投入运行,设备状态稳定、工作状况良好	
7	车站装修工程完成,标识清晰。乘客服务中心已完成建设,功能齐备	
8	施工图、系统图齐全,调试方案、调试记录表格等资料齐全	
9	相关测试工器具齐备	
10	所有参与本联调的单位及人员均已熟悉本联调组织及实施方案,并已做好相关各项准备工作	

7.5.3.2 车站客运服务体验能力联调前所需工具

车站客运服务体验能力联调所需工具见表 7.5-2。

车站客运服务体验能力联调所需工具　　　　表 7.5-2

序号	名称	单位	数量	备注
1	空气质量检测仪	台	1	
2	温湿度计	台	1	
3	秒表	台	1	
4	数字万用表	台	1	
5	屏蔽门端门钥匙	把	若干	
6	800M 手持台	台	若干	

7.5.4 车站客运服务体验能力联调测试项目及联调步骤

7.5.4.1 系统测试项目

系统联调需要完成的主要项目是相关系统与各联动系统无通信故障,车站环境符合国家标准,车站温湿度适宜人体感觉,导向标识与对话清晰可识别,乘客服务中心应对其基本工作职能张贴公告,测试核心功能如下:

(1)电扶梯系统;
(2)广播系统;
(3)自动售检票系统;
(4)导向系统;
(5)PIS 系统。

7.5.4.2 系统测试项目原理

(1)站厅服务:站厅服务主要包括乘客的进出闸机服务、乘客问询服务、帮助重点乘客服务。

(2)客服中心服务:客服中心服务主要包括充值服务、乘客投诉处理、售票、补票、处理坏票等票务服务。

(3)站台服务:站台服务主要包括乘客候车服务、乘客安全服务、重点乘客服务、乘客广播、乘客秩序维护等,图 7.5-2 是乘客候车服务现场。

图 7.5-2 乘客候车服务现场

7.5.4.3 系统测试步骤

(1) 各参与及配合单位按以下要求在调试开始前安排人员签到、就位：车站站长在站长室待命，各岗位工作人员在各自岗位待命，配备对讲机；各系统集成商、供应商人员在各自设备区域待命；联调单位、咨询单位和各相关设备系统监理、设计单位人员在车控室、设备区待命。

(2) 各参与及配合单位检查各设备系统状态，确保设备工作正常，具备调试条件，符合前置条件各项要求。

(3) 联调科目组确定以下内容：所有设备均能正常运行，相关系统与各联动系统无通信故障；所有动作设备处于正常状态；确认需要动作的设备和线路人员出清、环控系统风道干净，无杂物，保障设备动作时候无安全风险。

(4) 乘客车站客运服务体验能力测试详细内容及步骤：

1) 电扶梯系统：确认站外出入口扶梯可正常搭乘；确认出入口扶梯运行平稳，上下行方向指示明确（站厅层至站台层扶梯检测与此项相同）；确认出入口安全标语和语音提示清晰；确认站外垂直电梯具备无障碍通道；求助对讲按钮可正常与车控室联系。

2) 广播系统：确认站厅层广播系统播放的欢迎语、安检提示语、售检票提示语、列车到站离站提示语清晰；广播系统应可清晰的播出预录制语音，也可随时切换进行实况广播。

3) 自动售检票系统：测试人员通过自动售票机购票，测算购票流程的时间；验证购票金额及找零金额是否正确；自动售票机应具有良好的人机界面，每台售票机对于可接受的币种、面值等信息应有清晰的提示标识；分别刷单程票卡、储值卡和无效票卡通过闸机进站，闸机应能正确识别各种卡；单程票卡和储值卡识别后应正确显示余额并放行，无效票卡应拒绝通行并有相应显示提示；分别刷单程票卡、储值卡和无效票卡通过闸机出站，闸机应能正确识别各种卡；单程票卡识别后应回收并放行，储值卡识别后应正确显示消费金额及余额并放行（储值卡应验证扣款金额是否正确），无效票卡应拒绝通行并有相应显示提示。

4) 导向系统：站外导向系统应能明确指示各出入口。站厅层导向系统应明确指示售票机、进站闸机区域、出站闸机区域；站厅层应设置车站平面图以及各出入口对应的街区及地标建筑，为出站乘客选择出入口提供参考依据；站台层导向系统应明确指示两侧站台运行方向及站台卫生间等公共设施；换乘站导向系统应明确指示换成线路；安全疏散通道导向标识应清晰；进出站闸机组配置一个宽通道，以便乘客携带大件行李时顺利通过。

5）其他测试：车站装饰装修完成，装饰板连接处应平整无毛刺及锐利锋口；站内应设有盲道；车站内照明应充足无死角，灯光柔和；站内空气质量应符合国家标准，站内温湿度应适宜；乘客服务中心应有明确标识，乘客与服务中心内工作人员对话应能清晰可识别，乘客服务中心应对其基本工作职能张贴公告（乘客服务中心若不进行人工售票应张贴公告明确告知乘客）。

（5）联动调试完成后，各参与和配合单位完成各自系统的复位和还原工作。

7.6　其他系统联调故障案例

7.6.1　屏蔽门联调故障案例

7.6.1.1　屏蔽门设备联动关门失败故障

（1）故障概况：某年某月某日某点某分维调报某站下行整侧屏蔽门无法关闭，车站操作互锁解除使车辆离站。

（2）原因分析：单元控制器 PEDC 关门继电器触点未吸合造成屏蔽门联动关闭失败，并且故障发生后车站人员未操作 PSL 关门而直接操作互锁解除。

（3）经验总结：故障原因是 PEDC 关门继电器触点未吸合造成屏蔽门联动关闭失败，并且故障发生后车站人员未操作 PSL 关门而直接操作互锁解除。整改措施如下：

1）屏蔽门联动关门失败故障发生后车站未按应急处理方法操作 PSL 关门并直接操作互锁解除使列车离站，在列车离站时站台屏蔽门并未全部关闭，此应急操作风险极高，应加强车站人员的培训；

2）维保过程中加强对 PEDC 的测试，发现故障隐患，及时排除；

3）针对此类故障，加强对屏蔽门设备的巡视、检修力度，对维修工班人员及维保人员进行培训，提高故障处理能力。

7.6.1.2　屏蔽门设备端门故障

（1）故障概况：某年某月某日某点某分维调报某站上行头端端门无法

锁紧，门头指示灯长亮。

（2）原因分析：故障处理人员到达车站后，根据屏蔽门端门工作原理，判断端门无发锁紧的原因可能有：

1）上部及下部锁杆未锁到位；

2）端门行程开关没有压好，导致的门头指示长亮；

3）锁芯故障引起的锁杆卡阻；

4）锁盘故障导致的端门无法锁紧；

基于上述分析，故障处理人员首先到车控室确认端门状态。随后到上行头端对端门进行检查，通过排查，发现端门上部的锁盘变限位梢变形严重，无法把端门锁紧，随后对锁盘进行更换，确认上行头端端门功能恢复正常。

（3）经验总结：将此故障原因分析组织维修维保工班人员学习，优化故障排查流程，加强维修维保人员的技术水平，加强保养做好预防性措施。整改措施：在端门门楣处加装防撞挡块，以缓解端门对锁盘限位梢的冲击力度。

7.6.2 车辆系统能力测试故障案例

（1）列车救援失败故障概况：刚开始进行坡道救援型式试验（AW0列车救援 AW3 故障列车）时，列车发生倒溜，救援失败。

（2）原因分析：牵引系统和制动系统的之间的配合未衔接上，保持制动缓解过快，导致列车的牵引力和保持制动力之和小于列车下滑力而导致列车轻微后溜。

（3）经验总结：

1）制动系统优化保持制动力缓解控制，尽量按照线性下降。

2）网络软件对救援模式情况下，网络缓解保持制动的门槛值适当调高。

（4）无法动车故障概况：司机启动列车准备出库联调测试，动车一段时间后司机报时速 3km/h 左右，并触发紧制制动，后司机换端到 6 车司机室，NRM 模式牵引列车正常。但司机在 1 车操作时，ATC 在切除位，打紧急牵引模式，故障并未消失，列车约 1km/h，2~3s 后紧制。

（5）原因分析：串联在紧急制动回路的=91-K09 ATC 切除继电器 11 点位接线接触不良，导致紧急制动。

（6）经验总结：

1）可在切除 ATC 后进行动车。

2）针对此问题，建议在后续的查线核图工作中对工作人员进行严格要求，相应技术员严格把关，尤其是对于安全回路所设计的继电器进行重点排查。

（7）紧急停车按钮触点接触不良故障概况：联调测试中司机报：车辆屏（实际为 ATC 信号屏）显示"红手掌"故障，司机申请 RM 模式仍不能动车。行调指令司机重启列车也不能动车，司机申请 NRM 模式也不能动车。

车辆回段，下载 EDRM 数据及查看车辆屏数据，数据显示车辆无降弓，安全回路未断开，车辆屏查看发现 VCM 紧制，紧急停车按钮状态监控回路失效。尝试紧急牵引，车辆可动车。

（8）原因分析：列车 22-S07 按钮（紧急停车按钮）的 31 点与 32 点的常闭触点（监控用）接触不良。

（9）经验总结：

1）能动车则终点站清客退出服务；若无法动车且列车施加紧急制动，申请启动车辆应急运行模式就近站清客退出服务；仍无效则请求救援（如列车停在站台，清客后，根据现场处理情况决定是否重启列车，无效则请求救援）。

2）按照检修规程每天车辆出入库进行例行紧急制动功能测试时，确保每个蘑菇按钮均进行过功能测试操作。

3）用 704.900.X 系列快动触点更换现有触点。

7.6.3 车站客运服务体验能力联调故障案例

7.6.3.1 自动售票机操作员账户无法登陆操作设备的故障

（1）故障概况：线路中央计算机系统自动下发设备权限参数，下发过程中导致权限参数缺失，单设备或多台自动售票机操作员账户无法登录，故障导致操作员账户无法登陆操作，影响车站补币、补票等各项业务正常进行，图 7.6-1 是账号权限丢失故障图。

（2）原因分析：

1) 检查全站设备权限参数文件大小与正常设备的参数文件大小不一致。使用 Win SCP 连接到故障设备，进入设备当前参数文件目录查看权限参数（PRM.0002.XXXXYYZZ）文件是否正常，当前参数文件目录：/Afc/SoftUpdate/currentversion，可以看到故障设备的参数文件大小，

图 7.6-1 账号权限丢失故障图

图 7.6-2 是设备的参数（一）。

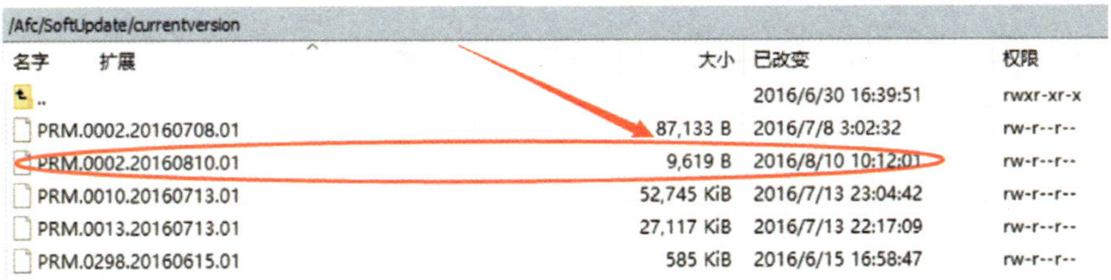

图 7.6-2 设备的参数（一）

2）使用 Win SCP 连接到 SC 服务器，进入设备当前参数文件目录查看权限参数（PRM.0002.XXXXYYZZ）文件是否正常，正常设备的参数与故障设备文件大小不一致，故障设备明显小于正常的参数文件，因此，故障是设备权限参数文件没有下载完整导致，图 7.6-3 是设备的参数（二）。

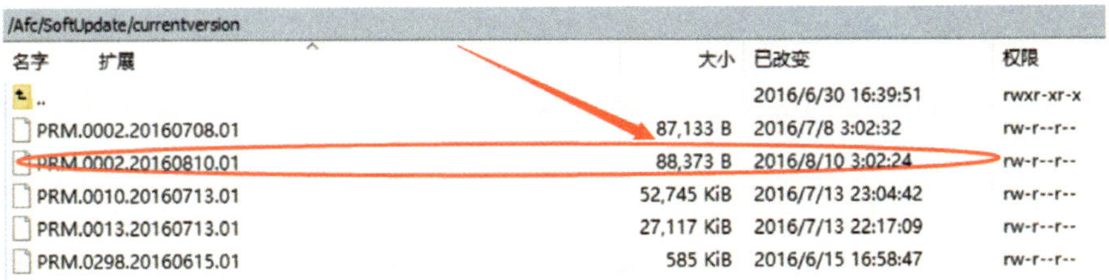

图 7.6-3 设备的参数（二）

3）使用 Win SCP 从正常设备的当前参数文件目录中取出正常权限参数文件，复制到故障设备的当前参数文件目录中替换异常权限参数文件。

4）使用 Win SCP 连接到该站所有的终端设备将存在问题的权限参数删除，并重启所有设备。

5）在 SCWS 上查看设备终端参数是否同步，如未同步，选择该台未同步的设备点击同步按钮，并重启该台设备。

综合上所述，线路中央计算机系统每天会定时自动下发设备权限参数，下发过程中导致权限参数缺失，重新下载权限参数后设备恢复正常。

7.6.3.2 AFC 设备全部灰显的故障

（1）故障概况：车站综合监控系统界面 AFC 设备全部灰显，现场设备 TVM、CVM 和闸机等都处于离线状态，AFC 设备室紧急释放盒网络指示灯为红色，现场设备可正常购票、过闸等，车站人员在车控室无法确认现场设备的实时状态，图 7.6-4 是 AFC 设备全部灰显。

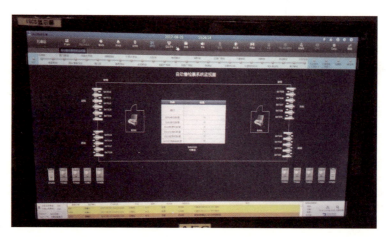

图 7.6-4 AFC 设备全部灰显

（2）原因分析：

1）车站综合监控灰显，容易造成车站人员无法确认现场设备的实时状态。SCWS 无法登陆，车站无法进行配票等操作，票务管理室 WS、BOM 无法登陆。

2）AFC 工作站 ping 三层交换机没有掉包情况，对单台设备 ping 网络正常。

3）车站查看综合监控 AFC 设备全部灰显，现场设备 TVM、CVM 和闸机等都处于离线状态，AFC 设备室紧急释放盒网络指示灯为红色。

现场设备可正常购票、过闸等，票管室 WS 无法登陆。

4）发现 SC 服务器异常重启，并对 SC 进程进行重启。

5）SC 服务器进程恢复正常，站内 AFC 设备均恢复正常使用，SC-WS 上查看 AFC 设备状态正常。

图 7.6-5 是 AFC 设备示意图。

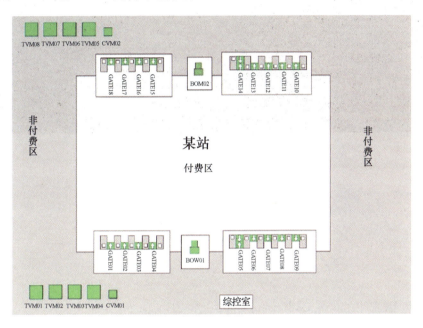

图 7.6-5　AFC 设备示意图

6）重启车站 SC 服务器，查看现场设备设备房紧急控制盒网络灯已恢复正常亮绿灯，车站 BOM 及票务工作站已恢复可正常登录，TVM 及闸机的网络均已恢复正常，但车站 ISCS 监控 AFC 设备仍灰显。

7）查看 SC 与综合监控的业务端口，端口处于 linsen 状态，SC 服务器与综合监控系统网络正常，从石埠站 SC 服务器可 ping 通综合监控服务器，但未建立链接。经过综合监控服务器和 SC 服务器重启后，双方通信机制重新进行配置，建立连接，综合监控灰显故障解决，确认现场 AFC 综合监控显示正常，可以正常操作。

图 7.6-6 是查看 SC 与综合监控的业务端口。

综上所述，综合监控长时间灰显的根本原因为综合监控与 SC 服务器链接未建立，SC 与综合监控系统无数据交互导致综合监控界面显示 AFC 设备灰显。

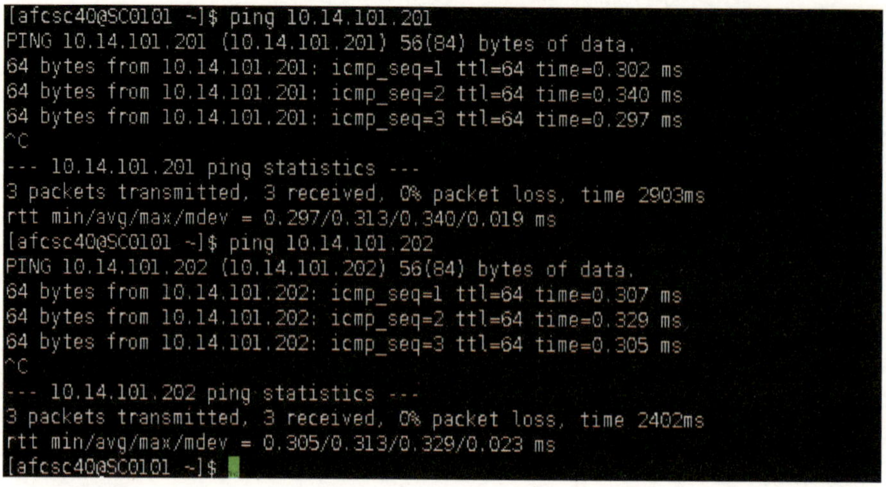

第 7 章 其他系统综合联调测试

图 7.6-6 查看 SC 与综合监控的业务端口

7.7 其他系统综合联调记录表

7.7.1 屏蔽门乘客保护能力综合联调记录表

屏蔽门乘客保护能力测试表见表 7.7-1，屏蔽门乘客保护能力综合联调记录见表 7.7-2。

屏蔽门乘客保护能力测试表 表 7.7-1

测试地点：						
测试时间：		测试位置：控制中心/车控室/站台门控制室				
测试软件版本：						
序号	监视内容	测试结果	主界面显示	事件	报警	备注
1	供电系统低压配电电源					
2	供电系统控制电源 UPS					
3	供电系统驱动电源 UPS					
4	上行 PEDC 通信状态					
5	下行 PEDC 通信状态					
6	上行站台所有门关闭且锁紧状态					
7	上行站台就地控制盘 PSL 操作允许操作					
8	上行站台就地控制盘 PSL 开门操作					

7.7 其他系统综合联调记录表

续表

序号	监视内容	测试结果	主界面显示	事件	报警	备注
9	上行站台就地控制盘 PSL 关门操作					
10	上行站台综合后备盘 IBP 操作允许操作					
建设单位：						
运营分公司：						
设计单位：						
施工单位：						
监理单位：						
设备单位：						

屏蔽门乘客保护能力综合联调记录　　　　表 7.7-2

地点：　　　　　　　　　　　　　　　　　　　　　　　日期：　年月　日

序号	测试内容和要求	相关系统	确认人	结果	问题	备注
1	前置条件检查					
(1)	屏蔽门系统设备安装完成，与信号及综合监控系统间接口功能调试已完成，且能正常运行	ISCS、SIG	中心调度员、车站值班员	□完成 □未完成		
(2)	通信无线子系统已完系统调试，具备车站与中心之间无线手持台通信功能，无线通信工具可满足调试需要。设备已正常投入运行，设备状态稳定、工作状况良好	通信	中心调度员、车站值班员	□完成 □未完成		
(3)	联调测试所需的仪器仪表以及必备的抢修工具准备充分，联调所使用的仪器仪表等均为符合国家标准要求的仪表，且均在使用的有效期限内	PSD	屏蔽门专业	□完成 □未完成		
(4)	施工图、系统图齐全、联调实施方案、联调测试记录表格等资料齐全	PSD	屏蔽门专业	□完成 □未完成		
(5)	所有参与联调的单位及人员均已熟悉综合联调组织及实施方案，并已做好相关各项准备工作，参加综合联调人员到岗能正常工作	PSD	中心调度员、车站值班员	□完成 □未完成		
2	乘客保护能力测试					
(1)	车门与站台间隙距离	PSD	站台值班员	□合格 □不合格		
(2)	屏蔽门关门夹击力	PSD	站台值班员	□合格 □不合格		

续表

序号	测试内容和要求	相关系统	确认人	结果	问题	备注
(3)	列车进站前,由屏蔽门专业工作人员用机械方式打开一扇屏蔽门,综合监控专业确认是否能在ISCS工作站查看到屏蔽门状态并接收屏蔽门报警	ISCS-PSD	车控室值班员	□正确 □不正确		
(4)	列车进站前,由屏蔽门专业工作人员用机械方式打开一扇屏蔽门,信号专业确认是否关闭进站进路禁止车辆进站	SIG-PSD	OCC信号值班人员、信号专业随车测试人员	□正确 □不正确		
(5)	列车进站时,由屏蔽门专业工作人员用机械方式打开一扇屏蔽门,综合监控专业确认是否能在ISCS工作站查看到屏蔽门状态并接收屏蔽门报警	ISCS-PSD	车控室值班员	□正确 □不正确		
(6)	列车进站时,由屏蔽门专业工作人员用机械方式打开一扇屏蔽门,信号专业确认列车是否紧急制动	SIG-PSD	车控室值班员、信号专业随车测试人员	□正确 □不正确		
(7)	列车停在站台,车门与屏蔽门开始正常关闭,关门过程中用标准测试块夹入门内。屏蔽门专业确认屏蔽门遇障碍物后是否自动弹开	PSD	站台值班员	□正确 □不正确		
(8)	列车停在站台,车门与屏蔽门开始正常关闭,关门过程中用标准测试块夹入门内。综合监控专业确认是否能在ISCS工作站查看到屏蔽门状态并接收屏蔽门报警	ISCS-PSD	车控室值班员	□正确 □不正确		
(9)	列车停在站台,车门与屏蔽门正常关闭等待发车,此时由屏蔽门工作人员用机械方式打开一扇屏蔽门。综合监控专业确认是否能在ISCS工作站查看到屏蔽门状态并接收屏蔽门报警	ISCS-PSD	车控室值班员	□正确 □不正确		
(10)	列车停在站台,车门与屏蔽门正常关闭等待发车,此时在列车与屏蔽门间隙内人为加入障碍物。站台值班人员确认屏蔽门与列车间隙障碍物探测系统是否报警,位于车尾的瞭望灯带是否为司机提供报警信息	PSD	站台值班员随车司机	□正确 □不正确		

续表

序号	测试内容和要求	相关系统	确认人	结果	问题	备注
(11)	列车停在站台，车门与屏蔽门正常关闭等待发车，此时由屏蔽门工作人员用机械方式打开一扇屏蔽门。信号专业确认是否禁止发车	SIG-PSD	OCC信号值班人员、信号专业随车测试人员	□正确 □不正确		
(12)	列车出站时，由屏蔽门专业工作人员用机械方式打开一扇屏蔽门，综合监控专业确认是否能在ISCS工作站查看到屏蔽状态并接收屏蔽门报警	ISCS-PSD	车控室值班员	□正确 □不正确		
(13)	列车出站时，由屏蔽门专业工作人员用机械方式打开一扇屏蔽门，信号专业确认列车是否紧急制动	SIG-PSD	车控室值班员、信号专业随车测试人员	□正确 □不正确		

参与人员签字：

7.7.2 车站售检票系统通过及处理能力联调记录表

车站售检票系统通过及处理能力联调记录表见表7.7-3～表7.7-14。

车站售检票系统设备通过及处理能力测试表　　表7.7-3

表格名称	售检票系统通过及处理能力测试		测试地点	
测试时间				
测试设备编号				
序号	测试项目	测试内容		测试结果
1	TVM售票压力测试	TVM（　）1h内完成售票：≥300次　是　□　否　□		
2		TVM（　）1h内完成售票：≥300次　是　□　否　□		
3		是否发生故障：是　□　否　□		
4		是否发生错误：是　□　否　□		
5	闸机通过及处理能力测试	A组AGM（　）1h内完成进闸：≥1500人次　是　□　否　□		
6		B组AGM（　）1h内完成进闸：≥1500人次　是　□　否　□		
7		是否发生故障：是　□　否　□		
8		是否发生错误：是　□　否　□		
9		A组AGM（　）1h内完成出闸：≥1500人次　是　□　否　□		
10		B组AGM（　）1h内完成出闸：≥1500人次　是　□　否　□		
11		是否发生故障：是　□　否　□		
12		是否发生错误：是　□　否　□		

347

续表

序号	测试项目	测试内容	测试结果
13	BOM（ ）售票、票卡处理	是否发生故障：是 □ 否 □	
14		是否发生错误：是 □ 否 □	
15	SC 客流数据	进闸人数统计有无偏差：是 □ 否 □	
16		出闸人数统计有无偏差：是 □ 否 □	
测试存在问题：			
参与人员签字：			

注：1. 测试结果正常在"□"内打"√"，异常在"□"内打"×"，如无此内容可打"—"；
2. 测试结果相关的要求、目的、参数和标准待设计规格书最终确定后再做表格修正。
3. 如有问题应及时记录，最终结果统一反馈给联调组长。

TVM 测试项目统计表　　　　表 7.7-4

日期：　　　　车站：　　　　设备编号：记录人：

类型	需补加初始数值	类型	需补加初始数值
硬币找零 A	50	硬币找零 B	50
票箱 A	50 枚	票箱 B	300 枚
项目 1		2 元硬币购票（购票 100 张）	
开始时间		结束时间	
项目 2		5 元纸币购 3 元票（购票 100 张）	
开始时间		结束时间	
项目 3		10 元纸币购 4 元车票 2 张（购票 100 张）	
开始时间		结束时间	
某项目		5 元纸币＋3 元硬币购票 4 张（购票张）	
开始时间		结束时间	
A 票箱剩余票数		B 票箱剩余票数	
硬币找零 A 箱数目		硬币找零 B 箱数目	

注：以上测试项目如在功能、实际票价不一致等情况下，需进行调整。

TVM、AGM、BOM 事件故障记录表　　　　表 7.7-5

序号	故障发生时间	故障解除时间	故障事件描述
1			
2			
3			
4			

7.7 其他系统综合联调记录表

车站售检票系统设备通过及处理能力测试 GATE 事件故障记录表　　表 7.7-6

序号	故障发生时间	故障解除时间	故障事件描述
1			
2			
3			
4			

车站售检票系统设备通过及处理能力测试 SC 事件故障记录表　　表 7.7-7

序号	故障发生时间	故障解除时间	故障事件描述
1			
2			
3			
4			

车站售检票系统设备通过及处理能力测试 BOM 事件故障记录表　　表 7.7-8

序号	故障发生时间	故障解除时间	故障事件描述
1			
2			
3			
4			

车辆系统能力测试记录表格　　表 7.7-9

日期：年 月 日		地点：		
车辆载重	超载（AW3）		坡度	
测试结果	最大坡道启动	往返全程	运行至下一站	备注
切除 1/4 牵引力状态				
切除 1/2 牵引力状态		/		
救援能力				
测试过程车辆爬坡能力（司机描述）：				
参与人员签字：				

列车故障运行和救援能力测试记录表 表 7.7-10

日期: 年 月 日		地点:	
车辆载重	空载(AW0)	坡度	
测试结果	最大坡道启动	运行至车辆段	备注
切除1/2牵引力状态			

测试过程车辆爬坡能力（司机描述）：

参与人员签字：

列车辅助供电系统性能测试记录表 表 7.7-11

日期: 年 月 日		车辆号:		
蓄电池电压记录（司机室内）				
测试前电压	5min	10min	15min	20min
V	V	V	V	V
25min	30min	35min	40min	45min
V	V	V	V	V
蓄电池电压记录（电脑读取）				
测试前电压	5min	10min	15min	20min
V	V	V	V	V
25min	30min	35min	40min	45min
V	V	V	V	V

测试过程有无灯光闪烁等欠压现象及说明：

参与人员签字：

7.7 其他系统综合联调记录表

列车牵引制动系统性能测试记录表　　　表 7.7-12

日期：　年　月　日		地点：	
车辆载重			
测试项目		加/减速度 1（m/s²）	加/减速度 2（m/s²）
100％牵引至 40km/h			
100％牵引至 80km/h			
100％牵引 80km/h，施加 100％常用制动至速度降为 0km/h			
记录人		车辆维护人员：	司机：
测试存在问题：			
参与人员签字：			

综合联调科目评估表　　　表 7.7-13

综合联调科目			
综合联调时间	年　月　日	联调地点	
综合联调内容			
综合联调结果评估			
存在问题			
整改措施			
签字	轨道公司：		年　月　日
	联调主导统筹公司：		年　月　日
	联调单位：		年　月　日
	设计单位：		年　月　日
	监理单位：		年　月　日
	集成商、供货商：		年　月　日
	施工单位：		年　月　日
	其他单位：		年　月　日

车站客运服务体验能力联调记录表   表 7.7-14

序号		联调内容和要求	确认人	结果	问题	备注
1		准备条件				
	(1)	车站空调系统完成综合联调，设备已正常投入运行，设备状态稳定、工作状况良好	ISCS系统联调人员	□完成 □未完成		
	(2)	通信广播PA、乘客信息系统PIS、视频监控系统CCTV已完成综合联调，设备已正常投入运行，设备状态稳定、工作状况良好	通信系统联调人员	□完成 □未完成		
	(3)	通信无线子系统已完成综合联调，具备车站与中心通信功能，无线通信工具可满足调试需要。设备已正常投入运行，设备状态稳定、工作状况良好	通信系统联调人员	□完成 □未完成		
	(4)	自动售检票系统AFC已完成综合联调，设备已正常投入运行，设备状态稳定、工作状况良好	AFC系统联调人员	□完成 □未完成		
	(5)	电扶梯已完成综合联调，设备已正常投入运行，设备状态稳定、工作状况良好	电扶梯系统联调人员	□完成 □未完成		
	(6)	综合监控系统已完成综合联调，ISCS工作站可对站内各系统进行有效监控，设备已正常投入运行，设备状态稳定、工作状况良好	ISCS系统联调人员	□完成 □未完成		
	(7)	车站装修工程完成，标识清晰。乘客服务中心已完成建设，功能齐备	测试车站站长	□完成 □未完成		
	(8)	施工图、系统图齐全、调试方案、调试记录表格等资料齐全	测试车站站长	□完成 □未完成		
	(9)	相关测试工器具齐备	测试车站站长	□完成 □未完成		
2		测试内容				
	(1)	自动扶梯客运服务体验能力测试	测试车站相关工作人员	□正确 □不正确		
	(2)	电梯客运服务体验能力测试	测试车站相关工作人员	□正确 □不正确		
	(3)	广播系统客运服务体验能力测试	测试车站相关工作人员	□正确 □不正确		
	(4)	AFC自动售票机客运服务体验能力测试	测试车站相关工作人员	□正确 □不正确		
	(5)	AFC进站闸机客运服务体验能力测试	测试车站相关工作人员	□正确 □不正确		

7.7 其他系统综合联调记录表

续表

序号	联调内容和要求	确认人	结果	问题	备注
(6)	AFC出站闸机客运服务体验能力测试	测试车站相关工作人员	□正确 □不正确		
(7)	站外导向系统客运服务体验能力测试	测试车站相关工作人员	□正确 □不正确		
(8)	站厅层导向系统客运服务体验能力测试	测试车站相关工作人员	□正确 □不正确		
(9)	站台层导向系统客运服务体验能力测试	测试车站相关工作人员	□正确 □不正确		
(10)	换乘导向系统客运服务体验能力测试	测试车站相关工作人员	□正确 □不正确		
(11)	PIS系统客运服务体验能力测试	测试车站相关工作人员	□正确 □不正确		
(12)	装饰装修情况	测试车站相关工作人员	□正确 □不正确		
(13)	乘客服务中心状况	测试车站相关工作人员	□正确 □不正确		
(14)	空气质量、温湿度	测试车站相关工作人员	□正确 □不正确		
(15)	照明系统	测试车站相关工作人员	□正确 □不正确		

第8章 综合联调测试应急安全管理

8.1 联调测试应急预案

8.1.1 安全防护措施

（1）所有参与综合联调人员必须熟悉联调的安全措施及安全技术标准，加强自身安全意识。

（2）综合联调过程中，应遵守轨道公司各项操作规程，任何情况下不违章作业。

（3）进入综合联调现场应按作业规定佩戴安全帽，禁止穿拖鞋、高跟鞋、易滑鞋或赤脚进入车站。

（4）任何参与和配合综合联调人员未经许可不得进入轨行区间、供电有关重要设备房，严格执行请销点制度。

（5）检查综合监控（含 BAS）系统联动模式控制命令的响应情况、综合监控（含 BAS）系统软件编程与环控工艺要求是否一致、车站设备在各种环控模式下正确执行联动，模式间联动关系是否正确。

（6）安全注意事项：此步骤开始前，本联调科目组长需确定，所有设备均能正常运行，综合紧急后备盘 IBP 与各联动系统无通信故障；所有动作设备处于停止状态；所有带时限保护或特殊保护的设备打到测试位；确认需要动作的设备和线路人员出清、环控系统风道干净，无杂物，保障设备动作时候无安全风险。

（7）若综合联调期间发生火灾等意外情况，本联调科目组长马上通知中止联调，并立即通知车站相关值班人员，车站应积极采取措施，迅速进入相应的应急程序或处理预案，同时相关专业组马上恢复系统设备并配合应急抢险处理。

（8）当综合联调过程中发现危及人身、设备安全时，现场小组人员须当机立断采取果断措施，如停机或切断电源等，以防止意外情况的发生，并立即向本联调科目组长进行汇报。

（9）在综合联调过程中应充分考虑雨、雪、风等天气因素，对于临时接电的设备（尤其是轨行区内），在接线时要特别注意绝缘防护。

（10）综合联调如处于雷暴天气频发的季节是，综合联调应及时关注气象部门的预报和预警，做好相关设备的防雷处置以保证设备的安全；做好站区的防汛预案，防止站区被雨水倒灌。

8.1.2 执行应急预案的条件

（1）测试过程中，如发现有危及安全的现象时，参与测试的任何人员都可在第一时间采取措施，暂停联调，向现场指挥报告，现场指挥上报总指挥，由总指挥决定联调中止或继续命令。

（2）当测试过程中出现设备故障时，调试人员应立即报告现场指挥，由现场指挥报总指挥决定是否继续进行测试。

（3）因系统等原因造成测试不能正常进行时，由副指挥责成问题责任方限期内完成整改。

（4）相关责任方在对问题整改后由现场指挥组织调试人员进行确认，检查确实符合测试条件后，再进行测试。

（5）各专业组需保证在联调过程中本专业组成员的人身和设备安全。根据测试的内容和步骤对本专业组设备的影响做好相应的应急和防范措施。

表 8.1-1 是执行应急预案的条件表。

执行应急预案的条件表　　　　　　　　　　表 8.1-1

序号	风　险　源	控　制　措　施
1	联调现场环境不佳引起的伤害	进行安全交底，佩戴安全防护用品
2	无关人员误入引起伤害事故	加强安保对进入现场人员的核查，凭证进入联调现场
3	联调人员误闯联调禁区	加强现场标识和人员看护，加强联调培训
4	设备误操作引起的伤害事故	加强设备操作培训，现场双岗制，一唱一操作
5	模式执行科目各类事故风机运行引起的伤害事故	启动前对场地进行清理，现场落实看护人员，运行过程中严禁进入风机现场
6	轨行区科目未要点联系登记，进入行车区间作业	严格执行登记制度，严禁违规随意施工
7	施工、检修之前未进行安全交底	落实安全交底制度，任何施工联调必须安全交底到位
8	在联调期间人员下车时列车动车	落实安全交底，下车前必须将列车手柄放置在制动位并现场看护，在未反复确认前严禁动车
9	在轨道或道岔上行走和坐在上面休息以及跳跃轨道地沟	现场人员下线路前严格安全培训

8.1.3 执行应急预案的人员、器材配备

（1）人员：应急领导指挥小组 2 人、专业应急指导小组 3 人、现场应

急执行小组 5 人。

(2) 器材：干粉灭火器、绝缘手套、绝缘靴、电话、对讲机。

8.1.4 应急程序

(1) 响应程序

施工过程中施工现场或驻地发生无法预料需要紧急抢救处理的危险时，应迅速逐级上报，次序为现场、项目部、甲方、行业主管部门。由项目部收集、记录、整理紧急情况信息并向小组及时传递，由小组长或副组长主持紧急情况会议，协调、派遣和统一组织指挥所有车辆、设备、人员、物资等实施紧急抢救和向上级汇报。

(2) 应急处置

1) 抢救组到达出事地点，在施工总承包单位项目负责人指挥下分头进行工作；

2) 首先抢救组和作业班组负责人一起：查明险情，确定是否还有危险源（如相关防护是否到位、脚手架或其他构件是否有继续失控的危险）；了解人员伤亡情况；商定抢救方案后，由抢险指挥组长负责人向项目经理请示汇报批准，然后组织实施。

3) 防护组负责把出事地点附近的作业人员疏散到安全地带，并进行警戒不准闲人靠近，对外注意礼貌用语。

4) 工地值班电工负责切断有危险的电源。

5) 抢险组在排除继发性危险的情况下，立即救护伤员，边联系救护车，边及时进行止血包扎，用担架将伤员抬到车上送往医院。

6) 应急抢险完毕后，作业班组负责人应立即召集作业骨干、专业技术人员、安全员及全体作业人员，参与配合事故调查，找出事故原因、责任人，制订防止再次发生类似事故的整改措施。

7) 对应急救援预案的有效性进行评审、修订。

(3) 应急物资与装备保障

应急物资的准备是应急救援工作的重要保障，应根据潜在事故的性质和后果分析，配备应急中所需救援机械和设备、交通工具、医疗设备和药品、生活保障物资。

(4) 常用物资和设备

1) 常用药品：消毒药品、急救物品（创可贴、绷带、无菌敷料等）等。

2）抢险工具：铁锹、撬棍、气割工具、消防器材、电工常用工具等。

3）应急器材：钢管、安全帽、安全带、应急灯、对讲机、电焊机、灭火器等。

4）交通车辆：客货车、小轿车各一辆。

5）其他物资：根据需要随时增补配备。

8.1.5 故障及事故处理

联调过程中，如发生设备设施故障或意外情况，应及时中止联调并采取临时措施，待恢复后再进行联调。具体流程如图8.1-1。

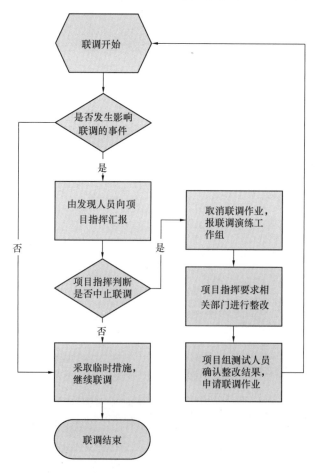

图 8.1-1 联调流程

8.2　风险源及管控措施

（1）动车测试前确认线路满足行车条件，并已进行全线封锁；

（2）联调期间各站站务人员在站台设人值班，防止有人从站台区域进入轨道及协调处理其他应急情况；

（3）电客车在正线运行，需同时开关两端司机室柜门进行设备测试时，需提前告知调度，测试完毕后，通信人员确认设备恢复，车辆人员确保柜门锁好；

（4）测试过程应保持安全门关闭处于状态。如有特殊情况应及时向行车调度及联调执行组长汇报；

（5）任何人发现危及行车安全的事件时，可采取呼叫司机、按压紧停等方式应急处置，并及时上报车控室、控制中心；

（6）列车进出车辆段时，按运营分公司有关规定组织运行。列车的行车安全需按运营分公司的有关规定执行。

第 9 章 综合联调总结

联调工作是在设备安装调试成功的基础上，进行全系统整合调试并模拟运行，验证各系统运行，各系统间接口匹配稳定。检验车站全系统及其防灾联动功能和运营人员应急处置的能力是否满足安全运送乘客的需要。经过对各系统设备的联调测试，相关的设备系统已初步具备运营使用功能。

设备系统经过联调，对各设备系统间的接口功能进行了验证，其设备功能及联动响应功能满足《城市轨道交通试运营基本条件》GB/T 30013、《城市轨道交通试运营系统测试检验规范》（征求意见稿）、《城市轨道交通试运营前安全评价规范》及相关的技术合同要求。

9.1 测试主要验收功能

（1）测试结果验证了与运行有关的线路、轨道、供电、信号、通信、综合监控等系统功能均可以基本满足车辆运行和设计要求，达到应有的功能，满足运营安全、可靠、可用的要求；

（2）通过系统联调验证信号、通信、综合监控等系统与供电、电扶梯、屏蔽门、自动售检票、门禁、火灾报警系统、气体灭火、水消防、环控智能和风水电等各设备系统间的接口和通信协议的一致性均符合相关规范和设计要求；

（3）通过系统联调验证信号、通信、综合监控等系统与供电、电扶梯、屏蔽门、自动售检票、门禁、火灾报警系统、气体灭火、水消防、环控智能低压和其他风水电等各设备系统间的联动关系基本同步，均能达到设计要求；

（4）通过系统联调验证信号、通信、综合监控等系统与供电、电扶梯、PSD、AFC、ACS、AFC、气体灭火、水消防、环控智能和其他风水电等各设备系统联动功能和使用功能均可以满足设计要求；

（5）通过系统联调验证信号、通信、综合监控、供电、电扶梯、PSD、AFC、ACS、FAS、气体灭火、水消防、环控智能和其他风水电等各设备系统结构、功能、操作方法等均可以满足设计规定的运营管理模式要求；

（6）通过系统联调验证各设备系统的可靠性、实时性、可维护性等性能指标均可以满足设计要求；

（7）通过系统联调验证各设备系统的完整性。

9.2 设备系统完整性评估内容

9.2.1 供电系统

（1）牵引降压混合变电所、降压变电所、跟随式变电所、环网电缆、1500V接触网系统、PSCADA与电力监控系统所涉及的各类设备规格、型号符合设计要求。

检验直流1500V牵引供电系统在各种非正常运行方式下的供电能力及直流参数测试。确定线路开通时相对优而且行的正常运行方式以及故障运行方式的最佳倒换操作方式。

检验供电系统与其他各系统之间的接口关系是否满足设计要求，检验供电系统设备在开通时最大行车密度，以及低压动力满负荷运行方式下，不同运行方式时各变电所、主变电站以及接触网系统的供电能力及相关电气参数测量。

检验不同组合的交流环网运行方式下各系统设备功能，确定线路开通时相对优而且可行的正常运行方式以及故障运行方式的最佳倒换操作方式。直流1500V牵引供电系统在各种非正常运行方式下的供电能力及直流参数测试。

检验主所不同运行方式下对功率因数、谐波、电压、电流的参数测试。

通过测试，检验弱电系统设备及计算机在运营条件下的抗电磁干扰能力；以便对可能受干扰的系统设备，采取一定的抗干扰防护措施，确保弱电系统在正常投入运营后设备能安全可靠运行。

检测牵引供电系统各设备在系统现场发生短路故障时，各保护动作的正确性、选择性和可靠性，验证直流断路器的快速分段能力。

检查牵引供电系统各设备之间的配合动作能力是否安全可靠，检验各设备的整定值、动作时间等各项技术参数是否正确、符合现场运行技术要求。

通过其验证结果，以便更精确地对直流牵引供电系统各设备参数进行调整使之匹配，更好地保护系统和设备，保证直流牵引供电系统能够安全、可靠、稳定运行。

(2) 供电系统各类设备的遥控、遥信、遥测工作已经完成，资料齐全。供电系统投入运行，设备状态正常，系统运行稳定。

综合测试数据分析：正常供电方式下，列车重载启动运行，单个开关取流最大值约为 2152A，直流网压最大压降为 126V，最低网压 1573V；大双边供电方式下，列车重载启动运行，单个开关取流最大值约为 1262A，直流网压最大压降为 88V，最低网压 1583V；大单边供电方式下，列车重载启动运行，单个开关取流最大值约为 2375A，直流网压最大压降为 153V，最低网压 1533V。从直流牵引系统额定电流、额定容量、过负荷能力、继电保护、直流网压及轨电位电压等各个方面综合考虑，均符合各类标准。直流牵引正常供电方式、大双边供电方式及大单边供电方式供电能力均满足标准及运行要求。

综合分析正线向车辆段支援供电方式下的直流网压，最大值约为 1650V，最小值约为 1620V，列车取流时网压及空载电压均维持在相关标准规定的正常范围内波动。即正线向屯里车辆段支援供电满足列车正常运行要求。

9.2.2 通信系统

(1) 专用通信系统的各子系统性能及功能满足试运营安全运营及乘客便捷需求。

检验传输系统能否为各相关控制系统提供稳定有效的传输通道；检验在传输系统故障、中断再恢复后，测试对各相关系统造成的影响及系统的自愈能力。

(2) 车站调度电话和无线列调通话清晰，通信系统测试结果正常，满足运行调度需求。

检验通信无线系统与信号 ATS 系统列车信息通信是否正常，报文消息接收是否正确、及时；无线行车调度和车厂调度能否准确地与所管辖的列车进行无线通信；通信无线系统与列车广播系统之间的广播功能是否正常，列车广播优先级是否正确。

(3) 通信各子系统设备运行稳定。

检验通信时钟系统与所关联系统是否能正确接收通信时间信号源并可进行校准。同时，在时钟系统发生故障、中断再恢复后，检验各相关系统是否仍能正常接收时钟系统时间信号源并可进行校准。

通过对车辆车载 CCTV 与通信 PIS 系统设备的测试，检验车载 CCTV 设备及 PIS 系统设备的各种工作状态以及各个车厢的监控功能，并且验证在出现重大突发事件的情况下，OCC 发布的实时提示信息能够在车载信息显示系统上正确显示，同时在 OCC 能够实时调看列车司机室和客室的视频监控图像。

1) 检验时钟系统正常工作时各相关系统的设备是否可以同步到标准时间信号。

2) 模拟中心母钟主备切换时各相关系统的设备是否可以同步到标准时间信号。

3) 模拟中心母钟工作失效，无法提供时钟信号源，相关系统的设备是否可以同步到标准时间信号。通过联调测试，时钟系统能每隔 1s 钟将时钟源信号正常发送给各接口系统，且时钟系统在各种切换到自愈恢复过程中，各接口系统均能正常接收时钟系统的时间信号，满足设计要求，符合联调方案的预测，可以满足运营需求。

9.2.3 信号系统

（1）信号系统采用基于无线通信的 CBTC 列车自动控制系统，同时具有 ATS 全线监督和自动进路、人工进路功能和时刻表、车载 ATP 功能、ATO 自动驾驶模式功能，以及屏蔽门的连锁功能。

联调测试通过采用静态和动态的测试方式，静态测试采用人工排路和模拟相关条件的方式检验进路连锁关系的正确性和人机界面与轨旁的一致性；动态测试通过列车以非限制人工驾驶模式（NRM 模式）上线运行的方式，检验进路的建立、占用、自动解锁等功能。

通过列车上线动态测试，验证信号系统 BM 运营模式下的紧停、扣车、列车运行和进路测试等功能是否满足运营基本需求和信号系统合同技术要求。

（2）信号系统具备 CBTC-ATP 功能，实现与屏蔽门系统联动功能。

本测试通过电客车上线运行的方式，对南宁 1 号线东段信号系统 CBTC 功能进行综合联调测试，主要验证 CBTC 运营模式下的紧停、列车运行和进路测试、各种状态模拟、ATS 功能等是否满足运营基本需求和信号系统合同技术要求。

测试通过电客车上线运行的方式，对信号与车辆、屏蔽门及 PIS 专业接口功能进行综合联调测试，主要验证测试 CBTC 列车在 ATO 模式下的停车精度控制以及对车门开关的控制、信号对屏蔽门开关控制、屏蔽门状态对列车运行的影响以及信号与PIS接口列车到站显示功能等。

(3) 大交路具备三种折返路径,满足各种状态下折返要求,满足信号系统设计要求。

测试通过最多6列电客车上线运行的方式,按最小行车间隔依次排列、高密度运行的方式,对列车出入段能力、正线追踪能力以及折返能力进行测试,以检验是否满足合同要求。

9.2.4 风水电、环控系统

(1) 地下车站采用屏蔽门对车站和区间隔离方式,节约运行能耗。

(2) 车站通风空调系统,满足在不同状况下正常使用功能。

(3) 车站风水电系统满足车站正常运行需求,各项指标符合相关设备技术规格或技术标准。

验证综合监控系统通过BAS系统对车站机电设备包括通风空调、冷机、应急照明、电扶梯、给水排水、照明导向等设备的监视、控制功能、环境参数采集以及模式控制、时间表、系统信息传递等功能,检验系统之间是否能够按照设计规定的通信协议将BAS系统相关监控数据信息上传至综合监控系统,并最终在综合监控系统上正确接收和反馈,同时综合监控系统也能通过BAS系统实现对现场被控设备的控制功能。

9.2.5 FAS系统

车站FAS系统各种模式测试(车站站台、站厅、公共区域及关键设备房),经过系统功能联调和消防验收,相关功能满足消防及试运营安全评价规范相关要求。

通过综合监控系统与FAS系统设备的测试,验证综合监控系统与FAS系统之间的接口功能是否与设计相符,验证综合监控系统对FAS系统的监控功能实现。

9.2.6 自动扶梯、垂梯

车站电扶梯和垂直电梯在开通试运营前完成安装和调试,并通过政府特种设备验收,相关的联调测试能正确反映设备运行状态,满足设备安全运行要求。

验证综合监控系统通过BAS系统对车站机电设备包括通风空调、冷机、应急照明、电扶梯、给水排水、照明导向等设备的监视、控制功能、环境参数采集以及模式控制、时间表、系统信息传递等功能,检验系统之间是否能够按照设计规定的通信协议将 BAS 系统相关监控数据信息上传至综合监控系统,并最终在综合监控系统上正确接收和反馈,同时综合监控系统也能通过 BAS 系统实现对现场被控设备的控制功能。

9.2.7 屏蔽门

(1) 屏蔽门系统与信号系统正常连接,与列车开关门正常联动,满足列车安全运行需求;

(2) 屏蔽门在故障状态下能正常切除,确保列车正常进出车站,其功能满足设计要求。

通过综合监控系统与 PSD 系统设备的测试,验证综合监控系统与 PSD 系统之间的接口功能是否与设计相符;验证实现综合监控系统对 PSD 系统的监视功能,测试 PSD 系统的 PSA 是否能实现对 PSD 系统的监控功能。

9.2.8 综合监控

(1) 综合监控系统工作正常,冗余正常,满足系统稳定需求;

(2) 综合监控终端设备各操作界面切换相应满足设备使用、功能需求及技术规格书要求。

(3) 综合监控各操作界面参数经软件升级及参数调整,满足运营对各系统设备的监控需求。

通过系统联调验证轨道交通工程运营及服务设施、设备功能的完善性、联动协调性、模式联动可执行性,检验轨道交通设备状态,证实各系统设备基本具备设备的单机功能、设备联动功能和各种工作模式的相应功能,符合设计要求。

通过综合监控系统的雪崩功能和网络广播风暴的测试,验证综合监控系统的雪崩功能是否与设计相符,验证综合监控系统在极端故障情况下实现对各重要系统的监控功能。

通过综合监控系统与 SIG 系统设备的测试,验证综合监控系统与 SIG 系统之间的接口功能是否与设计相符,验证实现综合监控系统对 SIG 系统的监控功能实现。

验证综合监控系统 IBP 盘与各集成或互连系统的接口功能、联动功能是否与设计相符；验证系统能完全满足设计及消防要求，当发生突发情况时能及时准确地报警和控制。

通过综合监控系统与AFC系统设备的测试，验证综合监控系统与AFC系统之间的接口功能是否与设计相符，验证综合监控系统对AFC系统的监控功能实现。

通过综合监控系统与CCTV系统设备的测试，验证综合监控系统与CCTV系统之间的接口功能是否与设计相符，验证综合监控系统通过CCTV系统实现对广播现场设备的监控功能实现。

通过综合监控系统与PA系统设备的测试，验证综合监控系统与PA系统之间的接口功能是否与设计相符，验证综合监控系统通过PA系统实现对广播现场设备的监控功能实现。

通过综合监控系统与PIS系统设备的测试，验证综合监控系统与PIS系统之间的接口功能是否与设计相符，验证实现综合监控系统对PIS系统的信息交互功能实现。

通过综合监控系统与通信综合网管系统设备的测试，验证综合监控系统与通信综合网管系统之间的接口功能是否与设计相符，验证实现综合监控系统对通信综合网管系统的监控功能实现。

验证综合监控系统对PSCADA系统设备的监视及控制功能。检验系统之间是否能够按照设计规定的通信协议将PSCADA系统相关各种系统数据信息上传至综合监控系统，并最终在综合监控系统上正确接收和反馈，同时综合监控系统也能对PSCADA系统设备发送和接收正确数据信息。

检验PIS子系统能否正常接收列车故障信息；检验综合监控系统能否正常接收PIS转发的列车故障信息并正常显示；

验证综合监控系统对ACS设备的正常、正确监视，能实时反馈ACS设备现场实际状态；验证综合监控系统对ACS的编组功能及开启控制，实现紧急情况下对ACS的开门控制功能；通过综合监控系统与ACS系统设备的测试，确保实现综合监控系统对ACS系统的监控功能。

专业术语缩写汇总

1	ACS	Accrss Control System 门禁系统
2	AFC	Automatic Fare Collection 自动售检票系统
3	ATC	Automatic Train Control 列车自动控制
4	ATO	Automatic Train Operation 列车自动运行
5	ATP	Automatic Train Protection 列车自动防护
6	ATS	Automatic Train Supervision 列车自动监控
7	BAS	Building Automatic System 楼宇自动控制系统
8	CBTC	Communication Based Train Control System 基于通信的移动闭塞列车控制系统
9	CCTV	Closed Circuit Television 闭路电视监控系统
10	DTI	Depature Time Indicaor 发车指示器
11	ECO	Emergency Cutoff 紧急切断
12	EMCS	Equipment Monitor And Control System 环境与设备监控系统
13	FAS	Fire Alarm System 火灾报警系统
14	FAT	Factory Acceptance Test 工厂验收测试
15	ISCS	Integrated Supervisory Control System 综合监控系统
16	OCC	Operation Control Centre 控制中心
17	O&M	Operation & Maintenance 运营维护
18	OPT	Operation Parameter Test 运行参数类测试
19	PA	Public Address 公共广播
20	PESB	Platform Emergency Stop Button 站台紧停按钮
21	PIS	Public Information System 乘客信息系统
22	PLC	Programmble Logic Controller 可编程逻辑控制器
23	PSCADA	Power Supervisory Control And Data Acquisition 电力控制系统
24	PSD	Platform Screen Door 屏蔽门
25	SAT	System Acceptance Test 系统验收测试
26	SCADA	Supervisory Control And Data Acquisition 综合监控系统
27	SIT	Systems Integration Test 联调联试
28	T&C	Tseting & Commissioning 测试和调试
29	TSIT	Technical Systems Integration Test 性能参数类测试
30	UPS	Uninterruptible Power System 不间断电源

续表

31	ACS	Air Conditioning System 通风空调系统
32	WSADS	Water Supply And Drainage System 给水排水系统
33	WFPS	Water Fire Protection System 水消防系统
34	LVPDAPLS	Low Voltage Power Distribution And Power Lighting System 低压配电及动力照明系统
35	PSS	Power Supply System 供电系统
36	CS	Communication System 通信系统
37	SS	Signal System 信号系统
38	ES	Escalator System 电扶梯系统
39	FGS	Flood Gate System 防淹门系统
40	VS	Vehicle System 车辆系统

参 考 文 献

遵循相应的国内的标准及规范主要包括：
《地铁设计规范》GB 50157；
《城市轨道交通技术规范》GB 50490；
《低压配电设计规范》GB 50054；
《铁路电力牵引供电设计规范》TB 10009；
《城市轨道交通试运营基本条件》GB/T 30013；
《城市轨道交通运营管理规范》GB/T 30012；
《城市轨道交通通信工程质量验收规范》GB 50382；
《城市轨道交通自动售检票系统技术条件》GB/T 20907；
《地铁车辆通用技术条件》GB/T 7928；
《城市轨道交通信号系统通用技术条件》GB/T 12758；
《城市轨道交通信号工程施工质量验收标准》GB/T 50578；
《城市轨道交通综合监控系统工程技术标准》GB 50636；
《城市轨道交通自动售检票系统工程质量验收标准》GB/T 50381；
《城市轨道交通试运营系统测试检验规范》（征求意见稿）；
《城市轨道交通直流牵引供电系统》GB/T 10411 2005；
《城市轨道交通运营管理办法》（建设部令 140 号）；
《城市轨道交通车辆组装后的检查与试验规则》GB/T 14894；
《自动扶梯和自动人行道的制造与安装安全规范》GB 16899；
《电梯制造与安装安全规范》GB 7588；
《地下铁道工程施工质量验收标准》GB/T 50299；
《人民防空工程施工及验收规范》GB 50134；
《铁路车站计算机联锁技术条件》TB/T 3027；
《继电式电气集中联锁技术条件》TB/T 1774；
《轨道交通机车车辆电子装置》GB/T 25119；
《建筑物电子信息系统防雷技术规范》GB 50343；
《建筑工程施工质量验收统一标准》GB 50300；

参考文献

《工程建设标准强制性条文》（建设部建标〔2002〕219号）；

《建设工程监理规范》GB/T 50319；

《南宁市轨道交通2号线工程初步设计文件及批复》；

《建设工程质量管理条例》（国务院令第279号）；

《轨道交通可靠性、可用性、可维修性和安全性规范及示例》GB/T 21562；

《机车车辆动力学性能评定及试验鉴定规范》GB 5599；

《城市轨道交通照明》GB/T 16275；

《城市快速轨道交通工程项目建设标准》建标104104；

《职业安全健康管理体系 要求》GB/T 28001；

《建设工程文件归档规范》GB/T 50328；

《城市建设档案管理规定》（建设部令第9号）；

《南宁轨道交通1号线综合联调总体方案》；

《南宁轨道交通2号线工程（玉洞-西津）综合联调总体方案》；

《南宁市地铁3号线一期工程（科园大道-平乐大道）综合联调大纲》。